壹卷
YE BOOK

洞 见 人 和 时 代

李伯重文集

新视野，新历史

讲演、书序与书评

李伯重 著

四川人民出版社

图书在版编目（CIP）数据

新视野，新历史：讲演、书序与书评/李伯重著.
--成都：四川人民出版社，2024.6
ISBN 978-7-220-12559-1

Ⅰ.①新… Ⅱ.①李… Ⅲ.①中国历史—文集 Ⅳ.
①K207-53

中国版本图书馆CIP数据核字（2022）第007704号

XIN SHIYE, XIN LISHI: JIANGYAN、SHUXU YU SHUPING
新视野，新历史：讲演、书序与书评
李伯重 著

出版人	黄立新
策划统筹	封 龙
责任编辑	李沁阳 冯 珺
版式设计	张迪茗
封面设计	周伟伟
责任印制	周 奇
出版发行	四川人民出版社（成都市三色路238号）
网 址	http://www.scpph.cn
E-mail	scrmcbs@sina.com
新浪微博	@四川人民出版社
微信公众号	四川人民出版社
发行部业务电话	（028）86361653 86361656
防盗版举报电话	（028）86361653
照 排	四川胜翔数码印务设计有限公司
印 刷	成都东江印务有限公司
成品尺寸	145mm×210mm
印 张	16.5
字 数	370千
版 次	2024年6月第1版
印 次	2024年6月第1次印刷
书 号	ISBN 978-7-220-12559-1
定 价	92.00元

■版权所有·侵权必究
本书若出现印装质量问题，请与我社发行部联系调换
电话：（028）86361656

总　序

面对着封龙先生发来的文集校稿，不禁五味杂陈，心潮起伏。从文集所收的第一篇文章《蔡上翔和他的〈王荆公年谱考略〉》发表至今，已是半个世纪过去了。在这半个世纪中，世界发生了巨大的变化，而在整个世界上，中国发生的变化更是巨大。作为这个巨变的亲历者，我也从一个徘徊于史学之门的青年，变成一个被人称为"历史学家"的古稀老人了。

在这半个世纪中，我发表了不少学术论文，具体数量没有统计，应该有一两百篇吧。出版的著作，近来做了一个统计，居然有16部，合著、译著尚不在其中（详见附于各书之后的《李伯重著作目录》）。此外，还有不少学术讲演、笔谈、访谈以及史学随笔等文字，也在各种媒体上流传。四川人民出版社提出为我出个四卷本的文集，我欣然接受了他们的盛意。然而问题就来了，要从以往半个世纪发表的各种作品中，选出哪些作品来呢？我经过反复考虑，为挑选作品制定了两条标准：第一，挑选各个时期中那些比较有代表性的作品；第二，挑选那些目前读者不太方便获得的作品。根据这两条标准，我选出了62篇作品及一部专著，由此分别构成了四卷本文集。这四卷的内容大致如下：

第一卷《走进史学》，共收文章14篇。这些都是我早期的作品，这些作品显现了我在一种非常艰苦的条件下，是如何努力探索走入史学之门的。

第二卷《发展与制约：明清江南生产力研究》，是我的博士论文。1981—1985年，我在厦门大学就读时，在恩师傅衣凌先生指导下攻读中国经济史博士学位。我所作学位论文，题为《明清江南工农业生产六论》，完成于1985年春，并于当年夏通过了由经济史学泰斗吴承明先生主持的论文答辩，取得博士学位。自厦大毕业后，我对论文继续加工，增益修润，于1988年写成此书初稿。承台湾"中研院"刘石吉先生将书稿推荐给台湾著名的学术出版社联经出版事业公司，联经公司请了台湾"中研院"院士刘翠溶先生进行审阅，刘先生对拙稿做了精心审查，提出了很多非常精辟的意见，我根据这些意见做了修改。出版之前，承蒙先家父李埏先生惠题书名，并承吴承明教授和日本科学院院士斯波义信先生惠赐序文。傅衣凌先生、李埏先生、吴承明先生、斯波义信先生、刘翠溶先生和刘石吉先生都是著名的中国经济史学家，此书有幸得到他们的指教，实为学术史上的一段佳话。我对他们的指教一直深为感激。如今，其中傅衣凌先生、李埏先生、吴承明先生已经驾鹤仙去，斯波义信先生、刘翠溶先生和刘石吉先生也都进入了耄耋之年。重新刊出此书，也可以表达我对他们的感激和思念。此外，因为此书在国内不易获得，借此机会收入文集刊出，可以使更多学者读到。

第三卷《江南之外：中国史论集》，所收是一些我在江南经济史研究之外的作品，共16篇。我从1978年到厦门大学攻读研究生开始，就一直主要做江南经济史研究。但是如苏东坡诗"不识庐山真面目，只缘身在此山中"，要更好地研究江南，就必须对江南之外的情况有更多的了解。因此，在江南经济史之外，我也写了若干关于经济史理论和中国整体或者中国其他地区经济史的文章，并且翻译了一些相关的著作。这些作品，有助于年轻学者开阔眼界，从而把所研究的问题放到一个更大的视野中进行讨论。

第四卷《新视野，新历史：讲演、书序与书评》，选收了各种题材的文章32篇，包括我近年来所作的一些学术讲演、书序与书评。我在做经济史的研究时，也密切关注中外学界的新动向，力求从中获取新的知识，扩展自己的视野。由于新知识的启迪，我也不断产生新的看法。把这些新看法讲出来或者写出来，以便能够和学界内外人士进行交流，以检验这些看法是否有问题。其中的讲演，主要是面向经济史学界之外的朋友。书序与书评虽然主要是面向经济史学界中人，但学界之外的朋友也可能会感兴趣。不论是界内还是界外的朋友，如果对历史有兴趣，希望这些文章能够有助于他们更多了解中文史学领域的一些新进展，从中获取一些新的知识。

总而言之，这部文集虽然所收作品有限，但也从一个方面反映了我半个世纪的学术生涯的情况。我的学术生涯并非独特，因为和我一辈的许多学者也有着类似的经历。2017年，我接受了作家、书评人许金晶先生的采访。他采访的对象除了我，还有莫砺锋、陶思炎、胡星亮、钱乘旦、俞可平、马敏、罗钢、庄孔韶和葛剑雄九位学者，连同我总共十位，都是新中国建立学位制度后，文科各个专业方向的第一位博士。许先生和《大众考古》杂志编辑孙海彦先生将这十位学者的采访录编成《开山大师兄：新中国第一批文科博士访谈录》一书，于2019年由江苏人民出版社刊出。读者倘若有兴趣和时间，不妨读一读此书，从中可以看到我们这一辈学者所走过的治学之路，也可以看到每一位学者的人生之路是和国家的命运紧密联系在一起的。没有改革开放，这十位学者的命运就完全不同了，也很可能就没有这十位学者了。不仅是学者，每个中国人的个人命运都和国家命运紧密联系在一起。这一点，也是我在重读这本文集校稿时的最大感想。

文集所收的作品写作于不同的时期，在这些时期，由于当时学术环境的限制，这些作品在所论的主题、行文表达方式乃至所用词语等方面都有不同之处。这些不同是由中国史学在这半个世纪中发生的变化所致，因此可以作为中国学术史演变的一个见证。为了使今天的学者（特别是青年学者）能够更好地认识和体会新中国史学的变迁历史，文集对所收作品尽可能保存原貌，除了对原文中的错别字和标点符号进行了更正之外，基本上没有做出更多的改动。这一点，在此对读者作一个说明。

四川人民出版社和封龙先生及其同事在文集的编校和出版工作方面投入了大量的精力，力求做到精益求精。因为他们出色的工作，使得文集能够以现在这个面貌和读者见面。在此，我对他们深表谢忱。

2024年4月29日于燕园

目 录

―― 讲 演 ――

大炮与银两：晚明的军事改革　　　　　　　　　　／003

明代的国防：军事技术变革与万历援朝之战　　　　／047

无独有偶："十七世纪全球危机"中的中国与英国　　／074

"天"亡大明：环境史与全球史视野中的明清易代　　／099

技术与国运：清代中国成功与失败的一个关键问题　／112

清代经济史留给我们的经验教训　　　　　　　　　／123

早期经济全球化进程中的中国　　　　　　　　　　／148

中国为什么没有出现工业革命？
——从"李约瑟之谜"谈起　　　　　　　　　　／200

寻求对过去更好的理解：与时俱进的史学研究　　　／234

区域文化与企业文化　　　　　　　　　　　　　　／260

书 序

魏丕信《十八世纪中国的官僚制度与荒政》序 / 275

万志英《剑桥中国经济史：古代到19世纪》序 / 295

李丹《理解农民中国：社会科学哲学的案例研究》序 / 302

上田信《海与帝国：明清时代》序 / 304

范赞登《通往工业革命的漫长道路：全球视野下的欧洲经济，1000—1800年》序 / 311

王国斌、罗森塔尔《大分流之外：中国和欧洲经济变迁的政治》序 / 328

郑永常《血红的桂冠：十六至十九世纪越南基督教政策研究》序 / 335

任放《明清长江中游市镇经济研究》序 / 341

黄纯艳《宋代海外贸易》序 / 346

仲伟民《茶叶与鸦片：十九世纪经济全球化中的中国》序 / 353

龙登高《中国传统地权制度及其变迁》序 / 360

《计量史学译丛》序 / 366

倪玉平《清代关税：1644—1911年》序 / 383

梁晨《民国大学教职员工生活水平与社会结构研究：以清华为中心》序　　／ 388

张天虹《中晚唐五代的河朔藩镇与社会流动》序　　／ 398

周琳《商旅安否：清代重庆的商业制度》序　　／ 412

张晓晶、王庆《传统中国的财富积累与分配：1820年代长三角地区社会财富研究》序　　／ 423

周生春《经"史"致用：周生春学术论文集》序　　／ 440

伊懋可《中国的历史之路：基于社会和经济的阐释》序　　／ 444

—— 书　评 ——

评斯波义信《宋代江南经济史研究》　　／ 453

评包弼德《历史上的理学》　　／ 490

评王文成等《宋金元明时期的市场发展与货币流通研究》　　／ 494

李伯重著作目录　　／ 511

讲 演

大炮与银两：
晚明的军事改革

今天这个讲座主要讲的是在明朝后期（大体是嘉靖中期到明亡），中国出现了一个重要事件，即一个军事改革运动。在讲这个题目之前，我想跟大家一起回顾一下，在清朝末年训练新军以前，中国军队在我们心目中是一个什么形象。

在第一次鸦片战争期间，英国驻华商务总监律劳卑（William John Napier）用轻蔑的口吻说："（像清军这样的）一支使用弓箭和长矛的军队，在对抗一小批经验丰富的英国军人时，能干些什么呢？"这就是当时西方人对中国军队的看法。自此一百多年来，人们对中国传统军队的看法都非常负面，成为一种漫画式的小丑军队。大家今天看国产电视剧中的清朝士兵，大概都是这个样子。这样的军队与近代化的英国军队打仗，一定是必败无疑。但是，事实是不是这样？清朝的军队是不是就是一批小丑式的军队？

这里我们引用著名军事史专家布莱克（Jeremy Black）的一段话：在十八世纪的世界上，"在陆地上，最有活力的国家和最成功的军事强国是中国。中国在十七世纪下半期开始扩张，把俄国人逐出了阿穆尔河流域（1682—1689），战胜了准噶尔人（1696—1697）。在十八世纪，中国继续着此过程，于1700—1760年间，最终解决了准噶尔问题，控制了远至拉萨和巴尔喀什的广大地区。中国1766—1769年间对缅甸的军事行动不太成功，但是当尼泊尔的喀尔喀人开始扩张并挑战中国在西藏的地位时，1792年中国军队前进到加德满都，迫使喀尔喀人承认中国的权威。在此时期，中国还镇压了许多规模大的叛乱"。也就是说，在十八世纪，世界上最强大的陆军是中国陆军。十八世纪是清朝的盛世，康雍乾三朝都在十八世纪，中国军队面对强大的敌人，几乎是战无不胜。他们在全世界最高的高原——青藏高原、中国最低的低地——吐鲁番盆地、世界第二大流动沙漠——塔克拉玛干大沙漠以及蒙古草原等地作战，在北到西伯利亚，南到缅甸的寒带、温带、热带地区作战，而且基本上都是打胜仗。同时，中国军队也可以跨海作战，收复了台湾。所以，布莱克很公正地说这是当时世界上（十八世纪）最强大的陆军。他这段话和刚才提到的世人对清朝军队漫画式的印象，形成一个鲜明的对比。

上面所说是今天这个讲座的一个引子。通过这个引子，我们提出一个问题：传统时代的中国军队到底是一支什么性质的军队？鸦片战争以前，中国军队到底是什么样的？

今天讲的主要是明代的军队。这支军队并不像我们所想的那样，完全是一支传统的军队。这支军队已经有一些近代军队的特征。清朝军队正是继承了明朝军队的特点，所以才能够在十八世纪的时候称雄于东亚。这里，要把几个概念先弄清楚，什么叫传统军队？什么叫近代军队？

军队是一种有组织的暴力，它的职能就是消灭敌人。消灭敌人一定要用武器。因此军队的基本特征就是使用武器，所以说军队是组织起来使用武器去杀人的一批人。武器是军队能力的关键，但是从历史上来看，武器可以分为冷兵器和火器两大类。使用冷兵器和使用火器的军队，在许多方面都非常不同。大体而言，使用冷兵器的军队叫传统军队，而使用火器的军队叫近代军队。在十三世纪以前，世界各国的军队基本上都是使用冷兵器，所以都叫传统军队。到了十三世纪，火器开始使用。在中国，从明代开始，军队中火器的作用越来越重要，在一些部队里火器甚至成为主要武器。所以到了此时，传统军队已经开始向近代军队转化，当然这只是转化过程的开端。中国真正近代意义上的军队，是清朝末年训练的新军。因此，这个转化过渡的过程很漫长，长达几个世纪，但其开端是在明代。

中国有一句俗语，叫作"十八般武艺件件精通"。十八般武艺，指的是使用十八种武器的方法，所以《水浒传》第二回说："史进每日求王教头点拨十八般武艺，一一从头指教。哪十八般武艺？矛、锤、弓、弩、铳、鞭、锏、剑、链、挝、斧、钺、戈、戟，牌、棒与枪、扒。"这十八种武器全是冷兵器。其中使用最多的，是刀、枪、剑、弓箭等几种。这些武器为什么叫冷兵器呢？因为使用这些武器主要靠的不是化学力，而是人的肌肉。人的肌肉能力很有限，所以使用这些武器打仗，基本上是面对面的肉搏。这很好理解，面对面的搏斗，最需要什么？是体力，其次是使用武器的技能。所以要经过长时期的练武，才能使用多种武器，才能十八般武艺样样精通。

当然，在冷兵器时代，也有一些威力较大的武器。其中最重要的就是抛石机。抛石机在中国历史上第一次大规模使用是在官渡之战中。曹操在官渡之战使用一种抛石机，因抛石时声音很大，所以被称为"霹雳车"。这是史书中最早有记载的抛石装置。《资治通鉴》中说，袁绍在营中堆土成山，建立高楼，向曹营射箭。曹操建霹雳车，用巨石攻高楼，一一摧毁。这种抛石机一直用到元朝。中国的抛石机与西欧的抛石机不同，是利用杠杆原理，将巨石抛出，以攻击敌方城池或城防设施和人员。这种抛石机一端有很多绳子，另一端是一个兜子。士兵先把巨石放在兜子里，另外一端则有很多士兵，每人拉着一根绳子，叫"一二三"，然后猛然放开手，巨石就飞了出去，被抛到敌军阵营，或者被围攻的城市里，给敌人造成很大的伤亡。但是抛石机有三大局限：第一，命中率很低，你想把石头扔到这个位置，但它可能会扔到另外一个位置；第二，攻击的距离很有限，顶多几十米而已，因为人的力量不可能很大；第三，威力不大，由于巨石不会爆炸，落到对方阵营时，石头打到你，你就受伤；打不到你，你就安然无恙。所以，虽然抛石机是冷兵器时代威力最大的武器之一，但是它的实战能力仍然很有限。使用抛石机的士兵与敌人之间也只是相隔几十米而已，实际上与肉搏战的距离相差无几，可以说是肉搏战的延伸。

在冷兵器时代，防守最有效的手段就是凭借城墙。《水浒传》绣像本中有一幅插图，画的是后来梁山一百零八将中的天猛星秦明回到青州，慕容知府令人把吊桥拉起来，这位有"万夫不当之勇"的"霹雳火"就束手无策了。在冷兵器时代，攻城是非常艰难的事情。要攻城，首先要制造攻城的云梯和攻城车，然后由士兵把这些设备推到城下，爬梯上城。如果有护城河，设备推不过去，就要先把护城河填平。在攻城时，攻城军经常强迫俘虏或者是当地抓来的居民，驱赶他们冒着城上射来的箭雨和掷下的檑木炮石，把云梯推过去。在很多情况下，攻城军干脆把这些人赶下护城河，让他们淹死，用他们的尸体填平护城河，再把攻城车、云梯拉到城下，搭到城墙上，士兵爬梯上城。当然城上面有士兵防守，见到攻城的士兵爬上来，就会居高临下，把梯子推倒，或者把攻城士兵杀掉。所以说攻城是一件很困难的事情。在南宋末年，所向无敌的蒙古人围攻襄阳和樊城数十年而一直攻不下来，主要原因就是没有很有效的攻城武器。

在冷兵器时代战斗力最强的军队骑兵，相对于其他兵种，是当时唯一的"资本密集型"军队。装备一个骑兵，需要的费用远远大于装备一个步兵。骑兵在面对步兵的时候有很大的优势，步兵在正常情况下绝对不是骑兵的对手。不仅如此，骑兵还有非常高的运动能力，可以迅速把大量的兵力从一个地点调到另外一个地点，然后形成一支强大的攻击力量。世界历史上最优秀的骑兵就是蒙古骑兵。所以可以理解，在成吉思汗时期，整个蒙古高原具有战斗力的人不过就二三十万，但是这区区几十万人能够征服从中国一直到欧洲中部广大的地区。因此中国的中原王朝对抗北方游牧人南侵的主要手段，只有耗费巨资建造长城和其他防御工事。蒙古人在征服世界的过程中也遇到过抵抗，而其中抵抗最顽强的就是南宋。蒙古人用了几十年时间才攻下战略要地襄阳、樊城，之后才能够彻底击败南宋。襄阳、樊城之所以能够抵抗这么久，一个原因是骑兵到了坚城之下也无能为力。

用经济学的词语来说，冷兵器时代的军队是劳动密集型的军队，国家的军费开支基本上是用来养活军人。军人使用的武器简单，生产和维修武器的费用也不多。军队训练主要是士兵个人的武艺和纪律，打仗时主要是面对面的肉搏，使用的战术相对来说也比较简单。但是在世界历史上，到了中国的宋代，出现了一个重大的变化，即发明了火器。火药的发明是在隋唐时代，但那是在道士修炼金丹时偶然发现的，并没有走出丹房。到了宋代，人们才第一次把它用于战争。北宋开宝三年（970）冯继升发明火箭法，开宝八年（975），宋朝在攻灭南唐时使用了火炮和火箭。之后唐福制造了火箭、火球、火蒺藜，石普又制成火球、火箭。北宋政府在京城开封有制造火药的工厂，叫"火药窑子作"，在建康府（今江苏南京）、江陵府（今湖北江陵）等城市也建立了火药制坊，制造了火药箭、火炮等以燃烧性能为主的武器。但宋代的火器实战性能很差。元代火器有了重大的改进，出现了铜火铳。当时管形火器都叫作火铳，包括后来的枪和炮。

明朝初年，铜火铳变成了铁火铳，铁火铳比铜火铳更为重要。明朝末年出了一位伟大的科学家徐光启，在世界科学史上享有重要地位。今天中国、日本、韩国科学上所用的名词，比方说几何学、数学中的基本术语如点、面、线、体，开方、平方，等等，都是他创造的。徐光启总结说："古之远器不过弓矢，五代以来变为石炮，胜国以后变为火器，每变而趋于猛烈，则火器者，今日之时务也。"意思是说，古代武器中射程最远的不过就是弓和箭。到了五代，出现了石炮，石炮就是抛石机（当然这个说法是不正确的。因为抛石机在三国就出现了，不过应用不是太多），元朝以后变为火器。每次变化，武器性能都变得越来越猛烈。到了今天，制造火器是当务之急。

宋朝火器出现，在军事史上具有非常重要的意义。但是要弄清一点，火器出现并不意味着它已经很有效，也不意味着它成为军队使用的主要兵器。宋代火器叫突火枪，是用竹子制作的，把竹子打通，填入火药，塞进一些小石子；或者是将破瓷碗敲碎，填入碎瓷块，竹管的另一端有一个眼，这个眼插进类似今天炮仗上的那种火药线，然后用一根香点着火药线，引发竹管内的火药，对着敌人，把小石子等"砰"的一声发射出去。

因为竹子的强度很低，火药不能填得太紧，如果填得太紧，竹子就会爆炸，因此火药装填不多。同时火药也比较原始，所以爆炸力很有限。加上没有瞄准装置，突火枪的射程远远赶不上弓箭，发射出去的小石子杀伤能力也有限。所以，突火枪在战场上起的主要作用实际上是吓唬敌人，特别是吓唬敌人的马。宋朝和金朝打仗，金人的骑兵宋朝是远远比不上的，但是马很害怕火，在"砰"的一声响的同时，火光也一闪，火焰喷出去，发射出去的小石子也可以打到马的眼睛或身上，马会惊惶后退，敌军的阵势也就乱了。可见，突火枪起到了阻吓的作用，而不是真正杀伤的作用。因此，宋朝虽然开始出现火器，但处在初级阶段，是最原始的火器。

到了南宋，北方是金朝，西北是西夏，更北方是蒙古人，这时在东亚大地上战争规模越来越大，各个政权都在积极地寻求先进的武器。过去一般认为，世界上现存最早的火器是元朝留下的一门铜炮，制造时间大约是1332年左右。二十世纪八十年代在武威和银川出土了西夏制造的火铳，这是现在全世界最老的炮。火器有很多种类，有爆炸型的、燃烧型的、发射型的，其中也有被称为火箭的火器，但这种火器是把箭放在一根管子里，用火药射出来。管形火器过去叫铳，这个词在日本用了很久，朝鲜则叫火筒，都是从中国传过去的。

西夏和元朝出土的火铳都是铜火铳。因为铜比较容易加工，所以全世界最早的火器，都是用铜来制造。铜的强度远远超过竹子，所以到了铜火器时代，火铳就变成一种真正具有强大杀伤力的武器了。

到了明朝初年，军队里已经开始广泛配备手持的火器，叫手铳。这是中国步枪的前身。关于明朝军队的装备，朱元璋于洪武十三年（1380）下令："凡军一百户，铳十，刀牌二十，弓箭三十，枪四十。"即每一百个士兵配十把铳，也就是说十分之一的明朝军队是使用火器的。当然，比起冷兵器，火器还是少数。但是如果考虑到明朝军队庞大的规模，可以知道当时在全世界，中国军队使用的火器的数量，从绝对数量来说是最多的。这个规定是面向全国的军队。但是明朝除了遍布全国的卫所兵外，还有一支保卫京师、防备蒙古人的精锐部队，即明代的"中央军"，当时叫"京营"。这支军队是由三个部分组成，其中一个部分叫作"神机营"，是永乐皇帝建立的。这支军队大概七八万人，是以火器为主的部队，是全世界第一支成建制的火器部队，比西班牙专门的火枪兵部队早了一个世纪左右。

到了明朝中叶，使用火器的军队比例就提高到百分之六十左右。明朝末年，提高到百分之八十左右。明朝末年，驻守北京最精锐的"中央军"——京营，大概已经有百分之八十的士兵使用火器。所以,明朝军队和过去任何军队都有很大不同。近代早期称霸欧洲的西班牙火枪兵,使用的主要也是火器,所以非常强。后来明朝铳手手中的武器叫三眼铳和鸟铳。到了十六世纪,全世界最强悍的军队,都是火器占重要比重的军队。虽然他们并不完全使用火器,但火器占有最重要的地位。

但是,一直到嘉靖时代,明朝军队使用的火器在质量和数量上面,都有很大的局限性,所以不能完全取代冷兵器。在质的方面,火器一直到明朝中期还是比较原始的,特别是手持火铳。首先,火铳装药很慢,要用一个像牛角那样的装火药的容器,把火药从枪管的前端口抖进枪管里,接着用一根通条把火药填实,放入弹丸,再从另一端的药线口插入火药线,再用燃烧的火绳或者艾条去点燃药线,药线又引燃枪管内的火药,把弹丸发射出去。这个过程很慢。不仅如此,装药时,使用多少火药,全凭手的感觉,不仅用量无一定规,而且装药速度也很慢。要是遇到天阴下雨刮大风,火绳熄灭了,就没办法使用火铳作战。所以当时很多人认为,在实战中,火枪比起弓箭差多了。一个弓箭手经过专门训练,射箭的速度可以非常快,如果使用强弓,有很好的体力,射箭的射程要比一般的火铳的射程更远,命中率也更高。所以,火铳还不能够取代冷兵器。

明朝军队的体制也有很大的问题。朱元璋建立明朝军队,创立了一种叫作卫所制的制度。明朝军队规模庞大,洪武二十五年(1392)统计,全国卫所兵数有一百二十余万。永乐以后,卫所兵数达到二百七十余万,在中国历史上无有其匹。为什么军队规模那么大?主要原因是这支军队实际上是一支半兵半农或者亦兵亦农的军队。军人都是世袭的,单独编户籍,叫作军户。全国军户约有二百万家，占全国户数很大的比例。凡各地卫、所都实行屯田，以保证军饷的供应。军士分为屯田与守城两部分，屯田者专事耕垦，供应军粮；守城者专务防守操练。军士守城与屯种的比例，大致是边地三分守城、七分屯种，内地二分守城、八分屯种。军队大体能够屯田自养，屯田收入成为军饷的主要来源，这就使国家免去养兵之费，大大减轻了人民的负担。朱元璋的理想就是国家养百万大军，但是不要国库拿一文钱来养他们。所以明朝军队中的军人大部分实际上是农民，而不是真正的军人。这样军队里的军人平时负担很重，因为他们不仅要养活自己，而且作战所需要的武器，也要他们来制造。由于要种田做工，他们平时也很少进行军事训练，所以这不是一支专门的职业军队。只有在北京的京营是一支比较专业的军队，但是它在明朝军队里的比重很小。所以，明朝的军队是一支劳动密集型、低成本且专业化水平低的军队。虽然数量很大，有时候（如在明朝初年）也还能打一些胜仗，但是这种具有民兵性质的军队远远不能对付强大的敌人，一旦新的挑战出现，问题就大了。

明朝时期，世界在迅速变化。在中国所处的东亚世界，也出现前所未有的变化。这种变化导致新的军事强权的出现。请注意，这里我使用的术语是军事强权，而非军事强国。强权比强国要更笼统一点，因为它不一定是指一个国家，而也可能是一个强大的部落或者地方政权。这些强权中，有的还是中国的一部分或是中国的藩属，但是它又向中央政府挑战。这些新的地区强权，都和明朝发生冲突，这是在中国历史上从来没有过的情况。那么，这些强权是哪些呢？

首先，在东北亚，日本、朝鲜、满洲在明代时期兴起了。

日本：在唐朝以前，日本还非常落后。到了唐朝，它开始学习中国，取得长足的进步。到了明朝，日本开始形成一股强大的力量，向中国发起挑战，所以朱元璋做了皇帝之后，曾经严厉禁止和日本通商。

朝鲜：朝鲜半岛在历史上长期分裂，到差不多明朝建立的时候，高丽大将李成桂建立了李朝，国名朝鲜，成为一个统一的国家。虽然朝鲜在明朝时期和明朝的关系一直良好，但也有一些利益冲突，因为朝鲜统一后对中国鸭绿江以西的领土有野心，而明朝强大，李朝没办法实现这个野心，因此有一些冲突的种子埋在那里。

满洲：满洲即我国东北地区和俄国的远东地区大部分，自古是中国的领土，但是在大多数时期，中原王朝只对这一地区的南部（即辽宁）实行直接治理，其他地区则处于一种羁縻制度之下。到了明朝后期，女真族逐渐兴起，成为一支非常强大的力量。

其次，在东南亚，明朝时期有安南、暹罗和缅甸三个地区强权兴起。

在元朝以前，东南亚从未成为中国的敌人，因为那里很落后。在东南亚，最发达的一个地区叫作"交州"或"交趾"，从秦始皇开始，一直到元朝，都是中国的一个正式的行政区，处于中央政府的直接治理之下。但是到了元朝末年，这个地区的酋长黎氏、阮氏，利用元末天下大乱之机，建立一些地区性的军阀统治，互相打仗，最后把今天越南的北部统一了，建立了政权，称为安南。明朝建立之后，永乐皇帝派军队去收复故土，恢复中国在那里的统治。二十多年后，宣德皇帝将军队撤回，安南取得了独立。此后，安南积极向外扩展，成为中南半岛上的强权。

明朝时期，在中南半岛上还兴起两个新兴的地区强权。其中一个是暹罗，即今天的泰国。暹罗从未和中国发生冲突，两国一直保持着良好的关系，但是它在东南亚起着很重要的作用。

另外一个新兴强权出现在中国西南边境，即缅甸。缅甸在东吁王朝统一之后，不断地向东北扩张，和明朝发生严重的军事冲突。

第三，在东南亚的海洋部分，也出现了新的强权。以往中国从来没有和欧洲人发生过冲突，但是到了明朝后期，新兴的世界强国——葡萄牙、西班牙、荷兰，一个接一个地来到东亚和明朝发生冲突。

虽然这些新兴的地区强权彼此之间也有冲突，但是由于明代的中国是整个东亚世界的中心，所以他们都要向中国的权威挑战，蚕食中国的领土，甚至要夺取明朝的天下。因此，明朝遇到前所未有的挑战。

除此之外，明朝还有一个传统的敌人，即北方的游牧人。在这个时期，北方的游牧人主要是蒙古人。蒙古人在明朝分成两个部分，在东面的蒙古人，就是生活在今内外蒙古地区的蒙古人，当时叫作"鞑靼"；在西面的蒙古人，明代被叫作"瓦剌"。鞑靼的统治者是成吉思汗的后裔，建立的政权叫"北元"，延续了二百六七十年，差不多与明朝相始终。统治中国的元朝灭亡之后，北元统治者仍然企图重新入主中原，不断组织力量反攻，所以一直长期和明朝为敌。瓦剌兴起后，在明代中期达到极盛，在"土木之变"的时候，还把明英宗俘虏了。明朝边防的主要力量始终是对付他们。

因此，明代中国可谓强邻环绕。北面的蒙古，东面的日本、朝鲜、满洲，南面的安南、暹罗、缅甸，从欧洲来到这里的西班牙、葡萄牙，对明朝形成一个包围圈。中国传统的国防是陆上防御，但是到了明朝，海上也愈来愈成为问题。倭寇侵扰、日本进攻朝鲜、欧洲海上列强（葡萄牙、西班牙、荷兰）的攻击，等等，都是从海上进行的。

与中国传统的北部敌人不同，这一时期新兴的地区军事强权有一个共同的特点：他们都知道火器的重要性，军事行动中都努力采用最先进的火器和战术。

安南为什么能够独立？一个原因就是安南人当时使用相当先进的火器。明朝军队吃了败仗之后，把安南的火器带回来，称为交铳。永乐皇帝感到交铳比明朝军队用的火铳好，下令仿制。

日本在明朝时候主要处于战国时期，是一个分裂的国家，各个诸侯国之间战斗不断，有大量的武士，在本国被打败后，就跑出来当海盗，叫"倭寇"。日本人有一个特点，就是善于学习。日本人自己的重大发明不多，但是一旦得到别人的发明，他们会加以改进，做出更好的产品。在火器方面就是这样。日本人从中国人那里学到了火器技术，随后又从葡萄牙人那里获得了更先进的火器，然后加以改进，造出来的鸟铳比中国的火器要好得多。倭寇能够危害中国百年，原因之一就在于他们拥有这种先进的鸟铳。明朝后来也发现了这一点，并且引进了日本鸟铳，大量制造。

缅甸为什么能够在明朝后期和中国打了几十年仗，而且还步步北进？一个原因也在武器方面。缅甸人和葡萄牙人、英国人接触很早，因为英国人和葡萄牙人在十六世纪后期都到了印度。在印度的葡萄牙人和英国人组建了殖民军，并出征缅甸。在与缅甸人的战斗中中了埋伏，有一些军人被俘虏。缅甸的统治者就把这些被俘的军人编入缅军，叫他们训练缅甸人使用西方的火器。因此，十七世纪缅甸称雄一时，原因之一是他们在使用西方火器方面已经相当专业化。

至于葡萄牙、西班牙和荷兰，都是当时的海上强国。他们所使用的火器，一个比一个更好。这一点，就不必多说了。

在中国东北兴起的后金，后来叫清。清朝的统治者说他们祖先是靠弓马得天下，也就是说靠的是骑兵和传统的兵器。但实际不是这样。在努尔哈赤时代可能如此，但是到了皇太极时代早已不是这样。女真人积极寻求先进火器，建立了专业的火器部队。早在清兵入关前，清军在火器装备方面就已比明军更有优势。

由上可见，明朝时期东亚世界兴起地区军事强权都在寻求使用先进火器。因此它们对明朝的威胁，也就超过来自北方蒙古高原的传统威胁。万历末年，徐光启在总结当时形势说："东方之役……以百万生灵，数千万金钱，嫁送全辽，且骚动天下……近闻红毛聚众，欲窃取濠镜，若此夷得志，是东粤百季之患，亦恐祸不仅在越东也。"这段话的意思是：万历时中国在朝鲜和日本打了一仗，花了数以千万两白银计的钱，搞得中国天天不安；但是现在还有一个严重的威胁是荷兰人。当时荷兰人被中国人叫作"红毛"，红毛人来到东亚，想夺取澳门。大家一定要知道，澳门长期以来是葡萄牙人向中国租借的一块地方，不是殖民地。明朝和清朝一直有官员在那里治理澳门，即香山县的一个县丞（大致相当于今天的副县长），这是澳门的最高长官，下面有一个葡萄牙总督，实际治理澳门。澳门成为殖民地是十九世纪八十年代，那时清朝已经很衰落，小小的葡萄牙才借英国的势力，迫使清朝把澳门变成殖民地。葡萄牙和明朝早期有冲突，后来就变得比较友好，但荷兰人一直不友好。所以荷兰人想夺取澳门，如果荷兰人得志，就会成为广东长达百年的大患。中国的灾祸以后恐怕就不单是在广东，为什么？因为荷兰人掌握着当时最好的火器。

在明朝两百多年统治中，世界的火器发展正处于一个突飞猛进的时代。虽然火器在中国最早发明并最早用于军事，但是火器技术却在中国发展比较缓慢。火器发展最快的地区在哪里？在西欧。西欧的火器发展经历了几个阶段。最早的是火门枪。火门枪很像明初中国的火铳，实际上就是一根金属管，没有枪柄，也没有准星，发射时把火药从管口放进去，另一端管壁上有一个眼，士兵直接用火（燃烧的木炭或者烧红的铁块）去点，就这样对着敌人发射。火门枪杀伤力很差，精度很差，射程很近，是最原始的枪。后来出现了一次技术革命，火门枪变成火绳枪。火绳枪已经有准星和枪柄，可以举起来瞄准发射。更重要的是，出现了使用火绳的点火装置。火绳有点像中国使用的艾条，可以缓慢地燃烧。点火装置包括一个夹子，可以把火绳夹住，同时还有一个扳机，可以把火绳的燃端对准枪管上的药池。发射时，一扣扳机，火绳燃端下来，碰到火药，使之点燃，把弹丸打出去。更高级的就是燧发枪，不要火绳的，上面装一个像打火机的那种燧石，下面一个小轮。一扣扳机，火石碰到轮子产生火星，然后把火药点着。从火门枪到火绳枪再到燧发枪，是枪发展的三个阶段，都是明朝时期欧洲出现的。不过，燧发枪的普遍使用是比较晚的事，在明朝时期的欧洲，使用最广泛的先进火枪是火绳枪。

火炮的变化，比火枪的变化小一些。这个变化主要在材质方面,即从青铜炮变成铁炮。这是一个伟大的进步。铜是很贵的金属,造出来的火炮价格很高。而铁比铜便宜得多,因此铁炮的造价也大大低于铜炮,因此可以广泛使用。不仅如此,铁的强度比铜高得多,同样大小的炮,在铁炮里可以放更多火药,把更大的炮弹发射出去,打得更远。

但是从工艺上来说,制造铁炮比制造铜炮困难得多。制造铁炮使用生铁,而由于早期冶铁技术不高,炼出来的生铁里面有很多杂质,不像铜,杂质很少。生铁杂质多,就会在铁铸器内部形成许多气孔。这对于火炮是很严重的问题,往往导致炸膛,就是在发射时把炮膛炸毁。所以,只有到了冶铁技术提高到相当水平时,炼出来的生铁的纯度比较高了,才能够造出使用可靠的铁炮。而生铁冶炼技术的提高是一个很长的过程。

为什么火器在西欧进步很迅速?原因并不复杂,一种技术的发明和改进,背后一定有一种特别的社会需要,正如恩格斯所说:"社会一旦有技术上的需要,则这种需要就会比十所大学更能把科学推向前进。"在中世纪后期和近代早期,欧洲处于长期的战争状态,有的战争打了一百年,历史上叫"百年战争";有的战争打了三十年,叫"三十年战争"。欧洲是无数个小国组成,从十六世纪开始,这些小国就像中国古代的春秋战国时期的列国一样,无日不战。而且欧洲大部分国家在面积、人口方面差别不大,可以说是势均力敌的,不像中国对邻国,在面积和人口上都享有巨大的优势。例如日本是东亚第二大国,但在领土和人口方面,都完全无法与中国相比。自明朝至今,日本的人口都只是中国的十分之一左右,领土的差别就更大了。因此在欧洲,一个国家不能靠军队的人数优势去压倒对方，只能依靠更有效的武器。这就使得各个国家努力寻求更好的武器，从而导致了更好的武器的发明。不仅如此，武器技术的秘密是无法长期保持的。某个国家发明出了先进武器，对手马上就会发现。发现之后，厉害的对手马上会去仿造，所以先进火器技术就传播开来了。传播开来之后，各国又不得不再去发明更先进的火器或者把从对手那里引进的火器进行改进，实战更为有效。这样一来，就使得火器技术能够在几个世纪的长时期中不断地发展和提高。

欧洲的火器技术进步也扩散到欧洲之外。在大约明代时期，欧亚大陆上兴起一个新的强国——奥斯曼帝国。奥斯曼帝国兴起之后，势如破竹地征服了欧亚非三大洲的广大地区。土耳其人的成功，很大程度上靠的是它的炮兵。他们是向欧洲人学来火炮技术，并且依靠火炮征服世界的。欧洲人来到亚洲东部后，日本人、缅甸人、安南人、中国人也都积极学习欧洲人带来的欧洲火器技术。在东亚，葡萄牙人在澳门建立了卜加劳铸炮厂，被称为世界上最好的铸炮厂之一。明朝后期日本的种子岛专门建立了专业兵工厂，把葡萄牙人的火枪加以改进，称为"种子岛铳"。因此，在这个时期，出现了一个先进火器技术世界性传播的浪潮，这是史无前例的。

我之前到葡萄牙开会的时候，去参观了在里斯本的军事博物馆，这是世界上最好的军事博物馆之一，里面收集了大量的武器，我也拍了不少照片。明朝时期葡萄牙人造的火绳枪，外观非常漂亮，到今天还是亮光闪闪。葡萄牙人当时造的炮，包括小型炮、中型炮，还有装在炮车上的小型炮。博物馆里有各种各样大大小小的炮。如果仔细对比中国的炮和葡萄牙的炮，到了明朝后期，彼此相差不多。在博物馆外面，就可以看到不少十七世纪世界上最大的炮。其中最大一门土耳其制造的火炮，长达15米，我想可能是全世界现存最大的一门青铜炮。炮上的铭文是用旧土耳其文写的（土耳其文原先用阿拉伯字母拼写，凯末尔革命以后，废除了阿拉伯字母，改用欧洲字母）。这些铭文，据讲解员说，是《古兰经》里的一些话。

土耳其人的祖先在亚洲，即突厥人。他们后来不断迁徙，迁到了今天的土库曼斯坦一带，接受了伊斯兰教。他们是游牧民族，所以拥有强大的骑兵。但是到了小亚细亚后，他们碰到了一个强大的对手——东罗马帝国，又叫拜占庭帝国，首都在君士坦丁堡。这个帝国已经延续了一千年，在此期间经历了多次外族入侵，都挺住了。阿拉伯人、蒙古人、十字军曾经多次围攻君士坦丁堡，但都攻不下。一个原因是君士坦丁堡的城墙，经过一千年的不断翻修，成为世界上最坚固的城墙。这个城墙全是巨石建的，高大宏伟，所以能够经历多次围攻而保卫城市不被攻陷。从欧洲中世纪的画来看，十字军在进攻君士坦丁堡时，因为城墙很高，十字军军人爬云梯上来，守军用石头把进攻者打了下去。但是到土耳其人围攻时，土耳其人使用了当时欧洲最好的造炮专家制造的大炮。当时欧洲有很多到处出售火器技术的专家。其中有一位匈牙利人雨果，是有名的造炮专家。土耳其人高薪把他请过去造炮，造出了当时世界上最大的炮，被称为"炮王"（图1）。土耳其人把这门炮运到君士坦丁堡城外，用来攻城。因为这门炮实在太大了，所以必须为它专门修一条路，并用了上百头壮牛来拖，才把它拖到君士坦丁堡城下。土耳其人把大炮安顿好后，大车一车一车把火药运过来，装入炮膛，再装

图1　土耳其的大型火炮。李伯重2009年摄于里斯本军事博物馆

进巨大的炮弹,然后发射。由于装药量太大,装起来很费时间,因此一天只能打两炮。但是炮的威力实在太大,一炮下来,一片城墙就垮了,第二炮再过来,又是一片城墙垮了。从这些缺口,土耳其步兵潮水一般地冲进去,于是这个一千年的帝国首都就完了。这次战役改变了世界历史。而这个地区也因此由基督教世界的一部分变成一个伊斯兰国家,连语言都被统治民族同化了。这个地区过去讲的是希腊语,但是后来都讲土耳其语了。土耳其人积极学习火器技术,是他们能够成功的一个关键原因。

土耳其和中国也有关系。万历时代,土耳其人建立的噜密国的苏丹(即该国的最高统治者,既是最高的宗教领袖,又是最高的世俗统治者),派人送了礼物给万历皇帝,其中之一就是一支火枪——噜密铳,这是土耳其人用从欧洲学来技术制造的最好的火枪,比东亚最好的火枪——鸟铳更好。

欧洲的火器技术传到东亚后受到高度重视,不仅得以迅速传播,而且还被不断改进。其中在火枪改进方面做得最好的是日本。日本向葡萄牙人学来火绳枪的制造技术,加以改进,造出更好的火枪,叫作鸟铳。为什么叫鸟铳?因为可以把飞鸟打下来。如果用过去东亚地区使用的传统火铳,射击精度差,射程短,怎么可以打鸟?日本人改进这种火枪,可以把鸟打下来,所以叫鸟铳。倭寇危害中国达一百多年,他们为什么那么厉害?一个原因是他们都用鸟铳。因此倭寇的攻击不仅具有很大的机动性,而且具有很强的火力。

由上可见,明代中国确实是强敌环绕,而且敌手一个比一个更狠,都使用了先进的武器。

明朝并没有忽视这些挑战。文人和政府都对此予以高度关注,积极引进外国先进军事技术。晚清之前,在中国历史上,这大概是唯一一个大力引进外国技术的时期。当时中国获得西方先进军事技术的一个来源是传教士,通过他们把西方的科学技术书籍翻译出来,从而得到相关知识。例如,穆尼阁(Johannes Nikolaus Smogulecki, 1610—1656)翻译了《西洋火器法》,汤若望(Johann Adam Schall von Bell)与焦勖合作译述了《火攻挈要》。其中汤若望不仅为明朝效力,后来又为清朝服务。

中国的军事专家也对西方火器技术进行了研究,例如何汝宾写了《西洋火攻神器说》,孙元化写了《西法神机》。何汝宾是浙江人,做过官。他辑录了《兵录》一书,共14卷,约25万字,附图

484幅，其中《西洋火攻神器说》一章，被认为是中国最早研究西方火炮技术的专著之一（图2）。该书介绍了各种西洋火炮的形制尺寸、弹药用量、铸造技术和弹道射程等，还绘有数幅铳规的使用图。此书在中国古代兵书中还最早记载近代步枪的雏形——燧发铳（扳机击发式火绳枪）。《西洋火攻神器说》于1799年被译成日文，为日本武器专家所取法。因为打炮要测量距离，不用测量仪器，打炮就是盲目打，所以大科学家徐光启写了《测量法义》。由此可见，明代中后期出现了一个火器技术引进和研究的高潮，也就是中国历史上出现的第一个外国军事技术引进的高潮，以后一直到洋务运动才开始出现第二个高潮。

明朝人接触到葡萄牙火绳枪之后，发现比自己造的火铳好，于是就仿造。明代后期的鸟铳形状和原有的手铳已经完全是两回事，明显是仿造葡萄牙枪。后来又发现日本改进的火绳枪（鸟铳）更好，于是又仿造日本鸟铳。土耳其苏丹送了一支噜密铳作为礼物给万历皇帝，万历皇帝虽然很昏庸，但他也没有忽视这件礼物，命

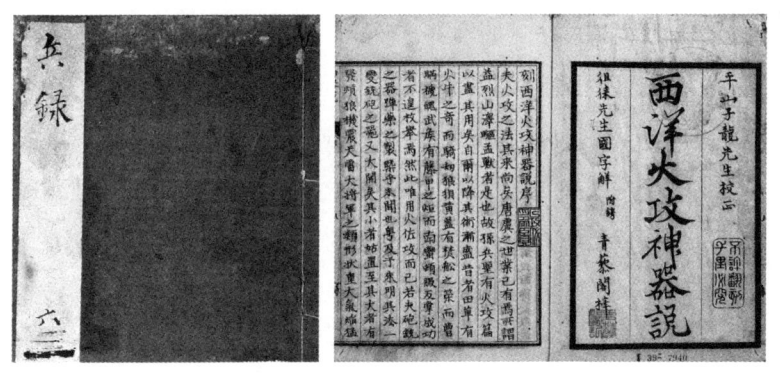

图2 《兵录》

令礼部将它交给兵部武器专家赵士祯去研究。赵士祯把这支噜密铳拆开，分解为一个个部件，看它起什么作用，然后研究噜密铳比明朝军队使用的鸟铳好在哪里。在此基础上，赵士祯做了进一步的改进，造出了当时东亚最好的步枪——噜嘧鸟铳。

在十六世纪后期和十七世纪，东亚最强大的火器是荷兰人使用的大炮。荷兰人被明朝人叫作"红毛夷"。为什么叫荷兰人"红毛"，始终是一个问题，很多学者也在探讨。我在荷兰乌德勒支大学做演讲的时候，看到在座的人没有一个红头发的，于是问他们，他们也说荷兰人中红头发的很少，因此对中国人称他们为红毛感到很奇怪。当然，我后来也听到有人解释，荷兰人毛发茂密，而且皮肤色素少，毛细血管容易显露出来，所以脸孔比较红。中国人觉得荷兰人红脸又多发，所以叫"红毛"，可能是这个原因。荷兰人造的大炮比葡萄牙人造的大炮（佛郎机）更长，威力也更大，中国人称为"红夷大炮"，积极进行仿造。因此对于明朝，你可以说有的方面保守，但在军事技术方面绝不保守，而是敞开大门，积极学习外国的技术而且加以改进。

在明代时期的东亚战争中，有没有先进的火器是胜败的关键。徐光启说在万历后期和天启崇祯时代，明朝军队和后金军队打仗，越来越占下风，为什么呢？是因为"连次丧失中外大小火铳，悉为奴有。我之长技与奴共之，而多寡之数且不若彼远矣"。也就是说，在历次战争中，明军丧失了大量的火器，都被敌人得到了。因此我们的长处，现在敌人也有了，而现在我们的火器数量远不及他们多，所以现在情况越来越危急。这就是当时十七世纪初期东亚世界军备竞赛的结果。大家都要去追求最好、最先进的武器，没有就要倒霉,就要挨打。这跟欧洲的情况很相似,也是东亚历史上很少见到的情景。

在东亚各国积极扩军备战的时候,明朝原有的军事力量却迅速走向衰落。徐光启很痛心地说,明军"大半乌合之众,既不相习,又非素练,器甲朽钝,全无节制",而且"目前军火器械皆非克敌制胜之具"。亦即明朝军队大半都是乌合之众,平时不训练,军官和士兵又相互不了解,武器破烂不堪,也没有办法去有效指挥,不仅如此,现在的军火器械都不是可以克敌制胜的。所以,在强敌环绕,特别是后金威胁厉害的时候,明朝当然处于高度的危机之中。从《清实录》中关于"萨尔浒之战"的绘画可见,在这次大战中,明军用的是弓箭,而清军则使用了火器。清军的战法是,前排是火枪兵,后排是骑兵。他们采用的交战方法是,先由火枪兵发射枪弹,对明军造成严重杀伤之后,骑兵冲过去,击溃明军。如果明军已冲了过来,则火枪兵退后,用铁甲步兵挡住他们。显然,清军的战斗能力比明军更强。

因此,到了这个时候,对明朝来说决定生死存亡的大事,是能否建立一支有效克敌制胜的军队。不然的话,大明王朝真是要完了。这种看法是明朝后期精英的看法,也是他们在做的事情。简言之,要进行军事改革,建立一支和过去腐败传统的军队不同的一支新型军队。

这里提到的明朝后期的精英,主要包括军事家和科技专家。军事家里面最出名的当然是戚继光。戚继光和倭寇、蒙古人都打过仗。他根据实战的心得体验写了两本著名的书,一本叫《练兵实纪》,另一本叫《纪效新书》,讲军队应该怎么训练,怎么作战,一句空话都没有。不像中国很多兵书（比如《孙子兵法》），讲的是原则、原理，实际上有点像哲学，而不是实际操作方法。戚继光在这两部书里讲得非常清楚，部队要如何培养，要配备多少支火枪，多少门火炮，多少刀枪弓箭，采用什么战法，纪律应该怎么执行，通信应该怎么样，非常详细。他训练出来的戚家军，是整个东亚最强悍的一支部队。这支部队人数并不多，但很出乎大家的意料，官兵主要是浙江人。大家一般认为北方人比较强悍，能打仗，江浙人则比较柔弱，打仗非其所长。然而戚家军主要就是浙江义乌人、金华人。这支军队打倭寇，打蒙古人，在朝鲜打日本人，都立下了赫赫战功。这支军队不仅武器好、训练好、士气高，而且纪律非常严明，可以说是全世界军纪最严的军队之一。

精英中的科技专家，代表人物就是徐光启。徐光启被李约瑟称为"十七世纪全世界最伟大的科学家之一"。他和利玛窦一起，翻译了大量的西方科技著作，对以后几百年东亚科技发展有很大影响。徐光启对西方文化了解颇深，后来还入了天主教。他的家乡就在上海的徐家汇，因为他有名，所以那个地方后来才叫徐家汇。徐家汇今天还有一个很有名的教堂，就是那个时候留下来的。

戚继光说建立一支新的军队，这军队必须是武器好、士兵好："有精器而无精兵以用之，是谓徒费；有精兵而无精器以助之，是谓徒强。"意思是有好武器没有好兵，那是浪费；没有好武器有好士兵，那是纸老虎。怎么能够建立这样一支兵好、器好的军队呢？徐光启说："博求海内外名工名技以为兵师，如甲胄、车仗、军火、器械之类，物究其极，然后选取材武之士，务求勇、力、捷、技冠绝侪辈者，三倍其糈，择名将定节制，日夜教习之……服习经岁，艺术既精，大众若一，驱之若左右手。"也就是说，要国内外的优秀技术人才找来做工程师制造出最好的武器，然后找最强悍、最能干的人来当兵，给他们三倍的兵饷。再找名将做统帅，日夜训练，纪律非常严明，使用部队就像使用左右手一样的顺利。可见，戚继光、徐光启他们共同的看法是：一支好的军队，要有最好的武器、最好的士兵，同时严格训练，要好的指挥官。

火器是构成新型军队的基本要素，这是晚明军事和科技精英们的一致看法。明朝后期学者唐顺之说："虏所最畏于中国者，火器也。"亦即女真人、蒙古人最害怕中国的，就是火器。戚继光说："孟子曰：'执梃可以挞秦楚之坚甲利兵。'非真言梃之可御坚利也，盖言人心齐一，即梃非可与坚甲利兵敌者，用之亦取胜。今夫敌甲诚坚矣，兵诚利矣，而我人心何如？乃以白棒当敌为长技，迷而不悟，即孙、吴复起，毋能转移，何其谬讹入人之深也。弓矢远不如火器，命中不如鸟铳，而敌以坚甲当之，每每射不能入，亦明知而不肯变其习者，缘上司抄阅偏于此耳。火器不精，不如无，今知以火器当敌而不知精，亦无埒也。"这段话的意思是：孟子曾经说，只要勇敢，拿着木棒也可以把持坚甲利兵的敌人打败。但是这其实只是鼓舞人心的话，实际上没有人真的可以这样做。真是拿木棒去打敌人，那就是用孙武、吴起来指挥，也无法打胜敌人的。要打胜仗，一定要有好武器。弓箭在射程方面不如火器，命中率不如鸟铳，如果敌人穿了坚固的铠甲，箭还射不进。火器也一定是要最好的，不精的话不如没有。徐光启则说："大都攻守之备，无论其军器焉，火器焉，其材美，其功巧，其费巨，其日力多，其造者自为用，五者备，然后可以为良矣。"即不管进攻、防守，都需要好武器,好火器。制作武器一定要材料好,铸造技术巧,不要省钱,不要赶时间,造出来都是要为自己用,这五方面具备了,才是好武器。他具体地说:"虏多明光重铠,而鸟铳之短小者未能洞贯,故今之练习,宜画敌为的,专击其手与目。又宜纠工急造大号鸟铳,至少亦须千门,可用洞透铁甲";"可以克敌制胜者,独有神威大炮一器而已。一见于宁远之歼夷,再见于京都之固守,三见于涿州之阻截。所以然者,为其及远命中也。所以及远命中,为其物料真,制作巧,药性猛,法度精也"。即女真人造的明光重铠非常好,现在明朝军队用的鸟铳都短小,打不穿重铠。所以现在一方面要加强训练,把敌人形象画在射击靶上,叫射手天天训练打他们的眼睛、手。同时赶快造大号鸟铳,才可以把铠甲打穿。

同时,更重要的是要造大炮,袁崇焕在宁远打败敌人已经可以见到大炮的效果了。徐光启说"目前至急事宜"之一是大造西洋火器,而在制造火器时,"铳药必须西洋人自行制造,以夫力帮助之……大小铳弹亦须西人自铸,工匠助之"。也就是说,火器要请西洋人(即葡萄牙技师)来制造或者指导制造,以求达到最好质量。为什么必须是要西洋人来造?因为他不放心明朝的兵工厂。

在新型军队中的军官都要有文化。成吉思汗征服世界,但是蒙古军队都是文盲。色目人为他们管理文书。因为当时传统军队不需要文化,所以不仅士兵都是文盲,而且连军官也大多目不识丁。但是这支新的军队情况就不同了。戚继光说:"率为名将,盖未有不习一法、不识一字、不经一事而辄能开阖变化运用无穷者,即有之,亦于实阵上经历闻见,日久乃能,否则吾知其断不能也……吾人童儿习之,幼儿学之,又须长壮之日履名将之门,处实境之间,方知兵法为有用，方能变化兵法，以施之行事之际，至于见任将领，付以边场之寄，岁有桴鼓之举，可谓学法于实境之间矣。却恃其骁勇，或因幼年失学，不解文字，或不知兵法之有助于实用，遂又弃之而不讲。夫有资可习者，无实履之地；有实履之地者，无可学之资，如何而得全材为干城之器乎？"也就是说，军官就必须有文化，绝对不能只是靠勇敢，要学兵法，而且要从小就学，像欧洲那种军官军校，特别是军官必须懂得新式的火器和战法。因此，当务之急是培养军官。徐光启说："教演大铳：……臣尝深虑，以为独宜令世臣习之……此等在京只须一二百人，每边只须数十人，足用矣。"也就是说，学习使用最新的大炮，要从军官子弟里找人，因为他们靠得住。这样培训出来的专业炮兵教官，在北京只要有一两百人，每一个边防军区几十个人，就够了。

不仅军官，士兵也必须能够胜任使用火器。徐光启说："火攻之法，一在铳坚，二在弹药相称，三在人器相习，相称相习，可以连发不损，则其益多矣。""火器一节，少不如法，非止无益，伤害极惨，尤宜慎之。""（大铳）一切装放皆有秘传，如视远则用远镜，量度则用度板，未可易学。"即是说，使用大炮，第一是大炮质量要好，第二是火药和炮弹要分量合适，多了会炸膛，少了射程不够，第三是炮手对武器要非常熟悉，经常练习，经常演习。使用远程大炮都有特别的方法。因为敌人都在十里八里以外，所以要会使用望远镜。然后，炮弹打过去有一个角度，所以要用"铳规"来计算角度。明朝末年有一个大数学家李之藻，是徐光启的好朋友，他说西洋大炮"每铳约重三五千斤，其施放有车，有地平盘，有小轮，有照轮，所攻打或近或远，刻定里数，低昂伸缩，悉有一定规式。其放铳之人,明理识算,兼诸技巧";否则"虽得其器,苟无其人,铸炼之法不传,点放之术不尽,差之毫厘,失之千里,总亦无大裨益"。意思是现在的西洋大炮每一门大概有三五千斤重,都有车拖着,然后有地平板,有小轮,总之很复杂。而且你要打多少里,就要调节炮口,都有一定的规矩,所以放炮的人一定要懂计算,不然虽然有炮,没有合适的人,也没有用。因此,使用大炮的士兵不能是文盲。

所以这种新型军队是有文化的军队,不像过去的军队是文盲军队。

在火器时代,作战方式也发生了重大变化。过去作战,就犹如电视剧《三国演义》《水浒传》中的作战场景一样,是两军对阵,双方的主将出来表演一通,大战三百回合,士兵在旁边看热闹,主将斗到酣时,一方不敌,这边士兵士气大振,呐喊一声,冲将过去,双方于是短兵相接,肉搏格斗。一番交手之后,打输的一方就兵败如山倒,官兵纷纷逃命,打赢的一方则勇气倍增,乘胜追击。因此打仗就相对简单。如果用火器就不同了,因为火器不需要隔得很近,好的火枪可以在一百米以外命中敌人。但是如前所述,当时火枪有严重的缺陷,特别是装药很慢,打完一枪,就要赶快装火药、放弹头,插进火绳,然后再瞄准发射,这最快也需要好几分钟。敌人不会等着你这么慢慢做,他们一下子就冲了过来,大刀就把你的脑袋砍掉了。特别是骑兵,排山倒海般地冲过来,更不得了。所以,要有效使用火器,整个战斗方式都要改变,以往那种面对面的肉搏方式愈来愈失去了意义。徐光启说:"夫用火之精者,能十步而一发,若是速也;能以石出火,无俟宿火,若是巧也;能射鸟二三百步，骑而驰，而击方寸之质。稍大者，能于数百步之外，越壁垒而击人之中坚，若是命中也；小者洞甲数重，稍大者一击杀数百千人，能破艨艟巨舟，若是烈也。此器习，而古来兵器十九为土苴，古来兵法十五为陈言矣。"也就是说，火器的命中率和威力远远大于冷兵器，因此如果使用火器，以往的兵法十分之五都不适用了。

在军事史上，随着火枪的改进，出现了一个战法创新，即三排轮射法。这种方法是：火枪手排列为三排，第一排负责发射，第三排负责装弹药，第二排则负责传送。第一排士兵打完枪后，把空枪递给第二排士兵，同时从第二排士兵手里接过由第三排士兵装好弹药的火枪继续发射，而第二排士兵把空枪传给第三排士兵，第三排士兵专门负责装弹，装好后递给第二排士兵，再传给第一排士兵枪。有了这个战法之后，火枪就可以连续而且密集地射击，具有极大的杀伤力。对方的猛冲会遭受大量的伤亡。过去军事史学家认为这是织田信长发明的，被称为"信长三段射"，而后传到中国。也有学者认为三排轮射法是荷兰莫里斯亲王的发明，后来传到东亚，中国也学会了。从何汝宾的《兵录》里的插画可见（图3），明代后期中国的三排轮射法与欧洲的很一致。第一排士兵发射完之后，人原地不动，把枪递给第二排的士兵。第二排士兵把第三排士兵装好的火枪递给第一排士兵。第三排士兵专门负责装弹药，从图中可见，他们把弹药装入枪管后，正在用通条把火药填实，弹药装完后递给第二排士兵，第二排士兵马上又递给第一排士兵。有些军事史专家认为这种战法是欧洲传过来的，先传到日本，再传到中国。但事实上，这种战法最早出现在中国。早在明朝初年，明军在对安南

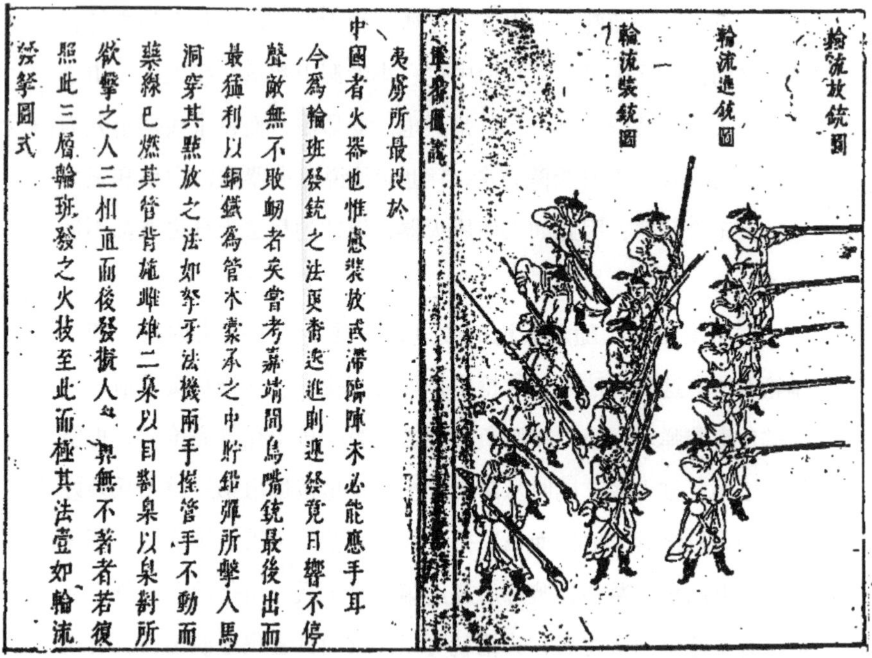

图3 《兵录》插画

作战时就已使用了。就像军事史学家欧阳泰（Tonio Andrade）所说："荷兰的火枪部队虽然采用本国发明的排枪射击法，能够达成连续致命效果，但面对国姓爷的部队却无用武之地。实际上，中国早在两百多年前就发展出排枪射击的方法。"

在欧洲，被称为近代欧洲军队之父的荷兰莫里斯亲王和瑞典国王古斯塔夫二世采用了火枪多排轮射的新战术后，进行了一系列的改革。这些改革包括施行义务兵役制，组建训练有素的常备军，统一火炮的形制，提升火炮的设计，建立专门的炮兵部队和后勤系统，并发展炮步骑联合作战的战术，等等。这些改革大多成为欧洲各国的典范。由此欧洲掀起一个被称为"军事革命"的军事改革高潮。

欧洲军事改革的思路实际上和晚明精英关于军事改革的思路很一致。徐光启认为，武器改变了，军队本身就要改变，必须是一支专业的部队。"其惯行火兵，尤宜访取教师，作速训练。""此则实选实练所至，非未教之民可猝得也。而不如是，又不足以破敌。臣所言宜得绝技绝力之士者，为此也。""博选教师，统以良将，驭以严法，仿束伍以立阵，兼车炮步骑以结营，务使人皆壮勇，技皆精熟，远击则百发必中，近斗则一可当十，而又臂指相使，分合如意疏行密阵，势险节短。"也就是说，使用火器的军队，不仅要有好的士兵，而且必须要有好教官对他们进行专门训练。然后有好的指挥官指挥这支军队。因此，这支军队不是找一般百姓来训练几天就算通过的民兵。

晚明精英并没有将他们关于创建一支新型军队的想法仅仅停留在口头上或者文章里，他们还将这些想法付诸实践了。最成功的例子就是"戚家军"。戚家军成军于义乌，总兵力不过四千人。明朝有百万大军，其中只有这四千人是最精锐的部队。后来徐光启追忆说："昔者戚继光之练兵蓟镇也……请用浙江杀手三千，鸟铳手三千，以为教练张本……而后继光乃得行其志，而蓟镇之兵独强。"戚继光打倭寇很有成效，明朝政府把他调到北京附近训练兵打蒙古人。于是他就带自己在浙江的步兵三千，鸟铳手三千，作为戚家军的根本。这支军队为什么几十年来所向披靡，与倭寇打、与蒙古人打、与日本的正规军队在朝鲜打，都是百战百胜？原因是戚家军具有严明的军纪、职业化的训练水平、东亚最先进的火器，以及适应这些武器的军队组织形式。这些正是一支近代军队的基本要素。

过去关于戚家军的描述，很少提到这支军队在火器方面的先进性。事实上，这支军队在武器装备方面，是领先于东亚任何军队的。戚继光于隆庆二年（1568）到蓟镇练兵守边时，编制了由步、骑、车、辎重四个营组成的合成军团。步、骑两营按营、部、司、局、旗、队六级编成，每营2700人。步营装备鸟铳1080支；骑营装备鸟铳与快枪各432支、虎蹲炮60门。车营按营、部、司、局、联、车六级编成，每营2640人，装备炮车128辆、佛郎机256门。辎重营按将官、千总、百总、把总、车正五级编成，每营1908人，装备炮车80辆、佛郎机160门。各营再加上火药箭、火罐及刀枪等冷兵器后，形成了以火绳枪炮为主，传统火器为辅的火器与冷兵器相结合的合成军团。可见，在这支军队中，火器手超过编制人数的一半。这个比例之高，在当时的世界上也罕有其匹。

必须有这样一支拥有强大战斗能力的新型军队，才能够挽救强敌环绕的大明帝国，这是大家都明白的。因此，在晚明时期，无论是懒政的万历皇帝和昏庸的天启皇帝，还是刚愎自用的崇祯皇帝，乃至祸国殃民的太监魏忠贤，都没有反对创建新型军队的运动，因为他们都认识到这个政权就是要靠这样一支军队才能挽救，反对创建这支军队就意味着自杀。但是，为什么这个改革最后失败了呢？下面我们就来讨论。

当然，这个改革失败的原因很多。这里我们主要关注的问题是：晚明政府是否拥有创建这样一种新型军队的财力？

建立一支军队离不开钱，建立一支新型军队更是如此。徐光启说得很清楚,创建这支新军队,"所谓器械之费一当十,粮饷之费一当三……盖不必多也,亦不能多也"。亦即这支军队要有更好的武器(特别是红夷大炮和鸟铳),所以平均到每一个士兵的头上,武器的费用是过去军队的十倍。这支军队要有好兵所以要给他们三倍于现有军队士兵的军饷,才能招到合格的军人。国家财力有限,即使不能给得更多,但是也不能少于这个数目。

徐光启说的这种情况是不是真的?我们可以做个对比。在更早一点的时候,戚继光就已对其部队里各种兵种的武器配备做过明确的说明。依照他的说明,我们可以看到:"鸟铳手:每名明盔一顶,甲一副,鞓带一条,长刀一把,鸟铳一门,搠仗一根,锡鳖一个,药管三十个,铅子袋一个,铳套一个,备征火药,每三钱为一出,备三百出。另备空药六两,通共六斤,铅子三百个,火绳五根,每局铅子模一副,椰瓢一个。铳可以容三钱铅子为合式,药比铅子分两,每钱加二分,余皆仿此。"而"弓刀手:每名明盔一顶,甲一副,鞓带一条,椰瓢一个,腰刀一把,合力弓一张,弦二条,大箭三十枝,双插一副"。由此可见,一个鸟铳手需要的装备,比一个弓箭手需要的装备多得多。不仅如此,鸟铳手需要的装备也比弓箭手需要的装备昂贵得多。如果使用大炮,差别就大了。戚继光说:狼机(佛郎机)手:"每名共管佛郎机一架。每架子铳九门,铁闩三根,铁锤、剪、锥、匙、凹心送子各一件。大铅子一百个,火药三十斤,火绳五根,椰瓢一个。"而"每大将军一位,子铳三门。每子铳一门,备征子药十出,共三十出。每出火药四斤,共一百二十斤。铁子三百六十五个,共一万九百五十个。木马三十个,石子三十个。木枕二个,木送一根,铁闩一根,铁锤一把"。

一门佛郎机需要那么多的装备,红夷大炮更是不得了。所以按徐光启计算,如果选练一支驻守北京的二万人的新军,需"工部陆续支给器甲、车辆、材料四十余万两"。如果选练一支驻守辽东的六万人的新军,因"工部器甲,除内府大炮外,无一堪用者,皆须新造",因此"应须文给料价一百余万两"。亦即选练一支驻守北京的两万人的新军和驻守辽东的六万人的新军,在装备费用方面,前者需四十多万两银子,后者至少需一百多万两,而且大炮还不在内。

新型军队中士兵的兵饷也很高。明朝现有的军队军饷非常低。徐光启说,"今京营之军月米一二石……营军操日不多,且质明而散,正须各寻生业以糊其口。若食饷一二石,又须日日肄习,必皆化为饿殍矣。营军所以不振而易哄者,病根在此,非独性异人也……都下贫民,佣工一日得钱二十四五文,仅足给食,三冬之月,衣不蔽体。食今佣工之食,而欲收岳飞背嵬之效,臣不能也";"月饷六钱六斗,给其衣食,又分以赡家,而能使之安心练习,奋勇敌忾,此则情理之所必无"。士兵一天的兵饷还不及城市贫民打工一天挣的钱多,用这些钱来养家糊口(明代士兵是有家有口的)很困难。所以你给他那么一点钱,他也就跟你应付,早上去出操之后,就跑到别处去打工来糊口了。如果只给他按这个兵饷,还叫他天天去训练,饿也要把他饿死。他肚子都吃不饱,你让他当什么兵。"养士如买市,物价高一分,货值一分"。要便宜就没有好兵,好兵就要给厚饷,"盖兵精必须厚饷,使一人食三人之食,则可当十人之用,比之见敌而逃者,又无数可论"。所以新型军队士兵的兵饷必须三倍于现有军队。

武器、兵饷和军饷合计,新型军队中的士兵,平均一人一年支出大概是四十到五十两银子，像车营那样的部队，由于装备水平远高于普通部队，其人均支出还要更多。而现有军队中，士兵每人年均支出不过二十两左右，因此新型军队士兵的支出贵一倍到两倍以上。徐光启总结说："思我今胜敌者何法，商量定算，务出敌人之上。其下手之处，全在造精坚甲胄，大小火炮，次用厚饷挑选，招募海内奇才异能之士，博选教师，统以良将，驭以严法，仿束伍以立阵，兼车炮步骑以结营，务使人皆壮勇，技皆精熟，远击则百发必中，近斗则一可当十，而又臂指相使，分合如意疏行密，势险节短。如是者器械之费，一人当十，粮饷之费，一人当三。然此时如臣所计，精兵只须二三万，役不过二三岁，大略费五六百万，可以竣事矣。"他估计只要有两万这样的部队，再配合以其他部队五万人，一年之内，即可恢复辽东失地；有三四万这样的部队，即可对付蒙古，并恢复大宁、河套；有十万这样的部队，那么现有京军和边兵的维持费用可以减省一半以上。

然而，不幸的是，创建这样一种新型军队，关键是钱。徐光启说："臣所谓战守之具者七，而无一不需财也。"创建一支技术密集型和资本密集型的军队，更是"一招募，一置备军需，皆须大费"。而明朝政府是否有钱来实现这个创建新型军队的计划是关键。有一个大臣董其昌，是晚明非常有名的书法家，后来成了有名的奸臣。当时他还年轻，还比较正派。他在朝廷上看到，当徐光启提出练兵要两百万两银子时，"枢臣、计臣相顾愕眙，见谓费多而效缓，讫无以应，营绪未毕，一篑中止"。首辅大学士（实际上的丞相）和户部尚书（相当于后来的财政部长）都感到惊愕，彼此大眼望小眼，无言以对，认为需要的钱那么多，效果还要两三年才能见到，怎么能行？所以，事情就谈不成了。

那么，为什么明朝政府拿不出钱呢？首先，要看看明朝现有的边防形势。明朝的边防主要是防蒙古人南侵，因此从现在的沈阳附近，沿着万里长城，一直到甘肃，建立九个边防军区，叫"九边"。明朝政府不得不把主要的财力用来维持现有的边防部队的开支。从嘉靖十年（1531）到万历三十年（1602）间，13个边镇的官军数从37万人（嘉靖十年）增到62万人（嘉靖十八年），再增至69万人（万历十年）。随着边军不断增加，边防开支也不断扩大，边军每年所编列的银两数，从嘉靖十年的336万余两，暴增到万历十年的827万余两。这827万两的边镇军费，是万历六年太仓银库（国库）每年收入367万余两的2.25倍。在军费剧增的同时，政府的收入却增加很慢。因此自明代中叶起，中央财政就一直处于紧张之中。到了1541—1570年间，出现了一连串的财政危机。由于张居正的改革，1570—1587年间的财政状况有所改善。但是到了1587年以后，情况每况愈下，危机不断加重。虽然太仓库的岁入由公元1500年以前的200万两增加到了400万两，但是却仅占全部税收的12%，而且亏空在有的年份高达230万两。

万历时期，中国打了三个大仗，称为"万历三大征"。这三大仗包括和日本在朝鲜打，和蒙古人孛拜在甘肃打，和土司杨应龙在贵州、湖南打。这三个大仗耗费达上千万两银，将以前多年的储备一扫而空。但万历时期，军费增加到827万两，是万历初年财政最好时候的国库的收入的2.25倍。到天启年间，财政进一步恶化，到了崇祯即位时，据户部尚书毕自严报告当年的财政收入，"浮于所入一百一十三万有奇"。台湾学者赖建诚在《边镇粮饷：明代中后期的边防经费与国家财政危机（1531—1602）》一书中说：嘉靖二十七年（1548）到万历四十五年（1617）间，明朝国库（太仓）所支付的军费在岁出总额中的比重，只有两个年份低于60%，有3个年份在60%—70%之间，而从万历十八年（1590）之后，都超过85%，甚至有高到97.25%者。

这一情况，徐光启也知道。他在万历中期指出："（边饷）自屯政、鹾政坏，而岁以年例请，递加至二百七十万也。大农之金钱竭，不足以奉战士，而兵实乃日耗，兵额乃日虚。""户部旧新二饷支吾辽左，尚苦不给"，"今者一加额，一招募，一置备军需，皆须大费，而户工二部钱粮日不暇给，恐难措办"。就是说，户部（相当于财政部）收来的钱没有办法养活士兵，而现在扩大军队、招募新兵、制造新的武器，都需要大量的钱。而且户部、工部没有办法。

从万历后期开始，过去的"肥缺"户部尚书就成了一个最难做的职位。户部尚书如走马灯一般地不断更换，每个在任的户部尚书都不断向皇帝叫苦，说入不敷出，无法应付开支。崇祯元年户科右给事中黄承昊说："祖宗朝边饷止四十九万，神祖时至二百八十五万，先帝时至三百五十三万。迩来又加六十八万，今出数共五百余万，岁入不过三百万；即登其数，已为不足。况外有节欠，实计岁入仅二百万耳。戍卒安能无脱巾，司农安得不仰屋乎！"政府入不敷出，没有钱，只好拖欠边军的兵饷。万历后期户部尚书赵世卿说："连日细查省直拖欠，自（万历）二十九年至三十二年，约二百万有奇，即三十三年未完，已至百万，加以近日典礼，河工亏减，又不下百万。夫臣（户）部岁入岁出仅此四百万耳，兹就一岁而言，入有百万之歉，出有百万之增，合计岁额共亏二百万金。则边饷之告匮而太仓之一空，又何待于臣之词毕乎？"崇祯元年时各边欠饷就已达五百二十余万两，如"宁夏欠十之四，甘肃欠十之六，山西欠十之七"。拖欠兵饷，不可避免要导致士兵逃亡，甚至叛变，从而又加重了边防压力。明朝政府实在没办法了，皇帝只好下令增新税，即著名的三饷："辽饷"，为的是在辽东对抗后金；"剿饷"，为的是对抗农民起义；"练饷"，为的是练兵。这三饷总共收了一千五百万两银子，然而加税使得国内矛盾更为加剧，使得农民起义烈火蔓延到整个北方地区。同时，这些增收的税，也没有都真正用到军事上。到了崇祯末年，户部尚书蒋德璟当面对崇祯皇帝说："既有旧饷五百万，新饷九百余万，复增练饷七百三十万，臣部实难辞责。且所练兵马安在？蓟督练四万五千，今止二万五千。保督练三万，今止二千五百；保镇练一万，今止二百；若山、永兵七万八千，蓟、密兵十万，昌平兵四万，宣大、山西及陕西三边各二十余万，一经抽练，原额兵马俱不问，并所抽亦未练，徒增饷七百余万，为民累耳"；"今则辽饷、练饷并旧饷计二千余万，而兵反少于往时，耗蠹乃如此"。这时后金已打到山海关下，李自成的大军也已接近北京，而明朝军队却在减员。在这种情况下，还怎么创建新型军队呢？

晚明的军事改革，整体来说是失败了，因此也未能挽救大明帝国。但是局部来看，这个改革运动并非没有成果。虽然晚明精英所提出的方案没有全盘实现，但是明朝统治集团为了挽救大明帝国，还是按照这个思路做了一些努力，尽管做得很有限。在改革的过程中，明朝确实训练出了一些新型的部队。这些部队不仅以火器为主要武器，而且所装备的火器是当时东亚世界最先进的火器，因此也是东亚最精锐和强悍的军队。具体而言，这些军队中最出名的是在登州训练基地训练出来的登州炮营。虽然说明朝政府在财政方面已经山穷水尽，到了危机的地步，但还是尽量从澳门买先进火器，雇葡萄牙军火专家来造新式火炮，运到辽东前线。明朝在登州建立了训练基地，聘请葡萄牙教官来训练炮兵。训练出来的部队称为登州炮营，指挥官是孔有德、耿忠明等人。登州炮营在与后金的战斗中取得辉煌胜利，但是因为明朝政治腐败，引起内讧，最后导致了登州炮营的"吴桥兵变"，结果是孔有德、耿忠明等带着全部部队投降后金。

后金得到这批部队如获至宝。孔有德、耿忠明、尚可喜等都封了王。后金有规矩，不是满洲人不能封王，满洲人中也只有努尔哈赤的后裔才能封王，但孔有德他们都封了亲王，这是破例的。并且他们还被编入八旗，成为汉军八旗。吴三桂是后来才封的王，但没有入旗。把孔有德等人及其部属编入旗籍，表明他们地位比吴三桂高，成了满洲人的"自己人"。后金为什么对这几个叛将那么重视？伊懋可教授说："满洲人没有征服中国。中国是被吴三桂、洪承畴一类的汉人叛将替满洲人征服的。这些人站到了满洲一边。"这话不错，他说到吴三桂、洪承畴，但没有看到更重要的是编入汉军的那批明朝精锐火器部队。陈寅恪先生指出："满洲语所称汉军为'乌珍超哈'（重火器兵）而不称为'尼堪超哈'（汉兵）者，推其原故，盖清初夺取明室守御辽东边城之仿制西洋火炮，并用降将管领使用，所以有此名号。"

八旗制度是努尔哈赤创立的，但到了皇太极时有重大改革。八旗制度原来只有满洲八旗，后来增加了蒙古八旗，最后又创建了汉军八旗。这三支部队有什么特点，满洲步兵，特别是重装步兵，是最强悍的步兵。徐光启说："臣又见在辽回还人等，言贼兵所带盔甲、面具、臂手，悉皆精铁，马亦如之。故（朝）鲜营对垒，被奴兵骤进，将拒马木登时撤去，鲜兵非无铳、箭，而无可奈何者，甲坚故也。我兵盔甲皆荒铁，胸背之外，有同徒袒。贼于五步之内，专射面胁，每发必毙，谁能抵敌！""虏多明光重铠，而鸟铳之短小者未能洞贯。"他们的铠甲很坚固，箭矢甚至普通的鸟铳弹丸都不能穿透，因此明军、朝鲜军都承认满洲步兵很难对付。蒙古军是最好的骑兵，这不用多说。而明军是最好的炮兵，所以三支最好的军队结合起来，天下还有什么人能对付得了呢？在这支军队中炮兵又是最重要的，是最关键的兵种。明朝乃至东亚最好的炮兵部队投降了后金，后金把他们编为汉军八旗，给他们和满洲人、蒙古人相同的旗人地位。他们可以和满洲人、蒙古人互相通婚，而其他人则绝对不行。

有了汉军的火力，清朝军队真正就天下无敌了。崇祯十二年（1639），清军已经拥有六十门自制的红衣大炮，在松锦之战开始时，清军火炮实力不如明军，但到松锦之战后期，由于在作战中缴获了大批明军火炮，清军火炮实力已经超过了明军。松锦之战后，明军关外主力被歼，火炮尽落清军之手，此时屯兵锦州的清军已经拥有近百门红衣大炮（而辽东总兵吴三桂仅存十门），为清军进关作战奠定了基础。所以清军在入关之前，在先进的火器方面已经超过明朝。崇祯十五年（1642），清军准备扫清入关之前的最后障碍——塔山。清军用红衣大炮猛烈地轰击明军，取得胜利。因此，清朝并不是靠弓马定天下，而是靠东亚最好的火器定天下的。

清军一旦进了长城之后，那就没有对手了。李自成虽然拥兵百万，但没有几门炮，怎么会是清军对手呢？所以在一片石大战和尔后一连串与清军的战斗中，李自成迅速土崩瓦解。

清军打败李自成之后，迅速向南方进发，攻击南明。英雄史可法守扬州。扬州是当时中国最繁华的商业城市之一，城墙非常坚固，里面粮饷很充足，守军也很多，史可法下定决心坚守，誓死不投降，老百姓也坚决支持抵抗。因此清军要攻克扬州，谈何容易。不过，攻打扬州并没有用多少时间。清军调来大批红衣大炮，对着扬州所有的城门一阵猛轰，城墙垮了，清兵潮水一般冲进去，见人就杀，制造了可怕的惨案，即"扬州三日"。在大炮面前，史可法的坚守也无济于事。

在此后的几年之内，清朝就把中国统一了。为什么会那么顺利，不像蒙古人打南宋打了那么多年？清军在火器方面占绝对优势，是非常重要的因素之一。

清朝统一之后，汉军八旗继续在清朝军队里发挥着极其重要的作用。钱穆先生等前辈学者也指出，满洲八旗在统一之后不到二十年，就基本上不怎么能打仗了。蒙古八旗大部分在蒙古，虽然还有一定的战斗力，但并不是战斗的主力。清朝前期主要的战争，主要是依靠汉军八旗打的。清朝最关键、最耗时、打得最艰苦的战争是与准噶尔人的战争。准噶尔是当时欧亚大陆上最强大的游牧政权，它统治的地方从中国新疆、西藏一直到中亚。他们从俄罗斯获得一些火器，主要是火枪。清朝花了一百多年才把准噶尔打败，而大炮是清朝打败准噶尔人最重要的武器。从郎世宁的画可见，在清军与准噶尔军会战的时候,准噶尔人使用了火枪,但清军使用了火炮。清军先用炮轰,之后骑兵出击。前引布莱克的话说:在十八世纪的世界上,中国陆军(即清朝军队)是全世界最强大的陆军。而清朝在军事上的成功,主要靠的是汉军八旗。这是明朝留下来的部队,而这支部队又是明朝军事改革遗产的一部分。

清朝军队在十八世纪取得了那么辉煌的战绩,但是在鸦片战争以前的整个清朝前半期,中国军事技术基本上是停滞的。清朝利用了明朝军事改革留下来的遗产,而没有去发展。为什么呢?其中一个原因是清朝军队没有对手,不需要再去大力改进火器。这些对手用现有的技术就可以打败,既然已经能够把敌人打败,为什么还要花很多钱,花很多聪明才智去改进火器呢?另一个原因则是清朝是一个少数民族入主中原的朝代。统治集团对汉人始终有戒心,怕火器技术流传到汉人中会导致反抗起义。所以在鸦片战争以前,连明朝末年出版的很多火器技术的书都失传了,但在日本留存下来。

明朝末年军事改革留下遗产,在十八世纪起了辉煌的作用。即使是到了鸦片战争时期,也还有作用。鸦片战争中,英国军队进攻广州,被林则徐的部队重创。林则徐当时做了很周密的准备,在广州附近各个炮台已经部署了三百多门大炮。同时邓廷桢在横档岛添设大炮台1座,安放大炮60门。新设炮台的大炮重七八千斤。而入侵的英国舰队中最大的舰只,也仅备有百余门重七八千斤的火炮。刘洪亮在《对比鸦片战争时期中英军队的火力》中指出:广州人在广东的大炮,在形式上和设计上比英国落后,但是火力实际上相差不太大,所以英国的舰队,先是进攻广州,结果遭到重创之后,掉头北上,向长三角进发。进攻上海,打得很顺利。但是夺取吴淞之后,发现有5艘装备有黄铜大炮的新造明轮战船。在上海,英国人缴获了16门制造精良的18磅重的舰炮,炮身上有瞄准器和燧石发火机,并安放在铁轮木炮车上。英国人大为吃惊说,他们怎么会学英国学得那么快。实际上不是学英国,这都是中国在晚明就有的技术。

当然,如果没有训练好的兵,再好的武器也没用。黄一农指出:"清朝前150多年大量兵书当中,竟然没有任何讨论火炮的专门书籍出版。到雍正(1723—1735)末年,清政府发现驻防的守军,从来没有做过火炮演练,以至于准头的远近、星斗的高低,官兵茫然不知。即使到了道光年间,用铳规量度仰角以调整射程远近的方法,仍然是'中国营兵所不习'。"道光二十二年(1842)九月,林则徐在谪戍伊犁途中致书友人说:"彼(英国人)之大炮远及十里内外,若我炮不能及彼,彼炮先已及我,是器不良也。彼之放炮如内地之放排枪,连声不断。我放一炮后,须辗转移时,再放一炮,是技不熟也。求其良且熟焉,亦无他深巧耳。不此之务,即远调百万貔貅,恐只供临敌之一哄。""似此之相距十里八里,彼此不见面而接仗者,未之前闻。徐尝谓剿匪八字要言,器良技熟,胆壮心齐是已。第一要大炮得用,今此一物置之不讲,真令岳、韩束手,奈何奈何!"林则徐说的意思是,英国人的大炮可以打十里多,我们的炮弹还没有打到他们,他们的炮弹就打到我们了。他们打炮就像我们打排枪一样,一炮接一炮打。我们打一炮要等半天,然后再打一炮。所以就是有百万大军来,到时候也是临阵一哄而散。所以,第一重要的是要会使用大炮,不然就是岳飞、韩世忠来也没办法打赢。清朝军队的腐败无能已经到了这步田地,怎么能跟英国人打仗呢?

清朝在鸦片战争中被英国打败,也在情理之中。实际上,在鸦片战争以前二十多年,清军在国内战争中就已不堪一击。嘉庆时期发生于川楚交接地区的白莲教起义,攻破州县204个。为了镇压这些使用最原始的武器的农民起义者,清朝政府从16个省征调来大批军队,耗费军费2亿两,可以说是倾全国之力。但是清军战场表现极差,被击毙的提镇等一、二品大员多达二十余名,副将以下将弁更达四百余名,用了九年多的时间,才勉强将此次起义镇压下去。清政府在鸦片战争的直接开支顶多也就一二千万两,但是打白莲教花了2亿两。所以,清朝正规军和组织松散、使用原始武器的农民起义者打仗都表现得如此糟糕,和训练有素、用先进武器的英国军队打仗,当然是必败无疑。总之,对于一个腐败的政权来说,想要建立一支强有力的军队,无论设计出多好的计划,投入多大的财力,最后都注定要失败。

明代的国防：
军事技术变革与万历援朝之战

为什么我会讲这个题目？这个题目跟经济史好像没什么关系。我想，这恐怕是世界上最奇怪的一件事，因为世界各种各样的生物，它的种群内部总是有争斗，但总是个体的行为，而且绝对不会斩尽杀绝，只有人类是最特殊的。人类这个大的群体分为很多小的不同的群体，所谓国家、民族、阶级等等。但是这些小的群体中总是把其中最富有活力的、最强壮的，或者最勇敢的那部分人拿出来残杀同类，而且总是把最好的科技、最重要的资源、最大的财力，拿来生产杀人的武器，所以我感到很好奇，认为这是个值得探究的现象。

大家都知道，我们中国是个文明古国，中国人民自古就以热爱和平著称。但从另一方面来看，至少从战国时代开始，武力维持军事战争机器就成为任何一个朝代、政权第一重要的事。今天大家谈中国历史，津津乐道的总是那几个朝代。大家打开电视机看，第一多的是清朝，第二是唐朝，第三恐怕是汉朝。为什么呢？因为这几个朝代都是很强大的朝代，中国声威远播境外，我们感到光荣和自豪。大家不太谈宋代和明代，只有谈经济史的时候大家才谈宋代和明代，因为这两个朝代在经济史上有特别的意义。在我们印象中，明代是比较弱的朝代，事实也如此。中华帝国体制自秦始皇建立以来，明代大概是唯一的一个在其中期皇帝被北方的敌对政权抓去的朝代。其他朝代被抓去的也存在，但都是在朝代要灭亡的时候，国破家亡，谁都逃不掉这个大限。但明朝在还算昌盛的时候就被邻邦打得落花流水，我们的北京城已经是胡骑四布，城外就是蒙古人的铁骑。皇帝带着五十万大军在土木堡被打得落花流水，土崩瓦解，皇帝也被抓去，所以在大家的印象中，明朝是一个比较弱的朝代。

那么我们今天讲的明代的国防似乎并不能够满足很多同学的民族自豪感，讲一个软弱的朝代有什么意义？我们一定要注意，研究历史不是满足于历史，不是满足于某种情绪，或者是某种情结，我们要看事实，这是第一。第二如果我们冷静地看事实的话，我们就会发现过去很多习以为常的想法未必就是正确的。比如我们认为，明代和宋代是两个比较弱的朝代，但是我们也要看到在北宋时有全世界最大的战争机器，有全世界最好的武器。明代怎么样呢？很少有人谈明代的军事力量，直到最近有两位学者，他们都来做过演讲，一位是美国纽约大学的李弘祺教授，一位是台湾清华大学的黄一农教授，他们谈了明代末期造大炮技术的进步。但是，总的说来，对于明代的武装力量、国防情况，绝大多数人还是若明若暗，知道得很少。大家心目中明代的军队大概还是穿着破旧的号衣，拿着一把刀、一支矛或是一个藤制或木制的盾牌，就这样去打仗。这种漫画式的形象当然也很符合我们的想象，比方说，中国到十七世纪中后期最盛时，人口大约有1.2亿，但是被20万八旗兵横扫,大明帝国土崩瓦解,所以大家就觉得明朝的武装力量是不堪一击的。我们今天的讲座希望让大家不只是对明朝的军事史有一些了解,而是对明朝军事史中一些曾产生严重误会的地方有一个新的看法。

国防的意思就是保卫国家,保卫国家就是对抗敌人,我们来看看明代要对抗哪些敌人。谭其骧先生曾编了明朝的地图,这个地图从今天来看是基本准确的,但是也要指出它有一些方面可以商榷,因为现代国际争端的问题,这份地图中有一些标示和我们今天的认识,还是有一些差别。比方说,在明代山海关以北,基本上叫"羁縻",就是明代有几个卫,但并没有直接的统治,这是后来后金兴起的一个基础。另外在西藏,那时叫"乌苏藏",基本上明朝没有直接的控制,所以明朝的实际疆域大概就是这样。大家对比一下可以知道,它跟北宋差不多。在整个明代,蒙古都是强大的敌人。到了明朝后期,满洲兴起,明朝北部边境发生了很大变化。从地图上大家能够有个整体的感觉,明朝并不像唐朝、清朝那样疆域广大。我们要把明朝放在全球史或东亚史的角度来看,明代所处的国际环境与唐朝、宋朝、元朝相比,差别非常大。明朝接近三百年的历史中出现了非常重大的变化,首先是东北亚的崛起。

日本在唐朝时还是个"小学生",到中国学习文化。到了元朝时候,元世祖派强大的舰队要荡平日本,但到了日本海岸时遭遇台风,台风挽救了日本,就是所谓的"神风"挽救日本。但到了明朝有很大不同,日本骚扰明朝,成为明朝一个非常重大的问题,长达一百年之久。朝鲜也是在大约相当于明朝的时候真正地统一,大将李成桂建立了李氏朝鲜,朝鲜才真正成为一个稳定的国家。朝鲜从前是分裂的,唐朝时被称为"三韩",包括后来北部的高句丽,南部的新罗,等等,所以朝鲜的名字到了李成桂时才形成。明代中朝关系非常好。顺便说一下,日本、朝鲜这样的名字都是从中国的眼光来看的,在中国的东部,太阳的家叫"日本";早上霞光万道被称为"朝鲜"。虽然没有贬义,但是韩国独立后,韩国人将国名改为"韩国"。明朝建立的时候,在东北的白山黑水之间人口很稀疏,只有辽宁南部有一些汉族移民,然而就是在这几百年中,在这块土地上兴起了一个强大的政权——满洲,改写了整个世界历史。

在东南亚地区也出现了地区性的强国。在明代以前,这个地区只有一个国家是比较稳定的,那就是现在的柬埔寨,它曾经达到过非常昌盛的时期。但到了明代,出现了三个新的地区性的强权:安南(即后来的越南)、暹罗(就是泰国)、缅甸。

更重要的在明代后期,中国前所未有的敌人出现了,那就是葡萄牙、西班牙、荷兰。所以明朝所处的环境与唐朝、宋朝比起来更险恶。唐朝、宋朝的敌人主要来自北方、西北方,而明朝除此之外,还有海上的敌人,这是中国过去没有过的威胁。

所以,大家可以看看明代的敌人:北方是北元,朱元璋把元朝推翻后,元朝皇帝带着一批蒙古人逃到蒙古草原,明朝军队占领北京。但是,元朝并没有灭亡,以元朝皇室的名义建立的,后裔政权,一直存在于现在的蒙古国和我国的内蒙古地区,就是北元。北元统治的时间很长,几乎与明朝相始终。蒙古人大部分时期与明朝处于敌对状态,它强大的时候,俺答汗时曾经多次突破长城南进。这是东部蒙古。

蒙古分为两部分——东蒙古、西蒙古,西蒙古就是现在的新疆、中亚，这个地区的居民都是讲突厥语的民族，他们在明代都是被蒙古人统治的。西蒙古被称为"瓦剌"，当时是整个中亚世界的霸主，比东蒙古强大，是统治中亚最强大的力量。也正是瓦剌在明英宗时期包围北京，在土木堡掳走明英宗。

安南，就是今天的越南，是个年轻的国家。今天越南社会主义人民共和国的首都河内，从秦始皇以来就是中国的领土，是中国正式设立行政机构的地方。秦朝叫"象郡"，后来唐朝叫"安南督护府"，中央政府直接设立官僚机构进行治理，与内地一样。到了宋代，一些地方的部族首领开始兴起，形成割据政权，但是一直到了明代，它才获得独立。独立后，这个国家一直在东南亚地区不断南进，差不多明代灭亡的时候，把中南半岛最古老的国家——占城国消灭。所以今天的越南，其南部领土并入越南不过是最近300年的事，而且在此之前，就有大量华人住在那里。

东面的倭寇，骚扰明朝东南沿海达百年之久。西方的威胁，包括葡萄牙、西班牙和荷兰。其中葡萄牙人比较弱，主要做贸易，在明朝末年租借中国领土澳门。西班牙强大一些，占领菲律宾，荷兰占领台湾，均形成对明朝的威胁。

为了防御这些敌人的进攻，明朝政府像任何一个政府一样，必须建立国防体系，包括军队、基础设施、防御设施。最重要的基础设施就是万里长城。我们熟知的万里长城从秦始皇开始，到明代修了很多次。我们今天见到的万里长城是明代修的，万里长城在明代不是一次修成的，在明代花了150年，不断地修，这里建，那里建，有的地方一道墙，有的地方两道墙，有的地方三道墙。沿着长城，明代建立了九个军区，叫作边镇，从辽东镇直到甘肃镇，每个军区都有军队驻扎，为的就是防御蒙古人。当年瓦剌首领也先就在宣府、大同这一带把明朝的50万大军打得土崩瓦解，然后瓦剌军队一直攻到北京城下，把城围起来，最后于谦出来主持大局，才把北京守住。

万里长城，特别明朝的万里长城，是人类历史上的奇迹。它不是在平地上建造，而是在崇山峻岭中，平均高度是6到10米。世界其他地区没有这样的，我在英国看到保存下来最好的城是约克城墙，长度只有5公里，高度顶多3米。著名的哈德良长城，全长117公里，高约4.6米、底宽3米、顶宽约2.1米。而万里长城绵延5000多公里，并且有些地方是重复的，两三道墙，非常了不起。长城在明朝以前是土长城，明朝才是砖和石垒成的。建立长城需要花大量的财力和物力，这是历史上一笔最重大的开支。长城西部的嘉峪关，我读研究生的时候去看过，非常感动。在嘉峪关上看，太阳从西边落下，能感受到王维诗中"大漠孤烟直，长河落日圆"那种壮烈的气氛。我们可以看到，明朝在北方的防御基本上还是以传统的方式：围城。明朝与唐朝不同，唐朝政府在现在的青海养了70万匹好马，所以骑兵部队很强大。在北亚和东亚要作战的话，没有马是不行的，但是明朝没有马匹来源，所以明军骑兵兵力薄弱，不能出击，只能防御。

东南亚地区三个地区强权——暹罗、缅甸、安南兴起后开始向东南亚的三大河谷前进，安南人顺着湄公河下来，暹罗人顺着湄南河，缅甸人顺着伊洛瓦底江。跟我们关系最密切的就是越南，明朝在永乐皇帝的统治下，改变了宋朝对东南亚地区的消极政策。早在元朝时，越南的力量比较小，但是元朝崩溃后，越南的地方首领赶走中国派去的官员。到明成祖时，开始收复在这个地区的汉唐故地，明朝的大军在此驻守20年，最后还是失败了，撤回中国。中国在越南的失利，对中国与东南亚其他国家的关系有重大影响。刚才说到的占城国，中国古籍称其为"象林邑"，简称"林邑"，从八世纪下半叶至唐末，改称"环王国"。五代又称"占城"。据当地发现的国碑铭，始终自号"占婆"。占城国在现在的越南南部，居民是马来人，信奉婆罗门教。占城西汉时是中国的一个行政区，属交趾刺史部日南郡。东汉末年，从中国独立，占据了原日南郡的大部分地区，建立占城国，和中国以顺化为界。占城国建立以来，占城与中国之间就有着良好的关系，占城稻就是从那里传来的。占城孤立无援，逐渐被越南蚕食，后来成为越南的一部分。

中国新的敌人更重要的是日本。中国古代称日本为"倭奴"，因为日本人的个子比较矮。日本和中国一直到唐代前关系都比较淡漠，直到唐代才变得比较紧密，并且大力引进中国的制度和文化。到了明代，倭寇成为威胁中国的力量。这有日本内部的原因，日本进入战国时代，没有一个政权能够控制全国各地，各地在战国时代后期各自为政。它们相互争斗，鼓励失业的武士做海盗到海外劫掠。另外，中国沿海一部分海盗加入这个行列，情况变得非常复杂，前后骚扰中国一百多年，所以明朝政府把日本列为敌国。当时元朝人黄镇成描写日本的《岛夷行》："岛夷出没如飞隼，右手持刀左持盾。大舶轻艘海上行，华人未见心先陨。"明朝人王世贞的《倭志》中有对日本人的看法："倭贼勇而憨，不甚别生死。每战，辄赤体提三尺刀舞而前，无能撼者。"陈懋恒的书里讲到日本的内乱，倭寇骚扰中国不只是在长江三角洲，实际上从山东到广东漫长的海岸线上到处都有倭寇。倭寇骚扰时间长，地域非常广泛，所以当时沿海的行省江苏、浙江、福建、广东、山东被破坏得非常厉害。虽然倭寇都是乌合之众，但是抢劫以分赃为目的，乘风而来，趁潮而去。

近年来对于倭寇的研究提出了新的看法，中山大学的戴裔煊、厦门大学的林仁川等学者认为，真的倭寇只有10%—20%，很多福建人冒名倭寇，进行抢劫，挑战明朝政府的海上贸易政策。倭寇的首领都是中国著名的海盗商人，不光是福建人，还有徽商，例如王直、徐海，这些人都变成了倭寇的头子。所以倭寇的情况很复杂，仅仅是日本人还好办，但和中国国内的反政府力量结合起来，便非常难办。所以，倭寇确实成为中国一个很严重的危害，但是，倭寇与后来的西方人比起来又是小巫见大巫了。

最先来到中国的西方国家是葡萄牙，明朝称之为"佛郎机"。正德十二年（1517），葡萄牙殖民者首先抵达广东屯门岛，并在此建筑堡垒，杀人抢船，掠卖良民。正德十六年（1521），明军收复屯门岛，逐走葡萄牙殖民者。嘉靖三十二年（1553），葡萄牙殖民者托言商船遇到风涛，请求在澳门晾晒货物，贿赂明朝海道副使汪柏允准，遂得入居澳门。葡萄牙殖民者在澳门，开始不过搭棚栖息，不久渐次筑室居住，聚众至万余人，有庐舍数百区，或千区以上。明朝政府并未将澳门地方让与葡萄牙殖民者，中国澳门的主权仍在，葡萄牙殖民者每年缴纳地租银五百两，明朝政府每年在澳门征收税银二万余两，澳门始终是中国的领土。到了十九世纪九十年代，清朝已经非常腐败了，澳门才成为葡萄牙的殖民地。

西班牙比葡萄牙强大，在1571年占领菲律宾，然后开始派舰队骚扰中国海面，并占领台湾。当时在菲律宾有很大的中国人聚居地，西班牙多次屠杀华侨，动辄几万人，因为他们惧怕中国人形成很大的势力。

更晚些时候，万历二十九年（1601），荷兰殖民者首次闯入广东沿海。荷兰比西班牙、葡萄牙强大，荷兰人被中国人称为"红毛夷"。天启二年（1622），荷兰殖民者占据澎湖。天启四年（1624），福建巡抚南居益派兵收复澎湖，大败荷兰殖民者。荷兰殖民者败走台湾南部，明军未能穷追，从此荷兰人占据了台湾南部。在此之前，西班牙人已占据台湾北部，崇祯十五年（1642），荷兰击败西班牙人，独占了台湾，直到郑成功时，始被驱逐。

所以，这么多的敌人促使明朝不断巩固自己的国防。仅仅在万历十七年（1589）就有三次大战，都是为了巩固国防：在宁夏平哱拜、援朝抗倭、平西南叛乱。这三大战花钱如流水，特别是和日本打仗，七年花去七百万，所以明代的国防严重影响了明朝的经济，对政治等其他方面也产生了重大影响。所以我们今天讲明代的国防是十分有意义的。

明朝这个国家，在很多方面并不占有优势，尤其在对待北方民族的时候。汉唐的政策是"师夷长技以制夷"，建立骑兵部队。卫青、霍去病、李靖、苏定方的骑兵部队是一流的，能够远征蒙古、西域，而明朝没有。在海上，当倭寇来侵袭时，明朝也不占优势。那么明朝怎么来对抗这些敌人呢？一个是建长城，长城在很多地方是非常有效的防线，但是面对类似蒙古人的战术，几十万的骑兵向某一个地方袭来，下马破城围攻，那么长的战线明朝怎么防守住？这是个消极的战术。明朝军队没有优势，怎么办？明朝为了弥补这个劣势，就需要进行军事技术上的突破。例如宋朝军队很多方面不能与契丹、女真、西夏军队相抗衡，那么它就发展军事技术防御，明朝也是。火器在宋代末年发明，蒙古人已经开始使用火器，横扫欧亚大陆，但是军事技术到明代才真正成为一个高峰。

军事技术成就可以从以下三部书中看出来：平苗大将军东宁伯焦玉写的《火龙神器阵法》、南京户部右侍郎毕懋康写的《军器图说》、戚继光写的《练兵实纪》。这三部书概括了明代军事技术革命的主要内容。过去人看这些书主要是强调它的训练，因为里面有很多武器装备的介绍，从中我们可以看出当时的军队达到了什么样的水平。令人震惊的是，明代绝不是闭关自守的朝代，特别是军事技术方面，明代非常注重向其他地方学习。当时西欧迅速扩张，技术最先进，明代末年有传教士把西方的火器制造技术传到中国。汤若望与焦勖合作译述的《火攻挈要》，穆尼阁写的《西洋火器法》，何汝宾的《西洋火攻神器说》，孙元化的《西法神机》，徐光启的《测量法义》。何汝宾的《兵录》在清朝被禁失传，到了最近几年才受到学界的重视。这部书共14卷，约25万字，附图484幅，其中《西洋火攻神器说》一章，被认为是中国最早研究西方火炮技术的专著之一。该书介绍了各种西洋火炮的形制尺寸、弹药用量、铸造技术和弹道射程等事，其中还绘有数幅铳规的使用图。这对于改进中国火炮技术应有很大帮助。此书在中国古代兵书中还最早记载近代步枪的雏形——燧发铳（扳机击发式火绳枪）。《西洋火攻神器说》还于1799年被译成日文，为日本武器专家所取法。

以上是军事技术革命总结性的书，从这些书中可以看出技术的进步。比如说火药，中国是最早发明火药的国家，但是火药的三种成分——硫、硝、炭的比例怎样才是最佳呢？与宋朝的《武经总要》的记载相比，明代的《火龙神器阵法》中火炮的火药成分由14种减为4种，含硝量由49%增至72%，硫由25%降至16%，木炭为11%；火铳的火药由硝、硫、炭配制，含量分别为77%、8%、15%。火药成分由复杂到简单，配制更趋合理，提高了速燃性，增大了威力。《火龙神器阵法》强调：配制火药时要注意药性的特点和作战的需要，以便"知药性之宜""得火攻之妙"。火药以前是粉末状，但不好保存，而且成分不均匀。到了明末，鸟铳发射药已经使用粒状火药，而不是以前的粉末状火药，其成分比例为硝1两（占75.75%），硫黄1钱4分（占10.6%），柳炭1钱8分（占13.65%）已经基本达到黑火药的最佳配比了（硝75%、硫黄10%、炭15%）。

同时，明朝在铸造技术上也有了改进——从铜炮到铁炮。李弘祺的文章《中国的第二次铜器时代》讲到了为什么中国早期的炮是用铜铸的，这是因为铜加工起来比铁容易得多，而且铜易融化达到均匀的合金，生铁则比较困难。因此世界各国开始都用铜来造炮，明朝后期用铁造炮是冶炼技术更大突破的结果。铁比铜有优势：第一，铁便宜，铜很贵；第二，铁比铜的强度大，所以同样厚薄的大炮，铁质的能放更多的火药，能把弹头推得更远。黄一农的《红夷大炮与明清战争》讲到铜铁结合制作火炮的技术，即大炮的内膛用铜来造，外膛用铁来造。这有什么好处？铜比较软，在里面，发射的时候弹头与管壁不容易弄坏。欧洲十九世纪才出现这种技术，但是明朝末年中国就已经有了。黄一农的文章里讲到从珠江里打捞到明朝末年铸造的大炮，就是这个样子。

下面我们来看明朝的火器。明代的火器不仅种类繁多，质量也不断提高。其中尤以管形火器发展最快，如由简单的火铳发展到各种类型的火枪和巨炮，由单管单发发展到多管连发，还创制或改进了较先进的枪炮瞄准装置和击发装置等。管形火器取得发展后，逐渐取代了一部分传统的抛石机和弓弩，使冷兵器和火器在军队装备中的比例开始发生带有根本性的变化。明初的管形火器，通常称作枪、铳、炮，爆炸性火器也常常称作炮，在名称上并没有严格的区分。管形火器主要有两大类：第一类是用手持点放的火铳，其形体和口径都较小，一般筒内装填铅弹和铁弹等物，其射程仅数十步至二百步。第二类是安装在架座上发射的口径和形体都很大的火炮，多数筒内装填石、铅、铁等物，俗称"实心弹"。明末史可法守扬州，扬州是当时中国最大的城市之一，城墙建得也很坚固，为什么被攻破呢？因为清军用几百门大炮对准扬州城墙和城门猛轰，最后城就垮了。在明朝也出现了爆炸性的开花弹，杀伤力更大，射程一般在数百步至二三里距离，主要用于守寨和攻城，也用于野战、水战和海战。

下面我们来看枪，朱元璋时代明朝最好的部队已经配备相当多的手铳（不是手枪，而是步枪的前身）。永乐时代，军队已经配备至少十六万四千多支铳。明军当中已经编成有专职使用火枪的部队，号称神机营。他们驻守北京，是明朝军队中最精锐的部队。

比手铳好一点的是火铳，明式火绳枪叫鸟铳，它有弧状把手和准星，利于三点一线射击。到明嘉靖三十七年（1558），明军大致已经有了1万多支鸟铳。嘉靖四十年（1561），在鸟铳的基础上发明了子母铳。1支鸟铳带4支子铳，可依次连续发射，射速大为提高。到了1598年，明代火器研制者赵士桢，又造出了噜密鸟铳。这种火器弹药装填量高,射程远,威力比同期欧洲火绳枪大,更比当时日本战国的火绳枪轻便,因此在明军中大量装备。援朝战争中打垮日军,应该少不了子母铳跟噜密铳的功勋。到了明末,火枪已经是明军神机营步兵的主要装备。每名火枪手配备火药罐2个,一个装发射药,一个装引火药,携带铅弹300发。由于发射速度较慢,为弥补这一缺点,通常在战术上采用三排轮放法,即一排装铳,一排进铳,一排放铳,第一排发射完毕后,退至第三排装铳,第二排进至第一排位置放铳,如此轮流发射。崇祯八年(1635),南京户部右侍郎毕懋康著的《军器图说》中,记载有"自生火铳",就是一种燧发枪,这是中国有文字记载的最早的燧发枪。鸟铳不是中国人发明的,而是葡萄牙人发明的,葡萄牙人首先把鸟铳传入日本,明军最早在舟山缴获倭寇的鸟铳,并大规模仿制装备军队。后来葡萄牙人跟明朝有较好的关系,把这种枪进献给明朝,明朝神机营的火器专家实验效果不错,于是请求皇帝大量仿制,装备军队。

明朝军队后期最有威力的炮有两种,一种是佛郎机,另一种是红夷大炮。佛郎机是葡萄牙海船上所装备的主要火炮。《明史》中记佛郎机炮:"铜为之,长五六尺。大者重千余斤,小者百五十斤。巨腹长颈,腹商修孔,以子铳五枚夕贮药置腹中,发及百余丈。"明朝人将葡萄牙称作佛郎机,所以也将缴获及仿造的大炮称作佛郎机。十七世纪时,中国传统的火炮虽与欧洲同属前装(Muzzle-loaders)滑膛(Smooth-bore)型,而这种炮被批评为:"受药不多,放弹不远,且无照准,而难中的。铳塘外宽内窄,不圆不净,兼以弹不合口,发弹不迅不直,且无猛力。头重无耳,则转动不活,尾薄体轻,装药太紧,即颠倒炸裂。"这时候另一种西方的大炮传入中国。沈德符《万历野获编》记载：万历年间，荷兰武装船只首次到广东沿海，与明军发生海上冲突，明军"以平日所持火器遥攻之"。对方开火，"第见青烟一缕，此即应手糜烂，无声迹可寻，徐徐扬帆去，不折一镞，而官军死者已无算。海上惊怖，以其须发通赤，遂呼为红毛夷云"。

红夷大炮在清朝称为"红衣大炮"。红夷大炮在设计上的优点是：炮管长，管壁很厚，而且是从炮口到炮尾逐渐加粗，符合火药燃烧时膛压由高到低的原理；在炮身的重心处两侧有圆柱形的炮耳，火炮以此为轴可以调节射角，配合火药用量改变射程；设有准星和照门，依照抛物线来计算弹道，精度很高。多数的红夷大炮长在3米左右，口径110毫米—130毫米，重量在2吨以上。红夷大炮最突出的优点是射程。明朝自制铁火铳的最大射程不超过三里，而且要冒炸膛的危险；而一般三千斤的红夷大炮可以轻松打到七八里外，史籍记载最远可达十里。远射程的红夷大炮结合开花弹，成了明朝末期对抗后金铁骑的最强武器。努尔哈赤最后在宁远之战中被打成重伤，很多学者认为就是被红夷大炮的开花弹炸伤的。所以红夷大炮已逐渐成了明朝军中重型火器的中坚力量，将原来的重型大口径火铳淘汰。

明政府从葡萄牙铸炮专家伯多禄·波加罗在澳门兴建的铸炮厂引进火器技术，进行大量仿制，并用于实战，在实战中取得很好的效益，进而批量装备军队。所以如果笼统说明朝排外、闭关自守，不求上进，这不是事实。黄一农的文章中说，中国的造炮技术在明代末年与西方同步，到十七世纪末与西方最先进的技术并没有多少差距。

明末中国人一方面请葡萄牙造炮专家，另一方面在无潜水装备的情形下打捞海底的西方沉船大炮，在很短期间仿制并量产欧洲的红夷大炮，这种新型武器影响了中国的历史。中国工匠又以铁和铜两种金属铸成全世界最好的大炮。所以《中国军事史·兵器卷》中说：明朝后期明军的火炮用精铁铸造，在技术上接近西方的水平，数量则稳居世界第一，野炮的最大射程可达到10里，舰炮也达到4里以上，开始采用了爆炸弹丸、分装弹药、后膛装填、有射表、瞄准具，等等。种类上覆盖大中小口径，平射炮、曲射炮、臼炮……

使用这些新式火炮需要配套仪器，并且使用者要经过培训。徐光启到了崇祯三年（1630）给崇祯皇帝的《丑虏暂东绸缪宜亟谨述初言以备战守疏》的奏疏中说："教演大铳……一切装放皆有秘传。如视远则用远镜，量度则用度板，未可易学，亦不宜使人人能之，所谓国之利器，不可以示人也。臣尝深虑，以为独宜令世臣习之，自勋戚子弟以及京卫武臣，择其志行可信、智勇足备者教之。"这个建议，也部分地被采纳了。明朝政府于是邀请葡萄牙人来帮助训练炮手。

崇祯时期葡萄牙军事顾问团在山东协助明朝训练了一支当时战力最强的部队，他们的主要将领均信奉天主教，并秘密引进了炮规来增进瞄准技术。这种炮规是最早的计算尺，它能将火炮发射所需的复杂数学和物理知识，化约成简单的标尺刻画。所以，明朝末年中国精英部队里面的技术水平已经相当高。

除了管型火器外，明朝爆炸性火器也有很大进步。爆炸性火器有两大类：一类是地雷，品种繁多，有石头雷、陶瓷雷、生铁雷等数十种；另一类是水雷，有水底雷、水底龙王炮和混江龙等兵器。根据大量的史实证明,中国是世界上最先发明和使用"两雷"的国家。明代还创造出了定时炸弹等新型爆炸性火器。如嘉靖年间(1522—1566),曾铣发明了一种能自动爆炸的地雷。《渊鉴类函》引《兵略纂闻》介绍:"曾铣在边又制地雷,穴地丈许,柜药于中,以石满覆,更覆以砂,令与地平。伏火于下,可以经日。系其发机于地面。过着蹴机,则火坠药发,石飞坠杀人。敌惊以为神。"

另外还有无敌地雷炮,用生铁铸造,形如圆球,大者可装火药三至五斗,用坚木封住雷口,并用竹竿由雷中引出火线,埋设于敌方必经之路。待敌进入雷区时,即点燃火线,将地雷引爆,借以杀伤敌人。还有炸炮,用生铁铸造的踏发式地雷,大小如碗,还附有一种自动的钢轮发火装置。

更让我们吃惊的是,当时已经出现了炮车,这可以说是今天坦克的雏形。万历朝的兵部尚书魏学曾改进的战车,每2辆中设拒马枪1架,填塞间隙,车架上下用棉絮布帐围之,可以防避矢石,车上载佛郎机2挺,下置雷飞炮,快枪各6杆,每架拒马枪上树长枪12柄,下置雷飞炮,快枪各6杆,每车用卒25名。明末抗击后金的名将孙承宗创建的车营所用偏厢车大致与之相同。

明朝使用了大量的火器来装备部队。朱元璋在位时,明军首创火铳与冷兵器依次攻击敌船的水攻战术,各地卫所驻军已有10%装备火铳。永乐八年(1410)征交趾时,明成祖在京军中组建了专门的枪炮部队——神机营,这种独立枪炮部队建制在当时中国乃至世界各国都首屈一指。永乐帝在亲征漠北时提出了"神机铳居前,马队居后"的作战原则,神机营配合步兵、骑兵作战,发挥了重要作用,使火器的应用更趋专业化,神机营已成为军队的一个兵种。大

家可以看神机营的编制:

全营兵力:步兵3600人(全配火器);

骑兵1000人;

炮兵400人(管理野战重炮及大连珠炮);

共计官兵5000人。

装备火器:霹雳炮3600杆(步兵火铳);

合用药9000斤;

重八钱铅子90万个;

大连珠炮200杆(多管火铳);

合用药675斤;

手把口400杆(炮兵防身用手铳);

盏口将军160位(野战重炮)。

到了明朝中期,戚继光镇守北疆蓟镇(今河北迁西县西北)练兵时,编练的水军营、步营、骑营、车营、辎重营,使用枪炮等火器的士兵已占编制总数的50%左右。其创建的车骑营中的战车部队,简直就类似于现在装甲战车部队:车营编官兵3100余名,佛郎机炮256门,大将军炮(重型大口径火炮)8门;每车营有战车128辆,每辆战车配有佛郎机2门、鸟铳4杆、火箭手4人,平均每12名士兵装备一门火炮,临战之时火枪轮番射击可以终日不停;骑营编官兵约2700名,装备有60门虎蹲炮。

戚继光编练的车营:

全营：战斗兵2048人；

军官、杂役、工匠、车夫等1061人；

全营官兵共3109人。

装备：佛郎机256挺（佛郎机手768人）；

鸟铳512支（鸟铳手512人）；

大将军炮8门。

以上火器手共1320人，占战斗兵的64.5%；其他的是长枪手、藤牌手等等装备冷兵器的士兵，是军队中不很重要的一部分。

戚继光编练的步兵营：

全步营：战斗兵2160人；

军官、杂役、工匠等共539人；

全营官兵共2699人。

装备：鸟铳1080支（鸟铳手1080人）；

火器手共1080人，占战斗兵的50%。

其他是长枪手、藤牌手等等装备冷兵器的士兵；其中有216名党耙手，装备火箭共6480支。

孙承宗编练的车营（标准车营）：

全营兵力：步兵3200人；

骑兵2400人；

辎重车夫512人；

各级军官、侍从、传令、杂役515人；

共计官兵6627人。

装备火器：火枪1984支；

其中鸟铳256支，三眼枪1728支；

大小佛郎机共256挺；

各种火炮（红夷、神飞、灭虏等）88门。

装备车辆：偏厢车128辆（战车）；

辎重车256辆。

刚才说的是陆军，下面来看明朝的海军。明朝的敌人很大一部分来自海上，所以明朝也建立起了从未有过的强大的海军。首先来看小型的船。苍山船：小型，吃水5尺，装备千斤佛郎机2门，碗口铳3个，噜密铳4把，喷筒40个，烟筒60个，火砖30块，火箭100支，药弩4张，弩箭100支。全船37人，水手4人，战士33人，编三甲。第一甲佛郎机与鸟枪，第三甲火器，第二甲冷兵器。还有车轮舸：以轮击水的战船，长4丈2，宽1丈3，外虚边框各1尺，内安4轮，轮头入水约1尺，船速远快于划桨。船前平头长8尺，中舱长2丈7，尾长7尺。上有板钉棚窝，通前彻后，两边伏下，每块板长5尺，宽2尺。作战时先放神沙、沙筒、神火，之后掀开船板，士兵立于两侧，向敌船抛掷火球，发射火箭，投掷标枪，毁杀敌船。

中型船——海沧船，可以出海作战。吃水七八尺深，风小时机动，配合福船。千斤佛郎机4门，碗口铳3个，噜密铳6把，喷筒50个，烟罐80个，火炮10门，火砖50块，火箭200支，药弩6张，弩箭100支。乘员53人，水手9人，战士44人，分4甲。第一甲佛郎机和鸟枪，第四甲火器甲。

福船是大型船，船身高大，底尖上挑，首昂尾翘，树2桅，舱3层，船面设楼高如城，旁有护板。士兵掩护在其后向敌船射箭发弹，掷火球、火砖、火桶，并顺水顺风撞沉倭船。舰首备红夷炮1门、千斤佛郎机6门、碗口铳3门，迅雷炮20门，喷筒60个，噜密铳10支，弩箭500支，火药弩10张，火箭300支，火砖100块，及冷兵器上千。乘员64人，水手9人，战士55人，编5甲。一为佛郎机甲，操舰首炮、佛郎机，近敌掷火球火砖；第二甲是鸟枪甲，专门射鸟枪；第三、四甲为标枪杂役，兼操舟近战；第五甲为火弩甲，专射火箭。

明朝最大的战船是三桅炮船，巨型，水师主力，身高大，首昂尾翘，航行迅速，不惧风浪。树3桅，主桅高4丈，船长20丈，舱5层，船面设楼高如城，可容300人，配红夷炮8门，千斤佛郎机40门。郑成功水师曾以此大败葡萄牙东印度公司舰队及荷兰殖民军，此船造法样式均失传，仅东山岛出土过残骸。

明朝末年还仿制西方的军舰——蜈蚣船仿葡萄牙多桨船，底尖而阔，航行迅速，逆风亦可行，不惧风浪。上有千斤佛郎机舰炮并有火球、火箭。

明朝这支武装部队经历过多次重大军事行动，例如：永乐北伐、土木之变与北京保卫战、抗倭战争、援朝之役、辽东战事、明末农民战争。下面我们重点来看看援朝抗倭之战。

倭寇一直骚扰中国沿海的原因之一是日本处于战国时代。日本战国群雄，经过近百年的战争，到十六世纪五十年代基本上实现了地域性的统一。各地霸主相互争夺全国的统治权。1568年9月，控制尾张国的织田信长率军进入京都。1582年6月，织田信长家臣明智光秀发动叛乱，信长自焚。信长的部将羽柴秀吉（即丰臣秀吉，《明史》称为平秀吉）得知织田信长自焚的消息，立即率军四万向京都挺进，在山崎、八幡之间的淀川河谷地带大败明智光秀军。明智光秀切腹自杀。羽柴秀吉继承信长的事业，于1584年与冈崎领主德川元康结盟，完成了全日本的统一。1585年日本天皇任命他为"关白"（摄政），又兼太政大臣，赐姓丰臣。丰臣秀吉是个非常有野心和抱负的人，他的方针第一步统一日本，第二步占领朝鲜，第三步征服中国，然后迁都北京，做东亚世界的大皇帝。

万历十八年（1590），丰臣秀吉致书朝鲜国王李昖，要求假道朝鲜进攻明朝，并要朝鲜国王率兵作为前导，书中说道："吾欲假道贵国，超越山海，直入于明。""秀吉入明之日，王其率士卒，会军营为我前导。"万历二十年（1592），丰臣秀吉遣最钟爱的大将小西行长、加藤清正率军十余万，战舰数百艘，渡对马海峡，四月十二日在朝鲜釜山登陆。日军占领釜山后，分兵北犯，占领王京（今首尔）后，进而攻占平壤。朝鲜王子被俘。在三个月时间里，日军几乎占领了朝鲜全国。"朝鲜八道几尽没，旦暮且渡鸭绿江。"朝鲜国王李昖逃到鸭绿江边的义州，遣使向明朝求援。万历皇帝虽然是个昏庸的君主，但是明朝朝野都觉得对朝鲜有道义上的责任，所以一定要救它。这是第三次中日战争，第一次是唐朝时日本援助百济打唐朝，被唐朝打败；第二次是元朝攻击日本，"神风"救了日本。下面来看第三次中日战争中的八次主要陆战：

1. 临津江之战

　　日军：15万

主将：宇喜多秀家

副将：小西行长、加腾清正等（他们是日本历史上非常了不起的军事家）

朝鲜军：20万

主将：李溢

结果：朝鲜军失利，20万大军几乎被全歼。向明朝求援，明朝派出第一支"志愿军"。

2. 平壤大战

明军：4万余人

主将：李如松（中国朝鲜族人，其家族是明朝很重要的家族，在中国东北起到很大作用，后代一直镇守东北）

副将：杨元

偏将：吴惟忠、查大受、祖承训等

日军：2万余人（号称3万）

主将：小西行长

副将：大村纯忠、远藤又次郎、如藤安等

结果：明军大胜，毙伤、俘日军1万余人，而明军伤亡不到800人。日军向南撤。

3. 碧蹄馆大战（明朝军队最辉煌的一次战役）

明军：骑兵3000人，后又增加了2000人，共5000人

主将：李如松

副将：李如柏、李如梅、查大受、祖承训、李有升等

日军：3.6万余人

主将：黑田长政、小早川隆景、羽柴秀胜

副将：加藤光泰、久野重胜、小河信章、后藤基次、小野和泉、小野成幸、池边永晟、小川成重、安东幸贞等

结果：日军失利，伤亡超过8000人，明军伤亡2500余人。这次战争是一个转折点，后来韩国独立后立碑纪念此次战争。

4. 王京（今首尔）围困战

明军：3万余人（加上朝鲜军一共接近4万）

主将：李如松

日军：12万余人

主将：宇喜多秀家

结果：日军主要粮仓龙山仓库被明军敢死队烧毁，日军请求议和。日军伤亡300余人（大部分为日本忍者兵），明军和朝鲜军伤亡50余人。

5. 南原保卫战

明军：3000人；朝鲜军：3000人

主将：杨元

副将：方时辉、郑文图等

日军：近5.5万人

主将：小西行长、宇喜多秀家

结果：南原失守，中朝联军除了2000人最后突围出去以外，其余4000余人全部阵亡。日军损失7000余人。这次是明军大败。

6. 稷山战役

明军：5000人；朝鲜军：2000人；朝鲜僧兵：1000人

中朝联军总指挥官：解生（明军）

副将：杨登山、塞摆等

日军：1.4万人

主将：黑田长政

副将：伊达政宗、后藤基次、林道利等

结果：中朝联军胜利，击毙日军6000余人，联军伤亡2500余人。

7. 蔚山大会战

明军：3.6万人；朝鲜军：近1万人

中朝联军指挥官：杨镐（明军将领）；副指挥官：麻贵（明军将领）

明军副将：高策、李芳春、李如梅、卢继忠、董正谊、王问、许国威等

朝鲜军指挥官：柳如龙

日军：6.4万余人

主将：加藤清正、黑田长政、小早川秀秋（小早川隆景之

子）、羽柴秀胜

副将：浅野长政、浅野幸长、竹森义盛、饭田角、森本仪太夫、九鬼四郎等

结果：中朝联军苦战失利，明军伤亡1.1万余人，其中阵亡7000余人，伤4000余人，朝鲜军伤亡近4000人，日军伤亡1.2万余人。

8. 顺天郡战役

明军：2万余人

将领：刘铤

副将：李应轼、吴宗道、吴广、王士琦等

日军：1.4万人左右

主将：小西行长

副将：马晴信、松浦镇信、远藤又次郎、内藤如安、大村喜前、后藤信康

结果：明军胜利，毙伤日军7000余人，明军伤亡3500余人。

这次战役以后，大局已定。丰臣秀吉于1598年病死，部下分为东西二军。德川家康（元康的东军）击败丰臣西军，1603年在江户设立幕府执政。次年，遣使去朝鲜。丰臣家族败灭，日本与朝鲜又恢复了聘使往来。早在明军援朝抗倭战争即将取得完全胜利之际，兵科给事中侯庆远上疏说："窃怪我与倭何仇也。诚不忍属国之蹢復，特为动数道之师，挈两都而手授之……我之为朝鲜亦足

矣。""全师而归，所获实多。"神宗传谕撤兵，只留刘𬘩的川兵进行防守，其他各镇兵全部撤回国内。中国在历史上没有侵略的传统，朝鲜非常感激中国，在收复失地以后，特于京城增一道城门，取名"迎恩"，专供明使出入。这种感激之情延续很久，明朝被清朝灭亡后，朝鲜政府内部的文件还一直称清朝是"胡"，称明朝"天子""皇帝"。

日本军队在朝鲜战场作战很勇敢，但为什么打不过明军？其中很重要的原因就是明朝的军事技术革命。日本在开战时，拥有1000余艘船舶，到战争末期已发展到3000艘左右。数量虽然可观，但构造简单，性能较差。装备的武器为铳、枪、弓矢、倭刀等。朝鲜水师兵力约为8万多人（占朝鲜总兵力的1/4），拥有船舶488艘，包括战船80艘（每船80人），辅助战船192艘（每船30—60人），勤务船26艘。在这些战船中，李舜臣创造的"龟船"很有特色。这是一种大型战船，上覆盖板，板上有十字小槽，小槽以外的地方，遍插利刃及锥尖。前为龙头，龙口是铳穴；后为龟尾，尾下亦有铳穴。两舷各有6个铳穴，铳穴下有橹8—10支。龟船甲板坚固，机动灵活，攻击和防护能力均较好。日水军吕秀吉之曾说："朝鲜人水战大异陆战，且战船大而行速，楼牌坚厚，铳丸俱不能入。我船遇之，尽被撞破。"所以在海战中，朝鲜海军起到一定作用。但是，更重要的中坚力量是明朝海军。

明朝投入朝鲜战场的兵力约10万人，后来逐渐增加到14万人。其中水师1.3万人，战船500余艘。战船的种类繁多，有福船、楼船、百槽、沙船、苍船、铜绞艄、海舫、八喇虎等，战船的武器精良，除弓、弩、刀枪、矛等冷兵器外，还有大量火器，如佛郎机、虎蹲炮等。据史料记载，明军火炮的射程最远可达3000米，而日军的只有100米、200米。明军充分发挥了大炮的巨大优势，日军在日本战国时期基本上没有见过大炮，他们的火器是以火枪为主，而明军的火器则以大炮为主。

但可惜的是，明朝的军事技术没能延续下来。清朝前150多年大量兵书当中，竟然没有任何讨论火炮的专门书籍出版。到雍正（1723—1735）末年，清政府发现驻防的守军，从来没有做过火炮演练，以至于准头的远近、星斗的高低，官兵茫然不知。即使到了道光年间，用铳规量度仰角以调整射程远近的方法，仍然是"中国营兵所不习"。所以，这个时候遇到比荷兰人还厉害的英国人当然是不行了。

道光二十二年（1842）九月，林则徐在谪戍伊犁途中致书友人说："彼（英国人）之大炮远及十里内外，若我炮不能及彼，彼炮先已及我，是器不良也。彼之放炮如内地之放排枪，连声不断。我放一炮后，须辗转移时，再放一炮，是技不熟也。求其良且熟焉，亦无他深巧耳。不此之务，即远调百万貔貅，恐只供临敌之一哄。""似此之相距十里八里，彼此不见面而接仗者，未之前闻。徐尝谓剿匪八字要言，器良技熟，胆壮心齐是已。第一要大炮得用，今此一物置之不讲，真令岳、韩束手，奈何奈何！"

所以大家可以看到，军事技术革命对于明朝的国防起了重大作用。

无独有偶：
"十七世纪全球危机"中的中国与英国

我今天的题目，将按照"盛世与危机——应对危机——危机结局——再见盛世"的思路来进行，试图把明清易代这段历史放到全球史的框架中来看。

一、盛世与危机：十七世纪的中国与英国

大多数历史研究者可能没注意到，虽然中国与英国相隔遥远，但早在明朝后期，这两个国家就有往来了。伊丽莎白一世女王曾两次派使者致书万历皇帝，希望建立直接的关系，但是信没有送到。因此中英之间的这种往来是间接的。不过，如果两国在没有直接联系的情况下发生类似的事情，就很有意思了。

这里我首先要提史景迁的《追寻现代中国》。这本书并不是最深刻的中国近代史研究著作，但却是最流行的中国近代史读物之一。该书在出版之后，曾被《纽约时报》列为美国十大畅销书之一。这本800多页的教科书，主要讲述从1600年到2000年的中国历

史。可以说，大多数美国人对中国近代历史的了解都来自这本书。我在美国和香港的大学教书时，都用它作为教材，因为史景迁的文笔可以说是所有历史学者中最好的。通过这本书，我们也可以看西方人如何看待中国近代的历史。

史景迁说，1600年的明帝国"是当时世界上所有统一国家中疆域最为广袤、统治经验最为丰富的国家，其版图之辽阔无与伦比……十六世纪晚期，明朝似乎进入了辉煌的顶峰。其文化艺术成就引人注目，城市与商业的繁荣别开生面，中国的印刷技术、制瓷和丝织业发展水平更使同时期的欧洲难以望其项背"。

确实，明亡五十年前的万历时期是中国历史上经济最繁荣时期之一。在此时期，中国在社会、思想、文化、海内外贸易等方面都出现了重大进步。史景迁说："从京都到布拉格，从德里到巴黎，并不乏盛大的典礼和庄严的仪式，但是这些都城无一能够自诩其宫殿的复杂精妙堪与北京媲美。"当时西方传教士到中国后，无不惊叹其繁荣昌盛。在经济发展方面，更是如此，以致大多数学者认为中国出现了"资本主义萌芽"。对史景迁的概述，其他学者各方面的研究也可以佐证。万历时期，整个社会展现出生气勃勃的景象，思想解放、言论自由、市民运动，各方面都出现了很多新变化。同时，这一时期也是中国国力强盛的时期。万历朝的三次大规模军事行动（即"万历三大征"），平定了国内叛乱，消除了国外危险。这三大征中，最重要的是1592—1598年的万历朝鲜战争。中国学界对这场战争并不特别重视，教科书里常常几句话带过。可是在日本、韩国和西方，这场战争被认为非常重要，被认为是东亚第一场近代战争。它是十七世纪的世界上规模最大、武器最精良、最现代化的一次大战。经过大战,朝鲜王朝得以继续存在,也制止了丰臣秀吉狂妄的计划——先征服朝鲜,再征服中国,把天皇移到北京,使日本成为中国的新主人。这次作战也是中国历代王朝海外作战最辉煌的一次胜利。

在地球另一端的英国,正处于都铎王朝和早期斯图亚特王朝时期。都铎王朝于1485年建立。由于女王伊丽莎白一世终身未婚,没有子嗣,1603年,她在苏格兰的外甥接替了王位,由斯图亚特王朝接续统治英国直到1688年(1649—1660年中断)。由于两个王朝均出于都铎王室,所以史称都铎-斯图亚特王朝(the Tudor-Stuart Dynasties)。

这一王朝的建立结束了英国此前的长期战乱,使得英国出现社会安定,经济繁荣,人口从1485年的220万增加到1600年的400万。当时,各方面都出现了重大的进步,苏格兰和爱尔兰加入了英国版图,英国从此成为大不列颠联合王国。因此,都铎-斯图亚特王朝被视为英国近代史的开端。

英国过去是一个不起眼的小国。到这时,逐渐发达起来,并且更加介入欧洲事务。由于王室继承的原因,英国过去有很大一块领土在法国,但其统治中心仍然在英格兰,属于欧洲的边远地区。经过英西战争(1585—1604),女王伊丽莎白一世治下的英国击败欧洲霸主、哈布斯堡王朝统治下的西班牙,由此变成欧洲强国,并得到其他国家承认。这次战争在欧洲历史上意义十分重大。

但是,史景迁在歌颂晚明的辉煌之后,笔锋一转,接着说:谁也没想到,明朝统治者"不到五十年就将自己的王朝断送于暴力"。英国也是如此,伊丽莎白一世之后不到50年,就爆发了英国历史上最血腥的内战,斯图亚特王朝也被推翻。

为什么会出现这样的结局?很多学者认为是长期的社会危机累积的结果。在中国,导致明朝灭亡的明末农民大起义,是一个长期的过程。著名史学家李文治先生的《晚明民变》,说到明朝自万历时代开始,民间的抗议活动不断,城市有城市的抗议活动,农村有暴动,大量事实都表明当时社会的不安。《哈佛中国明代史》对晚明的社会动荡也做了总结:从万历二十七年(1599)至万历四十二年(1614),全国各地先后发生民变、兵变数十次。之后民变不断,规模日大,演变为民众武装暴动或农民起义。此外,还有宗教叛乱,如白莲教。天启二年(1622)五月,徐鸿儒在郓城自称中兴福烈帝,当地民众"多携持妇子、牵牛驾车、裹粮囊饭,争趋赴之,竟以为上西天云"。另外,西南边疆的少数民族也不断起事,苗族的安邦彦自天启二年(1622)起就不断给明朝政府制造麻烦,天启六年(1626)春,四川、贵州和湖广军务总理与安邦彦交战,兵败自杀。不难看出,明朝盛世中已经隐藏着种种危机,并不断爆发。

英国也是这样。开始于中世纪后期的圈地运动,到都铎-斯图亚特王朝时期,尽管政府多次下令限制圈地,但圈地运动却愈演愈烈。马丁(John E. Martin)对1485—1607年英国米德兰地区10个郡的圈地数字进行统计的结果是715000英亩,占以上各郡耕地面积的21.1%。大批农民被迫出卖土地,或远走他乡,或到处流浪,陷于悲惨的境地,造成社会严重不安定。可是,圈地却屡禁不止。亨利八世的枢密院首席大臣托马斯·莫尔(Thomas More)在其1516年出版的名著《乌托邦》一书中,辛辣地说:"羊是温顺的动物,在英国这个奇异的国度里，羊能吃人。"社会繁荣的同时，社会分化越来越厉害。十六世纪末，在伊丽莎白一世统治下，都铎王朝最辉煌的时候，穷人占到英国人口的一半，其中一半处于极度贫困。英国政府不得不通过《济贫法》，要求教会承担起救济穷人的责任，不然会发生暴动。同时，都铎王朝采取非常严酷的手段惩罚流民，规定除持有乞食特许证的人外，其余流浪汉一律迫令立志愿劳动誓言。如果在流浪时第二次被捕，就要再受鞭打并被割去半只耳朵；如果第三次被捕，就要被当作重罪犯和社会的敌人处死。随着社会危机越来越严重，大批穷人不得不漂洋过海，到美洲谋生。更多的穷人则留在英国，许多农民揭竿而起，进行反抗，城市里民众的抗议活动更是风起云涌。

弗莱彻（Anthony Fletcher）和马库洛克（Diarmaid Macculloch）总结都铎时代大规模骚乱有九起，即1489年约克郡叛乱、1497年康沃尔郡叛乱、1513—1525年抗税骚乱、1536年林肯郡骚乱、1536—1537年求恩巡礼骚乱、1547—1549年西部叛乱、1549年凯特叛乱、1553—1554年怀特叛乱和1569—1570年北方叛乱。其中从十六世纪三十年代至十六世纪七十年代的六场骚乱，影响很大。

那么，盛世下的危机只是偶然发生在中英两国还是有更广阔的背景？美国学者帕克（Geoffrey Parker）在其名作《全球危机：十七世纪的战争、气候变化与大灾难》（*Global Crisis: War, climate and catastrophe in the seventeenth century*）中总结说：十七世纪出现了一个"全球危机"。"十七世纪全球危机"一词，最早由英国著名的马克思主义历史学家霍布斯鲍姆（Eric Hobsbawm）在二十世纪五十年代提出，以后不断有人探索这个问题。后来到二十世纪九十年代，在帕克的这本书中得到充分的阐述。

世界各地的动乱,主要发生在十七世纪中期。按照帕克所做的不完全统计,在1635—1666年间,世界各地共发生大规模叛乱与革命共49次,其中欧洲27次,美洲7次,亚洲和非洲共15次(包括李自成起义)。

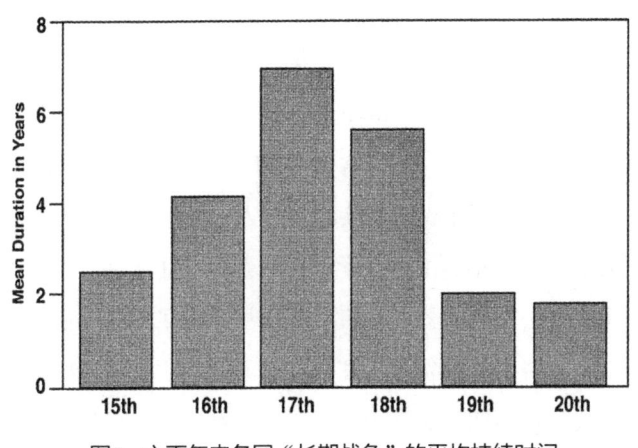

图4 六百年来各国"长期战争"的平均持续时间

全球差不多在同一时期社会发生严重的动荡、战争、冲突,说明一定有些共同的原因,才会导致这些现象普遍存在。我们都觉得二十世纪战争很多,但从战争频率来看,二十世纪并不算多,十九世纪也不多,最多的是十七世纪(见图4)。十七世纪是自1400年以来中战争最密集的时期,不仅频率高,而且依照当时的人口数量和技术水平,十七世纪的一些战争都可以说是超级战争。比如欧洲史上著名的"三十年战争"(1618—1648),战争发生于天主教国家联盟和新教国家联盟之间,席卷整个欧洲,战争规模大,持续时间长,影响前所未有。战争的主战场在以后来的德国为主的德意志地区，战争期间该地区饱受摧残，人口锐减，男性减少近半。如果从人口损失比例来看，甚至在一战和二战期间，德意志地区都不曾遭遇这样惨痛的人口灾难。十六世纪末和十七世纪前半期，在东亚，中国也爆发了四场大规模的战争。第一次是中缅边境战争（1576—1606），战争持续30年，规模和欧洲"三十年战争"差不多，缅甸两次以30万大军进攻中国，配备了先进的西洋武器，还有由葡萄牙人和当地人组成的火枪队参战。第二次是中日朝鲜战争（1592—1598），第三次是明清辽东战争（1616—1644），规模也非常大，使用的火器是当时世界上非常先进的。第四次是中荷台海战争（1661—1662），是郑成功家族和荷兰人的战争。过去大家不太重视这次战争，近几年美国新锐学者欧阳泰写了几本书，对郑氏家族和荷兰东印度公司的武器、船只、战略战术做了大量分析，其中用了很多荷兰文资料。他发现，郑成功的舰队其实是西式舰队，所用的武器与战法也说明其军队中有外援。这被认为是世界上第一次大规模现代化战争。

二、应对危机：君主与措施

盛世下的危机，最终表现为社会动荡、战争爆发和王朝覆灭。那么如何应对危机呢？我还是以中国与英国这两个比较稳定的国家来探讨应对危机的措施。

在十七世纪，除了荷兰之外，都是君主制政权，由君主统治（荷兰共和国实际上也是寡头统治）。因此如何应对危机，是君主最重要的任务。郭沫若先生1944年写了《甲申三百年祭》，毛泽东看到后大加赞赏，毛泽东说，李自成进北京才四十天就土崩瓦解，我们要吸取教训。在这篇文章中，郭沫若说：尽管很多人同情崇祯皇帝，但"其实崇祯这位皇帝倒是很有问题的。他仿佛是很想有为，然而他的办法始终是沿着错误的路径。他在初即位的时候，曾经发挥了他的'当机独断'，除去了魏忠贤与客氏，这是他最有光辉的时期。但一转眼间依赖宦官，对于军国大事的处理，枢要人物的升降，时常是朝三暮四、轻信妄断。十七年不能算是短促的岁月，但只看见他今天在削籍大臣，明天在大辟疆吏，弄得大家都手足无所措。对于老百姓呢？虽然屡次在下《罪己诏》，申说爱民，但都是口惠而实不至。《明史》批评他'性多疑而任察，好刚而尚气。任察则苛刻寡恩，尚气则急剧失措'。这个论断确是一点也不苛刻的"。

　　崇祯是一位长于深宫，不识稼穑之艰难的年轻人，要他采取有效应对危机的措施，确实是为难他了。明朝灭亡前夕，李自成大军包围北京，守军好几个月没有兵饷，不愿作战。在此生死存亡的关头，崇祯很着急，将大臣和皇亲国戚召到宫中，请他们解难，拿钱付兵饷。众人都哭穷，都说"家银无多"。崇祯生了气，这些人才不情愿地拿钱出来。最多的是老皇亲张国纪捐2万两，皇后的父亲周国丈捐1万两，退休太监头司礼监王之心最富，纷传家产在30万两以上，但只肯认捐1万两。李自成破城之后，大肆搜刮。周国丈家搜得白银53万两，王之心家搜得白银15万两，珍玩珠宝价值大抵也在15万两左右。更严重的是，崇祯的内府也有大量钱财，据王家范先生估计，总数为白银3700万两，黄金为若干万两。在政权即将灭亡的情形下，崇祯还不肯动用自己的私财，也没有真正去动那些既得利益者,哪里算得上是有为的皇帝!有本书的书名叫《勤勉的昏君:崇祯》,这个书名很有意思。今天很多人依然同情崇祯,包括姚雪垠的《李自成》书中也是如此态度,对此,我实在不敢苟同。指望这样的昏君采取措施应对危机,很不现实。

英国那边也一样。都铎王朝虽然建立了一个辉煌的时代,但是都铎王室的国王都很糟糕。有一本书,书名就是《都铎:英国最臭名昭著的王朝》(*The Tudors: The Complete Story of England's Most Notorious Dynasty*)。都铎的君主都臭名昭著,女王伊丽莎白一世虽被称为"童贞女王",私生活也很一塌糊涂。斯图亚特家族的詹姆斯一世入继大位后,对英国做了不少贡献,特别是他钦定的《圣经》至今还是标准读本,对整个英国的语言、文化起了奠基性的作用;他还主导了苏格兰和英国的统一,今天的大不列颠与北爱尔兰联合王国就是从他开始的。但另一方面,如霍利迪(F. E. Halliday)所说,"(詹姆斯一世继位)是一个不祥的开端,在这历史的转折点,命运给英国选择了最不相宜的统治者詹姆斯一世。他是一个粗鲁、自负、迂腐的君主……他主持的那个谄媚的枢密院,其伦理道德之衰败已在莎士比亚和韦伯斯脱的许多伟大悲剧、琼森粗犷的讽刺文章、博蒙特和弗莱彻的悲喜剧中有所反映"。不过詹姆斯一世比较聪明,通常不公开与议会作对。他的儿子查理一世继位后,力图整顿纲纪,加强王权,但是"(他)像他父亲一样固执己见,却远不及他的父亲明智。他笃信自己的权力是天赋的,把大权交给自己挥霍无度的少年朋友白金汉公爵"。由于他个人偏爱威廉·劳德的新高教会派,劳德很快成为坎特伯雷大主教。杨格(Michael B. Young)说:"(查理一世)不像许多其他君主那样,他为人并不邪恶、堕落、粗鲁、不负责任、奢华或者愚蠢。即使他的批评者也承认，他拥有一些正面的美德。"但是要这个君主为应对危机采取有效措施，也不太可能。

都铎王朝时期，国王与议会之间的斗争从未消停，到了斯图亚特王朝时期更日益加剧。詹姆斯一世尚能表面上对议会表示尊重，查理一世继位后，在征税问题上和议会多次发生冲突，几次解散议会，并在1628—1639年的十一年中实行无议会的个人统治。

晚明时期，皇帝（及其爪牙宦官）和文官集团之间的冲突不断。万历皇帝和大臣之间闹得不可开交。但万历皇帝对大臣的反对，多半采取消极对抗的态度，顶多是"留中"，进行冷处理。万历十七年（1589）十二月，大理寺左评事雒于仁给皇帝上奏折，指责皇帝说："皇上之病在酒色财气者也。""皇上诚嗜酒矣，何以禁臣下之宴会。皇上诚恋色矣，何以禁臣下之淫荡。皇上诚贪财矣，何以惩臣下之饕餮。皇上诚尚气矣，何以劝臣下之和衷。四者之病缠绕心身，臣特撰四箴以进，对症之药石也，望采纳之。"万历皇帝非常生气，但也是过了几个月才找了个理由把雒于仁削职为民，况且还一直有官员上疏要求恢复他的官职，他也只是给予革职的处分。崇祯皇帝则与臣下关系恶劣，在位十七年，换了50个大学士，11个刑部尚书，14个兵部尚书，诛杀总督7人，杀死巡抚11人，逼死1人，被杀的大臣中就包括袁崇焕。崇祯不信任通过正规途径晋升上来的大臣，而是提拔重用逢迎他心意的奸臣和宦官。《明史·奸臣传》所列者奸臣不过10人，除去南明的马士英、阮大铖二人外，共8人，而崇祯朝就占了两个（温体仁、周延儒）。可见崇祯也和查理一世一样，力图实行个人统治。

面对危机,既要平定内乱,又要对付外患,于是财政问题成为中英两国共同的问题。都铎-斯图亚特王朝也长期为财政问题所困扰。当时英国政府财政至少在名义上依然从属于王室,开支要从属于国君所有的国库中支取。由于政府和王室自身开支不断增加,国库入不敷出,因此国君不得不举债。伊丽莎白一世时,精打细算渡过了财政难关,到她逝世时,将债务减少到10万英镑。但是到了詹姆斯一世时,开支大量增加,到了1606年,债务攀升至60万英镑。詹姆斯一世设立了新的税目,还大量卖官鬻爵,从而进一步败坏了社会风气。查理一世不仅继续用卖官鬻爵来扩大财政收入,而且恢复了詹姆斯一世设立的税目,推广实行专卖制,增加关税,将船税扩大到内地,还重提以前王室的森林所有权,要求使用者补交重税。

崇祯皇帝采取的办法是加税,主要是晚明的三饷加派:"辽饷""剿饷""练饷"合称"三饷",共征银一千五百余万两。御史郝晋说:"万历末年,合九边饷止二百八十万。今加派辽饷至九百万。剿饷三百三十万,业已停罢,旋加练饷七百三十余万。自古有一年而括二千万以输京师,又括京师二千万以输边者乎?"明末时,天灾人祸本来就很多,继续加饷导致社会问题愈加严重。

崇祯和查理一世两人采取的措施大致一样,一是独断专行,二是增加赋税。在严重的危机面前,这些措施的效果可想而知。所以危机造成同样的结果,即君主丧命,政权易主。

三、危机结局：君主丧命，政权易主

对于清朝取代明朝的原因，雍正皇帝说得很清楚："前明之亡国，亡于流寇李自成之手，与我朝毫无干涉。自有明之季，政教不修，纲纪废弛，内则盗贼纷起，李自成等扰乱残虐，沦陷京师，外则边警时闻，各处蒙古外藩，皆为劲敌。是蹂躏中国，消耗明之元气，非独本朝也。迨李自成已陷北京，明愍帝殉国而死，明祚已绝，明位已移，始请兵我朝，来除寇乱。"意思是明朝亡于李自成，清朝是从李自成手中夺取的江山。他说的是事实。

崇祯十七年（1644），李自成大军攻入北京，崇祯皇帝到太和殿敲钟召集大臣商量对策，竟无一人来，他只好去煤山上吊。1642年，英国国王和议会发生争执，最后刀兵相见。查理一世召集保皇党建立军队，国会也召集军队，双方进行了长期的血腥战争，最终查理一世战败被俘，于1649年被公审，处以叛国罪并被绞死。在世界历史上，这是第一个被民众代表公审处死的君主。他被绞死仅只比崇祯皇帝自缢于北京煤山晚了5年。两个君主，前后五年都死于长期内战，而他们的王朝都崩溃了。这到底是巧合，还是有规律？

史景迁说，明朝灭亡后，"将混乱的国家重新带入有序轨道的，既非反叛的农民，也不是与朝廷离异的士大夫，而是越过明朝北部边境的自称'满洲'的女真人"。清军占领北京后，并存的南明政权、李自成大顺政权和张献忠大西政权，各自的兵力都超过清军。清朝八旗入关之初共有兵丁约16.5万人。如果丁口比例为1∶3.5，那么入关之初八旗兵丁及其家眷约有58万人。但是万历时期，中国人口一亿二千万。显然，清朝取代明朝，这一件不可能发生的事发生了。

英国也是如此。内战打得一塌糊涂，查理一世死，斯图亚特王朝也随之灭亡，克伦威尔建立了英吉利共和国，实行独裁统治。克伦威尔死后，他的部下把查理一世的儿子查理二世请回来，斯图亚特王朝复辟。查理二世虽然很腐败，但不像他父亲那样固执，与议会方面妥协，可以混下去。但是他没有合法子嗣，死后只能把他的弟弟詹姆斯二世请来做国王。詹姆斯二世又和议会作对。国会害怕再来一场内战，于是请詹姆斯二世的女儿玛丽和女婿、时任荷兰执政的威廉来接管英国，这一事件被称为"光荣革命"。1688年11月1日，威廉带着2万军队在托尔湾登陆。消息传到伦敦，詹姆斯二世看到民心已去，只能出逃，途中被截获送回伦敦。经威廉同意，放他去法国流亡。1688年12月威廉兵不血刃进入伦敦。1689年1月在伦敦召开的议会全体会议上，宣布詹姆斯二世逊位，由威廉和玛丽共同统治英国，称威廉三世和玛丽二世。

十七世纪中后期，英国（英格兰与苏格兰）人口大约650万，荷兰人口180万—190万。光荣革命时，英国军队4万人，荷兰军队2万人。双方实力对比，和八旗进入北京的状况有些类似。嘉定（Lisa Jardine）的《各付各的：英国如何掠夺荷兰的荣耀》（*Going Dutch: How England Plundered Holland's Glory*）一书中对此作了很好的描述。荷兰军队很快控制住了整个英国，而英国也从此稳定下来。

四、再见盛世：危机的解决及其深远影响

在清军入关，荷兰人接管英国之后，两个国家都出现盛世。危机之前半个多世纪前曾有一个盛世，而这时更大的盛世出现了。这意味着危机的解决，而危机解决的意义则非常深远。

清朝建立了一个中国历史上在中央政府有效控制下的疆域最大、人口最多的国家。元朝或唐朝虽然疆域广大，但实际控制的时间有限，大部分地区是羁縻。真正由中央朝廷直接治理的地域，中国历史上，清朝最大。

清朝在国家安全方面创造了中国历史的奇迹——永久地解决了困扰内地的难题——北方安全问题，因此万里长城在清朝就失去了作用。而在明朝，长城防线是国家财政的沉重负担，明朝后期国家开支大部分用在长城防线上。清朝消除了北方威胁，从而卸下了这个沉重负担，这对中国社会经济的发展是非常重要的。

军事史学家布莱克（Jeremy Black）写了一本《十八世纪的战争》，他在书中的结论非常有意思："在十八世纪的世界上，陆地上最有活力的国家和最成功的军事强国是中国。中国在十七世纪下半期开始扩张，把俄国人逐出了阿穆尔河流域（1682—1689），战胜了准噶尔人（1696—1697）。在十八世纪，中国继续着此过程，于1700—1760年间，最终解决了准噶尔问题，控制了远至拉萨和巴尔喀什的广大地区。中国1766—1769年间对缅甸的军事行动不太成功，但是当尼泊尔的喀尔喀人开始扩张并挑战中国在西藏的地位时，1792年中国军队前进到加德满都，迫使喀尔喀人承认中国的权

威。在此时期，中国还镇压了许多规模大的叛乱。"十八世纪中国的军事行动几乎没有失败过，尽管有的成功很有限。比如和缅甸的战争，由于不适应热带雨林气候，官兵死亡三分之一以上，最后不得不撤军。但至少不是战败。

  清朝政府取得的第二个成就是由于帝国版图大幅扩张而创造的安全感。1820年时，中国的国土面积已经达到了1200万平方公里，是其1680年面积的2倍。新进入清朝统治的地区多为人烟稀少的地域，1820年时这些地区的居民只占总人口的2%。清朝在这些地区建立直接统治不是为了这些地区的少数民族，而是为了大幅度加强边境地区的安全，以防止中国在此之前所遭受的外族入侵。清朝在1696—1697年征服了蒙古，随之改变了他们的部落结构。在1689年签订的中俄《尼布楚条约》所确定的清朝边界已经深入西伯利亚。清朝于1683年收复台湾、1720年平定西藏，后来又在1756—1757年间将新疆纳入清朝的版图。周边如缅甸、尼泊尔、柬埔寨、越南、朝鲜、琉球等清朝从属国也为清帝国提供了一层外围保护。

  清朝不仅创造了一个安全的国际环境，而且在经济发展方面表现也相当好。著名经济学家麦迪森（Angus Maddison）说："从十七世纪末至十九世纪初，清王朝在其自定的目标上表现得很出色。从1700—1820年，人口从1.38亿增长到3.81亿，增长速度几乎是同期日本人口增长速度的8倍，欧洲的2倍。人口增长并没有导致生活水平下降。在十八世纪，尽管欧洲的人均收入扩张了1/4，中国国内生产总值的增长速度仍然快于欧洲。"也就是说，在大约一个半世纪中，中国经济一直保持发展，而且增长速度领先于欧洲，这可以称为工业革命前的"中国经济奇迹"。在英国，光荣革命之后，由于国内安定，英国实力大大增强，发展了世界最强大的海军，开始了海外大扩张。伍德瓦克（William Harrison Woodward）《大英帝国海外扩张简史：1500—1902》（*A Short History of The Expansion of The British Empire 1500-1902*）对这个过程作了很好的描述。更重要的是，英国在光荣革命之后，政治逐渐走上可持续发展的轨道，从而成功地创建了一种史无前例、具有强大生命力的政治体制，为改变世界的工业革命奠定了制度基础。由此，光荣革命开启了人类历史上最大的盛世。

虽然中英两个国家危机解决后都迎来了盛世，但是解决的方式非常不一样。中国采取了一种更有效的传统统治方式。满族有自己的传统，其中一些方式对于治理一个多民族的国家颇为有效，所以清朝并不是全盘接受明朝的政治制度，而是有所改造，这对清朝这样一个多民族的广大帝国是合适的。至于英国，荷兰的议会制度比英国的历史更悠久，工商业也比英国发达，他们接管英国后，进一步推动了英国自身的发展。所以两个外族政权接管这两个国家后都取得明显的效果。

中国历史上有一个很特殊的现象：因为种种原因，清朝的皇帝个人素质是历代最高的。清朝没有暴君，没有真正的昏君。清朝尽管有庸君，但没有像隋炀帝、明武宗那样的暴君或者奇葩皇帝。清朝皇帝一般比较勤政，特别是康熙、雍正、乾隆三帝，都很能干，寿命也很长，三人统治了接近150年。中国十八世纪的辉煌就是在他们统治下。英国相反，光荣革命以后的国王绝大多数都是庸人或者花花公子，好几位国王连英文都不会说，整天喝酒作乐。他们留恋欧洲大陆的花花世界，经常去他们自己在德国的领地享乐。清朝皇帝，从努尔哈赤起都会说汉语，之后清朝大多数皇帝的知识水平，比明末几位皇帝强多了。

但是在这样的昏君统治下，英国怎么就成为人类历史上一个奇迹？从1688年起，英国是全世界唯一没有发生内战、动乱或毁灭性群体事件的国家，政治权力交接都是有序并通过合法程序进行的。这种制度具有很大的影响力，逐渐影响到很多国家。特别是英国人把制度带到北美之后，经美国进一步发扬，变成民主共和的潮流。十九世纪著名历史学家麦考莱（Thomas Babington Macaulay）在其名著《英国史》（*The History of England from the Accession of James the Second*）中说：英国无疑是全世界最伟大的国家，而英国之所以伟大，其渊源就在于1688年的革命。"对1688年革命所能作的最高赞颂乃是：它是我们的最后一次革命。自从任何一个聪明的和爱国的英国人试图反抗当权的政府以来，已有几代人过去了。在所有诚实的、善于思考的头脑中，有一种随着经验的积累而与日俱增的信念，即影响宪法所需的每种改进都可在宪法本身内部找到。"正是由于争端都可以在宪法框架内以和平的方式解决，英国才会出现这样的结果；也是在这样的社会环境中，工业革命才会产生。因此，光荣革命在人类历史上的意义是很大的。

在清代中国，尽管十七世纪的危机解决了，但解决方式不能持久，还是依靠能干的统治者。英国的制度是可以持续的，完全不依靠个人，即使最昏庸最无能的统治者，也不影响国家的良好运转。这是两个国家不同的解决危机的方式带来的不同结果。

结　语

历史学家希尔（Christopher Hill）说："每一代人都要重写历史，因为过去发生的事件本身没有改变，但是现在改变了；每一代人都会提出关于过去的新的问题，发现对过去都有一种新的同情，这是和他们的先辈所不同的。"历史要重新写，每一代人都要重新写。今天再看明清易代的历史变迁，我们应该尝试从新的观点出发，其中包括全球史的角度，将这一事件带到全球的脉络中。既然别的地方也在发生，中国的事件就不能说是一个偶然的孤立的现象，就应该有一些共同的规律，至于这些共同规律到底是什么，则有待我们探索。

交流环节

定宜庄　我先说一点自己的想法。史学界目前最关心的问题之一是清帝国和其他几个帝国的比较，尤其是清帝国覆亡后的一些走向。可是据我了解，这些年，比较都铎王朝与明朝的研究实在很少，因为这里面内容太过丰富，而且明朝本身也是我们研究比较薄弱的部分，比清朝还薄弱。这一点，我觉得特别有意思，给我启发也特别多，因为这个问题涉及太多的国内外史料，不是一般人能做到的。第二点，很多年以前我就发现，伯重教授从经济史关注到军事武器、火药等领域。这一领域长期为史学界所忽视，至今我们对清代战争时所用的战阵、武器弹药都很不清楚，所以这也给我很大启发。下面请大家提问。

侣化强 十六世纪末到十七世纪，英国处于清教占主导地位的历史时期，宪政由此催生，实现了从君主制到议会制、从君主主权到议会主权的过渡。在内战中，军事法也发生了一些变化。因此，正是清教思想催生出这一制度框架。所以英国尽管有昏君，实行的却是"法治"。这里有清教赋予的一些基因，这一点是不是能解释英国之所以长治久安，而中国只是换了一个王朝的问题？

李伯重 我觉得您的问题是很重要的，就是说，英国在解决危机并形成后来稳定制度的过程中存在多方面的因素，其中包括清教思想。但是，据我最近些年所读的英国史，除了克伦威尔独裁时期外，清教在英国始终被看成一种过激的宗教，始终没有成为主流，主流是国教（即新教中的圣公会）。国教要在清教与天主教之间取得平衡，英国主流意识形态是国教，当然国教本身也在变化。后来清教徒在英国待不下去。克伦威尔时代，清教徒曾发挥过较大的作用。但是，克伦威尔建立的制度属于个人集权专制是不可取的。现在对克伦威尔革命有很多新评价，认为它某种程度上可能阻碍了宪政的发展，因为他用暴力手段清除异己，实行个人独裁。由于种种原因，清教的部分理念可能会影响到国教，但是主体意识形态仍然是国教；而且宗教在英国宪政形成的历史中所起的作用并不是特别大，在清教和国教出现之前，英国的宪政传统就已经开始。十三世纪，为了限制英国王权提出的大宪章，现在被认为是世界史上宪政最早的起源。"国王不经过议会同意不得征税"这条原则逐渐发展到"不经过法院不得逮捕人"，但这些原则在贵族和国王之间经常在摆动。都铎-斯图亚特王室建政的最大成果就是建立中央集权制度，同时保留议会。虽然议会权力经常被侵夺，但是立法的权力仍然归议会。虽然都铎王室，特别亨利八世，杀大臣、王后是常事，但是普通法仍被保留下来。这些作为宪政基础的传统与清教关系不大。清教被称颂的原因之一是它在美国的发展。清教要求教徒不要服从教会权威，而国教实际上只是将教皇的权威换成英国国王，其他很多方面都保留下来。所以现在研究英国史，特别政治史的学者并不把清教看作重要的因素。

郦菁　宗教改革的重要后果之一是改变了社会的精英结构。原来土地属于天主教会，宗教改革后，土地被低价卖给乡绅，乡绅作为新的精英群体的兴起，部分控制了议会。光荣革命之后，英国已经不再是托洛茨基所说的"二元主权国家"，而是确立了议会主权。这和中国很不一样。因为中国从明朝开始对乡绅和士大夫阶层的控制加强，专制王权也在加强，比如廷杖大臣就是从明朝开始的，所以我觉得两国的精英结构或者说更广义的社会结构的变化还是很不一样的，希望李老师再解释一下。

李伯重　您说的情况和现在一些新的看法是有差别的。英国精英阶层的变化和清教没有密切关系。国教的出现，是由于亨利八世因离婚问题和教皇闹翻，自己成为英格兰教会的首脑，不再承认罗马教皇的权威，但他到死都认为自己是天主教徒。因为贵族有传统势力，因此国王要和更下层的人联盟，以巩固自己的权力。为了解决财政问题，同时也为了争取下层社会的支持，亨利八世征收了天主教会的土地，最好的部分给自己（因为国家财政是由国王负担的），更多部分则贱价卖给"乡绅"（gentry）。乡绅包括很多下层骑士，这些人中的许多人后来发财之后，成为新贵族。当时英国国会由两院组成，上院是贵族院，下院是平民院。国王支持下院，因此下院的权力比上院大得多。下院议员总数大约476人左右，每个县可以选出两个骑士做议员，许多城市和自治城镇可以选出两个市民代表做议员。这些人不是贵族，詹姆斯一世发现他们缺乏教养，无法和他们讨论国事。但是这些人有资产，是英国社会的支柱。他们拥护王权，因为只有王权才能保护他们。但当他们进一步成长后，王权又不愿和他们分享权力，二者就必然会发生冲突。这是英国的状况。

光荣革命并没有完全解决王权和国会之间的关系问题，直到汉诺威王朝，几任君主既不懂英文，又不管国事，才于1721年确立了议会主权。即便如此，以后英王干预国家大事的情况仍然很多，比如十九世纪的维多利亚女王，因为她依然是国家首脑。只是越往后，国王越没有权力。所以这中间经历了一两个世纪的长期过程，并不是一次革命就完全解决。

至于中国，香港大学中文学院为庆祝成立90年，召开了一个国际明清史学大会，我做了一个《明代国家决策机制》的主题演讲。其中有些情况，可能在座的一些学者不曾注意到。明朝后期，到底是谁在做国家决策？因为国家权力的核心是决策权，决定大政方针以及用人。过去认为决策者是皇帝，因为皇帝握有一切权力。但这种说法是很抽象的，要具体去看皇帝在哪些方面能起作用，能起到什么程度。一般来说，在古代，立法、行政、司法不分，行政和司法权通常可以交给臣下，由他们去管，而决策权则在皇帝手里。明朝十四个皇帝，平均寿命42岁，身体都很差，教育程度也很差，他们如何决策？只好靠身边的太监帮助。太监教育程度更差，内书房读三年书就出来做太监，逐渐升到秉笔太监，就可以"批红"，所以这是很糟糕的事情。但是明朝有新的机制出来，就是"廷议"。明朝到后期，所有大事必须经过"廷议"。廷议由五品以下在京文官、科道监察官（品级一般是七品、八品）参加，每月一次，在紫禁城东华门的一个固定地方。廷议之前，各个部门会列出各项大事名单，交给参加廷议官员事先知道，然后召集开会、辩论，经记名投票，定出第一方案、第二方案、第三方案。若是人事任命，则分正推、陪推，最后交给皇帝，由皇帝批准。据统计，万历时代85%的方案皇帝都同意了，剩下15%多半涉及皇家事务，未获批准。对于廷议的结果，皇帝可以反对，于是需要重新讨论。或者皇帝"留中"，但"留中"会遭到严重批评。您说的廷杖，当然是有人身侮辱。它从元朝起普遍实行。但廷杖也只是打打而已，当时英国国王亨利八世三天两头杀大臣，显然更严重。而且明朝大臣也并不怕廷杖。

明朝后期的机制，到清朝还有部分实行。但是廷议和廷推，乾隆皇帝说得非常清楚，"乾纲独断，乃本朝家法。自皇祖（康熙）、皇考（雍正）以来，一切用人听言大权，从未旁假"。用人是天子的权力，如何能让大臣做，于是就被废除了。

我们过去接受传统观念，认为中国皇帝掌握一切权力，无所不能、无所不在，这个看法是错误的。至于皇权对基层社会的干预程度有多深，现在历史学界正在讨论。普遍的看法是"皇权不下县"。明清两朝，中央派出的官只到县一级，本地很多衙役。至于在村子里征税，要靠乡绅。明清时期（特别是清朝），有田产的人才交税。在江南这样的发达地区，有田产的一般都读过书，很多人有功名，这样的人县官都不能打，他们见县官也不用磕头。明朝末年虽然"三饷"加派厉害，在最重要的赋税区长三角，州县官能收到60%的税就算完成任务，因为乡绅势力很大，在朝廷也有人，收不上来。清朝整顿赋税一方面是去除明朝很多苛捐杂税，一方面要求实收。在苏松几个府，经济最发达的地方，一次革除上万人的功名，以打击地方乡绅的势力。可见，对中国皇权能深入到地方哪一级，现在已经有很多不同的看法。过去的传统看法比较偏颇，因为过去采用的材料和研究办法还是比较简单。如果不做历史人类学，不做深入的社会调查，看中央与地方的关系容易得出简单化的结论。

　　张仲民　您强调技术因素，认为清朝推翻明朝和技术上的优势有关。按照我们过去的了解，这一点似乎不明显。马克思讲："落后民族征服先进民族，最终被先进民族的先进文化所征服。"满族文化上落后于中原王朝，却最终征服了中原，就是一个例子。在此过程中，技术因素或许没那么重要。所以，您是否夸大了全球化过程中的技术因素？比如苏联非常重视技术的作用，可是它军事和科技方面的尖端技术，对于维护其自身统治究竟能起多大的作用？另外，近代早期以来，英国之所以成为全球化过程的一个典范，是因为十三世纪初《大宪章》确定了议会主导的制度，并且在这之后，尽管国王或官员有变化，这一核心制度一直没有改变，直到今天还发挥着重要作用。在此意义上，或许强调技术决定不如强调制度决定？这是我的一些疑惑，有不当之处，请李老师多批评。

李伯重 我当然不是技术决定论，技术只是改变历史各种因素中的一个。可是，易代是通过军事手段实现的，尽管我们一般会说"小米加步枪"打败了日本人，但是恩格斯说，在战争中，决定战争胜负的"不是执马刀的人，而是武器"。恩格斯是军事史专家，有大量关于军事史的文章，很有见地。我赞同他这个说法。明清易代之际，满洲人为什么可以吸取比较先进的技术？说明它已经不是许多人所想象的"落后民族"了。努尔哈赤不仅吸取对于对抗明朝有用的中国文化，而且其他地方如朝鲜，对他也有影响。他曾经请明朝政府允许他带兵参加朝鲜战争，但朝鲜不愿意，因为满洲人比日本人作战力更强。可见，他们是很擅长学习的民族，能把学习到的东西迅速消化。到皇太极时，决策改国名、族名，这是政治智慧。当然，这不是某一个民族做出的，是东北各族人民融合成八旗，一起做出来的。所以我们不该再持过去比较偏颇的看法，认为边裔民族都是落后民族。这是我的一个看法。第二，技术需要配合其他方面，比如作战方式、军队组织方式、后勤系统、战斗指挥系统，等等，是一个复杂的系统控制，只要缺一环，就都不能发挥好作用。最终会涉及政治体制。我同意定老师的说法，清朝的八旗制度并不只是军事制度，而是综合性的社会政治制度，可以将有限的力量集中起来做大事。它的优越之处还在于能将制度所涉及范围内的经济都动员起来。

关于英国历史，我不太同意您的看法。如果您读比较新的对英国历史的看法，比如说都铎宪政史研究权威埃尔顿（G. R. Elton）

关于"都铎行政革命""都铎宪政革命"的著作，你就会发现《大宪章》制定之后很长时期，议会并没有太大作用，权力被各地封建贵族把持，国王的权力非常小，英国实际上处于封建割据。直到都铎王朝建立中央集权之后，才实行统一的行政机构，国会也才真正开始在全国起作用。但议会时开时休，从长期不开到经常开。因此，埃尔顿认为都铎时期是一个宪政革命的时代，王权促进了宪政。没有王权支持宪政，权力由各地贵族把持，国会起不了多大作用。王权为了争取下层精英的支持，要加强下议院，上议院作用越来越小，贵族转而不太起作用了。下层精英支持王权，由于他们的支持，王权也得到巩固。当然，到后来王权和下议院又有冲突。所以《大宪章》只是一个源头，是从《大宪章》到"光荣革命"再到1721年议会改革，中间有多个世纪的漫长过程，不能说只要有一个事件初始点，一切就会顺利发展。即便说是基因，在不同情况下也可能出现基因修改，变成别的东西。这是我的看法。

"天"亡大明：
环境史与全球史视野中的明清易代

一、楔子：什么是"天"

《史记·项羽本纪》中关于项羽乌江自刎的那一段记述，研究中国史的人大都耳熟能详。司马迁以神来之笔，描绘出了一幅"英雄末路"的画面："项王自度不得脱，谓其骑曰：'吾起兵至今八岁矣，身七十余战，所当者破，所击者服，未尝败北，遂霸有天下。然今卒困于此，此天之亡我，非战之罪也'。"项羽生性要强，至死也不肯承认自己所犯过的错误，却将失败的责任归咎于"天"。什么是古人所说的"天"呢？就是"天运""天命""天道"，用今天的哲学话语来说，就是不可抗拒的规律或变化趋势。

从环境史的角度来看，可以说"天"是人类赖以生存的自然环境。基于这个解释，人类活动与自然环境变化之间的互动，就可以称为"天人感应"。由于"天"代表了自然环境，而自然环境是不以人类划定的国界为边界的，因此"天"并不只是覆盖中国。因为自然环境的变化不为人为的国界所限制，因此必须把我们所研究的历史事件放到环境史和全球史的视野中,方能更好地了解历史的真实。

二、明清易代:不可能的事情发生了

发生于十七世纪中叶的明清易代,是世界史上的一个重大事件。总兵力不到二十万人的清朝八旗兵,从半蛮荒的东北地区挥戈南下,在短短二十年中横扫东亚大陆,征服了拥有1.2亿人口、经济和文化都在世界上处于领先地位的明朝。这确实是一件不可能的事情发生了。为什么会发生这一历史巨变?早在明亡之时,人们就已开始思考了。到了二十世纪后半期和二十一世纪初期,中国学者把明清易代的主要原因归结于阶级斗争,例如翦伯赞先生在《中国史纲要》中说这是因为"一方面是贪污腐化,荒淫无耻;一方面是饥寒交迫,流离死亡"。樊树志先生在《明史十讲》的第十讲"谁主沉浮:明清易代的必然与偶然"中则将明朝灭亡的原因总结为:一是明末社会矛盾的激化,二是明末农民大起义,三是明朝末年政治腐败,社会矛盾空前激化,内忧外患纷至沓来,其灭亡是不可避免的。

在海外,学者们也对明何以亡的问题提出了多种解释。赵世瑜先生在《海外学者谈明清为何易代》中,引用青年学者刘志刚的研究,把这些解释总结为以下五种:(1)王朝更替的解释模式;(2)民族革命的解释模式;(3)阶级革命的解释模式;(4)近代化的解释模式;(5)生态-灾害史的解释模式。这个归纳颇为完备,可以说把迄今为止所有的解释尽都纳入其中了。

到了晚近，出现了一些流行的新观点，如《明朝覆亡真相：人口逼近2亿，粮食增长空间耗尽》《老鼠是压垮明朝"稻草"？明末北京鼠疫流行》，等等。但是这些网上观点都尚未见到有人做出认真的论证。

以上各种看法，无疑都有其合理方面，但是也都有其不足。在本书中，我将力图汲取这些看法中的合理部分，并将这个问题放在全球史和环境史的视野中进行观察，从而得出自己的结论。

三、十七世纪的全球气候变化及其影响

气候史研究已经证实：北半球的气候自十四世纪开始转寒，十七世纪达到极点。十五世纪初以后，出现过两个温暖时期（1550—1600年和1720—1830年）和三个寒冷时期（1470—1520年，1620—1720年和1840—1890年）。大体而言，十六世纪和十八世纪可算温暖时期，而十七世纪和十九世纪则为寒冷时期。其中又以十七世纪为最冷，冬季平均温度比今日要低2摄氏度。

对于位于北半球的中国，这个变化也表现得非常明显。气候史学者总结出了明朝中国气候变化的基本情况如下：

明代前期（洪武元年—天顺元年，1368—1457）：气候寒冷。

明代中期（天顺二年—嘉靖三十一年，1458—1552）：中国历史上第四个小冰河期。

明代后期的前半叶（嘉靖三十六年—万历二十七年，

1557—1599）：夏寒冬暖。

明代后期的后半叶（万历二十八年—崇祯十六年，1600—1643）：中国历史上的第五个小冰河期。

这个明代后期的"小冰期"，也被东亚其他国家感受到了。朝鲜南平曹氏在《丙子日记》中也对1636—1640年的气候变化作了第一手的记录，韩国学者朴根必和李镐澈在《〈丙子日记〉时代的气候与农业》中，把日记所记情况与其他资料进行综合研究后指出："十七世纪的东亚通常被称为近代前夜的危机时代，即所谓的寒冷期（小冰河时期）。"

这一轮"小冰河期"，综合中国各地地方志的记载，灾变的前兆可追溯至嘉靖前期，万历十三年（1585）开始变得明显，但时起时伏，崇祯一朝达到灾变的高峰，收尾一直要拖到康熙二十六年（1687），态势呈倒U形。

中国处于季风区，气温变化与降水变化之间有密切关系。大体而言，气温高，降水就多；反之则降水少。十七世纪是中国近五百年来三次持续干旱中最长的一次。明代初期全国水旱灾害发生频率差不多，两种灾害交替发生，全国性的旱灾或涝灾的趋向不明显。但是成化以后情况有所不同。据《中国近五百年旱涝分布图集》提供的1470年以后全国120个观察点的水旱记录可以看到，明代后期全国进入一个异常干旱的时期。

由于农业是"靠天吃饭"的产业，因此气候变化对农业生产有巨大影响。一般而言，在北半球，年平均气温每增减1摄氏度，会使农作物的生长期相应延长或缩短3—4周。这个变化对农作物生长具有重大影响。例如，在气候温和时期，单季稻种植区可北进至黄河流域，双季稻则可至长江两岸；而在寒冷时期，单季稻种植区要南退至淮河流域，双季稻则退至华南。据张家诚的研究，在今天的中国，在其他条件不变的情况下，年平均温度变化1摄氏度，粮食亩产量相应变化为10%；年平均降雨变化100毫米，粮食亩产量的相应变化也为10%。在生产力发展水平低下的古代，减少的幅度要更多得多。

此外，年平均温度的高低和平均年降水量的多少，对冷害、水旱灾和农业病虫害的发生频率及烈度也具有决定性的影响，从而明显地增加或减少农业产量。

这里需要说明的是，气候变化对农业产量的影响，在高纬度地区表现最为明显，而对低纬度地区则影响相对较小。因此气候变化对农业产量的影响，在我国北方地区更为巨大。这一点，集中表现在明末北方地区的大旱灾以及随之而来的大蝗灾、大瘟疫上。

在河南，据郑廉《豫变纪略》所记："崇祯三年旱，四年旱，五年大旱，六年郑州大水，黄河冰坚如石，七年夏旱蝗，八年夏旱蝗，怀庆黄河冰，九年夏旱蝗，秋开封商丘大水，十年夏大蝗，闰四月山西大雪，十一年大旱蝗，赤地千里，十二年大旱蝗，沁水竭，十三年大旱蝗，上蔡地裂，洛阳地震，斗米千钱，人相食，十四年二月起大饥疫，夏大蝗，飞蝗食小麦如割，十五年怀庆地震，九月开封黄河决。"崇祯七年（1634），家住河南的前兵部尚书吕维祺上书朝廷说：

盖数年来，臣乡无岁不苦荒，无月不苦兵，无日不苦挽输。庚午（崇祯三年）旱；辛未旱；壬申大旱。野无青草，十室九空。于是有斗米千钱者；有采草根木叶充饥者；有夫弃其妻、父弃其子者；有自缢空林、甘填沟壑者；有鹑衣菜色而行乞者；有泥门担簦而逃者；有骨肉相残食者。

在西北，情况更为可怕。崇祯二年（1629），延安籍官员马懋才上《备陈大饥疏》说：

> 臣乡延安府，自去岁一年无雨，草木枯焦。八九月间，民争采山间蓬草而食。其粒类糠皮，其味苦而涩。食之，仅可延以不死。至十月以后而蓬尽矣，则剥树皮而食。诸树惟榆树差善，杂他树皮以为食，亦可稍缓其死。迨年终而树皮又尽矣，则又掘山中石块而食。其石名青叶，味腥而腻，少食辄饱，不数日则腹胀下坠而死……最可悯者，如安塞城西有翼城之处，每日必弃一二婴儿于其中。有号泣者，有呼其父母者，有食其粪土者。至次晨，所弃之子已无一生，而又有弃子者矣。更可异者，童稚辈及独行者，一出城外便无踪影。后见门外之人，炊人骨以为薪，煮人肉以为食，始知前之人皆为其所食。而食人之人，亦不数日后面目赤肿，内发燥热而死矣。于是死者枕藉，臭气熏天。

明末干旱引起的特大蝗灾，始于崇祯九年（1636），地点是陕西东部、山西南部及河南开封一带。崇祯十年（1637）蝗灾向西扩展到关中平原，向东扩展到以徐州为中心的山东及江苏北部，然后扩展到南起淮河、北至河北的广大地区。崇祯十一年（1638）形成东西上千公里、南北400—500公里的大灾区，并开始向长江流域扩散。崇祯十二年（1639）向北扩展到山西和陕西两省北部，向南扩展到江汉平原。崇祯十三年（1640）黄河长江两大河流的中下游和整个华北平原都成为重灾区。崇祯十四年（1641）华北蝗灾开始减退，但是长江流域蝗灾却继续发展。崇祯十五年（1642）由于气候发生大变化，连续四年的特大蝗灾结束。

气候变化还会导致瘟疫的流行。所谓瘟疫，一般指具有温热病性质的急性传染病。布罗代尔说："在人们彼此长期隔绝的时代，各地居民对不同的病原体各有其特殊的适应性、抵抗力和弱点。一旦相互接触和感染，就会带来意外的灾难。"由于大规模的流民出现，瘟疫在明代后期也日益猖獗。据《明史》记载，从1408年到1643年，发生大瘟疫19次，其中1641年流行的一次瘟疫遍及河北、山东、江苏、浙江等。当时著名医学家吴有性在《瘟疫论·原序》就着重指出："崇祯辛巳（1641），疫气流行，山东、浙省、南北两直，感者尤多。至五六月益甚，或至阖门传染。"这里，要特别提一提明末大鼠疫。开始于崇祯六年（1633），地点是山西。崇祯十四年（1641）传到河北，并随着李自成和清朝的军队传到更多的地区。崇祯十四年（1641），鼠疫传到北京，造成北京人口的大批死亡。史载崇祯十六年（1643）二月，北京城中"大疫，人鬼错杂"，"京师瘟疫大作，死亡枕藉，十室九空，甚至户丁尽绝，无人收敛者"。至夏天和秋天，情况更甚，"人偶生一大肉隆起，数刻立死，谓之疙瘩瘟。都人患此者十四五。至春间又有呕血病，亦半日死，或一家数人并死"。

在这些严重而且长期的大灾荒中，原有的社会秩序崩溃了。郑廉说在河南，"兼以流寇之所焚杀，土寇之所劫掠，而且有矿徒之煽乱，而且有防河之警扰，而且尽追数年之旧逋，而且先编三分之预征，而且连索久逋额外抛荒之补禄……村无吠犬，尚敲催征之门；树有啼鹃，尽洒鞭扑之血。黄埃赤地，乡乡几断人烟；白骨青燐，夜夜似闻鬼哭。欲使穷民之不化为盗，不可得也；使奸民之不望贼而附，不可得也；欲使富之不率而贫，良之不率而奸，不可得也"。在西北，情况更为可怕。马懋才也说，在陕北，"民有不甘于食石而死者，始相聚为盗……间有获者亦恬不知畏，且曰：死于饥与死于盗等耳！与其坐而饥死，何若为盗而死，犹得为饱鬼也"。

即使在自然条件较好的南方，也未逃过气候剧变导致的灾难。宋应星说："普天之下，'民穷财尽'四字，蹙额转相告语……其谓九边为中国之壑，而奴虏又为九边之壑，此指白金一物而言耳。财之为言，乃通指百货，非专言阿堵也。今天下何尝少白金哉！所少者，田之五谷、山林之木、墙下之桑、洿池之鱼耳。有饶数物者于此，白镪黄金可以疾呼而至，腰缠箧盛而来贸者，必相踵也。今天下生齿所聚者，惟三吴、八闽，则人浮于土，土无旷荒。其他经行日中，弥望二三十里，而无寸木之阴可以休息者，举目皆是。生人有不困，流寇有不炽者？所以至此者，蚩蚩之民何罪焉！"

如此严重的局面，又岂是像崇祯皇帝这样一个"勤勉的昏君"（这里借用华中科技大学出版社2013年出版的吕志勇《勤勉的昏君：崇祯》一书的书名）和腐败的明朝官僚机构所能应付的。因此明朝的灭亡，在很大程度上可以归咎于气候变化。换言之，就是"天"亡大明。

余论：全球化——"十七世纪危机"的推手

如果把眼光投放到中国之外，我们会发现：在差不多的时期，类似的情况也在其他一些国家出现。例如在西欧，学者们通过对历史上太阳观测记录、中英格兰气温、捷克地温、阿尔卑斯山冰川、大气碳14含量、树轮、冰芯等的研究指出，近代早期西方社会曾经历了"小冰期"，其最冷时段在十七世纪。"小冰期"的平均温度一般要比正常时期低1℃—2℃。气候变冷对西欧农业产生了灾难性影响，农业产量下降、歉收和灾荒频发，导致粮食短缺，大量流民由此产生，整个社会更是呈现出普遍贫困化：英国十七世纪末穷人占到一半，其中一半处于极度贫困；法国九分之五的人生活在贫困中；德国科隆每5万人中就有2万是乞丐。在一些地区，这种情况常常演变为绝望农民的起义和暴动，如1647年7月意大利那不勒斯由于食物短缺等原因引发了严重的民众起义。在法国普罗旺斯，1596—1635年间发生了108次民众起义，1635—1660年更多达156次，1661—1715年则达110次。在这样一个仅有60万人的社会，一个多世纪的时间里就有374次之多的起义，确实令人震惊，以致马克·布洛赫指出，近代早期欧洲的农民起义就像工业时代的罢工一样普遍。①

不仅如此，在这个时期，同东亚一样，欧洲也发生了剧烈的政治、军事冲突。在东亚，朝鲜在十六世纪末和十七世纪前半期由于

---

① 见孙义飞，尹璐《十七世纪西欧气候变迁与粮食供应危机》。

气温变冷以及随后的连年水旱灾，导致经济凋敝，又经历了1592—1598年的日本入侵，1624年年初又发生内战，接着又是1627年和1636年的后金入侵，整个社会经济遭到巨大破坏。日本在十七世纪前半期也出现了严重的经济衰退，出现了"宽永大饥荒"。在十七世纪四十年代，日本的食物价格上涨到空前的水平，许多百姓被迫卖掉农具、牲畜、土地甚至家人，以求生路，另有一些人则尽弃财物，逃至他乡。多数人生活在悲苦的绝望之中。经济衰退导致了社会动荡，爆发了日本有史以来最重要的一次起义，即岛原大起义（亦称"天主教徒起义"）。德川幕府费尽周折，使用了骇人听闻的残忍手段才将起义镇压下去。更有意义的是中国与欧洲的比较。中国在十六世纪末和十七世纪前半期，爆发了四场大规模的战争：中缅边境战争（1576—1606）、中日朝鲜战争（1592—1598）、明清辽东战争（1616—1644）和中荷台海战争（1661—1662）。也正是在这个时期，遥远的欧洲也爆发了十七世纪最大的战争——天主教国家联盟和新教国家联盟之间的"三十年战争"（1618—1648）。从战争的规模来说，这些战争都属于当时世界上最大的战争。在中国，空前规模的内战（即明末大农民起义）爆发于1627年，导致了1644年崇祯皇帝的死亡。而在遥远的英国，前所未有的大规模内战爆发于1642年，导致了1649年英王查理一世的死亡。这些难道是巧合吗？当然不是。那么，造成这种情况的幕后推手是什么呢？应当说，就是全球性气候剧变。

这个气候变化导致的危机也表现在世界其他地方。杰弗里·帕克（Geoffrey Parker）在其《全球危机：十七世纪的战争、气候变化与大灾难》（*Global Crisis: War, Climate Change and Catastrophe in the*

Seventeenth Century）中，对这个全球性危机进行了综合性的研究。他使用世界各地民众回忆记述的有关1618年至1680年经济社会危机的第一手资料，同时运用科学方法来证明当时的气候变化状况，指出十七世纪中期革命、旱灾、饥荒、侵略、战争、弑君等一系列事件与灾难发生于世界各地。危机由英国到日本，由俄国到撒哈拉以南非洲，蔓延全球，就连美洲大陆也受到波及。在1640—1650年间，自然环境的变化导致饥馑、营养水平下降以及疾病的增加。据当时的估计，该时间段共有1/3世界人口死亡。这个场面，和我们所看到的明清易代时期中国的情景不是很相似吗？

帕克并非对"十七世纪危机"进行研究的第一人。西方学界对于十七世纪危机的认识很早就已存在。作为历史学命题的"十七世纪危机"，是霍布斯鲍姆于1954年在创刊不久的《过去与现在》杂志上发表的《十七世纪危机》中正式提出的。相关文章在1965年以《1560—1660年的欧洲危机》为题结集出版，当时对于危机的讨论还是着眼于欧洲，此后人们逐渐认识到了在全球许多国家和地区普遍存着类似的危机现象。

从全球史的视野来看明清易代，也就是把明清易代纳入"十七世纪危机"的范围。1973年，阿谢德率先将"十七世纪危机"的研究引入中国研究，发表了《十七世纪中国的普遍性危机》一文。魏斐德的《中国与十七世纪危机》（1985）探讨了中国十七世纪危机表现及走出危机。这些，都为我们开启了从全球史的角度来看待明清易代的先河。

最后，我还要强调一点，虽然"天"（即气候）是导致明朝灭亡的主要原因之一，但是全球化的影响也是不容忽视的。

首先，十七世纪是经济全球化的早期阶段（即早期经济全球化时代）。费尔南德兹-阿梅斯托在其《一四九二：那一年，我们的世界展开了》中写道：十五世纪末哥伦布发现新大陆，"从此以后，旧世界得以跟新世界接触，借由将大西洋从屏障转成通道的过程，把过去分立的文明结合在一起，使名副其实的全球历史——真正的'世界体系'——成为可能，各地发生的事件都在一个互相联结的世界里共振共鸣，思想和贸易引发的效应越过重洋，就像蝴蝶拍动翅膀扰动了空气"。在这个时期，由于经济全球化的发展，以白银为基本货币的世界货币体系一体化也发展起来了。在中国方面，到了十七世纪，货币白银化也基本完成。此时中国经济进入了世界贸易体系，因此也加入了世界货币体系并在其中扮演着重要角色。其结果之一是中国越来越依赖白银输入。白银输入的起落变化态势，自然对中国经济、社会、政治发挥着越来越大的影响。十七世纪前半期白银输入数量出现了颇大变动，这有可能是导致明朝灭亡的一个重要因素。当然，学者们在这方面的意见不统一。艾维四的《1530—1650年前后国际白银流通与中国经济》和《1635—1644年间白银输入中国的再考察》，岸本美绪的《康熙萧条和清代前期地方市场》和万志英的《中国十七世纪货币危机的神话与现实》等著作，都提出了很有意义的见解，是我们在研究明清易代问题时应当参考的文献。

其次，由于全球化的进展，各国之间的关系越来越紧密，以此相伴的是纠纷也越来越多。作为解决纠纷的手段之一，战争也越来越频繁。与此同时，随着各国之间交流的增多，先进的军事技术出现后，也得以迅速传遍世界许多地区，形成全球性的互动。这种情况，我们称之为"军事技术的全球化"，简称军事全球化。因此可以说，经济全球化和军事全球化是联手进入"近代早期"的世界。这对东亚地区的政治、军事格局产生了巨大的影响。

恩格斯说："应当特别强调的是，从装刺刀的枪起到后装枪止的现代作战方法，在这种方法中，决定事态的不是执马刀的人，而是武器。"著名军事历史学家和军事理论家富勒（J. F. C. Fuller）说："火药的使用，使所有的人变得一样高，战争平等化了。"早期经济时期的火器技术的巨大进步及其迅速传播，大大改变了东亚地区的力量平衡。因此之故，明朝陷于强敌环绕之中。明朝进行了相当的努力来对付这种局面，并取得了相当的成就。但不幸的是，明朝军事改革的主要成果，由于各种原因，落入主要敌手后金（清）手中，从而也导致了中国历史的改写。关于这一点，在拙著《火枪与账簿：早期经济全球化时代的中国与东亚世界》已进行了详细的讨论，这里就不赘述了。

总而言之，明清易代是全球性"十七世纪危机"的一个部分，而这个危机不仅是全球气候变化导致的，也是早期经济全球化导致的。因此，只有把这个事件放到全球史与环境史视野中来观察，方能得出一个全面性的结论。

技术与国运：
清代中国成功与失败的一个关键问题

我今天演讲的题目是《技术与国运：清代中国成功与失败的一个关键问题》。这个题目和我获奖的这本书《火枪与账簿：早期经济全球化时代的中国与东亚世界》有着很密切的关系。这本书里面谈到的一些问题，到了清代发生了很大的变化，也给了我们一个启示。当然，我在向大家做这个报告的时候要说明一下，我所讲的情况可能和一些听众在教科书里面得到的知识有相当的不同，但我觉得向社会大众提供更新、更正确的知识，正是历史学家要做的。

一、超级大国：十八世纪的中国

说十八世纪的中国是一个超级大国，大家可能会觉得奇怪。教科书教给大家的知识，是清朝是一个没落和衰败的时代。清朝统一中国之后实行文字狱、专制统治和更加严厉的闭关锁国政策，同时中国人口暴涨，人地比例恶化，地主阶级残酷剥削，使得中国人民衣不蔽体、食不果腹。从某种意义上来说，这些是事实，但不是事实的全部,事实的全部还有另外一面。清朝在中国历史上创造了最大的一个单一的国家。有人可能会说元朝不是比清朝更大吗?是的,在元朝鼎盛的时候,疆域确实比清朝大,但元朝很多地方是间接统治,也就是"羁縻",中央政府并没有派官员去那里直接管理,只是地方首领向朝廷表示效忠而已。清朝则是在广大的范围建立了直接统治。比如西藏,清朝就派了驻藏大臣住在拉萨,作为西藏的最高主管。因此,清朝是中国历史上单一政权建立的最大范围统治的朝代,清朝直接统治的领土面积,要比明朝大了一倍,你说是不是很辉煌?

首先,在公元1500年、1700年左右的时候,世界第一人口大国都是印度。到了十八世纪,中国人口迅速地增加,超过印度,成为第一人口大国。在人口迅速增加的同时,中国人平均生活水平并没有下降。经济学家麦迪森认为,从1700—1820年,(中国)人口从1.38亿增长到3.81亿,增长速度几乎是同期日本人口增长速度的8倍,欧洲的2倍。中国的人口增长并没有导致生活水平下降,尽管欧洲的人均收入增加了1/4,而中国则持平。这是一个了不起的成就。

其次,这个时候,中国历史上出现了空前的经济繁荣。正是因为经济繁荣,才养活了增加的人口,而这些增加的人口也为经济发展提供了更多劳动力。麦迪森说,从十七世纪末到十九世纪初,中国经济表现得极为出色(extremely well)。中国国内生产总值的增长速度仍然快于欧洲。

第三,清朝取得的一个成就是由于直接统治版图大幅扩张而创造的国家安全。1820年时,中国的国土面积已经达到1200万平方公里,是1680年面积的2倍。新纳入清朝统治的地区多为人烟稀少的地域，1820年时这些地区的居民只占中国总人口的2%。清朝把这些地区纳入统治版图，是为了加强边境地区的安全，防止中国在此之前所遭受的北方游牧民族的入侵。清朝在1696—1697年征服了蒙古，打败了沙俄，在1689年签订的中俄《尼布楚条约》所确定的清朝的边界已经深入西伯利亚。随后清朝于1683年收复台湾、1720年平定西藏，后来又在1756—1757年间将新疆纳入清朝的统治版图。周边的国家如缅甸、尼泊尔、柬埔寨、越南、朝鲜、琉球等，也成为清朝藩属，从而为清帝国提供了一层外围保护。

按照麦迪森的计算，1700年时中国的GDP占全世界GDP总量的22.3%，1820年时占32.9%，这是人类历史上一个国家的GDP所占世界的GDP的最大份额。当然麦迪森的计算是有问题的，我当面也跟他说过："你关于中国部分的研究，所依据的材料很有限，因此很薄弱。"他也同意，并说："改进这个部分，正是我对中国的经济史学家的期待。"部分地是在他推动之下，我写了一本关于GDP的书，《中国的早期近代经济：1820年代华亭–娄县地区GDP研究》，中华书局2010年出版，英文版明年在剑桥大学出版社出版。

对清代中国经济的重新评价，是西方学者开始的。美国耶鲁大学历史学教授保罗·肯尼迪在《大国的兴衰》中写到，乾隆十五年（1750）时中国的工业产值是法国的8.2倍，是英国的17.3倍。在1830年的时候，中国的工业产值是英国的3倍，法国的5.7倍。一直到第二次鸦片战争，英国的工业产值才刚刚赶上中国，而法国才是中国的40%。《白银资本》作者贡德·弗兰克说，1820年中国经济在世界经济中所占的地位远远超过今日美国在世界经济中的地位。直到1800年，中国仍然是世界经济的中心。

清代前中期的中国不仅经济规模巨大，而且在贸易方面也如此。弗兰克认为，1800年以前，中国在世界市场上具有异乎寻常的巨大的和不断增长的生产能力、技术、生产效率、竞争力和出口能力，这是世界其他地区都望尘莫及的。中国的生产和出口在世界经济中具有领先地位。中国贸易造成的经济和金融后果是，中国凭借着在丝绸、瓷器等方面无与匹敌的制造和出口，与任何国家贸易都是顺差……由于中国的制造业在世界市场上具有高产出、低成本的竞争力，因此中国能够有效地提供商品供给。

清朝经济的繁荣也体现在人民生活水平方面。经济史学家保罗·贝洛克和列维-列波耶认为，1800年世界"发达"地区的人均收入为198美元，所有"欠发达"地区的人均收入为188美元，而中国为210美元，英国和法国在150—200美元之间。

清朝的昌盛，也表现在军事方面。军事史学家布莱克写到，在十八世纪的世界上，陆地上最有活力的国家和最成功的军事强国是中国。中国在十七世纪下半期开始扩张，把俄国人逐出了阿穆尔河流域（1682—1689），战胜了准噶尔人（1696—1697）。在十八世纪，中国继续着此过程，于1700—1760年间，最终解决了准噶尔问题，控制了远至拉萨和巴尔喀什的广大地区。中国1766—1769年间对缅甸的军事行动不太成功，但是当尼泊尔的喀尔喀人开始扩张并挑战中国在西藏的地位时，1792年中国军队前进到加德满都，迫使喀尔喀人承认中国的权威。在此时期，中国还镇压了许多规模大的叛乱。

因此，和过去教科书告诉我们的不同，在十八世纪，中国是世界上的超级大国。这是清朝的成就。

二、堕入深渊：十九世纪的中国

但进入十九世纪后，中国就开始逐渐走下坡路。到了鸦片战争后，内忧外患，疆土大片丧失，甚至中国内地变成了外国的势力范围，这是中国历史上没有过的，可以说是从一个高峰跌入了一个深渊。

麦迪森认为，中国在十九世纪的表现，与前面两个世纪相比较令人失望。国内发生了一系列的社会动乱，其中规模最大的是太平天国运动，持续了14年。清朝财政资源匮乏，使发展新型军事力量受到限制。政府无力维护大型水利工程，致使黄河堤坝缺乏修缮，在1852—1855年间发生了灾难性的河流改道。大运河也被淤泥堵塞，到十九世纪末已不能向北京输送粮食。中国人口在1890年时还没有达到1820年的水平，人均收入也降低了。中国在之前近两千年的时间里一直是世界上最大的经济体，但是到了十九世纪九十年代，这个位置被美国所取代。

在1820年以后的一个半世纪中，中国经济一直在衰落，1913年，也就是清朝灭亡后两年，中国GDP在世界GDP中的份额降到了9.1%，1952年下降到5.2%。1820—1952年间，中国人均GDP年增长率为-0.8%，而印度为0.10%，日本为0.95%，欧洲为1.03%，美国为1.63%，俄国为1.04%，世界平均为0.92%。1913年中国人均GDP为世界人均GDP的36.7%，1952年下降到23.7%。人们后来形成了一个印象：中国是一个贫穷落后的国家。什么时候贫穷落后的？就是十九世纪开始的。

三、不同道路：十八至十九世纪中国和英国的技术

中国为什么在十九世纪会堕入深渊？原因非常多，也非常复杂。因为今天这个活动的主题是技术和经济，因此我也主要谈谈中国国运的巨变与技术之间的关系。为了清楚地看出问题，我们来看看在十八世纪，中国和英国之间在技术方面发生了什么样的变化。

十八世纪是英国在技术上突飞猛进的世纪。十八世纪以前，亚当·斯密那个时代，英国还是一个农业为主的国家——虽然英国的铁和煤工业已经是在世界上领先了，所以亚当·斯密并没有预见到现在资本主义的出现，也没有预见到工业革命。到了十八世纪，一系列改变人类命运的技术革新在英国出现了。英国也从别的国家借鉴了一些技术，但是把它发展到可以大规模运用的阶段，只在英国最早出现了。

我们熟知的蒸汽机，早在1712年英国人就发明了纽康门蒸汽机，可以在矿井里面用来抽水，但还很落后。后来瓦特改良了蒸汽机，使之效率大大提高，使得英国从此进入了蒸汽时代。蒸汽机后来被安放在火车、轮船上，而中国还是靠人拉车，大运河上的船是靠人拖的，沿海的船是靠风航行。1883年伦敦还出现了蒸汽汽车，虽然不是很成功，但也是一个重大的尝试。由于这些技术发明，交通革命出现了，改变了人类交往的方式。进入蒸汽时代具有伟大的历史意义，从此人类不再依靠有机能源而转向矿物能源。在此之前，人类一直依靠人和动物的肌肉获得动力，靠树木和草获得燃料。在此之后，则从矿物能源获得动力和燃料。有机能源不仅工作

效率低，而且供给受极大限制，而矿物能源不仅能够产生远比有机能源更强大的效率，供给也不受自然条件限制。

这一系列的技术革命带动了工业革命。工业革命这个词，是革命导师恩格斯第一个提出来的，但是他提出来后，并没有被怎么认可。后来英国历史学家汤因比于1884年出版《工业革命讲演集》，才使得此名词被普遍接受。

工业革命到底是怎么一回事？过去我们理解的都是蒸汽机和纺织机，是技术带动的。但是英国经济史学家菲利斯·迪安认为："工业革命一词，一般用来指复杂的经济变革。这些变革蕴含在由生产力低下、经济增长速度停滞不前的传统的工业化前经济，向人均产量和生活水平相对提高、经济保持持续增长的现代工业化经济发展的转变过程之中。"经济学家熊彼特认为："当技术因素与经济因素冲突时，它总得屈服……在一定的时候所使用的每一种生产方法，都要服从经济上的恰当性。"经济发展是各种生产要素的优化组合。没有其他要素的配合，技术进步本身并不能导致经济发展。这种情况，最清楚地表现在蒸汽机的发明及其对经济的影响方面。蒸汽机的发明和使用是工业革命的象征，然而从技术史的角度来看，蒸汽机并非十八世纪的新发明。只有到了十八世纪，在各种因素比较齐备的英国，这项技术进步才逐渐发挥出其伟大的潜力，成为推动经济发展的强大力量。

工业革命是人类历史上最伟大的事件之一，是人类历史的一个分水岭，而工业革命就发生在英国。经济史学家迪安和科尔指出：英国人均国内生产总值年增长率，在工业革命前的1700—1760年间为0.45%，而1780—1800年间增至1.08%，1801—1831年间更增至

1.61%。换言之，工业革命期间的经济增长率，较以前增加了1—2倍。这个增长率在今天好像不算什么，但是我们知道，大多数国家在工业革命以前能够达到1%的年增长率就是了不起的事情。英国经济增长率能够达到1.6%及以上，而且持续地保持了一个多世纪，当然会成为西方最强大的国家。

中国在十八世纪也出现了一些技术变化，但是中国的技术变化是局部的，没有变革性，更没有使用矿物能源和金属材料。西方的技术进步分为两种：一种是经济型的，一种是技巧型的。技巧型进步不可能引起工业革命。

为什么中国没有出现重大技术革命？这就是著名的"李约瑟问题"的中心。麦迪森指出：直到十九世纪中叶为止，中国官僚体制下所形成的那种意识、心态与教育制度，导致了一种民族自我中心主义，对中国以外的发展漠不关心。在将近两百年的时间里，北京一直住有耶稣会传教士，他们中的一些人如利玛窦、汤若望和南怀仁等是学者，与清朝统治阶层有密切的联系，但中国的上层精英对西方的知识与科学几乎没有兴趣。在1792—1793年，英王特使马嘎尔尼率领一个500人的庞大代表团访问中国，要求开放更多的港口进行贸易。他带来了600箱礼物送给乾隆皇帝。英国人想把他们最新的发明介绍给中国，如蒸汽机、棉纺机、梳理机、织布机，并猜想准会让中国人感到惊奇而高兴的。英王还特意赠送了当时英国规模最大，装备有110门大口径火炮的"君主号"战舰模型。英国人在礼单中还专门提及了"榴弹炮、迫击炮"以及手提武器，如卡宾枪、步枪、连发手枪，他们想，这些东西可能会引起中国军官们的兴趣。此外还有一些精美的仪器，如当时天文学和机械学的最佳结合产品天体运行仪,这个仪器代表了整个宇宙,它能够准确地模仿太阳系天体的各种运动,如月球绕地球的运行、太阳的轨道、带4颗卫星的木星、带光圈及卫星的土星等。另外,还有一个地球仪,上面标有各大洲、海洋和岛屿,可以看到各国的国土、首都以及大的山脉,并画出了所有的航海路线。但后来让英国人大失所望的是,清朝人对此不感兴趣。在他们看来,这些洋人的东西,不过是些无用的奇技淫巧罢了。乾隆皇帝对乔治三世的答复是那封著名的信:"天朝抚有四海……奇珍异宝,并不贵重","天朝物产丰盈,无所不有,原不藉外夷货物以通有无。""天朝物产丰盈,无所不有,原不藉外夷货物以通有无。"他的儿子嘉庆皇帝也说:"天朝富有四海,岂需尔小国些微货物哉?"这种根深蒂固的心态阻止了中国向西方国家学习,这是一个致命的错误。

当时中英的贸易规模已经非常大了,英国长期处于赤字状态,就用鸦片来抵销赤字,此后便出现了鸦片战争。

四、技术与国运:中国与西欧两次战争的不同结局

中国和欧洲的第一次战争,其实并不是我们熟知的鸦片战争,而是中国和荷兰在十七世纪打的一场战争。明朝和清朝对外国技术的态度有很大不同。明朝处在强敌包围当中,为了自卫,积极地吸收外国先进技术,所以明朝后期出现了军事改革运动。明朝对外国技术的吸收到了什么程度,大家可能想不到。为了保证先进武器的制作水平,明朝请了葡萄牙的技师来中国指导制作大炮,请葡萄牙军官来训练中国军队。晚明时期,明军最精锐的部队,不仅以火器

为主要武器，而且所装备火器的是当时东亚世界最先进的火器。同时，这些部队的训练也达到了欧洲的先进水平。因此这些部队属于当时世界上最强悍的作战力量之一。

美国新锐历史学家欧阳泰说：1661至1668年间的中荷战争，是欧洲与中国的第一场战争，也是欧洲与中国军队之间意义最重大的第一场战争，此一地位直到两百年后，才被鸦片战争所取代。在中荷战争中，双方使用的武器，都是当时最先进的大炮、火枪与船只，结果中国获胜。在鸦片战争中，英国使用的是十九世纪水平的武器，而中国则是十七世纪水平的武器，结果以中国的惨败收场。

明朝在军事技术上并不落后。清朝利用明朝留下来的遗产取得了十八世纪的辉煌，但是清朝过于强大，在亚洲没有了敌手，所以后来军事技术也就没有了改进。台湾清华大学黄一农教授说：在清朝前150多年大量兵书当中，竟然没有任何讨论火炮的专门书籍出版。到雍正（1723—1735）末年，清政府发现驻防的守军，从来没有做过火炮演练，以至于准头的远近、星斗的高低，官兵茫然不知。即使到了道光年间，用铳规量度仰角以调整射程远近的方法，仍然是"中国营兵所不习"。在这种情况下，即使是在开战之前，胜负就已定了。

在鸦片战争中，中国被打得落花流水，这是"技术决定国运"一个表现。当然，与技术相比，更重要的还是腐败。嘉庆朝发生在于楚交接地区的白莲教起义，那些使用最原始的武器的起义农民，横扫中国中部地区，攻破州县204个。为了镇压白莲教起义，清朝政府从16个省征调来大批军队，耗费军费2亿两。清军战场表现极差，被击毙的提镇等一二品大员多达20余名，副将以下将弁更达

400余名，用了9年多的时间，才勉强将此次起义镇压下去。连农民都打不过，可见清军战斗能力之差。事实上，一支腐败的军队，即使配备了先进的武器，在战场上仍然可能一败涂地。甲午战争就是一个例子。

鲁迅先生说过："读史，就愈可以觉悟中国改革之不可缓了。虽是国民性，要改革也得改革，否则，杂史杂说上所写的就是前车。"他的这段话很有深意。今天的中国确实很辉煌，但是我们也要记住：清朝也曾有辉煌的时候，但后来却因盲目自满而不思进取，最终走向衰败。今天我们中国取得了30多年的经济奇迹，是了不起的事情，但是现在也遇到了很大的困难，需要我们努力推进改革。如果今天我们没有改革的心态，还是像清朝那样觉得"老子天下第一"而不用改革，那我们能继续发展下去吗？恐怕不能。西方有一本书叫作《历史会重复》，为什么要学历史？就是因为历史会重复，那些不能记住过去的人肯定是要重复过去所出现过的错误，从而走向衰败。

清代经济史
留给我们的经验教训

我今天讲的这个题目既跟历史有关，也跟现在有关，我要讲的内容包括以下几个内容：一、"最好的时代，最坏的时代"；二、为什么是清代？三、落后与停滞：以往对清代经济表现的主流评价；四、辉煌与衰落：新视野中的清代经济表现；五、以史为鉴：从清代经济史中吸取经验教训。下面，我就顺着顺序，一个一个来讲。

一、"最好的时代，最坏的时代"

"这是最好的时代，这是最坏的时代。"这是我十年前在海外教书的时候，给学生讲经济史的一个开场白。这句话是狄更斯在《双城记》里非常有名的一句话，现在引用的人也比较多。我为什么引用这句话呢？因为我觉得，从经济史的角度来看，可以说我们现在的时代就是一个最好的时代和最坏的时代。这里我要引用军方人士金一南的一句话，因为这可以代表政界的一些看法。他说："我们从来没有像今天这么接近民族复兴的目标，当然，也从来没有像今天这样充满巨大的风险。"这句话的意思，就是"最好"和"最坏"。

确实，从经济史的角度来看，今天中国的经济状况是有史以来最好的。最早提出这个说法的是柏金斯（Dwight H. Perkins）教授，他做过哈佛大学经济系主任、哈佛大学国际经济发展研究所所长。早在1990年，他就写道："十八世纪中期工业革命在英国发生，随后横扫欧洲其他部分（包括苏联阵营）和北美，用了250年的时间，才使这些地区实现工业化，提高了今天世界23%的人口的生活水平。而中国今天的经济发展倘若能够继续下去，将在四五十年内使得世界另外23%的人口生活在工业化世界中。"这就是说，中国只用了西方五分之一甚至更少的时间，就可以进入工业化社会。他的预言已经成为现实。今天，按照购买力平价计算，中国的经济规模已超过美国。我这一代人心里都有一个"俄罗斯情结"，认为俄罗斯是一个世界强国。但是今天大家看，俄罗斯虽然现在还是一个重要国家，但是整体的GDP还比不上我们的广东一个省。有人说俄罗斯人口少，所以人均GDP肯定比中国高。但事实是现在俄罗斯的人均GDP也比中国少。俄罗斯媒体报道说：2015年，俄罗斯平均月工资约为3.3万卢布（人民币约3200元），俄罗斯人收入历史上首次少于中国人。因此，当年的"老大哥"已经远远地被我们甩在了后面。

中国近四十年来史无前例的超高速发展，也带来了很大的问题。《纽约时报》有一篇文章 Accelerated Pace and Growing Pains（《速度与阵痛》），后来被人翻译为中文，标题套用了二十世纪五十年代很有名的一首歌《马儿啊，你慢些走》，改为《中国，请你慢些走》。文中写道:"中国啊,请你慢些走,停下飞奔的脚步,等一等你的人民……"就是说,中国的飞快发展带来了很大的问题。

经济学界对今天如此高速发展的经济形势有不同的看法,比如清华大学胡鞍钢的看法是非常乐观的,但是更多经济学家看法则不同。例如管清友说:"有人说中国经济将进入漫长的大萧条,有人则称当下为百年未有之大变局。"樊纲说:"中国正在经历一场经济危机。"张五常先生是大家都很尊敬的经济学家,他说:"我是对中国最乐观的人,我跟进了35年,以前的30年我都很乐观,最近的五六年我转到悲观了。到现在经济政策非常不明朗……路向非常不清楚。"西方经济学家对中国经济的前途如何也感到很迷茫。10年以前,西方对中国经济是一片乐观,而现在英国《金融时报》就提出"中国经济模式神话破灭了"的讨论。《金融时报》首席经济评论员沃尔夫(Martin Wolf)说:"中国经济增长出现不连续状况的可能性是几十年来最高的;这种中断局面可能不是短暂的;政策制定者面临着巨大挑战,他们必须在不崩盘的情况下,对不断放缓的经济进行转型。"过去"唱盛"中国的一些学者现在也转变了态度,变成了"唱衰"中国。剑桥大学发展研究中心主任罗澜(Peter Nolan)教授前些时候出了一本书 *China at the Crossroads*,这本书在香港出版了中译本《中国处在十字路口》。罗澜教授是对中国非常友好、在中国也是很受欢迎的经济学家,但是在这本书里他也尖锐地提出:"中国的政治经济已经走到十字路口,将会走向何方?"他认为有三种可能:一是走向"原始资本主义积累";二是走向"民主与自由市场";三是退回到改革开放以前。现在前面就三条路,你走哪条?现在政界人物在考虑这个问题,经济学界人物可能在这些方面争议就更大了。从"博鳌论坛"开始，开始改变2016年的基调，多了一些温和与谨慎。

近40年来中国出现了人类历史上最伟大的经济奇迹，但也存在非常严重的问题。从这个意义上来说，今天是一个"最好的时代"，同时也是一个"最坏的时代"。

我们现在觉得前途不是很明确，要找一条解决问题的道路。为此，我们要回头看历史，从历史中吸取经验教训，所以今天我这个报告的标题就是"清代经济史留给我们的经验教训"。罗澜说："在寻求前进的道路上，中国领导人首先可以转向中国的历史来寻找灵感的源泉。这种丰富的历史能够为'探索前进的道路''从实践中获得真理'的道路提供思想营养，从而以务实的、探索性的和非意识形态性的方式制定政策来解决具体问题。""探索前进的道路""从实践中获得真理"，这都是我们改革开放时代的口号。我们必须从我们的历史中取得共识，然后才能真正做到这些。

到底什么叫改革？有一本很有名的书即英国著名学者——威廉姆斯（Raymond Williams）的《关键词》（*Keywords: A vocabulary of Culture and Society*），书中对"改革"（reform）一词作了这样的解释："改革，意即回复到事物的最初形式。"事实确实如此。我们在过去40年中进行的改革，实际上就是把1979年以前30年中否定了的许多东西作了再否定（也就是恩格斯说的"否定之否定"），回到之前的形式。在前30年中，我们对过去的历史，哪些是经验，哪些是教训，几乎都是全然不顾，一概加以否定，想创造一种毛泽东所说的"白纸"，以便"在一张白纸上画最新最美的图画"。但是，这样的"白纸"在人类社会里是没有的。只有正确地了解过去，才能正确认识今天的情况。

现在大家都在谈"中国特色",如"中国特色的社会主义""中国特色的市场经济",中国特色的这样,中国特色的那样,等等。那么,什么是"中国特色"呢?我认为中国特色就是中国长期历史所发展出的传统。用柏金斯的话来说,就是"经验的积累"(Accumulation of experience)。他在1990年就预见中国经济将会继续前进,出现起飞,因为中国的过去为中国经济的起飞准备好了"经验与复杂的组织和制度的预先积累"(prior-accumulation of experience with complex organizations or institutions)。正是有了这预先积累,因此有了合适的条件后,才能够出现经济奇迹。不然的话,经济奇迹是不可能出现的。你把各种优惠条件给一个不具备这种预先累积的国家,是不会出现持续快速经济增长的。所以,要了解中国特色,就必须回顾我们的历史。

二、为什么是清代?

现在我们接着谈第二个问题:为什么是清代?为什么我这里以清代为讨论的对象,而不以较近的民国或者较远的明代,或者很多人心目中中国最辉煌的时代——唐代——为讨论对象?我这样做的理由主要是因为清代和今天有较大的可比性。这些可比性包括:政治统一、疆域广大、多民族和谐共处、经济繁荣,而且有一个强有力的中央政府。

大家从地图上可以看到,今天中华人民共和国的领土,有很大一部分没有在明朝中央政府的直接管治之下。明朝中央政府能真正管治的只是中国内地。民国时期是一个军阀割据的时期，国民政府在1927年实现全国统一之后，东北、西北、西南和华南广大地区基本上还是半割据，在此意义上来说，民国不是一个真正统一的国家。但是清代就不同了。清代领土比今天中华人民共和国的领土大得多，除了现在的960多万平方公里之外，还多了300万平方公里。所以，如果从实际控制的疆域来说，清代和今天是最接近的。

从人口来说，今天的中国是一个"以汉族为主体，由许多少数民族共同组成的多民族国家"。"多民族国家"这个口号就是清代第一次提出的，当时叫作"五族共和"（汉、满、蒙、回、藏）。清代最盛的时候是十八世纪，那时中国人口达到了史无前例的高峰——4.5亿，也就是之后一直说的"四万万五千万同胞"。因此，在历史上，清代的人口数量也是和今天最接近的。史景迁（Jonathan Spence）是美国著名的中国史研究专家，曾做过美国历史学会主席，他说："我希望，着力于对现代中国'追寻'的过程，将能弄清中国的历史能在多大程度上帮助我们洞察它的现状……在单一的政体中统治10亿公民，这是史无前例的。但是就在十八世纪，中国首次出现沉重的人口压力，从那时开始，就可以清晰地看到不断增长的人口对土地、经济和民间社会管理的影响……"由此可见，由于人口众多，在十八世纪就出现了人口压力，对经济和社会有重大的影响，这也和今天有相似之处。

三、落后与停滞：以往对清代经济表现的主流评价

以往我们对清代的看法，就是四个字——"落后停滞"。以前

教科书里的标准说法是：明清是没落的封建社会末期。所谓"没落"，不仅是停滞，而且是衰落。在改革开放后不久，全国学术复苏的时候，清史学者王宏钧写了一篇很有名的文章——《中国从先进到落后的三百年》，说"从万历到乾隆是中国从先进到落后的300年"。乾隆以后的历史，可能大多数中国人都不愿意提及，因为一直是外患内忧。宋史权威漆侠也对2000年中国历史变化作了一个宏观的描述。他提出了中国封建时代社会生产力发展的"两个马鞍形"模式，即在秦汉时期达到第一个高峰，魏晋以下低落，隋唐有所恢复和回升，到宋代以前所未有的速度迅猛发展，从而达到了一个更高的高峰；元代急遽下降，明代中叶恢复到宋代水平，以后虽有所发展，但在一定程度上显现了迟缓和停滞。以上看法就是我们几十年来对清代历史的主流认识，对于大多数人来说，这种认识是通过教科书灌输的，几乎成为一种全民共识。这并不奇怪，因为西方也是一样。黑格尔说："中国的历史，从本质上看是没有历史的；它只是君主覆灭的一再重复而已。任何进步都不可能从中产生。"中国没有进步，只有"纹丝不动的单一性"，所有的"变化"，即战争、杀戮、掠夺、篡位，不过是"重复那终古相同的庄严的毁灭"。这是西方人从十九世纪以来对中国的看法，这个思想支配了很长的时间。在黑格尔之后，西方对此观点有进一步的发展。例如德国学者赫尔德（Johann Gettfried Herder）说："（清朝）这个帝国是一具木乃伊，它周身涂有防腐香料，描画有象形文字，并且以丝绸包裹起来；它体内血液循环已经停止，就如冬眠的动物一般。"另外一位德国学者，即革命导师马克思也说："与外界完全隔绝曾是保存旧中国的首要条件，而当这种隔绝状态通过英国而为暴力所打破的时候,接踵而来的必然是解体的过程,正如小心保存在密封棺材里的木乃伊一接触新鲜空气,便必然要解体一样。"木乃伊就是没有生命的干尸,完全停止了生理活动。西方对中国的这个看法一直延续到二十世纪。到了二十世纪中后期,许多人仍然这样看待中国,例如法国汉学家艾蒂安·巴拉兹说:"要批驳黑格尔关于中国处于停滞不变状态的观点很容易……然而,黑格尔是对的。"法国著名学者阿兰·佩雷菲特来中国访问,回去后写道:"1960年8、9月间,我从香港出发,对中国进行了第一次探索。我马上就吃惊地看到这个社会同马戛尔尼的伙伴们描写的社会十分相似。简直可以说每个中国人的基因里都带有乾隆帝国时的全部遗传信息。"西方人到了二十世纪中期还是这个看法,所以可以看到中国人的主流看法和西方人的主流看法是相映成趣,不约而同地。

到了二十世纪六七十年代,出现了一个变化。美国的中国问题研究权威费正清在抗战时曾在中国生活过,对中国人民艰苦卓绝抵抗日本的侵略感到很敬佩,他质疑和挑战对传统的中国停滞论,提出了他的"冲击-反应"模式观点。根据这种模式,中国的社会经济在近代并未停滞,相反倒是发生了很大变化,但主要是外力作用的结果。西方是中国近代转型的推动者,是西方规定了中国近代史的全部主题。鸦片战争以后,西方的冲击改变了中国社会的走向。他所说的冲击是指来自西方政治、经济、社会、宗教及文化等方面一系列的影响。中国对西方的反应,主要表现为中国为适应现代化进程而做出的一系列的改良和革命,勾勒出中国近代史的主要面貌。

这种认识后来又变成了我们教科书的主流看法。今天我们的教科书划分中国古代和近代是以1840年鸦片战争为界线,就是这个看法的产物,鸦片战争以后是"近代",以前是"古代"。正因为如此,鸦片战争被定为中国历史从"古代"转向"近代"的起点。中学读的教科书中就是这样说的,就是受了这个主流看法的支配。

四、辉煌与衰落:新视野中的清代经济表现

在二十世纪后期,学界出现了对清代非常不同的看法。经济学家麦迪森(Angus Maddison)在他那本非常有名的书《中国经济的长期表现》(*Chinese Economic Performance in the Long Run, 960-2030AD*)里,综合西方学界比较新的研究成果,得出了这样的结论:十七世纪末到十九世纪初,清朝(就是康、雍、乾三个皇帝)接近一个半世纪的统治,清朝在经济上表现得极为出色。"极为出色"的原话是"Extremely well",不是说一般的好,而是非常好。但是他接着说:"从十九世纪开始,中国经济表现得令人失望。"他主要是综合西方学者对清朝研究的一个最新的看法。实际上,西方学者在他之前很久就提出了类似的看法,何柄棣先生是中国在西方最有影响的华人历史学家,他认为"十八世纪中国生活水平呈上升之势,1726年中国近1%的人口超过70岁,其中还有活到百岁的老人。十八世纪中国农民收入不低于法国,肯定高于普鲁士(Prussia)和日本"。活过70岁,在今天似乎不算什么。北京现在人口的平均年龄是80岁,全国人民平均70岁。全世界寿命最长的国家和地区,妇女是日本,男人是香港,都是80几岁。但是在十八世纪,活过70岁就是非常了不起的成绩。他认为十八世纪中国农民的

收入不低于当时欧洲最富裕的国家法国，肯定高于除中国之外亚洲最富裕的国家日本。对中国经济作一个更宏观评价的是耶鲁大学政治系教授肯尼迪（Paul Kennedy）。他在其1982年出版的《大国的兴衰》(*The Rise and Fall of the Great Powers: Economic Change and Military Conflict from 1500 to 2000*)一书中作了一个估计：十八世纪中期中国的工业产值是法国的8倍，英国的17倍。到了鸦片战争前十年，中国的工业产值是英国的3倍，法国的差不多6倍。到第二次鸦片战争，英国的工业产值才刚刚赶上中国，而法国才是中国的40%。当然他是用二手材料做的研究，他的估计也是有很大问题的，不过他们提出了一个值得思考的问题：我们过去对清代的看法可能是不对的。一位很有争议的学者贡德·弗兰克（Andre Gunder Frank）在他的《白银资本》(*ReOrient: Global Economy in the Asian Age*)中也是用的二手材料，得出这样的结论："1820年中国经济在世界经济中所占的地位远远超过今日美国在世界经济中的地位。到1800年以前，中国在世界市场上具有异乎寻常的、巨大的和不断增长的生产能力、技术、生产效率、竞争力和出口能力，这是世界其他地区都望尘莫及的。"这和我们教科书给我们呈现的"清朝是一个衰败垂死的没落的朝代，西方经济是一片蓬勃发展，而中国经济是一片漆黑"的图景是完全不同的。那么其他一些学者的看法呢？二十世纪末期，法国经济学家贝洛赫（Paul Bairoch）与列维-列波伊尔（Maurice Levy-Leboyer）提出：1800年世界"发达"地区的人均收入为198美元，所有"欠发达"地区的人均收入为188美元。那时候国与国之间的差别很小，但是中国高居世界第一，为210美元。考虑到中国的人口，大概占到世界的三分之一，所以整个世界的人均收入被中国抬高了。这里我要提醒大家,这些看法都是一些估计,并不是很精确的。尽管如此,但是他们给了我们一个提示,我们过去对清代的看法肯定是有问题的。

刚才说的是平均收入问题,接着我们再看财富的积累问题。我们来讲讲这两个人。一个是英国金融家内森·罗斯柴尔德(Nathan Mayer Rothschild,1777—1836)。他们家族五兄弟分布在欧洲五个国家的首都,建立了庞大的金融网,而内森是这个金融家族的大家长,也是十九世纪中期整个西方世界最富有的人。另外一个人叫伍秉鉴(1769—1843),中国史学界基本不讲他,但在西方很有名。西方人叫他Howqua,即他的小名"浩官"的音译。他是一个广州的行商,做外贸生意。我给大家讲这两个人有什么意义?1828年时内森的财富合计达530万美元,而那时候一个加拿大农业工人每天的工资才80美分,你想他有多富有?但是伍秉鉴的财富合计5600万美元,是内森所有财富的十倍还多。所以《华尔街日报》(*Wall Street Daily*)把伍秉鉴列为世界千年50富之一。我在国外教经济史,要学生读一些有趣的书,其中一本是畅销书《富人和富人怎么致富》(*The Rich and How They Got That Way: How the Wealthiest People of All Time—from Genghis Khan to Bill Gates—Made Their Fortunes*)。这本书列出了在过去一千年中,从加兹尼(Machmud of Ghazni)到比尔·盖茨的十大世界最富的人。其中唯一的东亚人和唯一的商人就是伍秉鉴。伍秉鉴之所以被西方提及那么多,就是他专门做美国的生意,所以他的很多资料在美国保留下来了。但是伍秉鉴还不是中国最富有的人,有的扬州盐商比他还要富。他们积累了如此巨大的财富,是通过商业达到的,不是像和珅那样通过政治权力捞来的。

由此，你可以看到中国当时繁荣的程度，也可以看到中国商业的发达程度。

关于对十七世纪末至十九世纪初中国经济的评价，麦迪森在他的书里作了总结，认为清朝在经济上表现得非常出色，清朝人口从1.38亿增长到3.81亿，增加速度是日本的8倍，欧洲的2倍，但是清代人口的增长并没有导致生活水平下降。人口快速增长而生活水平不下降，这是非常了不起的事情，而且中国国民生产增长的速度还在世界各国中最快，这可能也出乎大多数人的意料。麦迪森作了比较：1700年时，中国经济规模并不是世界最大的，最大的是欧洲（不包括东欧和俄罗斯），印度第二，中国第三，但是到1820年，则是中国第一，欧洲第二，印度第三。这就是说，中国在经济增长速度方面最快。能够持续几乎一个半世纪长期、持续、稳定的经济增长，这在工业革命以前的世界上是非常难见的。因此，他得出这样的结论："直到鸦片战争前不久，中国经济的规模雄居世界各大经济地区之首……1820年中国经济在世界经济中所占的地位远远超过今日美国在世界经济中的地位。"但是这时一个大转变出现了，1820年以后中国经济一直下滑，在1820年以后的一个半世纪中，中国经济一直在衰落，1913年中国GDP在世界GDP中的份额为9.1%，1952年下降到5.2%。1820—1952年间，中国人均GDP年增长率为-0.8%，而印度为0.10%，日本为0.95%，欧洲为1.03%，美国为1.63%，俄国为1.04%，世界平均为0.92%。1913年中国人均GDP为世界人均GDP的36.7%，1952年下降到23.7%，是世界六大经济体中唯一出现了负增长的经济体。这是一个巨大的变化。大家可以看出，如果仅就十八世纪来说，清朝在中国历史上确实是了不起的朝代。

五、以史为鉴：从清代经济史中吸取经验教训

从清代经济的大变化中，我们可以吸取什么样的经验教训呢？

首先，是国家所起的作用。"中国特色"的一个主要要素就是国家在经济活动中扮演非常重要的角色。政治学家弗朗西斯·福山在近年出版的《政治秩序的起源》(The Origins of Political Order: From Prehuman Times to the French Revolution) 一书中特别讲到："中国历史上，国家在社会、经济、生活中扮演着极其重要的作用，这是其他文明没有的。到今天为止，国家在经济中扮演的角色也是各大经济体中所没有的。"

关于清代国家在经济中的作用，传统的看法是：清代国家专制而且腐败，不仅没有采取措施来积极促进经济发展，而且还奉行传统的"重农抑商"政策，打压工商业的发展；清代国家是地主阶级的工具，保护地主阶级对农民、手工业者的残酷剥削，并将剥削所得全部用于挥霍糜费而非扩大再生产；清代国家的法律制度不保护产权；清代儒家价值体系和教育制度抑制发明创造精神，等等。这些是我们的教科书一直如此告诉我们的，也是一般大众对清代持有的看法。这些看法是否正确？在二十世纪后半期，全汉昇、克劳斯（Richard Kraus）、何炳棣、谢和耐（Jacques Gernet）、柯文（Paul Cohen）、罗威廉（William Rowe）、罗友枝（Evelyn Rawski）、艾尔曼（Benjamin Elman）、濮德培（Peter Perdue）、曾小平（Madeline Zelin）、魏丕信（Pierre-Etienne Will）、王业键、梁其姿等学者开始质疑这个看法，但这些学者大多是海外学者。到了二十一世纪

初，罗澜在前人研究的基础上，提出了自己的结论："传统的中国政府坚定地鼓励市场，但不允许商业、金融利益集团和投机业控制政治和社会。不仅在直接的增长问题上，而且在广泛的社会稳定和凝聚力问题上，传统的中国政府都介入到市场失败的地方中来。在专制帝国统治的大厦背后是普遍的道德规范，而这种道德规范的基础是所有社会阶层为了维持社会团结、达到社会和政治稳定以及实现环境的可持续性而恪尽职守的必要条件。当这些功能有效运转的时候，就产生了巨大的和谐，经济繁荣和社会稳定。当它们运转不佳的时候，就产生了巨大的动乱，经济衰退和社会混乱。"以上这些看法和中国大多数人的看法截然相反。这里我们来具体看看，清代国家对十八世纪的经济繁荣做出了什么样的贡献？

我认为清代国家的贡献在于：实现了国家安全与稳定，进行了中国历史上最彻底的财税改革，建立了小政府，开展了社会改革，政府退出经商，建成国内统一的市场。这些都是清代政府所做的积极贡献。在这里，我将选其中的几项和大家一起讨论。

首先说国家的安全与稳定。中国的北方是内亚和中亚，这是世界上最大的游牧地带。这里人民生活艰苦，社会不稳定，经常发生各种各样的战争。战争是游牧民族生活中的一个正常组成部分，一旦周边农业民族防御能力减弱的时候，这些游牧人就要侵入，获取更多的生活资料，这是中国两千年来的噩梦。这些游牧民族最大的一次战绩当然是成吉思汗的大军从蒙古高原出发，然后征服了整个世界，他和他的后裔建立的蒙古帝国到今天为止是人类历史上最大的一个政治体。

为了防备北部的游牧人入侵，中国历代都兴建长城。今天我们看到的是明长城,其修建时间超过200年。有人估计修建明长城,使用了砖石5000万块(条),夯土1.5亿立方米。这是人类历史上最大的工程,你想要花多少钱?只有长城,并不能真正阻挡蒙古人的兵锋。在明代中期的土木堡之战中,明军崩溃,蒙古大军一直来到北京城下。如果没有于谦坚持抵抗的话,北京就沦陷了。为了抵御蒙古人,明朝在长城沿线设立了13个边镇,驻军开始是30多万,后来增加到60多万,接近70万。这些军队不仅要吃饭、穿衣,而且还要配备武器(包括价格昂贵的火器)。隆庆三年(1569),明朝为驻扎在城墙上的6万人配备了大炮8000架,火枪12000支,火药150吨。这全是内地特别是南方生产后运送过去的。这还仅仅是长城敌台上的配备,还不包括城下驻军的装配。根据台湾清华大学赖建成教授的研究:明朝边军的开支,每年所编列的银两数从嘉靖十年(1531)的336万余两,暴增到万历十年(1582)的827万余两。这827万两的边镇军费,是万历六年(1578)太仓银库每年收入367万余两的2.25倍。所以北方边患对明朝来说是一个巨大的负担。不仅如此,明朝晚期进入了全球化的时代,全球化时代一个重要产物就是各种技术和知识迅速地传播。在这个时期,火器技术不断改良,而且迅速传播。军事史学家富勒(J. F. C. Fuller)说:"火药的使用,使所有的人变得一样高,战争平等化了。"所以,这时新兴的东亚地区的强权安南(今天的越南)、日本、缅甸对明朝形成了严重的挑战,然后新来的西班牙、葡萄牙、荷兰以及在东北新兴的后金,也都是明朝强劲的敌人。他们都比蒙古人还要厉害得多,因为他们都使用了先进的火器。为了对付这些敌人,在明朝最后的半个世纪中,和他们打了4次大战:中缅战争、中日战争、辽东战争、台海战争。每一次大战按照当时欧洲的标准,都是世界大战。比方说中缅边境战争,缅甸两次进攻中国,都出动了30万大军,而在欧洲最大的战争"三十年战争"中,最大的战场兵力投入加起来不到20万。缅甸军队在战争中使用先进火器,把俘获的葡萄牙人等外国人组成火器部队,进攻明朝。朝鲜战争被认为是东亚第一场近代化的战争,中日两国在朝鲜血战。然后是台海战争,明朝方面是郑成功家族,对手是当时世界上最大的海军强国荷兰。郑氏集团和荷兰的战争打了很多年,最后是郑氏取得全胜。欧阳泰最新的研究表明,郑成功的武装力量在当时是世界上最先进的,用的大炮、船也是最先进的,所以这场战争被称为世界近代第一场大规模的海战。这些战争给明朝带来了巨大的压力。我在新出版的那本小书《火枪与账簿》中有一节的题目是"祖国在危险中"。"祖国在危险中"是法国大革命时,面对欧洲各国的围攻,法国革命政府提出来的口号。后来到了二战期间,纳粹进攻苏联,苏联又提出了这个口号。所以,除了蒙古人之外,还有西班牙人、葡萄牙人、越南人、缅甸人、日本人都在向中国施加压力,进攻中国。

到了清朝情况大变。鸦片战争以后清朝每战必败,大家就认为清朝军队不堪一击,士兵梳着辫子,拿着标枪,怎么打仗?然而,按照军事史学家布莱克(Jeremy Black)的说法:十八世纪世界上最强大的军队有两支,海军是英国,陆军是中国。他说:"在十八世纪的世界上,陆地上最有活力的国家和最成功的军事强国是中国。中国在十七世纪下半期开始扩张,把俄国人逐出了阿穆尔河流域(1682—1689),战胜了准噶尔人(1696—1697)。在十八世纪,中国继续着此过程,于1700—1760年间,最终解决了准噶尔问题,控制了远至拉萨和巴尔喀什的广大地区。中国1766—1769年间对缅甸的军事行动不太成功，但是当尼泊尔的喀尔喀人开始扩张并挑战中国在西藏的地位时，1792年中国军队前进到加德满都，迫使喀尔喀人承认中国的权威。"清朝对缅甸的战争不太成功，主要是缅甸盛行热带病，连清军统帅都病倒了，无法作战。这么一支强大的军队，使得中国领土达到1200万平方公里，是明代的两倍。新纳入清朝统治的地区人口稀少，只占中国总人口的2%，但是清朝占领这些地方，并不是为了经济利益，而是为了安全，这些地方为清帝国提供了一层外围保护。由于国力强大，在明代一再向中国挑衅的越南，到了这个时候都跑到清朝来朝见皇帝，还专门梳了辫子，换上了清朝的服装，朝鲜的使臣讥笑他们："你们怎么变得这么快？"明朝时，荷兰不承认中国的宗主权，所以一直不来朝贡。但到了清朝，荷兰使团来朝贡了6次之多。清朝在那么大的一个范围内创造了一个非常安全的环境，而且大大减轻了国防的压力，这也是一个了不起的成就。

　　清朝疆域和人口都远超历代，但是在清朝前中期，正规赋税没有增加。在鸦片战争以前的一个多世纪中，清朝政府实现了"永不加赋税"的承诺。人口在增加，经济在扩张，但是赋税却没增加，这在世界上也是非常少见。因此，这就使得民间财富迅速扩张。现在一些学者的研究：清朝人均赋税在鸦片战争以前的一个多世纪中是全世界最低的，清朝政府的整个开支在全国GDP中的比重是5%左右，也是全世界最低的。因此，清朝建立一个小政府，就能管辖一个4亿人口的国家。全国的官员只有2、3万人，军队总数也只有60万人，其中20万八旗，40万绿营。此外还有大量的衙役，总数约两三百万人。马德斌等人作了一个历朝的人均赋税的比较，由此可以看到十八世纪的清朝人均赋税比宋朝、明朝都低很多。

清朝还建立了广大的国内市场。明朝时已经形成一些大规模的长途贸易，但还没有形成一个很稳定的贸易系统。明朝在长江沿岸、大运河沿岸有大量的关税，向国内贸易的商品征税。清朝大量地取消了关税，因此商品流动税也大大减少。在贸易方面，清朝政府在很多时候采取促进的政策，比方在珠三角，大量的土地用于种棉花、织布。为了鼓励商人到越南、泰国去买米，买到的米达到一定数量就赏他一个官衔，以示表彰。由于这些努力，在十八世纪中国出现了全世界最大的国内市场。在这个市场里，货物和各种生产要素基本上都可以自由流动。因此，清代出现了历史上最大规模的国内劳动力转移浪潮。内地人口向西南、东北、湖南、江西流动，"湖广填四川""江西老表""洪洞大槐树""南京柳树湾"等移民故事不断出现。在生产要素自由流动的基础上，形成了九个大经济区。著名社会史学家施坚雅（William Skinner）将其总结为：东北，华北、西北、长江上游、长江中游、长江下游、东南沿海、岭南、云贵。这些经济区内有比较密切的联系，然后通过运河、长江和海路联系在一起，从而造成大规模产品流动。吴承明先生估计十九世纪中期中国跨地区贸易的大宗商品在全国产量中和全国贸易量中的比例分别为7%和20%。而依照我的估计，如将所有进入长途贸易的商品合计，总值应接近于贸易总值的30%—40%。这是非常高的比重。对比一下其他国家，在十九世纪，大多数国家贸易的主要商品是农产品。1820年美国农业的商品率约为25%，1890年日本农业商品率约为20%—30%，都是属于自给性生产。1870年美国农业商品率超过50%，成为商业化生产。中国农业产品的商品率在1976—1977年为25%，扣除返销粮后更只有15%左右。

随着资本的大量流动，清朝出现了一些重要的民间经济制度创新。为促进资金大规模、长距离的流动，十八世纪后期和十九世纪初期，山西商人建立起了全国性的金融网络，即账局和票号。票号的总数，在1823—1827年间从1家增至11家，其分号遍及中国的27个主要城市，每个分号汇兑金额在50万至120万两之间，而存贷款总额则在30万两。到了1906年，仅日升昌一家票号就汇款3200万两。全国22家票号汇款总额达8.23亿两。有了这种汇兑机构，要做生意，就可以带着汇票走遍全国，因此生意就变得很容易，资金流动也变得非常容易。票号遍布全国，连国外的圣彼得堡、横滨等地都有票号的分号。另外，明代已经出现了强大的商人集团，即商帮。明朝以前，中国外贸掌握在外国商人手里，到了明朝，中国本土商人兴起，到了清朝发展成为有名的"十大商帮"。"十大商帮"非常强大，统治着国内市场。

在市场发展的基础上，清代中国形成了紧密的地域分工。中国形成了四大经济地带，即发达地带、次发达地带、发展中地带和不发达地带。制成品、资金、技术从发达地区流向发展中地带，而原料和粮食则从发展中地带和次发达地带流向发达地带。在这个巨大规模的地域分工中，处于发达地带中心的长三角，也成为全国的经济中心。为什么长三角一直如此发达，到今天为止仍然是最富裕的地区？因为它一直处于市场中心的地带。为什么香港不能够和长三角竞争？因为它不在这个市场中心。这个全国市场是在清朝形成的。市场是近代工业化以前近代经济发展的动力和核心，市场越大、越完备，好处就越多，所以清朝大规模国内市场的形成，保持了清朝在世界经济中非常重要的地位。

但是清朝的政策也有很大的问题，清朝统治者将"持盈保泰"作为自己的基本为政目标，"持盈保泰"的核心是稳健而保守。这导致了十八世纪清朝国家政策的缺陷，即不鼓励海外发展，不鼓励创新，维护特权阶层的既得利益，缺乏有效法治，不能抑制腐败，等等。

清朝政府不鼓励海外发展，主要是出于政治的原因，因为海外华人反清活动很活跃。同时也有经济上的原因，即中国在经济上可以自给自足富裕。乾隆皇帝在给英国国王乔治三世那封有名的信中写道："天朝抚有四海……奇珍异宝，并不贵重。""天朝物产丰盈，无所不有，原不藉外夷货物以通有无。"他的儿子嘉庆皇帝也说："天朝富有四海，岂需尔小国些微货物哉？"他们说得很清楚：中国不需要你们。在这种"我们已经做得很好了"的心态下，清朝政府当然不鼓励创新，也拒绝向其他国家学习。这种故步自封的思想在军事技术上中表现得非常典型。明朝末年翻译了不少军事书，明朝人自己也写了不少军事书，但是这些书在清朝都被禁了，或者是失传了。黄一农说："清朝前150多年大量兵书当中，竟然没有任何讨论火炮的专门书籍出版。到雍正（1723—1735）末年，清政府发现驻防的守军，从来没有做过火炮演练，以至于准头的远近、星斗的高低，官兵茫然不知。即使到了道光年间，用铳规量度仰角以调整射程远近的方法，仍然是'中国营兵所不习'。"因此到了鸦片战争时，清军还在使用明朝铸造的大炮，而明军已经会用的许多测量仪器，清军都不会用。事实上，到了清代中期，清军已非常腐败,毫无战斗能力。道光二十二年(1842)九月,林则徐在谪戍伊犁途中致书友人说:"彼(英国人)之大炮远及十里内外,若我炮不能及彼,彼炮先已及我,是器不良也。彼之放炮如内地之放排枪,连声不断。我放一炮后,须辗转移时,再放一炮,是技不熟也。求其良且熟焉,亦无他深巧耳。不此之务,即远调百万貔貅,恐只供临敌之一哄。""似此之相距十里八里,彼此不见面而接仗者,未之前闻。徐尝谓剿匪八字要言,器良技熟,胆壮心齐是已。第一要大炮得用,今此一物置之不讲,真令岳、韩束手,奈何奈何!"因此清军在十九世纪后期的一系列战争中不断败北是完全不奇怪的。

清朝政府没有办法维持国家安全稳定,不能有效对抗国际环境变化,也不能有效进行改革。到了十九世纪后期,洋务运动拉开了中国近代化的序幕,但又从一个极端走向另一个极端,导致了官营垄断经济的兴起。本来清朝在经济上和前朝非常不同,政府不经营工商业,所以明朝大规模的船厂没有了,就是连为皇室生产高级消费品的"江南三织造"和景德镇御瓷厂也变成了采买机构,自己不再生产产品。外贸,清朝也交给商人去做。但是洋务运动之后,出现了官营垄断经济。

到鸦片战争之后有很多人提出改革,清朝统治者也不是不想改革,但是他们有两个无法绕过的障碍:第一,不愿意触动特权阶层的既得利益;第二,没法有效克服腐败。

清朝有个特殊的既得利益集团,就是旗人。清朝政府的政策是"不分满汉,但问旗民",这是台湾学者赖惠敏写的一本书的标题。"旗人"就是八旗里面的人口,"民人"就是八旗之外所有人口。"旗人"有"十定",即第一,定身份;第二,定旗分;第三,定佐领;

第四,定地;第五,定钱粮;第六,定土地;第七,定营生;第八,定学校;第九,定婚姻;第十,定司法。这使得旗人成为高居于各族人民之上的特殊族群。旗人的身份都是世袭的。如果你是旗人,在哪一个旗,上司是谁,住在什么地方,都是世袭的。北大、清华附近有个蓝旗营,更远些地方有镶红旗等,都是旗人特别的住地。

清朝对于旗人的开支是从摇篮到坟墓,终身负责的。最普通的旗人,从生下来那天起,每个月有国家发给的津贴,一直到死。清朝政府还分给每个旗人土地,但旗人后来都不种地,都把它卖掉了。清朝政府担心旗人腐化,所以规定旗人不允许经商,不得随便离开旗地,不得从事民间技艺,他们的出路就是做官、当兵,从而控制国家政权。每个男性旗人到读书年龄有特定的学校读书,是免费的。考科举时他们有特殊的名额。清朝规定旗人不准同民人通婚。清朝在官制上标榜"满汉一体",中央的六部长官满汉各两个,两个满族尚书,两个汉族尚书,但实际上都是满族人控制。汉族人和满族人的人口比例差了几百倍,但是官位却一家一半,而且权力都控制在满族人手里。清朝所有官职岗位分为满官缺、蒙古官缺、汉军官缺、汉官缺四种,不同官缺只能由本族群的人出任或补授。因此康熙时汉人督抚"十无二三",乾隆时巡抚"满汉各半",但总督大都是满人。

旗人享有司法特权。凡属满人违法犯罪,一般可享有"减等""换刑"等特殊优待。例如笞杖刑可换折鞭责,变相减等;徒流刑可换折枷号,免予监禁服役或发配远乡;杂犯死罪和仅次于死刑的极边充军,也可换折枷号;死刑斩立决可减为斩监候;窃盗罪可免予刺字;重罪必须刺字者,则刺臂而不刺面。对满人案件的审理，由特定司法机关管辖；对满人的监禁，也不入普通监所；宗室贵族入宗人府空房，一般旗人入内务府监所。

清史学者欧立德（Mark Elliott）说："族群主权在清朝特定、无情地统治着中国，它是一个昂贵的事业。"由于各方面受到优待，旗人人口增加得非常快。清朝入关的时候，进到内地的旗人连同家属总共才几十万。到了清末，仅仅是旗人中的满洲八旗的人口就已增加到100多万，连上蒙古八旗、汉军八旗，人口更多。今天把所有的旗人后代都算满族，人口总计有1000万。清朝对于旗人是从摇篮到坟墓都要负责的，所以养活这个不断膨胀的特权族群，也成为清代国家越来越大的负担。不仅如此，这个特权集团生活在一个封闭的特权社会中，因此非常保守。戊戌变法时，光绪皇帝开放八旗经商的禁令，命其学习士农工商，自谋生计，但是还受到抵制。光绪皇帝进行戊戌变法的时候，慈禧太后原来没有反对，到了后来，下层旗人大批地跑到颐和园去，包围起来，跪在那里哭声震天："皇帝不要我们了。"慈禧太后作为旗人集团的大家长，当然首先考虑的是维护旗人的利益，所以发动政变。这个特权集团是不愿和广大汉人分享权力的，到了清朝最后的日子，还居然成立"皇族内阁"，由旗人中的皇族组成内阁。清朝特权阶层的利益是没有办法撼动的，所以清朝也不可能进行真正的改革。

清朝还有一个大问题，就是腐败。清朝统治者不是不重视反腐问题。正是看到了明朝末年贪官的危害，清朝入关之后第一件事情就是严惩贪官，顺治皇帝说："治国安民，首在严惩贪官。"为此，清朝采取了一系列措施反腐，这些措施包括：（1）立法：始纂于乾隆八年的《钦定台规》，是中国廉政史上第一部监察法典；（2）设立机构：加强都察院的作用。无论何人"不法"，都察院均可直言不隐，并且"即所奏涉虚，亦不坐罪"。建立了直属于皇帝的独立审核机构"会考府"；（3）创建养廉银制度：予官员以合理待遇，此外收入即为非法；（4）约束特权阶层：管束八旗子弟，不允许他们从商，与民争利，对高官、高官子弟实行任职回避制度，等等。

　　清朝历代皇帝也都重视反腐。雍正皇帝说："同通不规，扰害百姓。此等不肖种类，当一面拿问，一面参处。在此人身上追出数十万金以养尔山东百姓，不是好事么？丝毫看不得往日情面、众人请托，务必严加议处。追到水尽山穷处，毕竟叫他子孙做个穷人，方符朕意。"这真是够严厉的！陈志武教授的团队做了一个清朝对贪官抄家的研究，由此可以看到历朝反腐的力度都不小。其中被称为盛世的乾隆朝抄家次数最多，也抄得最厉害，比如乾隆四十六年（1781）"甘肃冒赈案"，因为灾荒，一些地方官员以赈灾之名贪污公款。参与其中的贪官人数众多，牵涉总督、布政使以下道、州、府、县官员100多人。乾隆皇帝说："俾触目警心。共知侵贪之吏，天理所不容，即国法所难宥。"于是予以严厉处罚，有56个官员被处斩，46个官员被发配边疆。甘肃省几乎所有官员都受到了处理，甘肃官场出现了塌方，共追缴赃款达281万两白银。在乾隆一朝，诛杀二品以上的贪腐大员共22人。但是贪官却不断滋生。陈志武教授的研究指出：王亶望（1781年被杀）贪污达300万两银，和珅（1798年被杀）家产更达1.18亿两银。据事后公布抄家结果，和珅家产共编为109号项目。仅估价的26号（还有83号未估价）折合银两为2亿2389万两。而据梁启超估计，和珅的全部家产约合银8亿两，相当于当时全国10年的财政收入。他每年聚敛的财富等于全国一年财政收入的一半。嘉庆皇帝杀了和珅,没收了他的家产,所以当时民谚说:"和珅跌倒,嘉庆吃饱。"大小官员还利用权力,向商人索贿。前面提到的行商伍秉鉴,1842年12月23日写信给在马萨诸塞州的美国友人库兴(J. P. Cushing)说,若不是年纪太大,经不起漂洋过海的折腾,他十分想移居美国,通篇怆然难禁之情。因此美国人评论说:"看来鼎鼎大名的伍浩官(伍秉鉴)不但对洋行的工作失望了,对整个中国的社会制度也失望了。"

反腐问题,如果不从制度上去入手,是没有办法根本解决的。阿克顿有一句名言:"权力导致腐败,绝对权力导致绝对腐败。"孟德斯鸠也说:"一切有权力的人,都容易滥用权力,这是万古不易的一条经验。有权力的人使用权力一直到遇到有界限的地方才休止。"

由于清朝统治者无法解决这些问题,所以清朝走向衰落是必然的。

这就是我们要研究历史的原因。因为只有历史能够告诉我们:我们是从哪里来的?我们是什么?我们将来会走向哪里?欧立德说:"历史不会循环,但它会押韵。"清朝的情况会重现,但它会押韵,它会遇到共同的问题,所以我们一定要好好地总结历史的经验和教训。诺斯说:"历史总是重要的。它的重要性不仅仅在于我们可以向过去取经,而且还因为现在和未来是通过一个社会制度的连续性与过去连接起来。今天和明天的选择是由过去决定的。"鲁迅先生说:"读史,就愈可以觉悟中国改革之不可缓了。虽是国民性,要改革也得改革,否则,杂史杂说上所写的就是前车。"

早期经济全球化进程中的中国

可能有人觉得很奇怪，经济全球化怎么会是历史的题目呢？因为经济全球化是现在的事，而历史是过去的事，所以经济全球化怎么会是历史呢？在我国，一直到争取加入WTO的时候，大家才讲到经济全球化，而中国加入WTO也才十几年，怎么会扯到明清呢？因此有人可能会感到这个题目是不是有点太离谱了？

在这个讲座中，我首先要谈谈什么是经济全球化，然后谈明清中国"闭关自守"的问题。过去对明清历史的一个共识是"闭关自守"，但是许多共识都是在某一种认识水平和某一个时代主流观点影响下产生的。随着时间变化，我们的看法往往会有很大的变化。因为过去的很多共识，今天可以说已经过时了。例如过去认为中国经济在过去几百年中一直是衰落或者停滞，而今天我们认为可能有相当的增长。其次，我们还要看看中国经济的变化和外部环境有什么关系？外部环境的变化对中国经济有什么影响？最后，我们再看看几百年来中国经济进入全球化到底要处理哪些主要的关系。

一、什么是经济全球化？

经济全球化是今天大家都在说的一个话题，但什么是经济全球化？却少有人关心。我们都习惯在喊口号的时候不对这些口号下定义，但是因为各人理解不同，所以任何一种外来的学说和想法到了中国之后，就会产生出无数的变种。因此，这里我们先要说说什么是经济全球化。而要了解什么是经济全球化，又必须先了解什么是全球化。

"全球化"是当今国内外学术界使用频率最高的术语之一，也是当今国际社会科学领域研究的重要课题。正如沃特斯（M. Waters）所说："就像后现代主义是八十年代的概念一样，全球化是九十年代的概念，是我们赖以理解人类社会向第三个千年过渡的关键概念。"然而，"全球化"一词究竟是何人、何时创造的，则很不清楚。以下，我主要依据文军的考证，对此作一简要说明。

有学者认为，"全球化"一词最早是莱维特（Theodore Levitt）1985年在其《市场的全球化》一文中提出的。也有学者指出"全球化"（globalization）一词在英语词典中首次出现的时间为1944年，而与之相关的"全球主义"（globalism）则是1943年问世的。据全球问题研究专家丘马科夫考证，在"词源学上，'全球性的'这一术语源自拉丁语'地球'"。如果我们把当代全球性问题的研究看作是"全球化"研究的开始，那么它应当始于二十世纪六十年代末、二十世纪七十年代初"罗马俱乐部"有关全球问题的研究报告。到了二十世纪八十年代后期以来，"全球化"一词成为国际社会科学界使用频率最高,也是内涵界定分歧最大的概念之一。哈佛大学商学院从事全球化教学多年的洛奇(George C. Lodge)说:"全球化的概念是如此广泛、深奥、模糊而神秘,以至于像我这样的学术界人士往往会通过现有的经济学、政治学或社会学等专业来分别探讨它所涵盖的内容。"

"全球化"一词出现后,被广泛使用于社会科学各学科。但是用得最多的学科是经济学。在许多经济学家的眼中,全球化似乎就是指世界经济一体化。而"经济一体化"这个概念是经济学家丁伯根(Jan Tinbergen)在1951年首次提出来的。他在其论著《国际经济一体化》中详尽和系统地解释了世界经济一体化的现象,并指出:"经济一体化就是将有关阻碍经济最有效运行的人为因素加以清除,通过相互协调和统一,创造最适宜的国际经济结构。"1962年,巴拉萨(Bella Balassa)在《经济一体化理论》中对经济一体化做了更广泛和深入的分析,认为"一体化既是一种进程,又是一种状态","经济一体化就是指产品和生产要素的流动不受政府的任何限制"。

在大多数经济学家看来,全球化是指世界经济发展的一种趋势,在这种趋势中,最为显著的特征就是国际分工体系中的垂直分工愈来愈让位于水平分工,资本、商品、技术、信息等在国际上的流动越来越迅速,资本的配置也越来越超出国家的范围而向全球扩展,不同国家之间的相互依存度越来越高,出现了"你离不开我,我离不开你"的相互依赖局面。在这一进程中,各国的生产和金融结构越来越多的跨国界联结在一起,构成一种国际劳动。在这一分工中,一国创造的财富越来越依赖于其他国家。因此,全球化是经济一体化的最高阶段。国际货币基金组织在1997年发表的《世界经济展望》中，对"经济全球化"下了如下定义：全球化是指跨国商品与服务交易及国际资本流动规模和形式的增加，以及技术的广泛迅速传播使世界各国经济的相互依赖性增强。不过，我认为最为简明扼要的定义是阿达（Jacques Adda）所下的定义：全球化就是形成一个统一的和唯一的全球市场，亦即全世界形成一个统一的市场，遵循共同的游戏规则，同时在这个市场之外没有另外一个市场。如果全球所有的经济都进入了这个统一和唯一的市场，经济全球化就达到了。

在我国，直到加入WTO后，全球化这个词才用得多起来，所以很多人造成一个误会，认为全球化是最近几年的事。实际上，像经济全球化这样重大的历史事件，绝不是最近才出现的，而是一个长期发展的结果。这个发展到现在也远远没有完成，没有达到全球化的终点，因为现在还没有形成这样一个市场。现在有一些国家还没有参加WTO，而一些参加了WTO的国家，如中国和很多发展中国家，还可以在一定时间和一定范围内享受程度不同的优惠。有优惠，也就是还没有达到统一，因为从理论上来说，给一些国家优惠就是对其他国家不公平。

二、早期经济全球化：中国扮演了何种角色？

经济全球化开始于什么时候呢？大多数经济史学家认为是开始于十五世纪末的地理大发现。自此以来，已有5个世纪。我们在这里说的早期全球化，指的是从十五世纪末到十九世纪末的这4个世纪。

在中国历史上,这也就是从明代中期到清代末期。到了二十世纪,经济全球化的情况发生了重大变化,因此可以称为全球化的后期阶段。

地理大发现对世界经济起了极其重大的作用,其中之一是把当时世界上几个主要的经济中心逐渐地连起来。所以全球化开端于此。经济全球化与资本主义兴起有密切关系,彼此既互为原因,又互为结果。经济全球化一直是以西欧和西欧的衍生物北美为主导,一直到最近几十年日本兴起和中国更进一步兴起之后,局面才有所改变,所以阿达说:"全球化经济诞生于欧洲,开始于十五世纪末,是资本主义兴起的原因与结果。近几十年来以一体化体制出现的世界经济,来源于一个欧洲的经济世界,或者说是一个以欧洲为中心的经济世界。倘若没有日本有影响力的发展,没有中国令人瞠目结舌的苏醒,人们还将今天的世界经济视为欧洲经济世界的延伸。"虽然东亚在全球化过程中正在起着越来越重要的作用,但是至少到今天为止,经济全球化还是一个以西方为主导的进程。也正是因为如此,我们还是不得不按照由西方(特别是美国)制定的规则(即WTO的规则)办事,不然的话就不要谈经济全球化,就不能够享受到全球化所带来的各种好处。

年鉴学派领袖布罗代尔(Fernand Braudel)认为,"世界经济"延伸到全球,形成"全世界市场"有一个漫长的过程,"由于十五世纪末的地理大发现,欧洲一鼓作气地(或几乎如此)挪动了自己的疆界,从而创造了奇迹"。"世界体系"理论的提出者沃勒斯坦(Immanuel Wallerstein)也认为:十六世纪,随着资本主义生产方式的发展,开始以西北欧为中心,形成"世界性经济体系",它是崭新的"世界上前所未有的社会体系"。基欧汉(Robert. O.

Keohane）与约瑟夫·奈（Joseph S. Nye Jr）则在《全球化：来龙去脉》一书中指出，"全球性因素是指世界处于洲际层次上的相互依存的网络状态。这种联系是通过资本、商品、信息、观念、人员、军队，以及与生态环境相关的物质的流动及其产生影响而实现的"，"我们认为，全球性因素是一种古已有之的现象。而全球化，不论过去还是现在，都是指全球因素增加的过程"。

这里我要强调的是，经济全球化虽然是欧洲带头的，但是这绝不意味着世界其他地区在经济全球化的发生和发展中是处于消极被动，只是欧洲人到来后才被卷入经济全球化的。相反，欧洲之外的许多地区，特别是亚洲，在经济全球化的出现和发展过程中，也起了非常重要的作用。

早在欧洲人到来之前，亚洲的海上国际贸易已有长久的历史。十五世纪欧洲人来到印度洋和西太平洋海域时，这个广大地区的海上贸易已颇为兴盛。不同的亚洲国家或地区的商人主导着不同的航道上的贸易。在东亚（包括东北亚和东南亚），主要由华人经营（有一小段时间日本人和南洋群岛的武吉士人也相当活跃）。在南亚，主要经营者为印度人（特别是袄教徒，亦称帕西人，印度前总理英迪拉·甘地的丈夫、印度塔塔财团的老板等都是帕西人），在西南亚洲及东非，主要经营者为印度人及阿曼人。还有一些国际商人（如亚美尼亚人、犹太人等），也都在亚洲的海洋贸易中拥有重要地位。欧洲人来到亚洲时，不得不调适自己，加入亚洲已有的国际贸易。不过与原有的亚洲海商不同的是，这些欧洲商人拥有强大武装，并有其国家作为依靠，既是商人，又是殖民者，因此他们的到来使得原有的亚洲海上国际贸易发生了重大变化。明中叶以后，欧洲人相继侵入远东水域。1511年葡萄牙人占领马六甲，1570年西班牙人征服马尼拉，随后于1626年占领台湾北部鸡笼港，1628年又占领淡水。1619年，荷兰人开埠巴达维亚，又于1621年占领澎湖，1624年被明朝军队逐出后，转往台湾，在大员筑堡立足。英国人后来居上，在槟城、新加坡、仰光等地建立商馆或殖民地。这些欧洲人以其所建立的殖民基地组构各自贸易圈，进行与欧洲和美洲直接贸易，从而将东亚和东南亚原有的航线与欧洲人开辟的航线连接了起来，形成了世界性的贸易网络。

在这里，我要特别强调中国人在这个过程中的特殊地位。

经济史学家包乐史（Leonard Blussé）说，十六世纪初，当中国渔民和商人第一次在亚洲水域遇到欧洲人时，他们已经在南海探索并航行了将近一千年。在宋代，中国人就开辟了通过南海到印度洋沿岸各地的航线。在此基础上，明初出现了郑和下西洋的壮举。

中国商人从事海上贸易，主要沿着东西两条航线。东方航线北段通向日本、朝鲜，南段通向菲律宾群岛，达到摩鹿加群岛；西方航线则顺着华南及海南岛海岸，通过越南沿海，然后在柬埔寨岔开，一条海路向西深入泰国湾，另一条往南通向马来半岛，并从那里继续沿着苏门答腊海岸达到爪哇，以及更西的印度洋沿岸各国（印度、波斯、阿拉伯国家乃至东非）。明代文献把南亚和东南亚国家分为"东洋"和"西洋"，分界线是文莱（婆罗洲），以东为东洋，以西为西洋。东洋包括日本、琉球、吕宋、苏禄、猫里务、沙瑶呐哔啴、美洛居等地，西洋则包括占城、暹罗、下港、柬埔寨、大泥、旧港、马六甲、哑齐、彭亨、柔佛、丁机宜、思吉港、文郎马神、迟闷等地以及更西的印度洋沿岸各国。明代之前，中国人把东南亚以及以西的国家和地区统称为"海南""南海"或者"南洋"。到了明代，这些名称很少用了，原因就是这时中国人活跃在这些海域，对各地有了更加直接和深入的了解。

因为明代海上贸易繁荣，到了明代中后期，形成了一些实力强大的海商集团。嘉靖初年，活跃在海上的海商集团主要有两支，一支以闽人李光头为首，另一支以徽州府歙县人许栋为首。许栋的商业集团最初与葡萄牙人合作，后来又有日本私商入伙。王直与许栋是同乡，便加入了他的集团（王直是安徽歙县人，因其外祖家姓汪，也有史料称其为"汪直"）。许栋和李光头因从事海盗活动相继被明军剿灭后，王直成为这个集团的首领，日本人称他为"五峰船主"。嘉靖十九年（1540），王直在广东私造双桅大船，从事走私活动，频繁来往于日本及中国东南沿海甚至暹罗（今泰国）一带。王直定居日本平户（今属日本长崎县），自称"徽王"，追随其定居在平户、福岛一带的中国人至少有三千人。王直以此为基地，勾结日本浪人，向中国沿海地区发动多次攻击，逐渐获得了中日之间的海上垄断地位，新入海通番的船只都只有悬挂"五峰"旗号才敢在海上行驶。

正德十二年（1517），葡萄牙人首次抵达广东屯门岛，并在此建筑堡垒，大造火铳，杀人抢船，掠卖良民。正德十六年（1521），明军收复屯门岛，逐走葡萄牙人。到了嘉靖三十二年（1553），葡萄牙人托言商船遇到风涛，请求在澳门晾晒货物，贿赂明朝海道副使汪柏允准，遂得入据澳门，开始不过搭棚栖息，不久渐次筑室居住，聚众至万余人，以澳门为基地，从事公开及走私贸易。葡萄牙人得以窃据澳门，是明朝地方官吏腐败姑息的结果，并非明朝无力将葡萄牙人赶走。明朝政府依然握有对澳门的主权，葡萄牙人必须每年为其船货交课2万两关税，并支付每年1000两的租金。到万历十年（1582），在他们的一再请求下，租金降到了500两。明廷也因觉得有利可得，遂听任澳门被葡人租占。

十七世纪初期，葡萄牙、西班牙的海上势力渐衰，荷兰殖民者的势力突起，掌握了东方海上的霸权，占领了爪哇岛及摩鹿加岛等。万历二十九年（1601），荷兰船只首次闯入广东沿海，自称与中国通贡市，与葡萄牙人发生冲突，被葡人拘捕并处死多人。万历三十一年（1603），荷兰遣使求贡市，未获允准，派军舰来攻，在澎湖海上遇明朝福建水师，退走。天启二年（1622），荷兰人占据澎湖。天启四年（1624），福建巡抚南居益派兵收复澎湖，荷兰殖民者败走，占据了台湾南部。在此之前，西班牙人已占据台湾北部。崇祯十五年（1642），荷兰击败西班牙，独占了台湾。此时中国海商郑芝龙拥有部众3万余人，船只千余艘，是当时世界上最强大的私人海上武装之一。郑芝龙与荷兰人开战，击败了荷兰人。后来其子郑成功武力更为强大，将荷兰人逐出台湾。

清代前期国力强盛，在东亚的欧洲殖民者也不得不接受清朝的朝贡体系。据统计，自清人主中原以来，西方国家来华使节觐见中国皇帝共17次，其中只有1793年英国使者马嘎尔尼（Lord McCartney）拒行跪拜之礼。先前一直与明朝为敌的荷兰，到了清代也屈服了。1656年荷兰东印度贸易公司的使团带着大量的贡品来到北京，1662年和1664年相继来朝贡。荷兰使团1795年来北京，依然完全遵守朝贡制度的规定，实行跪拜之礼。在此情况下，中国人在亚洲海上贸易中的地位实际上更为加强了。到了十八世纪，广州海运直接连接欧洲、非洲、美洲的港口城市，成为全球海运贸易的十字路口。

在东亚和东南亚水域，中国人与欧洲人不仅有竞争，而且也有不同形式的合作。西班牙人在1571年占领马尼拉后，当即释放所扣押的华商，在与当地土著的战争中尽量避免伤及华人，目的是招徕更多的华船到菲。荷兰东印度当局也要求东印度公司所属各地商馆善待华人，大量发放通行证让他们到荷属东印度群岛贸易。但当华人经济势力发展到一定程度时，欧人又加以限制，甚至采取屠杀手段。西班牙人6次屠杀在菲华人，荷兰人制造红溪惨案，英国人在海峡殖民地对华人实施种种限制，都反映了西方殖民者害怕华人力量，又离不开利用华人开发东南亚的心态。但是在每次屠杀以后，欧人又总是想方设法再行招徕。

在这样一个背景下，中国与外部世界的联系空前加强。在这个早期经济全球化时期，中国并未被排斥在一边，而是在其中发挥着重要的作用。不仅邻近国家与中国保持传统的朝贡贸易，或者以走私贸易作为补充，而且遥远的欧洲国家，如葡萄牙、西班牙、荷兰以及它们在亚洲和美洲的殖民地都要卷入与中国的贸易之中，使以生丝与丝织品为主的中国商品遍及全世界。因此，从"全球化"的视野来观察明清时期的中国，会给当今的中国人带来更多新的启示。然而，这种观点与过去我们一直坚信的明清中国"闭关自守"之说截然相反，这又应当作何解释呢？

三、明清中国"闭关自守"：偏见还是事实？

明清不是一向被认为是闭关锁国吗？怎么与经济全球化有关系呢？说中国向西方开放，教科书都说是自鸦片战争开始。因此经济全球化和"中国闭关自守"的传统说法是不是有矛盾？二者确实很矛盾。这里，我们先看看什么是"闭关自守"。

闭关自守又称闭关锁国，其核心是闭关。"闭关"一语，典出《周易》："先王以至日闭关，商旅不行，后不省方。"此语指的是不与外国往来，或者严格限制对外经济、文化、科学等方面的交流。

在世界近代史上，确实有一些国家实行过闭关锁国的政策，其中日本就是典型的例子。从1633年（日本宽永十年）到1639年（日本宽永十六年），日本政府发布5次"锁国令"，禁止日本人出入国门，取缔天主教，禁止葡萄牙人来日本等。在禁止出海方面，1636年禁令中称，严禁派遣日本船和日本人到外国，如有偷渡者处死罪。已去外国定居的日本人，若返抵日本，即处死罪。在禁止天主教方面，1636年禁令中称搜捕天主教传教士，若发现外国人传播天主教的一律逮捕下狱，外国人在日本所生子女，以及接受这些子女作为养子养女的人，一律判处死罪。在对外贸易方面，日本早在1641年就关闭了除长崎以外所有对外贸易港口，只允许与中国、荷兰通商，而且规定每年与中国的贸易量不超过6000贯，与荷兰的贸易量不超过3000贯。虽然这种闭关锁国并未完全关闭国门（例如德川幕府在长崎设有"风说役"，专门搜集从中国和荷兰来的商人们的言谈，第八代幕府将军德川吉宗出于个人对西方书籍的喜好，也放宽了对荷兰书籍流入和翻译的禁令），但是在对外贸易和普通人的对外交往方面，日本确实主动断绝对外贸易。

这是日本的情况。那么，中国的情况又如何呢？学界过去一直认为中国在明清时代（特别是清代）也实行了闭关锁国政策，亦即通常所说的"闭关自守"。但是，说中国闭关自守，最早并不是中国人自己说的，而是外国人说的。中国人是跟着外国人这样说的。

最早说中国闭关自守的是亚当·斯密。他在《国富论》里讲："一个像中国这样的国家，如果忽视或者轻视外贸，仅只允许外国船只进入其一两个港口，就不能像一个可能有不同的法律和制度的国家那样，做同样质量的生意。"当时在中国与西方的贸易，中国只允许外国船只进入一两个港口（广州）。但是亚当·斯密的看法主要依据的是东印度公司在和中国进行贸易的状况，他也没有认为中国是全面闭关自守。闭关自守这个概念实际上是在十九世纪出现在欧洲。十九世纪欧洲大多数重要思想家都把中国看作一个封闭的社会，经济上封闭，文化上封闭，政治上封闭。其中说得最厉害的就是德国学者赫尔德（Johann Gettfried Herder）和革命导师马克思。赫尔德说："这个帝国（指中国）是一具木乃伊，它周身涂有防腐香料、描画有象形文字，并且以丝绸包裹起来；它体内血液循环已经停止，就如冬眠的动物一般。"马克思则说："与外界完全隔绝曾是保存旧中国的首要条件，而当这种隔绝状态通过英国而为暴力所打破的时候，接踵而来的必然是解体的过程，正如小心保存在密封棺材里的木乃伊一接触新鲜空气，便必然要解体一样。"他们都认为中国是一个被彻底封闭起来的国家，就像古代埃及法老陵墓中的木乃伊一样。

这些十九世纪的观念一直延续到今天。它们不仅被用来形容明清中国经济，还被用来形容整个中国的社会以及文化和社会心态。这种心态被称为"长城心态"，亦即许多西方人认为中国人排外，就是有形无形地在建立一道长城，把中国和世界其他部分隔开。这已经成为我们中国历史研究中的一种"共识"：中国一向是一个闭关自守的国家，到了鸦片战争才有改变，"鸦片战争一声炮响，把中国带进了近代世界"，或者说是西方通过鸦片战争迫使中国向世界开放。这些看法都是十九世纪的看法，由于历史的惯性延续到二十世纪。甚至到今天，大多数中国人还是认为清代是一个闭关自守的时代，清代中国是一个闭关自守的国家。

这些和我们说的全球化之间是不是有矛盾？当然是矛盾的，因为闭关自守和全球化不可能共存。我们首先来说中国可不可能闭关自守。

美国耶鲁大学教授史景迁（Jonathan Spence）是一位著名的中国史专家，曾任美国历史学会会长。他写了一本中国历史教科书《追寻现代中国》（Search for Modern China）。这本书非常畅销，曾在《纽约时报》的畅销书排行榜上排列头十名。他在这本书的序言里写道："从1600年以后，中国作为一个国家的命运，就和其他国家交织在一起了，不得不和其他国家一道去搜寻稀有资源，交换货物，扩大知识。"就是说，从1600年以后，中国即使主观上想闭关自守，也无法做到。因此，绝不是到了鸦片战争中国才向外开放。

首先，让我们看看在人员方面中外的交流情况。

在晚明时期，大批传教士来到中国。这些传教士对中西文化交流做了大量工作，使得西方文化在中国得到相当广泛的传播。例如天主教这个外来的宗教，就是在这个时期，在中国人中传播开来的。1583年，利玛窦在广东肇庆开始接收中国信徒一人。到了1603年，各地的中国教徒已有500多人，1617年增至13000余人，明朝末年更达到38000余人。这段历史已有很多人做了研究，大家都已不陌生，因此我也不必多讲了。这里只想提一下这些传教士带来的西方知识及其对中国科技的影响。

在1614—1618年间，传教士金尼阁返回欧洲后，为中国教区募集了一批西方书籍，总数达到七千部。这批书籍随金尼阁一行来到中国，产生了一定的影响。有的被翻译成中文，使得知识流传得更广（如传教士傅凡际将亚里士多德的著作《寰宇诠》和《名理探》翻译成中文）；有的成为学者们继续研究的基础，促进了学术文化的发展（如邓玉函和王徵合译的《远西奇器图说》，就是以《建筑十书》《数学札记》《矿冶全书》和《各种精巧的机械装置》等书为底本的）；有的甚至冲击了中国本土的观念和科技，如继承元朝授时历而来的大统历即在明末受到西洋历法的严峻挑战，最终中国采取了运用西洋新法的时宪历。

到了清朝，传教士为了培养中国本土的神职人员，于1732年在意大利的那不勒斯，由天主教会（De Propaganda Fide）办了一所中国学院（College for Chinese），专门培养中国留学生。这所学院于1888年被意大利政府下令关闭。在其开办的156年间，它总共培养了106名精通拉丁语的中国神职人员。十八世纪末著名的英国马尔噶尼使团准备访问中国时，需要找一个翻译，在巴黎、哥德堡、哥本哈根、里斯本都未找到合适的人，最后在这个学院找到了两名中国留学生周保罗（Paolo Cho）和李雅各（Jacobus Li），能胜任中文、意大利文和拉丁文的口译工作。其中李雅各又叫作Jacob Ly，汉名李自标，来自甘肃武威，生于乾隆二十五年（1760），于乾隆三十八年（1773）与另外7位中国年轻人一同赴欧学习。这也是中国人留学欧洲之滥觞。

传教士不仅把西方知识带到了中国，也把关于中国的知识带到了欧洲,引起了十八世纪欧洲的"中国热"。在这个时期,欧洲人十分迷恋中国,法文中的"chinoiserie"一词即用来形容对中国的狂热。不仅启蒙思想家如伏尔泰、魁奈等把中国视为"理想国"而极力讴歌,而且欧洲上流社会也崇拜中国文化成风,一如林语堂所言,"当十八世纪之所谓洛可可时代,欧洲男人梳辫子,女人执扇子,公卿穿绸缎,士人藏瓷器,宫廷妃嫔乘轿出进,皆是崇拜中国之一时髦"。从中产阶级家庭摆饰的壁纸与家具,到公园里的凉亭建筑、街上的轿子、中国式的林园造景,都可以看到这种"中国风"。

到了清代,虽然传教士来得少了,但是商人来得更多了。包乐史说:无论是撤除海禁的清政府,或是解禁后中国商人前往的那些邻国,都无法想象在1683年清朝消灭郑氏集团后,中国私商的海外活动会如此兴盛。因此他把1683年以后称为"南海贸易的大跃进"的时代。

由于贸易的迅猛发展,中国的广东也史无前例地出现了欧洲人的定居点。到1830年时,在澳门有4480名外国人(其中2149人是白人女性,1201人是白人男性,其余的是奴隶和仆役)。在广州,也出现了一个西方人的社会,1836年有307名男性,其中213人是欧美人。这些西方人,绝大部分是商人。

大家都知道,有大量非洲黑人居住在广州,据相关数据,其人数近20万,其中仅有不到1万是合法经营的商人,绝大多数黑人无正当职业。但是实际上,早在明末就已有黑人住在广州了。崇祯九年(1636),英国首航中国的威德尔船队到达中国,与广州守军发生冲突。广州官方派了一个叫保罗·诺瑞蒂(Paulo Noretti)的黑人翻译去与英国人交涉。此人汉名李叶荣,是广州总兵陈谦的亲信,会说葡萄牙语，可能是葡萄牙人带到澳门，随后又到了广州的。通过诺瑞蒂从中牵线，英国人以重金贿赂总兵陈谦，遂获准在广州贸易。

中西商业交往的发展，也体现在交流媒介——语言的变化方面。在东亚和东南亚贸易中，传统的通用语言是中文。到了十七世纪，葡萄牙语成为重要的辅助商业语言。例如上面英国人和中国官吏打交道，就是使用葡萄牙语。当时的中国海商，不少人更是通晓多种语言，如郑芝龙就能说闽南话、南京官话、广东话、日语、葡语、西班牙语、荷兰语。到了十八世纪，随着中西贸易的进一步发展和英国在国际贸易中地位的增强，中西商人交往更加密切，于是出现了一种亚洲商界通用的洋泾浜英语。这种洋泾浜英语是一种变形了的广州话与英语的混合体，在语法上主要依照汉语的句法而非英语的语法规则，在词汇上则大量采用英语词汇，同时也吸收了很多葡语、印地语、马来语的词汇。源于葡萄牙语的词如mandarin，源自mandar，意为"命令"；compradore，源自compra，意为"购买"；maskee，源自masque，意为"别在意"。源于印地语的词如bazaar，指"市场"；schroff，指"银师"；go-down，是ka-dang的讹音，指"货栈"；lac，指"十万"；cooly（coolie），指"劳工"。后面还要提到的著名中国行商伍秉鉴（浩官）在对一位外商销毁本票时所说的话，就是典型的洋泾浜英语："Just now have settee counter, alla fnishee; you go, you please（现在我们结清了我们的账目，一切都结束了，你要走就可以走了）。"

由于中西贸易的发展，中国人移民欧美的活动也开始了。伍秉鉴在七十岁时，由于对清朝的腐败非常失望，写信给一位在美国马萨诸塞州的友人库新（J. P. Cushing），说他若不是年纪太大，经不起漂洋过海的折腾，他实在十分想移居美国。虽然伍秉鉴移民美国之梦未成，但有许多中国人确实去了欧洲。按照清朝的法令，中国商人和水手要在取得许可之后，方可出航贸易，同时也必须在一定的期限内返国报到，否则归国后会受到处罚。除此以外的人都不允许出国，私自出国要受到极重的处罚。但是仍然有人私自出洋，但都是偷偷摸摸地出国，偷偷摸摸地回来，因此很少留下记载。我们只能从一些片段记载中发现他们的踪迹。这里我就引用陈国栋发现的一些康熙、乾隆、嘉庆时期广东人到欧洲的例子。例如陈佶官原来在广州卖泥娃娃，手艺不错，颇有一些名气。他于乾隆三十四年（1769）搭乘东印度公司船"侯宰顿号"抵达英国，住在伦敦诺佛克街的一家帽店里，继续操旧业，用黏土捏塑小型半身像，加以着色，作品颇有销路，有了一定知名度，成为英国艺术家描绘的对象。蔡阿福于乾隆五十一年（1786）搭乘瑞典东印度公司船只"斐特烈号"到达哥德堡，到后造访过一个瑞典名流的庄园，在贵宾名簿上用中文签下他的名字。庄园主人还在旁边加注一段，强调说蔡阿福是第一位造访瑞典的华人。林亚九于乾隆五十八年（1793）和一位服务于法国印度公司的朋友康司东（Charles de Constant）一同乘船去欧洲。当航行到欧洲海域时，船被英国人掳获，人被送到伦敦。林亚九一时成为"风行人物"，并且在海德公园获得英王乔治三世的接见。这一年，法国画家董芦（Henri-Pierre Danloux）因为逃避法国大革命的动乱也来到伦敦，在莱斯特广场（即现在伦敦唐人街所在地）开设一间画廊，为林亚九画了一张肖像，后来制成铜版画，流传至今。谢清高少年时即在海船上工作，十八岁那年遭遇船难，被外籍商船救起，从此就不断搭乘外国船舶前往各地贸易，从而造访很多国家。后来他双目失明，结束了海上生涯，住在澳门。嘉庆二十五年（1820）他的同乡杨炳南为他做了口述访问，并且参考一些文献，整理成《海录》一书，记录他在乾隆四十七年至嘉庆元年（1782—1796）这十四五年间的国外见闻。广州画家关作霖曾经附搭洋船出国，遍游欧美各地，见到欧美画家所作油画传神逼真，便专攻油画。学成归来后，在广州府城开设画店，为人写真。这些人到欧洲的经历都是因为偶然的机会得以记录下来。此外，当然还会有更多没有被记录下来的去过欧洲的中国人。

不过，总的来说，去欧洲的中国人毕竟数量很有限。但是，去东南亚的中国人却犹如滔滔洪水，到了清代达到了非常大的规模。包乐史说："清廷成功地使他们的海疆从荷兰'红毛番'的入侵中脱身，却未能堵住自己的臣民自发地往南洋发展的洪流。相反地，尽管有加诸于移民以及贸易上强制的帝国禁令，中国探险家、贸易商、旅居者的海外扩张继续纵横于东南亚洲的海域。中国的海疆在各地都'如筛子般地渗漏'着，以至'中国人出现'，成为'如此壮大且无处不在'。"

隆庆元年（1567）海禁开放以后，福建海澄县月港成为漳州一带人民出洋的主要口岸，每年从月港进出的远洋大船多达200余艘，漳州人由月港出洋谋生者数以万计。泉州人则从安平港出洋谋生。何乔远记载说："安平一镇尽海头，经商行贾力于徽歙，入海而贸夷，差强赀用，而其地俭于田畴。"

但是，中国第一次大规模移民东南亚的浪潮却始于十七世纪末期。十七世纪末以后，中国海外贸易的发展和东南亚的开发，诱发华人移民热潮。康熙海禁初开后，沿海人民纷纷相率出洋。商船运载沿海人民出国的规模，从雍正五年（1727）闽浙总督高其倬奏折中可见一斑："查从前商船出洋之时，每船所报人数连舵、水、客商总计多者不过七八十人，少者六七十人，其实每船私载二三百人。到彼之后，照外多出之人俱存留不归。更有一种嗜利船户，略载些许货物，竟将游手之人偷载四五百之多。每人索银八两或十余两，载往彼地，即行留住。此等人大约闽省居十之六七，粤省与江浙等省居十之三四。"这些移民到了东南亚地区后，有人接待并协助寻找生计。黑格尔说中国人缺乏欧洲人那种海上冒险的勇气，宁愿守护着大平原农业的季节性律动。史景迁不同意这种说法，他说："勇于海上冒险而积累了庞大财富的福建商人，若是看到此类陈述，可能会感到错愕。"

从十八世纪初到1739年，到巴达维亚去的中国帆船空前增多，每年达15—20艘，附船而去的华人也很多，因此华人数量增加很快，陈伦炯估计十八世纪三十年代已达10多万。十八世纪中期后，西婆罗洲（今印尼加里曼丹）发现金矿，华人纷纷前往淘金，到了十九世纪前期，华人已达约15万人。华人移民增长最快的地区是暹罗（今泰国）。十七世纪初，暹罗华侨尚不到3000名，但十九世纪初，出使暹罗的英人柯罗福估计，到1821年，暹罗已有中国人70万。马来半岛、越南、柬埔寨等地华人数量也快速增长。马来半岛的柔佛、槟榔屿、吉兰丹、宋卡等，越南中圻和湄公河三角洲、缅甸仰光等地，都拥入相当数量的华人移民。据庄国土估计，到鸦片战争前夕，东南亚华人已达150万左右。

这个数量巨大的华人群体活跃在亚洲海域，成为当时国际贸易中的一股极为重要的力量,就连握有政治和军事统治权的欧洲殖民者,也不得不在商业上倚重这些华人。因此,华人在早期经济全球化的进程中所扮演的角色是不容小觑的。

由于经济全球化所导致的人口流动,疾病也开始了全球性蔓延。在全球化开始之前,世界各个地方的疾病基本上都是地方病。但是全球化之后,疾病的传播就非常快了。在过去几个世纪,世界各地流行一种性病——梅毒。因为大家都觉得这种病很可耻,所以各国人都把这种疾病尽量推到别人那里去:英国人叫作"法国病",法国人叫作"意大利病",意大利人叫作"西班牙病",俄国人叫作"波兰病",日本人叫作"中国病",中国人叫作"广疮"。这个病来自西半球,被欧洲人带到全世界,其传播速度非常之快,就像今天的艾滋病一样。当然过去也有大规模疾病,比如说欧洲中世纪的黑死病,有学者认为是由蒙古军队带去的。但是梅毒是在和平环境下通过商人传播的,因此也是一个全球化带来的结果。这种疾病传入中国后,传播很快,成为危害最大的流行病之一。由此也可见全球化对中国的影响。

中国在明清两代并未完全闭关自守,这一点,还可以从新作物的引入与传播方面看到。

(一)玉米、番薯、马铃薯

从许多我们日常接触到的东西来看,中国和外部世界(特别是西方主导下的世界)关系之密切,可能连我们自己都没有感觉到。比如说玉米、番薯、马铃薯,大家都知道是中国到处都有的作物,也是中国比较贫困地区人民的主要食物。这些作物是哪里来的?中国原来没有，是到了十六、十七世纪以后才进入中国的。从哪里进入中国的？玉米、红薯都是从海上进入的，因为它们原产于美洲。西方人到那里之后，发现了这些新的作物，把它们带到了亚洲，然后进入中国。

这些新作物到了中国之后，传播非常快，在几十年或者一个世纪之内席卷全中国，这是非常不容易的。因为一个作物到一个新的地方，人民是不是愿意接受，自然生态是不是适合，都要有一个很长的适应过程。这些作物那么快就传遍中国，变成二十世纪无处不有的作物。我们没有意识到，但事实上这就是全球化的一个表现。如果没有这些作物的传入，照何炳棣先生的看法，清代中国的"人口爆炸"恐怕就不可能，因为生出来的人口没有足够的粮食吃。玉米、番薯、马铃薯都是高产作物，像每亩农田生产的红薯，所含热量（卡路里）是水稻的几倍。所以一亩红薯可以比一亩水稻养活更多的人。这些作物的传入促进了中国人口的增加，而人口的增加又导致了中国经济的各种变化。

（二）辣椒

今天大家认为，辣是四川、贵州、湖南、湖北、云南几省菜肴风味的特点，但是中国古代并没有辣椒。"辛"字的义项中有"辣味"一条，然而古人所谓"辛"味却并非辣椒之味。古人所谓的辛味是指姜、葱一类刺激性气味。古人另有"五辛"（或"五荤"）之说，专指五种辛味的菜，其具体内容说法不一，有的说是小蒜、大蒜、韭、芸苔、胡荽，有的说是韭、蒜、芸苔、胡荽，还有的说是大蒜、革葱、慈葱、兰葱、兴渠。但是中国传统的辛味蔬菜中却没有辣椒，辣椒很晚才传入中国。我们现在吃的辣椒是古代墨西哥印第安人的食物。乔治·彼得·穆达克说：英语chili（辣椒）来自古代墨西哥阿兹特克人的语言，他们的食物滋味丰富，"特别是辣椒，用以制成辣酱油来做图特拉或几乎每一种食品的调料"。十五世纪末，哥伦布发现美洲之后把辣椒带回欧洲，并由此传播到世界其他地方。

十六世纪末，辣椒传入中国，名曰"番椒"，明代的《草花谱》记载了一种外国传来的草花，名叫"番椒"。1591年，辣椒已作为一种观赏的花卉被中国人引进栽培，但尚未应用于饮食。清代乾隆年间，辣椒始作为一种蔬菜被中国人食用。据载最初吃辣椒的中国人都在长江下游，即所谓"下江人"。因为辣椒最初从海外传来，主要就在下江地区，下江人先尝试这些时新食品也在情理之中。今天江浙人不吃辣椒了，大约是尝试辣椒之后觉得受不了，所以就没有接受。

辣椒于十九世纪传入四川，逐渐被四川人接受，由此一发而不可收。因为辣椒是从海外传进来的，所以四川人到今天还叫它"海椒"。清末徐珂在《清稗类钞》里说："食品之有专嗜者，食性不同，由于习尚也。兹举其尤，则北人嗜葱蒜，滇、黔、湘、蜀人嗜辛辣品，粤人嗜淡食，苏人嗜糖。"他所列举嗜辛辣的四个省中，最酷爱辣椒的还数湘鄂二省，"湘、鄂之人日二餐，喜辛辣品，虽食前方丈，珍错满前，无芥辣不下箸也"。这段话的意思是湖南人和湖北人每天两顿饭都一定要吃辣椒，没有辣椒就吃不下。所以现在有一种说法：四川人不怕辣，贵州人辣不怕，湖南人怕不辣。这些地方的普通人民，照我们一般的想象，似乎和西方没有什么关系。但是西方传来的东西，在无意识中已经成为他们生活中不可分割的一部分，甚至成为他们文化的一种代表。

（三）烟草

中国是当今世界上第一烟草生产和消费大国，全世界三分之一的烟民都在中国。但是烟草也不是中国原有的作物，而是美洲作物，由欧洲人带到中国来的。从最新的研究可以看到，烟草传入中国有几条路线：由菲律宾传到福建，再传到广东；由南洋传到广东，再传到北方；从日本传到朝鲜，再传到辽东。烟草传到中国后，传播非常快。今天欧盟全面禁烟，香港也在禁烟，但其实最早的禁烟令是明朝崇祯皇帝发布的，清朝的皇太极、康熙也都下令禁烟。这说明吸烟这种外来的习惯在中国普及得实在太快。由于普及之势不可当，重罚也禁不了。到了崇祯初年"重法禁之不止，末年遂遍地种矣……男女老少，无不手一管，腰一囊"，"宾主相见，以此为敬，俯仰涕唾，恶态毕具。初犹城市服之，已而沿及乡村；初犹男子服之，继而遍及闺阁。习俗移人，真有不知其然而然者"。明朝末年就已经如此，大家可以看到全球化对中国的影响有多早，有多大。

（四）鸦片

鸦片不是美洲的作物，最早出现在西亚、南欧一带，唐代被阿拉伯人带到中国，先是作为观赏植物，后来被用作药物。鸦片作为毒品使用，最早在印度，但使用很有限。英国人占领印度后，把鸦片带到中国，尔后在中国迅速地传播开来。世界上第一道禁鸦片的法令是雍正皇帝制定的。雍正七年（1729）下令："兴贩鸦片烟，照收买违禁货物例，枷号一月，发近边充军。如私开鸦片烟馆引诱良家子弟者，照邪教惑众律，拟绞监候。为从，杖一百，流三千里。船户、地保、邻佑人等，俱杖一百，徒三年。"尽管严刑峻法，但还是禁不掉。鸦片的传入和流行，也是中国被卷入全球化的一个侧面。

从以上情况来看，在明清时期，中国已经加入了当时的全球化过程。

最后，我们来看看"闭关自守"政策本身。近年来，一些学者对明清政府的政策进行了新的研究，例如张彬村的《明清两朝的海外贸易政策：闭关自守？》，滨下武志的《近代中国的国际契机：朝贡体系与近代亚洲经济圈》，万明的《中国融入世界的步履：明与清前期海外政策比较研究》。这些研究都表明：明清两朝的确在一些时期内禁止海外贸易，但主要是由于特别的原因，因此随着这些原因消除后，政策也就改变了。比如清初海禁是为了封锁郑成功和郑氏家族为首的反清势力，因此康熙二十二年（1683）平台，第二年后就开放海禁了。总的来说，明清两代实行海禁的时间并不长。此外，明清政府的统治力量有限，即使有闭关政策，也没有办法长期有效执行。所以我们可以看到在经济上，中国越来越深入地卷入了经济全球化。不过，我们也必须承认：明清（特别是清）政府在对外政策和对外文化交流上确实很保守，在清朝尤甚，形成了自我封闭的状况。这种外交和文化上的闭关自守严重地影响了中国人对处于巨变中的世界的认识，使得中国未能积极地从外界学习和引进先进的思想、技术和制度。在这方面，清朝统治者对于中国的落后挨打是有不可推卸的责任的。

四、大起伏：中国经济的历史变化

在十九世纪后半期和二十世纪大部分时期，至少是自明清以来，世人都认为中国是一个穷国，是贫穷、落后、停滞、悲惨的代称。这个观点在二十世纪八十年代开始受到强烈的挑战，不过很奇怪的是，最初挑战这个观点的人，不是历史学家，而是一批政治学家、经济学家。

在最早提出重新评价清代中国在世界经济中的地位的人是政治学家肯尼迪（Paul Kennedy）。他的书《大国的兴衰》出版于二十世纪八十年代，现已有中文译本。他在该书里估计乾隆十五年（1750）时中国的工业产值是法国的8.2倍，英国的17.3倍。1830年，中国的工业产值还是英国的3倍，法国的5.7倍。一直到第二次鸦片战争，英国的工业产值才刚刚赶上中国，而法国才是中国的40%。因此从总产值来说，直到十九世纪中期，中国仍然是世界上第一大工业国。当然他也指出，中国人口多，所以虽然是总产值第一，但是按人口来平均的话，人均产值不高。他的观点提出来后，引起了学界的兴趣，所以加入这个讨论的学者也越来越多。

政治学家弗兰克（Andre Gunder Frank）在其《白银资本》一书中认为，1820年中国经济在世界经济中的地位远远超过今天美国在世界经济中的地位，而且到1820年中国还是世界经济的中心。他的这个观点引起很大轰动。经济学家麦迪森（Angus Maddison）则指出：在1700—1820年间，中国的GDP在世界GDP中所占的比重从23.1%提高到了32.4%；而整个欧洲的GDP在世界GDP中所占的比重仅从23.3%提高到了26.6%。因此直到鸦片战争前不久，中国经济在绝对规模上，雄居世界各大经济地区之首。1820年中国经济在世界经济中所占的地位远远超过今日美国在世界经济中的地位。他指出：在过去两百年中，曾经有三个经济体在世界经济中达到最大份额：其一是中国经济，在1820年时占到世界GDP的32.9%；其二是西欧经济，在1890年时占到世界GDP的40%；其三则是美国经济，在1952年时占到世界GDP的28%。如果作为一个单独的国家来看，在人类历史上中国曾经达到最大份额（即全球经济总量的三分之一）。中国经济的规模不仅很大，而且在十八世纪增长速度很快。在近代早期的世界六大经济体（中国、欧洲、俄国、美国、印度、日本）中，中国经济在十八世纪的增长速度快于西欧、日本和印度。中国比西欧增加得还快，这超乎我们大家的想象，因为一般人认为十八世纪欧洲出现工业革命之后，经济突飞猛进，中国经济则停滞不前。

按人均GDP的水平来看，中国表现也不差。麦迪森认为，在1820年，中国人均GDP为600美元。而到2000年，越南、老挝、柬埔寨、不丹等国的人均GDP还不到500美元。因此1820年中国人均GDP比二十世纪末越南等亚洲国家以及若干非洲国家还要高。其次，1820年中国人口占到世界人口的三分之一，但是在中国国内，经济的地区差别很大，因此这个人均600美元的平均值掩盖了巨大的地区差异。在长江三角洲和珠江三角洲，人均GDP肯定远远高于600美元，而在甘肃、宁夏等地则低于600美元。同时，由于在清代中国，富裕地区人口增长慢于贫困地区，因此在全国人口迅速增长的时候，一个不变的平均值也意味着富的地方更富，穷的地方更穷。

如果只算中国东部的话，十八世纪人均GDP增长速度更快。

因为中国十八世纪经济的迅速发展，因此人均所得也十分可观。法国学者Bairoch与Levy-Leboyer的比较研究指出：1800年世界发达地区的人均收入为198美元，所有欠发达地区的人均收入为188美元，而中国为210美元，英国和法国则在150—200美元之间。何炳棣先生指出：十八世纪中国生活水平呈上升之势，十八世纪中国农民收入不低于法国，肯定高于普鲁士和日本。1726年中国有近1%的人口超过70岁，其中还有活到百岁的老人。在今天，70岁好像并不算怎么老，但在十八世纪欧洲人的平均寿命才38岁。所以一个像中国那么大的国家有1%的人口能够达到70岁，在当时是非常了不起。而且，何炳棣先生也认为，中国农民的人均收入不低于法国，而法国是当时欧洲收入最高的国家之一。

到了十九世纪中期以后，中国经济发生了重大的逆转。中国经济在世界经济中的比重大大下降，到了十九世纪九十年代，中国在世界GDP中的份额只有15%左右了。在以后的半个多世纪中，中国经济更以一种自由落体的速度快速下滑。1913年中国GDP在世界GDP中的份额为9.1%，1952年下降到5.2%。按人均GDP来说，在世界的六大经济体（中国、欧洲、俄国、美国、印度、日本）中，除了中国，其他五大经济体的人均GDP都在增加，只有中国出现人均GDP下降。1820—1952年间，中国人均GDP年增长率为-0.8%，而印度为0.10%，日本为0.95%，欧洲为1.03%，美国为1.63%，俄国为1.04%，世界平均为0.92%。1913年中国人均GDP为世界人均GDP的36.7%，1952年下降到23.7%。

1952年中国经济总量只占到世界的5.2%，但是中国人口占到世界的1/4。中国到1952年人均GDP还赶不上1700年，这是非常严重的情况。后来许多人一致认为中国从前是贫穷落后的国家，事实确实如此：大家都在增长的时候，我们却在走下坡路，难怪贫穷落后。

1952年以后，虽然中国取得了很大的经济成就，但是别人发展更快。到1978年，中国在世界GDP中的份额进一步下降到5%，人均GDP水平只有世界平均水平的22.3%，所以当时中国被列为世界上最穷的国家之一。经过"文化大革命"，中国经济到了崩溃的边缘，但是奇怪的是，1979年以后，一个剧变出现了：中国出现了世界上没有先例的、长期和快速的经济增长。

经济学家莫尔（Thomas Moore）说：按世界银行的报告，从1979年以后，中国的经济发展让所有发展中国家都嫉妒。中国GDP翻倍的速度超过了当年英国、美国、日本、巴西、韩国。如果把中国的三十个省作为三十个经济体，那么从1978年到1995年，世界上经济成长最快的二十个经济体都在中国。麦迪森运用PPP方法计算，1995年中国GDP在世界的比重已经从1978年的5%上升到了11%，因此早在1995年，中国GDP就已经超过日本和俄罗斯，仅次于欧洲和美国。从1995年到现在又是十年，这十年中国继续保持快速发展的速度，所以今天中国GDP在国际经济中的比重更高。依照美国中央情报局公布的数字，中国的GDP曾比日本多出了60%。不仅如此，日本经济好的时候大概一年可以成长2%，中国是10%。这样的速度下去的话，差距会越来越大。在1978年的时候，日本根本不怕中国，对中国表示好感，表示要帮中国发展。现在它对中国的所有援助都取消，而去援助中国的邻国蒙古、印度等。其表面的理由是中国现在发展得很好了，不需要援助，而实际原因是对中国的发展感到畏惧。

中国经济的高速增长还在继续。我每一次去美国,都见到一些人在报上写文章,说中国经济马上要崩溃,但中国还是一直在发展。有些乐观的经济学家则认为中国的经济成长还可以延续五十年。一些不是这么乐观的经济学家,也认为如果中国经济至少还有二十年可以以7%到8%的速度发展。就是7%—8%,也是非常高的速度,因为日本在二十世纪六十年代经济高速成长的时候,速度也就是8%—9%。如果能维持7%—8%的发展速度,那么在二十至三十年后,中国就将超越美国而成为世界上最大的经济体。1993年诺贝尔经济学奖得主弗格尔(Robert Fogel)乐观地认为:到了2040年,中国的GDP将占到世界GDP的40%,远高于美国的14%和欧盟的5%。在人均GDP方面,中国那时将达到8.5万美元,虽然仍然低于美国,但是比欧盟要高出一倍,并远远高于日本和印度。

中国经济的这些变化,发生在1979年以来短短的二三十年中,所以经济学家柏金斯(Dwight H. Perkins)说,这是世界上最大的经济奇迹,因为工业革命从英国发生,过了250年才使世界22.5%的人(包括苏联地区)变成工业化地区,而中国在50年内就可做到,那真是不得了的事情。

五、内外互动:中国经济变化与对外贸易之间的关系

中国经济变化和经济全球化有什么关系呢?这里要强调的是中国经济变化和外部环境之间的关系,因为中国加入经济全球化的实质,就是中国经济和外部环境之间的关系。因为中国从来不是殖民

国家,所以中国和外部的经济关系主要是贸易的关系。在1800年或者是1820年以前,中国经济的繁荣和外贸有非常密切的关系。

刚才我们谈到了在十九世纪以前(或者是1820年以前)中国经济的繁荣,以及以后经济的衰落,再到1979年后的经济奇迹。这些变化和外部世界有什么关系?

(一)1800年以前的繁荣和外贸

弗兰克说:1800年以前,中国在世界市场上具有异乎寻常的巨大的和不断增长的生产能力、技术、生产效率、竞争力和出口能力,这是世界其他地区都望尘莫及的。由于中国有强大的经济力量,特别是工业生产的力量,所以中国的出口在世界上占有领先的地位。中国在当时世界上最重要的贸易商品,比方说高级的消费品——丝绸、瓷器等方面都是无以匹敌的。中国和世界上的任何国家的贸易都是顺差,所以中国能够向全世界有效地提供商品。他还具体地指出了中国在当时世界主要商品贸易中的地位。

在瓷器贸易中,中国垄断了世界市场上的瓷器,中国输出的瓷器中,大约占输出总数80%多的中低档瓷器输往亚洲各地,占16%的高档瓷器输往欧洲,因为欧洲比较富,买得起高档产品。我曾请了一位研究瓷器的德国学者莫克莉(Christine Moll-Murata)到清华做讲演,她讲得非常有意思,从十七世纪到十九世纪初期,一旦中国内乱或出现特殊的变故,欧洲的瓷器制造业马上就发展起来;一旦中国恢复平静,欧洲的瓷器制造业就衰退,因为欧洲瓷器竞争不过中国的瓷器。虽然中国的瓷器在欧洲卖得不便宜,绕过半个地球到那里,但是欧洲还是竞争不过。

在丝绸贸易方面，欧洲有几个丝绸生产的国家，如法国、意大利，都是有名的丝绸生产国；在亚洲，有日本以及波斯、孟加拉国等。但中国丝织品在国际丝绸贸易中几乎没有对手。西班牙在美洲的殖民当局给西班牙国王的报告中说，从智利到巴拿马，到处都可以看见物廉质优的中国丝绸，其价钱只是本地办的丝绸厂生产出来的1/3，本地丝绸竞争不过中国丝绸。西班牙曾经想禁止中国的丝绸进口，但是本地消费者不干，最后西班牙当局只好放开，所以美洲的丝绸市场是中国垄断。法国也曾经下了很多禁令，保护它国内的丝绸产业，但还是没有起到它想要的效果。

普通消费品情况也如此。比如棉布，从前世界上最大的棉布输出国是印度，到了十八世纪后期变成中国。非常有意思的是，中国一方面输出棉布，一方面输入棉花，已经有点"世界工厂"的味道。棉布是清代中期中国最主要的出口商品之一，但是国产棉花不够，于是从印度进口，运到广东，织成布之后，又再卖到英国和美国去。1762年英国发明家阿克莱特（Richard Arkwright）设计出第一架水力纺纱机时，英国全国使用棉花的数量，只是中国广东省从印度进口棉花的1/6。到了十九世纪初期，英国工业革命已经进行了半个世纪，但印度棉花输到广东和英国的数量差不多相等。这时英国棉纺织业的规模还不及广东，因为广东还有一些国内的棉花供应。

在重工业品方面，中国也具有重要地位。十九世纪初期的广东是整个东亚最大的铁器生产地，它的铁器供应整个东亚，包括从日本一直到今天的印度尼西亚，欧洲人在东亚也是大量购买广东铁器。

由于贸易规模变得越来越大，中国的外贸管理机构也发生了重大的变化。明朝基本沿袭前代的制度，管理外贸的机构是市舶司。到了清代，由于贸易扩展，原来的方式不能够管理，所以在乾隆二十二年（1757）规定在广州设立公行，即政府指定特许的商人管理外贸。后来学者对公行制度批评很厉害，但是比起过去的市舶司，公行是一个很大的进步，因为从专业化的角度来说，在公行制度下由一批有经验的商人进行贸易，可以适应更大规模的贸易。公行制度在早期还是有其合理性的。从后来西方的自由贸易的角度来说，公行是垄断。

清代对外贸易规模之大，从从事外贸的行商的财富也可见一斑。

广州十三行中，同文行及同孚行的潘家与怡和行的伍家，是行商中的头面人物。潘家的潘文岩（潘启官一世）大约在1740年左右到达广州，在一陈姓洋商的行中经理事务。迨陈姓洋商不再营业，潘文岩便自行开设了一家洋行——同文洋行。潘文岩先前从事中国沿海或南洋一带的帆船贸易事业，所以瑞士籍的航海家Charles de Constant称他为"前水路运输家"。据说他曾三度前往吕宋（菲律宾），并于1770年到过瑞典。而他做生意的对象也很广泛，除了与英国、法国、瑞典的商人往来外，自己还一直有船做马尼拉的生意。潘家在1820年时，财产据说高达1000万银元（墨西哥银元，一银元约等于0.72两银子），在十九世纪四十年代末期则多达2000万银元。

伍家在1834年时估计有2600万银元的家产。十九世纪初期西方最富有的人，是著名的英国犹太商人内森·罗斯柴尔德（Nathan Rothschild，死于1836年），其财产在1828年时价值530万美元。但是差不多同时代的广州行商伍秉鉴的财产价值5600万美元。因此美国《华尔街日报》(*Wall Street Daily*) 2001年把伍秉鉴列为世界千年50富之一。到了晚年,伍秉鉴受不了官府的苛索,三番两次地想要退休,但都得不到官府的许可。他在1826年时提出以90万元或90万两的代价将官府注册的怡和行行商的名字改由他的儿子顶替,政府仍然要他负担所有行商一切的责任。他甚至说他愿意把十分之八的财产(约2000万银元)捐给政府,只要政府允许他结束怡和行,安享他所余下的十分之二的财产(约600万银元)。

从潘家和伍家如此巨量的财富,可见当时广州的外贸达到了何种规模。

下面,我们再来看一下中国贸易伙伴的变化。过去的"宋代经济革命论"者认为,宋代在外贸上很开放。当然,宋代确实比唐代要开放,但是从贸易的量和贸易的商品内容来说,宋代远远不能和明代相比,而明代比起清代又是小巫见大巫。

明代中国最主要的贸易伙伴是日本、朝鲜、东南亚,然后是后来的葡萄牙、西班牙和荷兰。总的来说,最大的贸易伙伴是日本。到了清朝,中国继续与日本、朝鲜进行贸易,而中国与东南亚的贸易远远超过了明代,其中的一个原因是大量的华人移居东南亚。一些东南亚国家的贸易使团,实际上主要是华人。更重要的是,新的西方强国来到这里,英国、美国、法国这些国家的经济力量比西班牙、葡萄牙、荷兰强大得多。另外,在陆地上也有重大的变化,俄国成为中国重要的贸易对手。这里要强调的是,十九世纪中国最大的贸易伙伴是英国,因为英国是当时西方最富,也是最强大的国家。

在明代,中国和朝鲜之间的贸易主要还是朝贡贸易,朝鲜每年派人来朝贡，顺带进行贸易。这个制度延续到清朝，但是清代朝鲜贡使来的频度比明代大得多。按照明朝的规定，朝鲜的贡使是三年来一次，但是到了清朝几乎是每年来一次，而且规模也越来越大。朝鲜贡使到北京来的一个目的就是做生意。清代朝鲜贡使每年采买的绸缎，价值达七八万两，乃至十万两不等，年年都买，这是朝鲜官方的贸易。至于民间的贸易，河北生产出来的棉布，朝鲜是重要的顾客。中国和朝鲜在过去文化交流很多，政治上的交流也很密切，但是真正变成经济上的密切贸易伙伴却是在清代。

日本与中国的交往，在明朝比较多。到了清朝，日本实行锁国政策，但是与中国的经济交往规模比明朝更大。康熙二十二年（1683）统一台湾以后，中国开放海禁，日本很快变成入超国。因为没有什么东西卖给中国，日本只好用黄金和白银支付，这使得日本黄金和白银大量流出。日本政府对此深感忧虑，一限再限。中国是日本第一大贸易伙伴，中国货物输往日本的主要是制成品，而日本出口到中国的虽有一部分是制成品（如刀剑等）以及海产品，但是最重要的是铜，因为日本是亚洲最主要的铜生产国之一，而中国是缺乏铜的国家。中日贸易规模变得越来越大，所以在1688年出现唐人坊之后，唐人坊就成为日本最重要的贸易区。日本的进出口贸易控制在中国商人手里。到了明治维新以后，情况才发生改变。

在与北边邻邦的贸易方面，情况也发生了很大变化。明朝和蒙古之间，有一些政府控制下的贸易（互市），但规模不大。到了清代，中国和俄国的贸易迅速发展。在中俄贸易中，中国主要是输出制成品，而在输入商品中最重要的是皮毛和人参。清朝统治者并不把俄国人看作欧洲人，而是把他们看作类似蒙古人那样的北方草原民族，所以也给俄国一些贸易的优惠。俄国人卖给中国的东西也与蒙古人差不多，皮毛是最大宗。中俄边境的恰克图贸易，一开始贸易额才1万卢布，后来增长到100万卢布，到了十九世纪初的时候达到了1000万卢布。在恰克图有众多的商号，全是山西商人经营。山西商人不单从事边境贸易，他们的生意遍布俄国，一直到莫斯科、圣彼得堡。他们也把俄罗斯的货物拿到中国来卖。在山西就有"羌货庄"专卖俄国货物，因为普通老百姓不知道俄国人是什么人，想来和羌人差不多，所以把俄国货物称为羌货。这里要提一下大盛魁，这是三个山西肩挑小贩（太谷县的王相卿和祁县的史大学、张杰）创办的商号，后来发展成为对蒙贸易的最大商号，极盛时有员工六七千人，商队骆驼近2万头，活动地区包括喀尔喀四大部、科布多、乌里雅苏台、库伦（今乌兰巴托）、恰克图、内蒙古各盟旗、新疆乌鲁木齐、库车、伊犁和俄国西伯利亚、莫斯科等地，其资本十分雄厚，声称可用50两重的银元宝，铺一条从库伦到北京的道路。

在清代，中国与日本、朝鲜、蒙古、俄国的贸易扩展得很快，但是发展最快的还是与西方的海上贸易。在清朝正式开放的口岸广州，已有不少外商居住在这里。清代海外贸易发生了重大的变化，在十八世纪中叶以前，和中国发生贸易关系的西方国家有很多，没有一个国家占绝对优势。1736年，来广州进行贸易的欧洲商船有10来只。其中英国5只，法国3只，荷兰2只，瑞典、丹麦各1只。英国多一点，但也没有占到一半以上。到了十八世纪后期，中英贸易迅速增加。到了十八世纪末期，英国成为中国最重要的贸易伙伴。1793年马嘎尔尼爵士（Lord McCartney）带领一个庞大的代表团，来访问中国。马嘎尔尼原来是英国驻印度马德拉斯的总督，是一位很有经验的外交官。他带着英王乔治三世的国书，还带了大量的礼物，包括代表英国当时工业和科技成就的太阳系天体运行仪、航海望远镜、战舰模型等科学仪器，准备送给乾隆皇帝。英国为什么派规格如此之高、阵容如此之大的代表团来华呢？因为中英贸易已经发展成当时世界上最大的双边贸易之一。英国派他们来，最重要的目的是要与中国建立正式的外交关系，并要中国开放更多的港口给英国进行贸易，而且要采取自由贸易，而不是采取公行来进行贸易。但是对于清朝来说，这些要求是不可接受的。在乾隆皇帝眼中，英国不过就是一个僻处海陬的蛮夷之国，怎么可能与煌煌天朝上国建立平等的外交关系，因此根本就不想接见他们。马嘎尔尼于是声称是乾隆皇帝八十大寿，特来祝寿。清朝政府同意了，但要他按照藩属的礼节，三跪九叩。他说我们在英国与国王见面都是握握手，哪有什么三跪九叩？更何况我们英国是世界上最强大的国家。乾隆皇帝回答很简单：那么你就回去吧，我根本就不屑于见你。他做了很多工作，最后乾隆皇帝同意接见他，但是不是在北京，而是在承德热河行宫。接见时必须要下跪，再三谈判之后跪一条腿，所以后来他一肚子气地回去。乾隆皇帝写了一封回信给英国国王乔治三世，那口气非常傲慢："天朝物产丰富，无所不有，原不藉外夷货物以通有无，特因天朝所产茶叶、瓷器、丝巾为西洋各国尔国必需之物，是以加恩体恤，在澳门开设洋行，俾得日有用资。"

乾隆皇帝说话之所以这么"牛"，是不是由于无知？最近西方出了一本书，写马嘎尔尼使团到中国的细节。该使团到了广州之后，先到宁波，之后坐大运河的船只到北京，一路上清朝官员都在监视他们。他们到底有什么人？想干什么？带来的天文仪器到底怎么样？清朝官员把马嘎尔尼使团带来的仪器和先前传教士带来的仪器进行比较觉得，结论是都差不多，不过更新一点而已，所以不值得重视。更重要的是由于中国在国际贸易中处于非常有利的地位，所以乾隆皇帝当然"牛"得起来：进行贸易不是我求你，而是你求我，而不像今天加入WTO是我们去努力申请被接纳。如果今天我们的实力地位像乾隆时的中国那么强的话，那WTO也肯定要请求我们去加入它了。

（二）十九世纪中期以后的衰落与外贸的关系

中国与外部世界关系的大变化，出现在十九世纪中期以后。英国为什么会成为中国最主要的贸易对手？因为英国发生了工业革命，成为世界上最先进和最强大的国家。1775年到广州的船只38只，英国船占了差不多2/3。十八世纪初期，中英贸易额不过50万两左右，到了十八世纪末，增加到1000万两以上，占了在广州的外贸总量的差不多80%，所以英国成了中国的第一贸易大国。为什么英国要派一个庞大的代表团到中国来访问？就是因为两个国家互相都成为最重要的贸易伙伴。但是中英贸易对英国比对中国更加重要。英国大量进口中国的茶叶，单是茶叶的进口税一项，每年就达到100万英镑左右，后来降低茶税后，茶叶收入还占到英国财政收入的10%。这是非常大的数量。

在此贸易中，中国人对从英国输入的其他东西，除了钟表之外，都不是很感兴趣。英国的主要出口商品毛呢，中国人觉得穿在身上并不如丝绸那样舒服，那何必要穿毛呢？因此中国从中英贸易中输入的最主要的货物是印度棉花。但是印度棉花的生产是有限的。中国对印度棉花的需求量很大，但是英国自己也需要，所以不能再进一步增加棉花的出口。怎么办呢？英国只好像其他国家一样，不得不使用硬通货来支付贸易逆差。硬通货是什么？是白银。为什么要使用白银？因为中国的货币是白银。中国在世界经济中的地位如此重要，中国只收白银，所以大家只好用白银来支付。就像今天因为美国的经济很强大，所以美元成为最强势的货币。关于白银流入中国的数量，有各种不同的估计。据全汉昇先生估计，西属美洲是世界主要产银地，所产银约有1/2流入中国，在1571—1822年间，流入中国的西班牙银元有2亿元以上。吴承明先生估计1650—1833年间有13800万两银（约4310吨）从西方流入中国；而同期中国国内银产量仅有7000万两（约2190吨）。最近弗兰克则估计在十七、十八两个世纪，有48000吨白银从欧洲和日本流入中国，再加上中国自产和从东南亚、中亚输入的白银（10000吨），进入中国的白银共达60000吨，占世界白银产量的一半。全世界白银的一半跑到中国来，说明什么呢？说明中国在国际贸易中处于强势的地位。

　　从上所述可以看到，十九世纪初期以前中国经济的繁荣和外部世界的关系很密切。十九世纪中期以后，中国经济的衰落也和中国外贸的衰落是相一致的。1913年中国在世界贸易中所占的份额只剩下1.7%，1952年只有1.6%，1979年更降到1%。中国1973年人口占了世界的23%左右，但是贸易只占全世界的1%！这正是匪夷所思之事。

（三）1979年以后中国在世界贸易中地位的变化

1979年以后，和中国经济起飞同时发生的，是中国外贸的突飞猛进，因此美国经济委员会主席莫尔（Thomas Moore）认为，中国经济的成就取决于开放。依据一些学者的研究，1980年外贸额只占到中国GDP的13%，二十世纪九十年代中期占到35%，2000年占到50%以上，比例比美国还高。这表明中国经济已经十分开放。在1975年到1979年，中国在全世界120多个国家和地区中是经济最不开放的国家之一。但是了二十世纪九十年代，中国经济的开放程度已经排名世界第三。美中交流委员会的主席拉迪（Nicolas Lardy）说：与日本、韩国或者是台湾地区在经济发展阶段上的情况相比，今天中国经济融入世界经济的程度更高，而且比上述国家和地区更开放。开放的结果是什么呢？中国的外贸高速成长，特别是出口。每年增加15%以上，速度世界第一。

中国1977年在世界外贸排名第三十七，不如欧洲的小国比利时，但是到2000年是第七，2001年第三，到了2011年已变成世界第一，外汇储备也全球第一。中国和邻国以及主要贸易对手之间的贸易，几乎从零开始，在几十年中发展惊人。2003年，中国成为日本的第一大贸易伙伴。中国也是韩国的第一大贸易伙伴，是美国和欧盟的第三大贸易伙伴，按照现在的速度发展，中国很有可能成为美国的第二大贸易伙伴。而且有趣的是，和十八世纪情况相似，中国在外贸中基本上处于出超地位。也就是说，中国卖出去的多，买进来的少。2000年以前，中国每年贸易顺差平均是300亿美元以上，现在就更多了。据美国的统计，中国在外贸顺差方面，在2000年已取代日本，加入WTO后，中国外贸以及外贸顺差增加得更快。

六、为什么中国经济发展离不开外部世界？

为什么中国经济的变化会和外贸有那么密切的关系？为了回答这个问题，我们需要看看中国经济的特点。从前我们在读书时，中小学课本上总是说我国地大物博，人口众多。但是事实上，我国人口确实众多，但现代经济所需要的许多重要资源却十分贫乏，从这个方面来说，可以说是地大而物不博。对此，我们必须有清醒的认识。

一个朋友曾说：老天对中国很不公平，你看俄罗斯有那么多石油，印度有那么多铁矿，巴西有那么多森林，而中国却缺少这些资源。但是中国经济为什么还会发展比俄罗斯、印度、巴西都要好呢？归根结底是中国人民的特点。前些年美国出版了一本书《谁养活中国》，认为中国人口太多，在毛泽东时代搞定量供应，大学生一个月25斤粮食就可以打发过去，因此还可以勉强生活。现在供应放开了，大家的消费水平提高了，中国人也要吃得好，因此中国的农业就不能承受了。那么，谁来养活中国？一个可能是中国富起来后，有钱把美国、加拿大、澳大利亚生产的剩余粮食都买过来。但是这样一来又引起新的问题：国际粮价被中国抬高了，中国买得起，许多第三世界穷国却买不起。一些对中国有歧见的西方学者，还认为中国的发展把其他发展中国家的发展道路都挡住了。例如石油，现在中国是仅次于美国第二大石油进口国。油价在中国经济起飞的时候才20美元一桶（1979），而到2008年已到100美元一桶，比三十年前涨了几倍。印度经济开始起飞后,也需要大量石油,但油价已经太高,买不起那么多油,所以只好发展软件。近年来,全世界生产出来铁矿石的40%被中国买下,其他的国家想要发展钢铁工业,就买不起铁矿石了。现在有一些国家开始敲诈中国,比如说要成立铁矿石输出联盟,要提价,提价之后中国不得不买。由此可见,中国资源确实是太少。作为维持一个农业社会可能可以,但要发展现代工业经济,那是肯定不够的。

但是中国却有一种比其他许多国家更加优越的资源——人力资源。经济学史家德·弗理斯(Jan de Vries)总结说:近代资本主义人力资源有三大特征,即工作勤奋、重视教育、具有商业精神。他认为英国之所以能在十八、十九世纪欧洲诸国的竞争中胜出,就是因为英国的人力资源有这三大特点,这三大特点是资本主义成功的关键,而中国的人力资源就具备了这三大特点。

(一)勤奋

德·弗理斯(Jan De Vries)提出了"勤勉革命"(industrious revolution)这个概念,意思是欧洲人从十六世纪开始比较努力工作,变得更加勤奋,人们改变了金钱和休闲之间的相对平衡,变得比较愿意接受较长时间的工作,来获得货币实物。不愿意劳动太辛苦是人的本能,没有人天生愿意比别人更辛苦地工作。只有在某些条件下,人才会变得更愿意辛苦工作。这些条件是什么?主要是物质主义。就是说,我要比我的邻居过得好,哪怕只是一种面子上过得更好。比如说别人只能开一辆普通的国产车,我一定要开一辆凯迪拉克,哪怕实际用起来作用差不多,但我觉得很有面子,在心理上很舒服。但是为了这辆凯迪拉克，我可能要比我的邻居多工作许多时间，要吃苦，要节约，但是我愿意。这就是物质主义。

物质主义在欧洲出现得很晚，即使在英国也是如此。英国女王伊丽莎白一世时发生圈地运动，农村出现很多剩余劳动力。这些人不愿意去工厂做累人的工作，因此到处流浪。政府用非常严厉的立法来强迫他们去工作，包括鞭笞、烙印乃至割耳等血腥的办法，强迫他们到了工厂里，一天劳动十二个小时。后来物质消费主义出现之后，英国人变得勤奋起来，不用鞭子也努力工作。在十八世纪后期，英国人和荷兰人成为欧洲工作最勤奋的人。

在中国，勤奋工作出现比欧洲早。我们不能说唐代或者宋代的人工作很勤奋，因为尚未从史料中获得证据。但是到了明代后期，江苏、浙江、江西、福建一带的人已经以勤奋著称。他们勤奋工作的动力就是赚钱，赚钱之后消费，比别人过得好。这就是为什么到了那时候，一些特殊的消费品像烟草、鸦片、绸缎等，会迅速流行起来。中国人的勤奋由此形成习惯，特别是变成中国东南部人民的特点，大家都知道不奋发，不努力就不会变富，而这种观念在很多国家是没有的。

（二）重教

柏金斯（Dwight H. Perkins）认为，中国传统文化的一个重要特点是高度重视教育。正是因为如此，所以到了今天，全国才会在高考时进入一种"准紧急状况"。高考那几天（甚至前几天），考场附近不准有声响，建筑工地要停工，交通要管制。这种现象，全世界都没有，只有中国有。但是这不是自古就有的。宋代以前，教育是上层社会的专利。教育深入民间，重视教育成为一种全民的心态习惯，是宋代以后才有的。中国的科举制度，至少是从理论上来说，科举考试是对社会中所有男子都开放的。朱元璋改革科举考试方式，决定采用八股文后，像范进、孔乙己这类生活在下层社会的人，就都可以通过国家考试制度，进入上层社会；而像贾宝玉这样的大富大贵之家的公子哥儿，如果不去参加考试，哪怕血统再高贵，也不可能做官并继续留在上层社会。所以在这种激励下，中国重视教育的传统变成全民的行为。

过去大多数学者认为：中国大多数人无法接受教育，因此中国是一个文盲占人口大多数的国家。但在十九世纪中期以前，中国还没有陷入内乱外患的恶性循环时，情况并不如此。用近代早期的标准来看，清代中国人识字率非常之高。罗友枝（Evelyn Rawski）估计，在清代中国男子的识字率为35%—45%，女子是2%—10%。在经济发达的地区如广东，农村男子的识字率差不多有50%，广州城则达到80%—90%，即几乎所有的男子都识字。而在长江三角洲，比例可能比这个还要高。今天印度成人的识字率为50%—60%，大多数非洲国家更低。所以在十九世纪初期中国能达到这样高的识字率（特别是在中国东部，大部分成年男子都能识字），这是非常了不起的。

到了十九世纪初期，在中国东部地区，上学读书已经成为一种大众化的现象，并不是有钱人才能读书。在明朝末年小说《鸳鸯针》里，描写的浙江杭州郊区农村里一个私塾开学了，家长们都送小孩来读书。我们来看看这都是些什么样的家长？

卖菜的短褂随腰，挑担的破肩连顶，
种田的两只泥脚未干，算命的一部碴须连口臭，
行医的部分苍术生陈，说媒的开口东张西李，
做烧卖的浑身米屑，当厨役的遍体油飞，
充皂隶的高步上座，做里长的尖帽青衣。

这些都是社会下层的人，但都送孩子去农村私塾读书去。到了清代嘉庆、道光时期，在浙江湖州一带，小孩到私塾学习三年会写字之后就回家种地。男子七八岁就跟老师读书，有空就回家去割草喂羊，或随父母做一些工作。杭州一带的农村小孩，读书到十五岁就回去种田。在江苏松江一带，男孩五岁到十岁就去上学识字，穷人也是如此。即使要去谋生的话，书也还是要读一些的。所以中国的传统，在十八、十九世纪初期的中国东部，已经不是为了考科举才重视教育。大众送孩子去学会识字，并没有想让他们去考科举，因为没有可能。那么读书为什么？是为了获得基本的读写能力，日后用于商业，比如订立契约、做买卖、典当，等等。重视教育意味着可以更快地学会技能，因此对于提高劳动力素质有重要作用。

（三）商业精神

要勤奋工作，要努力学习，一定要有动力。勤奋工作和重视教育的根本动力是什么？是市场经济。对于大多数人来说，动力主要来自外界，也就是竞争的压力。在这种竞争中，你做不好，你就不能过得比别人好。竞争往往通过市场来发挥作用。在十八世纪和十九世纪初期，中国东部的经济已经相当商业化了。只有提高劳动

技能和文化水平,才能够在竞争中不至于被淘汰。除此之外,还要有商业才能,才能在竞争中处于主动。柏金斯说:十九世纪的中国农民已经掌握了相当多的商业知识,能够进行买卖、借贷、典当、抵押、租借、雇佣、承包等行为,而且知道书面文契的重要性,这是非常重要的。为什么?因为在今天的世界上,许多国家的人民还是不会做这些事情。最典型的例子就是俄罗斯。俄罗斯人民在军事、科学、文学等方面具有天赋,但在商业才能方面却比较欠缺。苏联垮台之后,叶利钦政府解散集体农庄,把土地分给农民,让他们作为独立农夫去种。很多地方的农民却拒绝接受土地,因为他们说不会自己经营。这是自沙皇时代农奴制遗留下来的传统,上面命令,下面执行,上面怎么说就怎么去做,现在要自己搞买卖、借贷、典当、抵押、租借、雇佣、承包,实在太复杂,做不了。

中国人民(特别是东部地区人民)在明清几百年中,一直受到商业化的熏陶。商业精神已经融化进血液里,到哪里都能表现出来。这就是为什么成千上万福建、广东的穷困农民在自己家乡活不下去,跑到东南亚、美洲之后,很快就发家致富。华商巨富林绍良,出身于福建福清市的一个贫苦农民家庭,十几岁跑到南洋,现在是印度尼西亚的首富。他出去时不识多少字,但福建人的商业才干,早已通过传统文化,在他的心里打上了深深的印记。大多数中国移民都是这样,所以许多外国学者觉得非常不能理解:为什么这些不识字的中国农民,被作为契约劳工(即"猪仔")贩卖到美洲、东南亚,契约期满后,没有人再干农业,全部去做商人。从小商小贩一直做到最大的商人。为什么?就是因为他们在自己祖国时,环境已经使他们具备商业的才能,所以他们到了新地方后,当地土著没有这方面的才能,从而无法和他们竞争,因此他们在竞争中就占了很大的优势。

中国人民在明清时期已造就了吃苦精神、重视教育以及商业才能,所以中国的劳动力成为一种重要的商品:苦力。为什么？因为许多国家的人民没有像中国东部的人民那样,经历过几个世纪的三种因素的熏陶,因此中国的劳动力有很大不同。苦力的后代没有人再做农业,甚至很少再做体力劳动的,绝大多数人变成了商人,并且支配着当地的经济。这些,就是中国劳动力的特点。

中国自然资源不足,但劳动力质量高。在世界经济中要扬长避短,就要弥补资源劣势,发挥人力优势；而主要的方法是通过贸易,用人力来换取资源。今天我们大家都知道这一点,但是这个办法并不是今天才出现。

蒲安臣（Anson Burlingame）是美国很有名的政治家,共和党的创始人。非常有意思的是,他做过美国驻华公使,也做过中国驻美公使。清朝和美国建交之后,找不到合适的人去做美国大使,所以就请他来做。马克·吐温对他的评价很高,说"他对各国人民的无私帮助和仁慈胸怀,已经越过国界,使他成为一个伟大的世界公民"。他对中国很有感情,做了中国驻美公使后,到美国商会去演讲,对美国商人说:"把你们的小麦,你们的木材,你们的煤炭,你们的白银,你们的货物交给我们,我们尽我们的全力送到中国,为你们带回茶叶、丝绸和自由劳动力。"小麦、木材、煤炭都是资源,而茶叶、丝绸都是制成品。换言之,他的意思就是把美国的资源送到中国来,然后把中国制成品送到美国去。当然,他想把自由的劳动力带到美国是不现实的,因为中国工人工作太过于勤奋，工资又低，会引起白人工人的愤怒。1868年美国通过了《排华法案》，不允许中国人再去。但是他的思路就是用西方的资源来换取中国的劳力，或者中国劳动力加工的产品，这是很有道理的。到了今天，可以看到历史又再重现。由于中国劳动力质量优秀，所以能够迅速学会先进技术，降低生产成本。这种情况不是今天才出现的，而是清代就已出现了。

所以，关于中国经济的变化和外部环境之间的变化的关系，我们可以总结为一句话：世界离不开中国，中国也离不开世界。从我们中国自身的情况来看，中国更离不开世界，因为我们资源确实匮乏。如果不通过与外部世界的贸易改善我们的资源匮缺状况，我们的人口不仅不是优势，而且是劣势。任何一笔财富用十三亿来除的话，那都是微不足道的。

七、十八世纪中国繁荣的基础

我们具体来看一下十八世纪中国繁荣的基础。首先是中国国内中部、西部资源的大开发。中国中部地区（湖北、湖南等地）的资源，在明朝时开发颇为有限，而东北则完全没有开发，只是在辽河流域有很少的汉人移居。再看西南部，明朝四川人口不多，云南、贵州人口更少，因此开发非常有限。但是清朝就不同了，不仅西南以及东北得到大开发，中部也得到进一步开发，并在此基础上形成了统一的国内市场。这是十八世纪中国繁荣的内部资源基础。

十八世纪中国繁荣的外部资源基础与东亚贸易圈的形成有关。滨下武志先生认为东亚贸易有三个圈，第一是中国东部，以长江三角洲为中心；第二是中国内地；第三是中国的边缘，即蒙古、新疆、西藏、日本、东南亚。这三个圈中心都在长江三角洲。换言之，东亚世界已整合成为一个经济圈，而长江三角洲处于东亚经济圈的中心，就可以享受到最大的好处。这也是上海在改革开放之后（特别是邓小平南方谈话之后），可以一下子迅速发展起来的缘故。最近日本有人对中国的兴起感到很恐惧，为什么？因为在这三个同心圆里，日本都在边缘。现在中国经济规模是日本的1.5倍，如果以后变成2倍、3倍、4倍、5倍，那么日本真的就有可能成为边缘了。

处于这个东亚贸易圈的中心地位有什么好处呢？最大的好处是可以比较容易使用圈内其他地方的资源。十八世纪长江三角洲经济的繁荣，绝对不是依靠长江三角洲本地的那点资源能够支持的。有些学者研究江南经济，总是说这里得天独厚。再得天独厚，也就是那么一小块地方，而且这里没有矿产，没有森林，没有能源，一定要依靠其他地方的资源。

在十八、十九世纪，中国东部由于居于东亚贸易圈的内核，所以获得大量外部资源。除了中国内地和边疆地区的粮食、木材、铜、银、大豆等产品之外，还有大量海外产品，如日本的铜，美洲的银，东南亚的粮食、木材、锡、香料、药材，蒙古的牲畜、皮毛，印度的棉花、染料，俄国、美国的皮毛，都流向中国东部来了。广州所在的珠江三角洲之所以能够在十八、十九世纪变成中国第二大经济中心，也是很大程度上就是依靠外部的资源。珠江三角洲大量的土地都拿去种桑树，本地出产的粮食经常不够吃，在很大程度上都是依靠从东南亚输入的粮食。当时有记载，中国的商人发现在浙江造船太贵，在福建造便宜一点，在广东造更便宜，在越南造最便宜，所以很多商人就去越南造，造成之后再开回来。再说美国，我在美国的时候看到一本讲波士顿商人的书，说阿拉斯加海豹的灭绝，就是因为清代中国人喜欢海豹皮，而当时美国没有什么东西卖给中国，就去打海豹，结果把海豹灭绝了，这是生态史上的一个灾难。可见，处在一个经济中心位置，可以充分地利用别处的资源。

外部的资源进入中国之后，可以使中国的人力资源得到比较充分的发挥。我们今天讲"外向型经济"，其实在十八世纪中国最发达的地区的经济已经是一种外向型经济了。比如说纺织业主要在长江三角洲和珠江三角洲，而依照有些学者的估计，长江三角洲和珠江三角洲生产的丝绸，到十九世纪中期，大约有一半是出口的。在当时的中英贸易中，由于英国大量入超，所以东印度公司鼓励商人运送印度本地的物产到中国。由于东印度公司给予港脚商人的条件相当优厚，于是大量的印度商品就被输入中国。从十九世纪一〇年代到十九世纪二十年代初期，棉花是印度输入中国的主要商品，十九世纪二十年代以后，棉花每年的输入量仍然有增无减，但由于鸦片进口的急速成长，棉花的相对重要性退居第二位。在潘有度的时代，棉花是商人的主要商品。活跃于印度棉花主要产地固加拉特附近孟买的袄教商人也就具有举足轻重的地位。然而棉花的进口在1784年以后，每年都在20万担以上，1800年以后更超了30万担。珠江三角洲人民用这些棉花纺织出来的棉布，大部分出口到英国。长江三角洲生产的棉布，也大量通过内河航运运到广州，从那里出口。现在英文中餐巾叫作napkin，原来是长三角地区生产的布。景德镇德化的瓷，福建安徽的茶，都是外销的。如果说没有国际市场，这些中国最发达的产业和地区，其经济发展是不可能达到这样水平的。

八、十九世纪中国衰落的基础

十九世纪中期以后，一直到二十世纪前半期，中国经济急剧衰落，这也和外部环境的急剧变化有密切关系。鸦片战争前，中国在东亚经济圈中处于中心位置，从而能够享受各种好处。西方人来后把这个格局打破了，从而中国从东亚贸易圈中得到的好处也不复存在。更有甚者，西方人在中国划分势力范围，掠夺中国的资源。中国缺的是资源，富裕的是人力。把资源掠夺后，当然造成大量的人失业，中国的优势就变成劣势。

在二十世纪头三十年中，外国资本把中国最重要和最稀缺的重工业资源控制都抓到了手里。其中做得最厉害的是日本，日本经济近代化的过程也是对外掠夺的过程。日本和中国在一些方面很相像，一方面是资源贫乏，另一方面是丰富而高质量的人力资源。但是日本和中国不同，中国有很大的腹地，并且已经和外部世界建立了密切的贸易联系，可以通过和平的手段来获得资源，而日本则不是。日本需要资源进行近代化，但又竞争不过西方国家，所以只好向中国下手。通过对中国的大肆掠夺，日本经济得到了发展，而中国经济却因此受到重创。

在轻工业资源方面，西方和日本对中国的破坏也非常严重。鸦片战争开始后，中国失去关税的保护，使中国在全球化中处于最不利的地位。鸦片战争后，中国被迫签订不平等条约，中国丧失了关税自主权。不平等条约规定中国的关税仅为5%。这是全世界最低关税。外国商品进入中国，只交5%的关税，然后再交2.5%的子口半税，就可以在全中国畅销无阻。而中国产品在国内，每到一个地方都要交厘金和别的附加杂税。所以即使在中国国内市场上，中国商品在与洋货的竞争中也处于不利地位。列强用暴力使得中国处于不平等的竞争地位，使得中国在全球化的过程中处于最不利的地位。

列强不仅剥夺了中国的关税保护，而且还用高额的关税来阻挡中国的产品输出。1840年时，西方棉布还无法和中国棉布竞争，所以用高额的关税来挡住中国棉布，以保护工业革命最重要的部门纺织业。法国和英国在1850年签订两国贸易优惠协定大大降低了关税后，法国对英国的纺织品还征收15%的关税，以保护法国自己的纺织业。但是法国对中国的纺织品进口却征收30%的关税，使得中国纺织品几乎无法进入法国。美国对中国棉布征收的关税，更是中国对美国征收关税的25倍。在这样的情况下，中国产品怎么进行竞争？

最大的变化发生在第二次工业革命后。到了这时，英国工业生产已经完成机械化，加上苏伊士运河开通，英国输往中国的布匹价格大大下降。价廉物美的英国棉布输出到中国后，就把中国传统的棉纺织业打垮了。清朝著名的企业家郑观应写了一本《盛世危言》，这本书对二十世纪初的中国人影响很大。郑观应在书里说："洋布、洋纱、洋花边、洋补救、洋巾入中国，而女红失业；煤油、洋烛、洋电入中国，而东南数省之柏树不为材；洋铁、洋针、洋钉入中国，而业冶者多无事投闲。此其大者。尚有小者，不胜枚举。所以然者，外国用机器，故工致而价廉，且亦成功；中国用人工，故工笨而价贵，且成功亦难。华人生计，皆为所夺矣。"外国商品进来，中国没有关税的保护，因此中国的传统工农业就完了。吴承明先生估计，仅进口的洋纱、洋布两项，即相当于8亿个手工劳动日，仅此就导致了数百万人失业。中国丰沛的劳动力，就从一种优势变成了劣势。这些人没有工作，就没有饭吃，那怎么办？唯一的出路就是造反。很多研究太平天国的学者指出，太平天国与鸦片战争以后外贸中心转到上海，导致广东大量人失业。大家起来造反，这就加剧了中国内部的动荡。再加上外部如日本发动侵略战争的破坏，经济当然越来越坏，使得中国在国际分工中总是处于最坏的地位。到1979年之后，中国的国际地位变得越来越好，可以以和平的方式进入世界市场，在其中扬长避短，获得利益，所以能够有好的发展。

最后，可以总结说，在经济全球化的过程中，中国离不开世界，这是一个客观的事实。对这个客观事实进行研究，有助于我们修正过去对中国经济史上很多重大问题的看法。二十世纪最后的二三十年中国经济起飞，证明了过去很多看法是有偏见的，是西方中心论的产物。所以，我们有义务和责任，为中国近几百年的历史提供新的解读。

中国为什么没有出现工业革命?

——从"李约瑟之谜"谈起

今天这个讲座要讲的内容有四个:第一,什么是"李约瑟难题"?第二,学界对"李约瑟难题"有哪些答案?第三,什么是技术?第四,技术为什么会进步?最后,工业革命和煤铁生产有什么关系?这也是我对"李约瑟难题"做的一个经济史解读,其核心问题就是中国为什么没有出现工业革命。

一、"李约瑟难题"

李约瑟大名鼎鼎,我想在座的老师和同学,不管是学什么的,都知道这个名字。李约瑟的经历具有传奇性,我在此先做个简单的介绍:1937年,时年37岁的剑桥大学生物化学家Joseph Terence Montgomery Needham在化学胚胎学方面已经卓有建树,因此在博士答辩完后就得到了剑桥大学的院士(Fellow)资格,并且成为教授,可见他在生物化学方面前途无量。当年8月,他遇到了一位来自中国南京的女学生鲁桂珍。因为鲁桂珍,Joseph燃起了对中国文化的兴趣，开始学中文，他的整个研究方向和人生之路也发生了改变。于是他就有了一个中文的名字——李约瑟，他的姓"Needham"成为"李"，名"Joseph"则成为"约瑟"。如果他没有遇到鲁桂珍女士，虽然可能在生化界也是大名鼎鼎，但是在国际上就很难受到如今这样广泛的关注，所以这是他命运中的一个转变。

"李约瑟难题"到底是什么呢？1954年，李约瑟在他的名著《中国科学技术史》首卷的序言中，提出了一连串问题。他说：中国"在公元三到十三世纪之间保持一个西方所望尘莫及的科学知识水平"，中国的一些发明和发现"往往远远超过同时代的欧洲，特别是在十五世纪之前更是如此"，但是在十六世纪近代科学在欧洲产生时，"中国文明却未能在亚洲产生与此相似的近代科学"，从此落后于西方。所以他问："尽管中国古代对人类科技发展做出了很多重要贡献，但为什么科学和工业革命没有在近代的中国发生？"这就是"李约瑟难题"。

为什么中国没有发生科学革命和工业革命？我想这也是每个中国人都关心的事。中国在历史上有很多辉煌的发明和发现，经济上也曾经走在世界最前列，但是为什么没有发生工业革命，而在近200年来处于落后的地位？这个问题，不单是科学家，也不单是技术史专家，而是所有的中国人都关心的问题。

李约瑟提出上述问题的10年后，也就是1964年，他出版了《东西方的科学和社会》一书。在这本书中，他把之前提到的问题，凝练为以下两个问题：第一，"为什么从公元前一世纪到公元十五世纪，在把人类的自然知识应用于人的实际需要方面，中国文明要比西方文明有效得多？"第二，"为什么现代科学没有在中国（或印度）文明中发展，而只在欧洲发展出来？"到了1976年，经济学家肯尼思·博尔丁（Kenneth E. Boulding）把这两个问题称为"李约瑟难题"，即"Needham Problems"。这就是"李约瑟难题"的来源，也被称为"李约瑟问题"或者"李约瑟之谜"。

需要指出的是，在李约瑟之前，至少有五六批人就已关注过"中国为什么落后"的问题。这些人，包括早期来中国的耶稣会士，他们在明代后期就来到中国，在清代前期也曾相当活跃。他们一方面赞扬中国的文明，但另一方面也发现中国没有产生近代科学。到了十八世纪，欧洲启蒙思想家也提出类似的问题，中国为什么逐渐落后？到了清朝末年（特别是甲午战后），来华的新教传教士和受他们影响的中国学者也提出了类似的问题。"五四"新文化运动前后的中国知识领袖、二十世纪三十年代受到马克思唯物史观影响的英国剑桥左翼知识分子（即剑桥左派），以及1943年到1946年间李约瑟在抗战大后方结识的很多中国知识精英，也都提出过同样的问题。在李约瑟之前，中国学者任鸿隽在中国最早的科学杂志《科学》第1卷第1期（1915）发表了《说中国无科学之原因》一文，提出了类似的问题。在西方学界，一位在西方汉学界影响很大的学者魏特夫（Karl August Wittfogel），1931年也写了一篇文章，题为《为何中国没有产生自然科学？》。在李约瑟之前的几百年间，不断有人关注和研究同样的问题，因此这是一个受到长久关注的问题。

还有一些学者，虽然不是直接提出同样的问题，但也提出过类似的问题。在某些方面甚至比李约瑟提出的问题影响更大，其中最有名的就是马克斯·韦伯。韦伯被许多西方学者认为是十九世纪末二十世纪初最伟大的思想家。韦伯有两本很有名的书，一本是《新教伦理与资本主义精神》，另外一本是《中国的宗教：儒教和道教》。在第一本书里，他提出了"资本主义为什么只在新教国家产生"的问题。基督教有东正教、天主教和新教三大派。在十八和十九世纪，新教国家如英国、荷兰，经济发展得很好，而天主教国家如法国、意大利、西班牙、葡萄牙等，经济发展就比较迟缓，没有比较顺利地进入工业革命阶段。在第二本书里，韦伯关心的问题是为什么资本主义文明没有发生在东方（特别是中国）。他认为中国没有产生近代资本主义文明的主要原因，是中国缺乏一种像西方那样能够指导资本主义发展必不可少的行动伦理，即新教伦理，这种伦理包括勤奋工作、生活节俭、做人讲究信用、牟利（即赚钱）要合理、珍惜时间等。他认为这些要素在天主教国家不齐全，在中国更不齐全，所以中国没有办法产生现代资本主义。

韦伯在政界、文化界、思想界的影响，比李约瑟更大，但韦伯命题没有"李约瑟难题"影响那样深远，一个原因是韦伯对东方、特别是对中国的了解很有限，依靠的都是第二手的研究。因此他对中国的分析也没有建立在比较坚实的基础上。当然这不能怪他，因为研究中国实在是件非常困难的事情，韦伯不可能从头学中文，再来了解中国文化，所以他对中国的了解是有问题的。而李约瑟从37岁开始，用了一辈子来学习中国文化。他的中文很好，而且他特别喜欢中国古典诗词，认为那是冰雕玉琢般的语言，是最优美的语言。所以韦伯的结论、命题，虽然一直到现在潜移默化地影响到西方很多学者，但是从学理上来说，更多的学者认为李约瑟提出的问题更有深度。

韦伯说中国儒家的伦理不像新教伦理一样能够促进现代文明的产生，这个看法对不对呢？早在二十世纪六十年代，余英时先生就已经提出了答案。余英时先生有一本有名的书《儒家伦理与商人精神》，书中批评韦伯的这个理论，指出韦伯对儒家伦理的看法实际上是很肤浅的。不仅如此，儒家伦理本身也不是一成不变的，而是处在不断发展的过程之中的。后期儒家伦理，也鼓励人勤奋工作、遵守社会秩序、讲诚信等，和韦伯说的新教伦理的核心价值在许多方面很类似。一位在西方影响很大的学者弗朗西斯·福山（Francis Fukuyama），写了一本书《政治秩序的起源：从前人类时代到法国大革命》。在这本书中，他对人类历史上的国家产生做了系统的分析。他认为在近代资本主义兴起以前，全世界最好的国家形式是在中国。汉代中国就已经具备现代国家最基本的要素，除了皇帝之外，政治权力不能世袭，国家把全国的精英通过一定的程序吸纳到政府中来，军人不能干政，大多数人民在法律上平等，等等。这些都是在欧洲到了近代早期才出现的，而在中国很早就出现了，并且不断在发展。所以韦伯这方面言论是站不住脚的。

当然，对于李约瑟的研究，也不是没有争议的。许多西方学者肯定李约瑟的具体实证研究，认为李约瑟对中国古代的科学技术有深入了解。中国古代的科学技术文献是比较难读的。李约瑟不仅能够阅读这些文献，而且对这些文献所谈内容有深入的认识，这是难能可贵的。所以这些学者们很敬佩李约瑟，但是他们也认为"李约瑟难题"的前提是错的，主要体现在这三个方面：

第一，李约瑟混淆了科学和技术的概念。李约瑟的巨著《中国科学技术史》实质上是技术史;为了突出中国古代科学,李约瑟给技术史强行套上了一个科学史的外套。这样的思路与分析,导致书中有关科学史的观点和内容遭到主流学界否定。

第二,李约瑟夸大了中国古代的技术成就。判断古代技术发展的水平,更重要的是考察一项重要发明,到底对社会发展起到了什么样的重要作用。在考古证据不足的情况下,李约瑟主持的研究很多都是依靠书籍对孤立的、短效的技术给予高估,甚至把技术雏形当作技术领先。

第三,李约瑟夸大了中国古代技术对西方的影响。现代科技产生于欧洲,对于外来影响不应过分夸大。中国和欧洲处于欧亚大陆的两端,彼此之间的影响很小。中国的许多技术发明在伊斯兰世界和印度,甚至在自己国家,都反应平平。比如火药,虽然是中国发明的,但是火器技术长期停滞,因此这项技术并没有得到很好的应用。这些技术到底好在哪里?这是要打折扣的。所以不能把文艺复兴等社会变化都归功于中国的技术。要说中国古代技术在西方催生了科学,他们觉得就更不确切了。

中国学者对"李约瑟难题"有什么样的看法呢?张维迎教授在北京大学国家发展研究院2017年毕业典礼上,作为教师代表发言,他谈到在改变世界的1001项重要发明中,来自中国的只有30项,占3%,而且"这30项全部出现在1500年之前,占1500年前全球163项重大发明的18.4%,其中最后一项是1498年发明的牙刷,这也是明代唯一的一项重大发明。在1500年之后500多年全世界838项重大发明中,没有一项来自中国"。可见张维迎教授也提出了类似的问题。当然,上述数据不是来自张教授本人的研究,而是来自英国学者杰克·查罗纳的《改变世界的1001项发明》。大家都知道有一部很有名的故事书《一千零一夜》，所以查罗纳把他的书也取名为"一千零一项发明"。但查罗纳不是技术史专家，也不是科学史专家，而是一位博物馆的学者。他根据所看到的一些内容，列出了这1001项发明。这本书很畅销，但不是一个专业的学术研究，因此学界并不看重它。查罗纳挑出来的这些发明是否合适，也需要打上问号。比方他把牙刷列入这1001项重大发明，并说这是明代中国唯一的重要发明。虽然牙刷是一个很重要的发明，但在明代中国还有重要的发明，比方说在冶金技术方面的发明、风箱的发明，他就忽略了。张维迎教授用查罗纳的结论勉励同学们要为国家、为人类做出更大的贡献，这是很积极的想法，不过我们也要知道查罗纳的研究是有问题的。

对"李约瑟难题"的研究，一直在继续。近年来，林毅夫教授在《李约瑟之谜、韦伯疑问和中国的奇迹：自宋以来的长期经济发展》一文中写道："在十八世纪西方工业革命以前的1000多年的时间里，中国一直是世界上科技最先进、经济最繁荣的国家。特别是在九世纪后随着大量人口逐渐从干旱的北方迁移到多雨潮湿的长江以南，牛耕轮作等新的生产技术的发明使垦荒日增，十一世纪初又从越南引进新的水稻高产品种，并伴随相应的耕作制度和农具创新，迄至十三世纪中国农业生产力处于世界最高水平。农业的高剩余为工商业的发展提供了原料、劳动力和资金。中国工业自汉代即有较大发展，宋代则达高峰。"

以作为工业基础的铁的使用为例，十一世纪末中国铁产量已达15万吨，人均水平是同期欧洲水平的5到6倍。此外，井盐业、纺织业等工业也颇为发达，如十三世纪已使用水力纺织机纺织麻线，其技术不亚于1700年欧洲同类机器水平。

由于农业和工商业的高度发展，十三世纪中国城市的繁荣景象令来自以发达商业城邦著称的威尼斯的马可·波罗感到惊讶。

此外，早在公元前300年的战国时期，中国已经确立了市场经济制度，如土地私有制和自由买卖、劳动力高度分工和自由流动、产品和要素市场的高度发育等。多数学者认为十八世纪中叶英国工业革命的主要条件，中国早在十四世纪的明朝初年就已几乎全部具备了。但是，工业革命毕竟没有在中国产生，于是在英国发生工业革命以后，中国的经济迅速从领先于西方变为远远落后于西方。工业革命为何没有首先发生在孕育了资本主义萌芽的中国？此即韦伯提出的疑问。这个疑问被李约瑟博士归纳为如下的两难问题：为何在前现代社会中国科技遥遥领先于其他文明？为何在现代中国不再领先？

因此，林毅夫教授把韦伯的问题，做了一个更全面的总结和综合。

二、对"李约瑟难题"的答案

李约瑟提出的问题，几百年来都有人不断提出，现在还有人继续提出，所以"李约瑟难题"是具有代表性的，必须有人回答。首先对这个问题进行回答的就是李约瑟本人。李约瑟的答案大概可以归纳为以下几点：

第一，中国没有具备适宜科学成长的自然观；

第二，中国人太讲究实用，很多发明滞留在经验的阶段；

第三，中国的科举制度扼杀了人们对自然规律探索的兴趣，思想也被束缚在古书和名利上，"学而优则仕"成了读书人的第一追求。

李约瑟还指出：中国人不懂得用数字进行管理，因为中国儒家学术传统只注重道德而不注重定量经济管理。

中国缺乏科学技术发展的竞争环境。科学技术发展必须有竞争，而秦朝统一以后，建立了"封建官僚制度"，政府实行中央指导性政策。所谓的"封建"是指中央集权，所谓的"官僚"只对皇帝负责，地方行政只对朝廷负责。官僚思想深刻渗透到了整个中国人的复杂思想中，甚至在民间传说中也都充满这种思想。科举制度也在鼓吹这种"封建官僚制度"，这是制约中国科技发展的严重束缚。

对于中国官僚制度，李约瑟并没有完全否定，他认为这种制度产生了两种效应。正面效应是通过科举制度选拔，使中国有效地集中了大批聪明的、受过良好教育的人进入政府，他们的管理工作使得中国井然有序，并且使中国发展了实用化的研究方法的科技。比方大运河的修建需要很多技术知识，大运河连贯长江和黄河，但这两大河流的水位并不一样高，怎么把这两个水位不一样的大河连接起来，这要做很多船闸和堤坝等，才能通航。这些工作很复杂，在古代也只有中国人做得到。负面效应是这种制度使得新观念很难被社会接受，因此新技术开发领域几乎没有竞争。

李约瑟还指出，中国商业阶级从未获得欧洲商人所获得的那种权利。中国有许多短语如"重农轻商"，以及中国历代的"重农抑商"政策表明了在那些年代的官僚政府的指导性政策。比方说明朝末年的宋应星被西方认为是十七世纪中国最伟大的科学家,他是在参加科举失败之后才写了《天工开物》,而且他认为不会有官员来读这本书。如果说宋应星当年顺利通过科举,可能就没有《天工开物》这样的书,所以当时的中国人还是把做官、进入官僚系统看作人生的第一追求。在西方情况就不同了。西方人发展了以还原论、公式化研究方法的科技。这种科技的兴起和商业阶级的兴起是密切相关的,鼓励较强的技术开发竞争;而中国则反对这种科技发展,阻力太大。所以西方的科技发展能够冲破阻力取得现在的成就。他举例说,欧洲国家之间的竞争使得欧洲在中国火器技术的基础上发明新技术以改良武器。火药是中国发明的,火器也是中国发明的,但是到了明朝后期,葡萄牙人来了之后,中国人马上发现中国的火器比葡萄牙的火器差很多。为什么欧洲能够发展出更好的火器?一个原因是欧洲经常打仗,有竞争,需要积极的改良武器,而且你改良得好,我必须改良比你更好,否则在战场上我就要吃亏。而中国没有这样的竞争环境,所以在这方面自秦朝以后的中国不但比不上同时期的欧洲,甚至比不上春秋战国时期的中国。因为春秋战国时期中国也是有内部竞争的,各个国家要积极地进取,研制新武器,等等。

李约瑟还说道:中国所处的地理环境也互相影响了政府的态度。中国特有的水利问题(特别是黄河水患),令中国人从很早时就得去修水利网。这个庞大的水利网,必须集中资源兴建和管理,才有希望解决水患的问题。水利网覆盖广大地域,超出了任何一个封建领主的领地。这就可以解释为什么在中国,封建主义让位给中国官僚式的文明。中国的中央集权跟中国的地理位置是很有关系的。李约瑟得出结论："如果中国人有欧美的具体环境,而不是处于一个广大的、北面被沙漠切断,西面是寒冷的雪山,南面是丛林,东面是宽广的海洋的这样一个地区,那情况将会完全不同。那将是中国人,而不是欧洲人发明科学技术和资本主义。历史上伟大人物的名字将是中国人的名字,而不是伽利略、牛顿和哈维等人的名字。"如果那样的话,将是欧洲人学习中国的象形文字,以便学习科学技术,而不是中国人学习西方的按字母顺序排列的语言。大家可以看到李约瑟对中国是非常的热爱,所以他那么热切地提出这样的问题,即为什么中国没有能够自发地产生现代科技?

李约瑟对"李约瑟难题"的回答,得到很多学者的响应。其中英国学者伊懋可(Mark Elvin),是研究中国经济史的专家。他写道:从十世纪到十四世纪,中国前进到了对自然进行系统的实验性考察的时期,并且创造了世界上最早的机械化工业。在数学方面,中国人发现了解含单一未知数乘方的数字方程式;在天文学方面,由于铸造出比过去大得多的设备和使用过程中的改进了的水钟,因此观察的准确性达到了一个新的水平;在医药方面,通过解剖死尸开始形成系统的解剖学,同时有大量的新药物加进了药典;在冶金方面,煤(可能还有焦炭)肯定已经应用于冶铁;在战争方面,火药由烟火的原料变成了真正的爆炸物,此外还发明了火焰喷射器、毒气、杀伤炸弹和枪炮;同时有一个日益增长的趋势,即试图把现存理论系统更紧密地和几百年来收集的大量经验信息相联系,其中最突出的就是药典和化学。中国要对过去的知识作一个总结,有新的观念,这个时期(四到十四世纪)也就是宋代是几百上千年来科学和技术进步的顶点,同时也是终点。从此以后,中国的科技就停止下来了。

国内的自然科学史专家对李约瑟问题也给出了答案，大概归纳下来有这么几种：第一，中国缺乏古希腊的科学哲学思想；第二，缺乏解放普通劳动者的发明思想；第三，迷信落后和"重文轻技"思想阻碍了科技发展；第四，古代中国和希腊的自然哲学的不同；第五，东西方文化核心不同；第六，东西方思维方式不同；第七，中国的文字缺乏逻辑性。这些看法实际上很大程度上还是借鉴了西方早期的一些看法，不过这也是中国学者对李约瑟问题的一些答案。

对于"李约瑟难题"，经济学家有什么样的回答呢？林毅夫的答案是这样：一个经济的长期增长取决于技术的不断创新，对于处于世界技术前沿的国家，创新方式只能是自己发明（因为你已经是最前沿，你不能去抄别人的了，你必须自己发明）。在十八世纪工业革命以前，技术发明主要来自工人或者农民在生产过程中的偶然发现。中国人多，工人和农民数量多，因此在这种以经验为基础的技术发明方面占有优势，这是中国经济在近代以前的社会长期领先于西方的主要原因。但是，随着技术水平的不断提高，这种以经验为基础的技术发明的空间会越来越小，技术创新的速度减慢，经济也会不可避免地出现停滞。西方世界的十五、十六世纪出现了科学革命，十八世纪中叶开始新技术的发明转向以科学为基础的实验，技术发明和经济发展速度加快，中国未能自主地进行这种发明方式的转变。因此，在很短的时间里，中国和西方国家的技术差距就迅速扩大。这是经济学家的回答。

上面这些答案，我觉得都有道理，但是没有一个答案是所有人都同意的。其实，答案都涉及两个关键问题：什么是技术？什么是技术进步？

三、什么是技术和技术进步

刚才我们说到西方人对李约瑟的批评，说他把科学和技术混为一谈，那么到底什么技术？什么又是科学？我想可能不是每个人都清楚的，因为我们都习惯了说"科技"，好像"科"就是"技"、"技"就是"科"。但其实科学和技术差别很大，而我们今天谈的对经济最起作用的"科技"主要是技术。

在中国，"技术"这个词在司马迁的《史记》之前就已经出现了，并且在之后的史书和辞书中多次出现过。但是中国古文中的"技术"和今天所说的"技术"可不是一回事，它真实的含义主要是医学、方术、天文历算等方面使用的技巧、技能。到了唐宋以后，主要指一般工匠的技巧、技能。你说一个人做工作的技术好，就是说他的手艺好，技能好。

现在我们汉语中的"技术"这个词，可能来自日制汉语。日本在明治维新以后大量引进西学，但是日语里面没有相应的词汇，所以日本人创造了一些词汇。他们创造的众多词汇是用汉字来表达的，这就是日制汉语。我们今天用的很多词汇，如社会、经济、技术、科学等词语，都不是中国原有的，而是日本引进的。"技术"这个词，很多学者认为是从日本引进来的。日本人创作出的这个词，想表达的不是过去中文里的"技术"，而是英文的"technology"。"technology"这个词的含义，和中国古代的"技术"不同，而中国古代的"技术"这个词在日本语言里并没有生根。所以日本人用这个词来翻译"technology",对他们来说很合适。但是在中国,我们就应该注意"技术"这个词含义的古今区分了。我们不能读古书时偶然看见一个"技术",就认为中国人2000年前已经懂"技术"这个词了。

西方语言中的"technology",是从古希腊来的。亚里士多德首次将希腊语的"techne"和"logos"两个词,组合成了一个新词"technologia"。亚里士多德在其著作中,四次用过这个词。但他用这个词时,这个词的真实意思是什么?是手工艺还是艺术?他在不同的场合使用这个词,是否都是同样的意思?并不很清楚。进入中世纪后,这个词就被废弃了。在中世纪后期和近代早期,学者们把制作东西的方法称为"手工艺"(craft),称发明创造为"艺术"(art)。随着工具、机器以及新发明的重要性日益显著,整个手工业被改称为"有用的艺术"。可以看出,这很大程度上是受亚里士多德所称"生产性艺术"的影响。

工业革命发生以后,新发明大量出现,但仍然没有一个词可以被用于归纳这些发明。一直到了1829年,一位哈佛教授毕格罗(James Jacob Bigelow)用"technology"这个词来概括无数的新发明,意思是"有用的艺术"。所以这个词变成现代意义已经是1829年。在其《技术的要素》一书中,他百科全书式地归纳了每个领域技术(采矿、工程以及化工)的主要特点,是一本关于"技艺"的目录。西方的技术史权威查尔斯·辛格(Charles Singer)、霍姆亚德(E. J. Holmyard)以及霍尔(A. R. Hall)指出:在词源学上,"技术"指的是系统地来处理事物或者对象。在英文中,它指的是十七世纪采用人工制作成的东西,这个东西是有用的,而发明制作这个东西的方法就叫技术，当时也有人认为更恰当的说法是"应用科学"。所以一直到1829年以后，这个词才得到了一个现代的意义。

技术主要指的是和生产有关的方法知识，虽说与科学之间有不可分割的联系，但是两者是不同的。简单来说，科学提供知识，技术提供把这些知识运用到生产中的手段和方法。科学是创造知识的研究活动，所解决的是认识世界的问题，要回答的是"是什么"和"为什么"；而技术是发明和创造操作的方法技巧和相应的手段，要回应的问题是"做什么""怎么做"。科学和技术有关系，但是彼此也有不同。今天我们把科学和技术视为不可分割的两个领域，所以汉语中最简单的说法是"科技"。但十九世纪后半期之前，科学和技术两者还是被分开用的，科学史学者麦克莱伦三世（J. E. McClellan Ⅲ）与多恩（H. Dorn）指出：在古希腊和中世纪，在伽利略和牛顿的时代，甚至在十九世纪达尔文的时代，科学都只是一种学术追求，其成果仅仅是记载在科学书刊上；至于技术，则当时的人被看作没有受过学校教育的工匠通过实践练就的手艺。在十九世纪下半叶以前，不仅工匠，而且工程人员，都几乎没有人上过大学。在多数情况下，他们根本就没有受过正规的学校教育，他们的知识都是自己点点滴滴地摸索得来的。当时大学里教的科学课程基本上是两门：一是纯粹的数学，一是自然哲学，即关于自然界的哲学。这些课程全都使用专门的术语（基本上是拉丁语）写成，没有受过大学教育的工匠和工程人员根本看不懂。简单地说，近代以前的技术知识和方法主要从经验中获得。到了近代，就要靠科学实验的方法获得。

这个差别在经济史研究中非常重要。经济史是研究什么的？马克思去世后,恩格斯在马克思墓前做了一个著名的讲演,总结马克思的伟大贡献。在这个演说中,恩格斯说:"正如达尔文发现有机世界的发展规律一样,马克思发现了人类历史的发展规律,即历来为繁茂芜杂的意识形态所掩盖着的一个简单事实:人们首先必须吃、喝、住、穿,然后才能从事政治、科学、艺术、宗教等;所以,直接的物质的生活资料的生产,在一个民族或一个时代的一定的经济发展阶段,便构成为基础,人们的国家制度、法的观点、艺术以至宗教观念,就是从这个基础上发展起来的,因而也必须由这个基础来解释,而不是像过去那样做得相反。"简单地说,人类最重要的事情就是要解决衣食住行问题,只有解决了这个问题,大家才能活下去。而经济史就是研究历史上人们怎么解决衣食住行问题的,解决衣食住行问题要靠技术。在近代以前,技术进步也是存在的;但是到了近代,依靠科学发展,技术进步快速出现,从而改变了人类的命运。技术进步在近代和近代以前有很大差别。工业革命以前,技术进步慢,发明也不多;工业革命以后(特别到了二十世纪)发明不胜其多,到了今天更是如此。我们要认识到这个差别,才能更好地认识历史。所以,应该把近代之前和近代之后的技术史分开,不能笼统地一起看人类至今为止有多少发明。但是我们也要承认,历史是连续的,技术进步也如此。如果没有过去的技术进步作为基础,后来的重大技术进步也是不可能的。

那么,什么叫技术进步呢?刚才谈到查罗纳的《改变世界的1001项发明》,发明是不是就等同于技术进步呢?不对。刚才我提到伊懋可教授,他给我的一封私人信件中谈到他的观点。他认为技术进步有三个方面:第一,发明。就是某项新技术第一次最早出现；第二，改进。有很多新的技术发明出来后，并不能直接用于生产，需要改进了之后才可以使用；第三，普及。将经过改进、从而可以使用的技术，广泛用于生产。这三者都属于技术进步，尽管三者有很大区别。一个国家或一个民族不一定有很多发明，但是可以把别人的发明拿来，加以改进，然后使用；或者大量引进别人的成熟技术，普遍用于自己的生产活动，从而实现重大技术进步。有人说日本在历史上，自己的发明不多，但明治维新以后，积极地引进西方的技术，加以改进，因此产品做得更好。像日本的汽车就是一个例子。美国本来是汽车工业最发达的国家，但是在二十世纪九十年代，美国汽车差不多都被日本汽车打垮。这就是技术引进、技术改进和技术普及所导致的技术进步的例子。在新技术的引进和普及方面，我国在改革开放以后做得很好。1979年国门打开之后，我国送了大量学生出国学习，又请了很多外国的专家到国内来帮助，所以我们的科技进步非常快。别人发明出来的好的技术，我们就采用。因为中国有广大的市场，所以一旦应用一项新技术，产生的效益也非常大。所以技术进步包括三个方面，我们不能够仅仅以发明来看技术进步。

技术进步能够自己发生吗？不能。技术进步必须有各种要素的配合才能够发生。技术进步导致经济的发展也需要各方面的因素，这个情况最清楚的表现是蒸汽机的发明对经济的影响。蒸汽机是工业革命的象征。蒸汽机开创了世界历史的新阶段，但是从技术史的角度来看，蒸汽机并不是十八世纪的发明，更不是瓦特的发明。只是到了十八世纪，在各种因素比较齐全的英国，这项久已有之的发明才得到重大改进，运用到生产中，因此这项技术进步才发挥出伟大的潜力，导致了整个世界的改变。著名经济学家、被称为"管理学之父"的熊彼特（Joseph Alois Schumpeter）说：发明"本身对经济生活不产生任何影响"，"当技术因素与经济因素冲突时，它总得屈服……在一定时所使用的每一种生产方法，都要服从经济上的恰当性"。因此，即使发明出了很好的技术，但是这个技术在经济上不合宜，就不能使用或者普遍使用。任何技术的使用，都要服从经济上的恰当性。所以绝对不是新技术发明出来就能改进，就能够普及应用。

这里，我还是用蒸汽机作例子。有两本关于蒸汽机的很有名的书，一本是《蒸汽机打出的天下》，这个标题很吸引眼球；另外一本是《世界上最强大的思想——蒸汽机产业革命和创新的故事》。这两本书不是写给科技史专家看的，而是写给大众看的，大家如果有兴趣可以看看。前一本书里说："如果在关于创新发明的故事之中有一个始终如一的主题的话，那么它就是整个行业的循环特性。没有深井采煤业，就不会有利用蒸汽动力抽水泵为矿井排水的需求。"英国的煤矿和中国煤矿不同，中国的煤矿主要在山西等北方地区，地下煤层干燥，最重大的问题是瓦斯，因此经常发生瓦斯爆炸或者是毒死人的事故。英国地势低，采煤最大的问题是矿井积水，矿井打到一定深度之后就会被水淹，当然就不能再继续挖煤了，所以英国必须解决抽水的问题。矿井里的水如果用桶来打的话，那是打不完的；利用中国发明的龙骨水车来抽，也是抽不完的，所以英国对抽水工具的改进一直有一个迫切地需要。在英国，蒸汽机最早就是用来带动抽水机为煤矿矿井抽水的。但是开动蒸汽机要燃料，没有合适的燃料，蒸汽机就不能运转。而且蒸汽机必须用铁来制作，没有用于制造锅炉、气缸、活塞和齿轮的铁，蒸汽机就做不出来。蒸汽机首先是拿来抽水，接着就是用来造火车、铺铁路。火车和铁路，首先也是用来运煤，以煤为动力的蒸汽机车所载的货物就是煤，把煤从煤矿运到炼铁的工厂去炼铁，炼出铁来制造蒸汽机。火车和铁轨，也要靠炼铁业制造。这样就形成了一个产业循环。有了需求，各种条件具备，又有了产业循环，蒸汽机才有用。

从技术史来看，蒸汽机并不是一个新的发明。早在公元一世纪末，有一个希腊城市叫亚历山大，是当时整个地中海文化的中心。那里有一个人叫赫罗（又译为赫伦），发明出了世界上最早的蒸汽机，并且达到了相当高的工艺水平。美国的科技史专家兰德尔斯根据赫罗的蓝本把蒸汽机复制了出来，每一分钟的转速可以达到1500转以上。你想想，如果是用人或者牛来转动水车，一分钟能转几转？赫罗的著作到了文艺复兴时代被译为多种文字出版，受到欧洲各国人士的重视，他们在这个基础上不断地研究蒸汽机的改进问题。1679年法国物理学家丹尼斯·巴本制造出了第一台蒸汽机的工作模型。大约与此同时，萨缪尔·莫兰也提出了关于蒸汽机改进的主意。1688年法国另外一位物理学家德尼斯·帕潘用一个圆筒和活塞做出了第一台简单的蒸汽机。但是，帕潘的发明没有实际运用到生产上。一个原因是蒸汽机制作中有一个很难解决的问题，这个问题要用活塞来解决。有了活塞，转轮才能够单向地运动。活塞是宋代中国人发明的，这是一个重大的发明。但中国发明的活塞是木制的，不坚固，也不精确，不能用于蒸汽机。英国人发明了这项技术，将其用于蒸汽机，从而解决了一个大问题。1705年，英国人纽克曼经过长期研究，综合帕潘和塞维利发明的优点，创造了空气蒸汽机。这是世界上第一台可以实际应用的蒸汽机，在英国最主要的煤产地的纽卡斯尔开始应用。这种蒸汽机虽然可以应用，但是可以改进的地方还有很多。1776年，瓦特把纽克曼的机器进行改进，造出第一台改良的蒸汽机，以后他不断地努力，做了一系列的改变。到1790年，瓦特发明的机器差不多全部取代了纽克曼的机器，所以大家把瓦特作为蒸汽机的发明人。

从蒸汽机不断发明和改进的历程中，可以看到技术进步涉及三个重要方面：第一，技术进步本身是一种社会活动，不是说几个发明家躲在小房间里凭空想就可以做出来的；第二，技术进步的原因是对社会趋势的回应，有社会需要，人们才会想，才会去发明；第三，技术变化必须和现存的社会环境相容。社会条件允许需要你去发明、去改进、去普及，这个技术才能对社会产生重大影响。否则，如果社会条件不行，新技术的发明、改进和普及都是不可能的。

近代技术进步有四个原因：第一，资本主义的兴起为生产技术发展提供了主要刺激。大家可以读一读《共产党宣言》的第一部分，在这个部分中马克思、恩格斯讲得非常精彩："资产阶级除非对生产工具，从而对生产关系，从而对全部社会关系不断地进行革命，否则就不能生存下去。反之，原封不动地保持旧的生产方式，却是过去的一切工业阶级生存的首要条件。生产的不断变革，一切社会状况不停地动荡，永远的不安定和变动，这就是资产阶级时代不同于过去一切时代的地方。"资产阶级的生存必须依靠不断创新，不断改变。如果停止下来资产阶级也就完了，所以要不断地创新。第二,"不断扩大产品销路的需要,驱使资产阶级奔走于全球各地。它必须到处落户,到处开发,到处建立联系。资产阶级,由于开拓了世界市场,使一切国家的生产和消费都成为世界性的了。"因为世界市场在不断扩大,竞争在不断加强,这为创新提供了主要的刺激。第三,在市场体系内的技术扩展呈现出一种新的"自动"的方面。原来都是人为地、可能是依靠奇思妙想地去发明,但这时就需要在已有的技术体系内部,用原有的知识加以改进。这时自己已经可以再产生出新的东西了,这就不必要从头去打理、凭空地去想。第四,科学的兴起给技术进步以强有力的推动。

四、工业革命和煤铁生产

诺贝尔经济学奖得主诺斯(Douglas North)有句很有名的话,工业革命是"把人类历史分开的分水岭"。工业革命以前和工业革命以后的世界是两个完全不同的世界。诺斯认为,工业革命由组织变革和技术变革构成,是一个"组织变革和技术进步相互影响的过程"。工业革命并不只是技术革命,而是整个社会经济组织的革命。技术变化推动组织变化,组织变化又反过来促进技术变化,只有互相推动和促进,工业革命才能发生。

我们经常讨论中国为什么没出现工业革命的问题,对于我们来说,我们有中国人自身对自己国家命运的深切关注;对于西方人来说,他们也要问中国为什么没有出现工业革命,反过来说西方为什么出现工业革命。他们需要通过中国为什么不能出现工业革命,才知道他们为什么会出现工业革命。近年来,经济史学家杰克·戈德斯通（Jack Goldstone）写了一本书 Why Europe，中译本名称就是《为什么是欧洲》，最近刚翻译成中文，对这些问题进行了很好的讨论，大家有时间也可以看看。

工业革命极大地改变了人类生活。诺斯说，假设一个古代的希腊人被奇迹地送到1750年的英国，他会发现很多熟悉的事物，还能够在1750年的英国生活下去。但是他如果再晚两个世纪，到1950年被送到英国，他会发现自己置身于一个"幻想的"世界里，什么都不知道，什么都不理解，无法生活下去。这短短两个世纪发生了这么巨大的变化，就是因为工业革命。工业革命大家知道发生在英国，但是英国是不是命中注定就会发生工业革命了呢？马克思说："十七世纪的荷兰和十八世纪的法国提供了真正工厂手工业的典型。"十七世纪的荷兰是欧洲经济最发达的国家，有一本书叫作 The First Modern Economy（《世界上的第一个早期近代经济》），就是讲荷兰的经济发展。从1550年到1800年，荷兰人均GDP在世界上首屈一指，高于英国。不仅如此，英国在经济发展中还受惠于荷兰很多，甚至连英国的王室都是从荷兰过去的，光荣革命之后荷兰执政威廉二世带领一大批荷兰人接管了英国，使得英国得以从长期的政治动乱中稳定下来，可以专心发展经济。但是荷兰却没有出现工业革命。再说法国，法国在1763年以前，商业并不比英国落后，工业比英国还要强，整个经济总量比英国大得多。法国那时确实很风光，成为整个欧洲文明的中心，以至于法语成为欧洲最时髦的语言，从彼得堡到马德里，上流社会都讲法语，英文那时在欧洲根本不吃香。但是到了工业革命发生后，法国就被英国抛到后面去了。

为什么荷兰、法国这两个国家没有出现工业革命？英国学者默顿（Robert K. Merton），在1938年写了他的博士论文《十七世纪英格兰的科学技术与社会》，文中出的两个命题被称为"默顿命题"。这两个命题是他用来解释十七世纪英格兰科学技术为什么会走在前面的原因。第一个命题是受新教伦理和功利观念观的影响，很多英国青年不再着迷于进入教会或者是进入政府，而愿意投身于科学。第二个命题是英国在经济、军事上需要科学家投身科学事业，因此国家赞助科学事业，成立皇家协会，如牛顿的研究也受到政府的支持。当时英国有很多问题，政府解决不了，希望这些科学家来帮忙。这篇博士论文后来出版成书了，也翻译成了中文，大家也可以看看。但是原来落后的英国为什么会走到了先进的荷兰和法国之前，到了十九世纪更远远把这两个国家抛在后面，成为世界第一强国？关键就是工业革命。那么，为什么工业革命只有在英国成功，而在法国和荷兰也没有成功呢？一个重要原因就是煤和铁的问题。

十六世纪以来，英国煤铁工业有了很大发展，在国民经济中的地位变得越来越重要。在十六世纪后期和十七世纪初期，煤和粮食、羊毛并列成为英国的三大主要产品。到了十七世纪后期和十八世纪前期，当时的人说英国的铁生产按其重要性来说在各个工业部门中名列第二位，第一位纺织业，第二位就是铁工业。有一位法国人梯奎（Ticquet）在工业革命前夕（1738）对英国进行了考察，说煤是"英国财富的最大来源"，并说："人们（特别是熟悉英国商业的人们）使我确信：铁工业以及铁、铜制品所雇用的工人和所产生的利润，同羊毛业同样多。"这是法国人感到英国和法国很不一样的地方。

工业革命以前，煤铁在经济中达到这样的程度，全世界只有英国。英国经济史学家雷格莱（Edward Anthony Wrigley）提出了一个非常重要的论点，即近代工业化实际上是一个从"发达的有机经济"（advanced organic economy）向"以矿物能为能源基础的经济"（mineral-based energy economy）的转变。他说："要成功地摆脱有机经济所受的制约，一个国家不仅需要那种一般意义的资本主义化，以达到近代化；而且也需要下述意义上的资本主义化，即越来越多地从矿藏中，而非从农业产品中获取原料，尤其是能够开发大批能源储备，而非依赖各种过去提供生产所需热能与动力的可再生能源。英国经济正是在上述两种意义上资本主义化了的。"

工业革命以前，人们的生产和生活依靠的能源，一是人畜肌肉产生的力量，无论做什么工作都是靠人畜力量；一是植物，做饭取暖，加工金属制作工具和武器，都要用木头、柴草做燃料。人畜和植物都是有机物，依靠人畜和植物的经济活动就叫有机经济。什么是以矿物能为能源基础的经济呢？矿物能源第一就是煤，到了十九世纪后期和二十世纪有了石油，今天还有核能。有机经济因为有机物生长很慢，大规模地使用就很容易耗尽。英国在近代经济发展的初期，大树都被砍完了，出现了能源危机。英国当时有一位作家笛福，就是《鲁滨孙漂流记》的作者，他在另外的著作中说：大自然对英国特别的眷顾，给了英国三样别人没有的东西：第一是大西洋的港口，第二是急湍的、可以推动水轮的河流，第三是丰富和容易开采的煤矿。英国的煤矿在世界范围内并不算丰富，但是很容易开采，而且英国幅员不大，又有海运和河运的便利，把煤从煤产地开采出来之后，通过水运到经济发达的伦敦等地并不需要走很长的路程。英国还创造了一种类似中国沙船的平底船，专门用于从海路运煤。英国国内也建立了有效的运河系统，煤也通过运河运到其他的工业中心。所以雷格莱认为，英国的工业化、资本主义化，实际上是一个能源转换的过程。美国经济学家罗斯托（Walt Whitman Rostow）写过一本书叫《经济起飞》，对各个国家经济起飞的历史进行研究，书中说：英国是当时世界上"唯一能够把棉纺织技术、采煤和炼铁技术、蒸汽机以及巨额的对外贸易结合在一起，使自己走上发动阶段的国家"，所以能够第一个出现工业革命。这是为什么工业革命不发生在别的国家而是发生在英国的一个特殊的条件。

工业革命发生以后，其他国家逐渐追上来。但是在欧洲大陆，到二十世纪初最成功地实现了工业化的国家是德国。德国有丰富的煤藏，也有铁矿。一战之后，法国把德国煤产地的鲁尔区抢过去了，后来希特勒发动二战，第一件事就是要把鲁尔区抢回来。法国也有一些煤、铁矿，但储量都很小，因此煤铁生产一直不发达。荷兰就更可怜了，完全没有煤、铁矿，主要能源是用泥炭。泥炭是湖泊沉下来的河泥，热值很低。所以法国和荷兰等国很难发展煤铁工业。荷兰必须从邻国输入煤，英国煤矿史专家奈夫（John Nef）说：从国外进口煤，不仅使荷兰不得不付出高昂的代价，而且使本国经济置于外国经济政策支配之下。这与荷兰工业长期停滞不前，以至丧失其原来的领先地位，有重大关系。而法国产煤不能自给，需要从国外大量输入。这为法国工业发展带来了严重的消极影响。到1789年法国大革命时，英国年产煤1000万吨，平均到全国人口，一人有一吨多，而法国只有70万吨，而法国人口比英国多。受煤供给不足影响最大的是铁工业，1780年英国铁产量仅为法国的1/3，那时英国蒸汽机才刚发明出来，煤刚开始大量生产，但是到1840年英国的铁产量是法国的三倍以上。

由于煤和铁在工业革命中起了巨大的作用。所以经济学家诺拉斯说:"所谓工业革命,其中包括六个相互关联的大变化和发展,即机器制造业的发展、铸铁业的革命、纺织机械的运用、化学工业的创造、煤炭工业的发达和交通手段的进步。"但他还是主要从产业经营的角度来讲。另外一位经济学家维贝尔也一再强调煤和铁在工业革命中的"主导作用",认为"现代资本主义的胜利是由煤和铁决定的",如果没有煤铁生产的发展,"资本主义制度会遭到什么,欧洲又会遭到什么,我们就不得而知了"。过去我们在谈资本主义萌芽时,都没有注意到这个问题,好像资本主义萌芽一旦出现,如果没有外国侵略,就会自行成为现代社会。这看来是一个过于简单化的判断。

五、中国为什么没有出现工业革命:
对"李约瑟难题"的一个经济史解读

有的朋友会注意到,我刚才引用林毅夫教授的话,说到中国煤铁的生产出现很早,而且铁产量还曾经领先世界。这和我上面说的,不是很矛盾吗?林教授说的确实很对,人类对煤的使用,最早就出现在中国唐朝末年。到了北宋时期,在华北一带使用煤已经很普遍了。当时人庄绰在《鸡肋编》卷中说:"昔汴都数百万家,尽仰石炭,无一家燃薪者。"这段话说的是北宋的首都汴梁(即开封)城内城外几百万家人,大家都用煤生火做饭取暖,没有一家用柴的。到了南宋,大诗人陆游在《老学庵笔记》卷一中讲到中国各地使用燃料的情况,"北方多石炭,南方多木炭,而蜀又有竹炭"。当时南方有很多森林,可以烧成木炭。成都平原那一带的树,由于长期砍伐,已经不多了,但是这里竹子很多,于是人们就把竹子烧成竹炭做燃料。在北方,则使用煤,即石炭。这样,形成了上面所说的能源分布的格局。到了明清时期,煤生产有更大的发展。特别是到了乾隆五年,清政府宣布解除矿禁,大家都可以去开矿,于是采煤业遍布全国各地。光绪时,全国有州、县、厅,县级及县级以上单位共1700多个,其中有煤矿开采的州、县、厅就有930多个,占总数的一半以上。产煤最重要的省份有直隶(现在的河北)、山西、山东、陕西、湖南、四川、河南、江西、奉天(辽宁)等省份。

在这里,我举两个例子讲一下。一个例子是北京。北京在明朝中期时,森林还有不少。当时蒙古人从关外进入北京,要经过燕山,但那时的燕山到处是密林,骑兵很难过来。经过清朝几百年的砍伐,燕山森林基本上砍伐殆尽。这时北京的燃料主要出自位于宛平、房山二县的大西山的煤矿。乾隆四年直隶提督永常奏称:"京城内外人烟繁庶甲于天下,惟赖西山之煤,取用不穷",乾隆五年大学士赵国麟也奏称"京师百万户皆仰给西山之煤,数百年于兹,未尝有匮乏之虞"。由此可见煤对于北京的重要性。另一个例子是湖南。湖南是清代南方最主要的煤产地。在湖南六个主要产煤州县里,煤藏最多的地方是耒阳、衡山。乾隆初年,据湖南巡抚高其倬奏称,湘乡、安化两县产煤多,"止就长岳一府属州县人户论之,已不下百余万家",家家俱烧煤;此外"湖北武汉一带地方亦多资以为用"。湖南衡阳府属的耒阳、衡山、长沙府属的湘潭、湘乡、安化等县以及桂阳州所产的煤,还远输江南,"江南之铸造铁器者亦多资之"。

煤是炼铁最重要的燃料,中国内地的森林经过千百年的砍伐已经不多了。如果没有燃料,铁也没办法冶炼。所以煤的使用大大刺激了中国铁工业的发展。日本汉学家宫崎市定在二十世纪六十年代就已经注意到这个问题,他写道:"中国的铁工业再度恢复生气的原因,是唐末发生了可以称为燃料革命的事件,即煤炭使用的普遍化,并把煤炭用于炼铁。高热的发生及其操作的成功,使宋代文化发达起来,使远东在世界上占了优越地位。"为什么呢?他说:"用煤炭炼铁一开始,铁的生产就容易了,从而它的产量也就增大,价格也就低廉了","宋代的铁已在相当程度上进入大量生产时代"。他接着说:中国从九世纪就开始用焦炭。焦炭技术在西方到了十九世纪才发明。煤里面有很多杂质,有硫等各种杂质,要把它先进行加工,把那些杂质去掉,变成焦煤、焦炭。焦炭的纯度高,它放在高炉里,热值高,而且没有杂质,炼出来质量才好。宫崎市定说:"中国从九世纪就使用焦炭,从十世纪开始的宋代普遍地实行了焦炭炼铁法,这不能不说是一件惊人的事。为什么呢?因为在欧洲方面,英国的斯塔特班德在1612年才获得煤炭炼铁的专利权,1619年达多勒虽曾采用过这一方法,但未达到十分成功的地步。又过了约一百年,达尔俾在1713年才在技术上获得成功,因而从十八世纪中叶起,铁的生产量急速增加,终于促成了产业革命。由此便可看出,中国的炼铁法在宋初就比欧洲先进了约六百年。"李约瑟也说:"从公元五世纪到十七世纪,正是中国人而非欧洲人……已惯于用先进的方法来炼钢。这些方法直到很久以后,欧洲人仍然完全不知道……在中世纪,除了中国,世界上没有什么地方能供应多少铸铁和钢。"

宋代以来,中国在冶金方面有一些伟大发明,如炼铁的渗碳法以及酸化精炼技术等。由于时间关系,这里就不详谈了,而只谈这些发明中的其中一个——活塞式风箱。

在近代以前,世界各地金属冶炼的鼓风工具主要是皮囊。中国在汉代就发明了用水力推动的多个皮囊,即马排和水排。冶炼金属使用皮囊来鼓风,不仅费力,而且鼓风量小。到了宋代,发明了结构较坚固的木风扇。风扇由木箱和木扇组成,扇板上装有两根拉杆,并开有两个小方孔,拉杆用于启闭扇板,两个小孔为进气活门,仅向内开,当盖板扇动时这两个活门交替开闭。两门一前一后相继鼓风,形成连续风流。这种木风扇,操作方便,风量也较大,而且漏风少。这就是早期的活塞式风箱。到了明代,活塞式木风箱技术更加成熟,大型风箱可以用于冶铸。木制风箱利用活塞推动和空气压力自动开闭活门,产生比较连续的压缩空气,从而提高了风压和风量,强化了冶炼。这种活塞式木风箱,构造合理,使用方便,鼓风效率高,在钢铁工业历史上是了不起的发明。而欧洲是到十八世纪后期才发明的。

有了大型活塞式风箱,鼓风效率有了重大提高,因此可以建造大型炼铁高炉。明清时期使用的大型炼铁炉,根据现在看到的记载,最大的在河北的武安,高达1.9丈,内径有7尺,外径有10尺,一天可以出铁2.4吨。另外在广东,一座大型高炉一天可以生产3600市斤铁,也就是1.8吨。福建也有这种高炉,在万历时福建产铁中心尤溪,"每一炉多至五七百人",而清初广东大型炉场每所用工人多达千人以上，这已经是一个很大的工厂了。上千人在一起工作，有人运矿，有人送燃料，有的人专门在看火候，有的人把矿石敲碎，等等。这种高炉差不多6米高，需要搭建一个坡道，把装有燃料和矿石的小车推上去，倒进高炉进行冶炼。在清代，湖南也是产铁大省。明末清初时，湖南多数州府，长沙、宝庆、衡阳、永州、靖州、郴州等，都已有产铁记载。雍正以来，湖南产铁之地达十六个州县。湖南采矿技术达到很高水平，可以打很深的矿洞，用爆炸的方法采铁矿。湖南炼铁是用煤的，广东是用木炭，所以湖南炼出来的铁比广东用木炭炼出来的便宜一半以上。不仅如此，广东在树木大量砍伐后，燃料成了大问题，广东的铁工业也就衰落了。

中国历史上的铁产量，黄启臣教授在《明代钢铁生产的发展》一文中对古代铁的年产量进行研究所得的结论是：唐代元和初年207万斤，北宋治平年间824万斤，元代中统四年584万斤。在这些数字中最高的824万斤，换算为公制，大约相当于4000来吨。而到了明朝，铁产量有很大增加。其中民营铁冶产量在1403—1449年间增长7倍，嘉靖后达4.5万吨。十八世纪中叶以前，中国钢铁产量超过世界其他国家的总和。在欧洲，十七世纪铁产量最多的国家是俄罗斯，1670年生产3400吨；十八世纪是英国，1730年是1.7万吨。而清代中国的铁产量，据李希霍芬的调查，清代后期仅山西一省就达15万吨。湖北东部同安徽的西部和河南东南角都同属大别山地区，在明代后期已有冶铁业。据奈斯特罗姆（Eric Nystrom）1916年做的估计，在二十世纪初期，仅只是大别山地区的河南部分就有100座冶铁高炉，年产铁1.4万吨。

讲到这里，大家可能会感到奇怪：我刚才说英国能够一马当先出现工业革命,一个重要因素就是煤铁生产领先。现在我又说中国的煤铁产量不少,但中国却没有出现工业革命:这不是矛盾吗?确实,中国的产量不少,但是大家千万不要忘记,中国是世界上人口最多的国家。美国汉学家郝若贝(Robert Hatwell)估计,北宋中国主要的铁产地之一的四川,年产铁1万吨,人口大概1200万,也就是说人均铁产量大约为1.67斤。丹麦的科技史学家瓦格纳(Donald Wagner)推测这个人均数量一直到清代中期都没有多大变化。而到1949年,全中国人均钢铁产量也还不到1公斤。所以虽然说中国的煤铁产量数量不少,但是一算到人均产量方面,那就非常低了。

不仅如此,中国煤铁矿藏的地理分布也有很大问题。煤铁矿藏主要在北方和东北,而中国经济发达的地区主要在南方(特别是江南),彼此相隔很远。大家可能会说,山西的煤不少,为什么不能运到江南去呢?是的,山西煤是不少,如果运到江南,可以改变江南能源紧缺的状况。宫崎市定说:明清时期"在工业方面,以苏州为中心的轻工业有了显著的进步,可是中国工业中心苏州三角洲一带没有发现出产铁和煤的地方,这是非常不利的。如果苏州附近有像山西那样的铁矿和煤炭,那么中国的历史或许成了另外一种情况也未可知"。但是,山西和江南相隔两三千里,基本上是陆路,运输工具主要是牛车,不仅运输时间漫长,而且运输成本非常高。因此把山西的煤运到江南,价格将高得惊人。距离江南最近的煤产地是山东枣庄一带。那里生产的煤,明代中期就有通过大运河输出的。据明代小说《娱目醒心编》卷三《解己囊惠周合邑,受人托信著远方》,在景泰年间有个山西商人,从山东的东昌一带买了十大船煤,顺着大运河运到北京来卖。他买入十船煤的价格是二万八千两银子，刚好遇到北京缺煤，卖出后，扣除成本和运输费用外，还净赚了十多万两银子。由此可以想象北京的煤价有多高。北京附近就产煤，煤还是那么贵。本地产的和外地来的煤，除了做饭取暖，以及政府造兵器之外，没有多少给民间。不仅如此，从明朝到清朝，大量的武器是在外省造的，原因之一就是北京燃料价格太高，在北京造不合算。到了清朝，山东的煤运到外地的就更多了，一些矿主发了大财，成了煤老板。但是运费高昂仍然是一个大问题。从山东到江南，路途一千多里，水陆联运，把山东的煤运到江南，"豆腐变成肉价钱"，价格昂贵的煤，怎么能用来冶铁？

我计算过清代的铁价，看到的一个材料是1724年法国萨凡利（Savary）兄弟编纂出版的《世界商业大辞典》，其中记载：当时生铁在广东的价格是每百斤值银1.6两，运到日本长崎后售价增至银4.5两。上海至广州航程约为长崎至广州航程的三分之二，若运费依航程比例计，则广铁在上海的售价当为每百斤3.5两银。铁价这么高，想造一部蒸汽机，需要好几吨铁，其造价当然很骇人，企业家们都要考虑成本，因此机器如果太昂贵，经济上就不合算，也难以被接受。

明清时期的江南，已经成为当时东亚世界工业化水平最高的地区。但江南的工业基本上是轻工业，重工业分量极小，所以我称这种经济结构为"超轻型结构"。在江南的工业中，煤铁工业几乎没有。江南当时在能源方面极为紧缺。当时有谚语说，江南人家用三根芦苇就做一顿饭。在这样的情况下，即使有铁矿，也不可能建立铁工业，况且江南完全没有铁矿。晚清时，陶澍做两江总督，看到三百年前徐光启引进的西方水车的资料，觉得很好，于是试着做了一部,也做得很好。这部西式水车体量很大,需要很多人扛出城,还把城墙挖了一段才扛送了出去。他们把这部水车扛到一个大水潭里抽水,整个水潭的水位一下子下降了好几寸之多,可见效率确实比中国传统的龙骨水车高得多。但是这部水车必须用铜制作,造价高达三千两银子。当时清朝一个士兵一个月的兵饷才一两多银子。这样昂贵的机械,怎么可能大量推广呢?所以在江南没有办法建立煤铁工业。没有煤铁工业就不可能有机器,也不可能使用机器。像蒸汽机这样的大机器,必须用铁制造,工作时又大量消耗煤,因此在江南不仅无法做出来,而且即使有了,也很难使用。我们过去研究中国资本主义萌芽时,没有人谈这个问题,几十年前,我在写博士论文时首先谈到了这个问题。在博士论文中专门写了两章讨论明清江南的能源和金属材料生产的问题。

那么,煤铁问题是不是江南经济发展无法克服的障碍呢?从明清时期来看,确实如此。一直到了近代,这个问题才解决。抗战以前,中国的现代工业1/3集中在上海,上海成为整个远东地区最大的工业城市。上海现代工业所需的大量煤铁怎么解决呢?只能依靠输入。抗战前,上海每年输入约390万吨煤,其中37.5%来自开滦,23.1%来自山东胶东半岛,而9.5%来自东北的抚顺。从上述三地输入的煤共占上海总输入的70.1%。从这三个地区的输入,就占了上海煤总输入的70%。铁的情况也大同小异。如果没有这些输入,上海的现代工业是建立不起来的。我有一本书《江南的早期工业化(1550—1850)》,就是讨论这些问题。大家如果有兴趣,不妨看看。

最后,我要提一提二十世纪八十年代风行的一本书《第三次浪潮》，作者是美国的未来学家托夫勒（Alvin Toffler）。他在讲工业革命时有这么一段话："技术本身并不是推动历史的力量，意识形态或价值观念本身也不是，阶级斗争也不是。历史也不仅仅是生态变化、人口趋势统计或者交通工具发明创造的记录。单单用经济因素也不能说明这个或其他任何历史事件。这里没有超乎相互依赖的可变因素之上的其他'独立的不变因素'。这里只有相互联结的可变因素，其复杂性深不可测。"他接着说："任何对工业革命原因的探索都是徒劳的，因为它没有一个简单的和主要的原因。"他说这些探索都是徒劳的，我们不同意。但他说没有一个简单的和主要的原因，我觉得是正确的。对于"李约瑟难题"，也没有一个简单的答案。要回答这个问题，需要考虑到多方面的情况。我今天讲的也只是一个方面，而不是全部。请大家不要误会认为我说只要有煤铁就可以发生工业革命，就可以建立现代经济。总之，我们在考虑问题时，应该从多方面进行思考，要考虑到各个因素之间的关系，而且要明白这些因素都是可变的，是在不断地变化的。

2021年10月17日湖南大学岳麓书院

寻求对过去更好的理解：
与时俱进的史学研究

非常感谢华中师范大学给我这个机会，让我和在座的各位老师、同学们，就我们共同关心的学术问题进行交流。无论在中国还是西方，历史专业都不是一个赚钱的行业。当然，史学从来都不是赚钱的职业并不意味着史学没有用。事实上，即使在当今，历史知识对任何人都是必需的。这里我举个例子，让大家看看学习历史有多重要。2004年，我在密歇根大学教书时，有个学生问我学习历史有什么用？我说：你看，联合国安理会五个常任理事国的领导人在大学期间学习过历史的就有三个：布莱尔、小布什和希拉克。小布什本科期间还在耶鲁大学历史系主修历史。希拉克毕业后还一直钟情于中国历史，特别是唐代历史，不仅读了许多关于唐史的书，家里还收藏了许多唐朝文物，时时观赏。可以说，他对唐代历史的了解，在时任世界各国领导人中堪称第一。由此来看，学习历史，哪怕对于从政来说，也是很有用的。我虽然不鼓励同学都去做职业史学家，但还是希望大家在大学求学期间学好历史，对历史有较好的了解，因为只有人类才会回顾自己的经历，这是我们区别于动物的地方之一。

华中师范大学的中国近代史和社会经济史学科具有光辉的历史，研究一直走在学术前沿，并拥有一个高水平的学术群体，像马敏老师、朱英老师等，都是国际闻名的学者。除了他们这样的资深学者外，还有年轻一代的优秀学者如付海晏、郑成林、魏文享老师等。有这样的老师给你们指导，这也是大多数学校的学生们梦寐以求的。因此今天我来这里做讲座，感到非常荣幸。

一、不断变化的史学

在座的同学都是学习历史或者对历史有着浓厚兴趣的，我想问同学们几个问题：历史是什么？历史与故事有什么区别？历史学有哪三大要素？据我的经验，这几个问题是许多青年学子都很关心的。在我多年教书生涯中，不管是在国内的大学还是在海外的大学，都有学生会问这几个问题。

（一）历史是什么

西方有人开玩笑，说历史"history"这个词是由"his"和"story"两部分构成的，He（他）在英文中经常作为人类的代名称，所以His（他的）故事（Story）即历史（His story），历史就是人类的故事。历史就是人类的故事，大家想一想这话有没有道理呢？应当说，可能是有的。平心而论，今天中国大多数人的历史知识并不是他们读中学时从那些历史教科书中得到的，而是从大众传媒如电影、电视剧、小说中得到的。其实，这也不是今天才有的情况，至少在几百年前就是如此,虽然那时还没有中学历史课。从明代的历史小说《三国演义》,一直到今天的电视连续剧《甄嬛传》等,讲的都是故事,而普通民众的历史知识就是从这些故事中获得的。但是说故事就是历史,我们这些学历史的人当然是不同意的。许多史学家认为这个说法很荒谬,是不值得一驳的无稽之谈。然而情况并不那么简单。史学最近几十年的最大挑战之一就是后现代主义的攻击。后现代主义者说,"小说家编造谎言以便陈述事实,史学家制造事实以便说谎"。史学家听到这个说法后,第一反应是感到愤怒。但平心静气地仔细想想,他们的说法也不是完全没有道理的。

这里我给大家举个例子,看看从后现代主义者的立场出发,历史和故事之间的关系如何。我想所有中国人都知道司马光砸缸的故事。这里我们要问的是:这到底是故事还是历史?如果是故事,那么就没有多少可以争论的了,我们不仅可以编司马光砸缸的故事,同样也可以编成王安石砸缸、李逵砸缸的故事,因此就不必认真对待了。但如果是历史的话,那就需要问以下问题了:这是谁看见的?谁记录的?为什么记录?用什么方式记录?记录者的主观目的是什么?记录是怎样保存下来的?为什么会保留下来?等等。对这些问题一项项推敲之后,你会发现这件事有可能不是真的。例如,这件事如果是司马光晚年讲起的话,有可能是因为年代久远再加上年老记忆力衰退而记不清,所以把别人身上发生的事说成是自己身上发生的事,也有可能是他为了教育子孙而编的一个故事。如果这件事不是司马光自己讲的,是他的亲友、门生讲的,那么就可能是他们编造这个故事以抬高司马光。除了上述问题外,对这件事的理解和阐述也会有很大的差异。例如,对于这个故事,美国的小孩与中国的小孩的看法可能完全不同。中国小孩一般认为司马光很聪明，能够灵机应变，道德高尚，能够见义勇为，等等。美国小孩的反应则是：第一，司马光的家长失职，为什么不监管小孩；第二，市政失职，为什么在危险的地方不加警示，不加防护；第三，司马光毁坏公物；第四，与司马光在一起玩的小孩们为什么不打911求助；等等。对于同一事件，持不同的立场的人会有不同的理解和解读，所以也就会有不同的版本。

这样看来，对于过去发生的事确实可以有不同的说法。既然同一事情可以有不同的说法，而且这些说法之间可以有很大的差异。因此这些说法到底是真实的还是虚构的就成为问题了。既然真实的说法只有一个，那么其他说法应当都是虚构的。如果是虚构的，那么就与小说无异了。所以在此意义上来说，后现代主义者说"历史和小说没有什么不同"的说法也就有道理了。

当然，我们不同意上述说法。我们认为历史和故事是有很大差别的。从语源学来说，历史（History）一词源自希腊文，意思是一种知识，是一种调查出来的知识（inquiry, knowledge acquired by investigation），而不是如小说家那样凭空编造的故事。无论在中文还是欧洲文字里，"历史"一词都有两层含义：第一层是过去确实发生过的事；第二层是研究过去发生事件的学问，即历史学（historiography），简称史学。

(二) 历史学的三大要素

我在西方大学里教历史课，都要告诉学生：历史是怎么产生的？怎么写出来的？怎么保存的？是单一版本还是多种版本？历史可不可以由艺术家、哲学家来写,还是必须由受过历史学家训练的人来写?等等。这些问题表明:和小说家写故事不同,历史是一个学术领域,是一个学科。正如其他学科一样,史学有自己的基本要素。具体来说,史学作为一个学术学科的基本要素有三个,第一是材料;第二是研究方法;第三是应对社会所提出的问题。只有这三种因素都具备了,我们所做的工作才是史学研究。

1. 史料

学历史的同学都知道,年鉴学派是二十世纪国际史学上一个非常重要的学派。年鉴学派的重要代表人物之一拉杜里(Emmanuel Le Roy Ladurie)曾说:"任何历史研究都应当从分析原始资料开始。"这就说明了历史和小说之间的根本不同:写小说只需凭想象,而研究历史则必须依靠资料,从原始资料分析入手。

我国的史学有着久远的传统。即使从太史公司马迁算起,也有两千多年的历史。然而,虽然有这样的传统,但传统史学对史料的重视却没有达到科学化的程度,所以胡适在二十世纪二十年代批评中国史学说:"中国人作史,最不讲究史料。神话、官书都可以作史料,全不问这些材料是否可靠。却不知道史料若不可靠,所作的历史便无信史的价值。"三十年代中国史学的主流学者傅斯年说:"史学便是史料学","史学的对象是史料……史学的工作是整理史料,不是作艺术的建设,不是做疏通的事业,不是去扶持或推倒这个运动或那个主义"。他的话可能有局限性,但他对史料的高度重视却是非常值得我们注意的。为什么?因为史料就是史学的基础,没有可靠的史料作为基础,我们所做的史学研究就和小说家做的事情没有什么差别了。但是接下来的一个问题是:如果我们得到了很好的可靠的史料，能不能得出真正的历史？还不能。已去世的吴承明先生是中国经济史研究的泰斗，他有一句名言说："即使做到所用史料都正确无误，仍然不能保证就可得出正确的结论。"

我们中国人爱说"让事实说话"。但年鉴学派有一句名言，事实自己不会说话，事实必须用某一种方法，把它组织起来，才能用于历史研究。年鉴学派大师菲雷（François Furet）说："不是史料决定研究，而是研究决定史料。"因此，史学家必须对史料进行加工，"发明"出可以真正使用的史料。也就是说，不是史料决定史学，而是要做的研究决定需要的史料。你要通过研究解决什么问题，你才会找什么史料；在此过程中，如果你得到的史料不符合研究的要求，你还要改造它，即"发明"出史料。

2. 方法

这里所说的方法不是研究某个问题的具体方法，而是各种研究手段的总汇，即方法论，包括各种理论、取向、途径等。吴承明先生说：所有的研究手段都是方法，"马克思的世界观和历史观，即历史唯物主义，是我们研究历史的最高层次的指导，但它也只是一种方法"。既然是方法，就都有局限性，所以都必须不断改进，不断完善，不断发展。

我是做经济史的，而经济史研究中所依赖的主要方法就是经济学提供的方法。二十世纪西方最伟大的经济学家凯恩斯说："经济学与其说是一种学说，不如说是一种方法，一种思维工具，一种构想技术。"这种构想技术很重要，要建立一座大楼，首先要有建筑材料，但是怎么用这些材料构筑成一座大厦，这需要正确的构思。而在社会科学研究中，经济学就是构思的方法之一。凯恩斯的高足罗宾逊（Joan Robinson）夫人是新剑桥学派的领袖，她说："经济学并没有什么了不起，不过是提供了一个解决问题的工具箱。"美国经济思想史学家福斯菲尔德（Daniel Fusfield）也说过："经济学从来就是一种工具，透过它，我们能更好地了解困扰人类的问题。"经济学这个工具箱里有很多工具，你把其中合用的拿出来进行研究，既可研究当前的情况，也可研究过去的情况。

史学研究需要使用社会科学的方法，但是社会科学的方法总是在不断变化之中。福斯菲尔德俏皮地说："一个不断变化的世界，给一个不断变化的学科带来不断变化的问题。因此，经济学是一个永远不断变化的学科。"（A changing world brings changing problems to a changing discipline, So economics is ever-changing discipline）社会科学其他学科的情况也莫不如此。既然这些学科的方法总是在不断变化，它们提供给史学研究的方法也必然处于不断变化之中，因此史学研究的方法也就不可能一成不变。

3. 社会需求

有些学科（例如古文献学、古文字学）的研究，需要学者关起门来，"两耳不闻窗外事，一心只读古人书"，专心做他们所做的与现实无关的研究。这些研究具有重要的学术价值，也非常困难，需要学者排除一切现实的干扰，全力以赴、专心致志地去做。但是对于大多数人文社会科学学者来说，研究当前社会提出的问题是他们最重要的工作。福斯菲尔德说，"经济学与舆论气候（the climate of opinion）之间具有非常密切的联系，经济学如果有用，一个时代的经济理论就必须与大众的信条与关切一致，必须提供有用与有意义的结果，在此意义上，经济学永远是政治经济学"。这个说法也适用于大多数史学家。史学家为什么要研究过去？这是因为今天人们碰到很多难以解决的问题，需要从过去的经验中寻找解决问题的答案。

其实，任何研究都是这样，最终目的都是为了解决今天的问题。二十世纪西方最著名的哲学家之一波普尔（Karl Popper）说："科学是从问题开始，而不是从观察开始。准确地说，只有在抓住问题的情况下，科学家才会开始进行观察。"比方说，大家都说，牛顿看见苹果落地，就发现了万有引力定律。但是事实并不是这么简单。在牛顿之前也有很多绝顶聪明的人看见过苹果落地，但为什么谁也没有发现这个定律呢？因为当时的社会并没有提出这样的要求。因此，学者要研究的问题，和社会提出来的要求密切相关，或者说是社会提出问题。史学也是这样。年鉴学派大师费弗里（Lucien Febvre）说："提出一个问题，确切地说来是所有史学研究的开端和终结。没有问题，便没有史学。"要有一定的问题，才能进行研究。因此著名宋史学家刘子健先生说："史学研究要因题制宜。再更大胆地说是'因问求法'，如同科学家做实验一样不断尝试终可能走出一条路来。或许有人怀疑应当先有方法再寻问题。这不对，应先有问题意识，再去尝试并强调'学问'的'问'。"

我们常说研究要有问题意识。"问题意识"这个说法是日本人提出来的，后来中国人也接受了。什么是问题意识？一般认为问题意识大致包括发现问题、界定问题和综合问题。其实这就是波普尔提出的"社会学的技术方法"，即从问题开始，提出理论和假设，通过批判检验和消除错误，最终达到解决问题的目的。因此，没有问题意识就不能发现问题，不能发现问题就不能进行研究，一切也就无从谈起了。

事实上,史学研究一向如此。比如说在中国,在改革开放前的三十年里(即从1949到1979年),由于曾在一段时间奉行"以阶级斗争为纲"的方针,社会对史学的主要需求就是证明毛泽东所说的"阶级和阶级斗争才是社会历史发展的真正动力"是放之古今中外而皆准、颠扑不破的真理。为应对这个需求,中国史学基本上变成了阶级斗争史学。据不完全统计,自1949年到1980年三十年中,国内报刊共发表关于农民战争史的文章4000多篇,各种资料、专著和通俗读物300余种,成为1949年后中国史学成果密集度最高的专门领域。更有甚者,到了"文化大革命",为了适应党内路线斗争的需要,阶级斗争史学又演变为荒谬的影射史学,即"批林批孔"和"儒法斗争"史学。据不完全统计,仅在"批林批孔"运动期间,国内就出版了相关书籍10403种,在省级以上报刊发表文章达5000篇以上,各处传播的各种内部资料更不计其数。从今天来看,这些"成果"都已被彻底扬弃。到了改革开放时期(1979年以后),建立社会主义市场经济成为社会生活的主旋律。因此历史上的市场、商业、商人、商人组织、商业制度、商业运作等,又成为史学研究的重点。

因此,史学家并不是关在象牙塔里,不食人间烟火;相反,史学家从来都是针对社会提出的要求进行研究,以满足社会的需求。在此意义上,著名哲学家、史学家克罗齐(Benedetto Croce)说:"一切历史都是当代史。"他还具体地说:"生活的发展逐渐需要时,死历史就会复活,过去史就变成现在的。罗马人和希腊人躺在墓穴中,直到文艺复兴欧洲精神重新成熟时,才把他们唤醒……因此,现在被我们视为编年史的大部分历史,现在对我们沉默不语的文献,将依次被新生活的光辉照耀,将重新开口说话。"由于史学家不能脱离他生活的现实世界,因此当材料、方法、社会需求都在不断变化时,史学本身也必然在不断变化。

过去中国人认为历史一旦写出来,就永远不会改变。因此,"青史留名"是中国古代人的最高追求,而暴君奸臣最害怕的事,就是他们的恶行被记在史书上,从而遗臭万年,所以他们尽可能篡改历史,甚至把坚持秉笔直书的史官杀掉,我们熟知的齐太史、晋董狐就是这种正直史官的代表。然而事实是历史写出之后是经常被改变的。英国史学家希尔（Christopher Hill）说:"每一代人都要重写历史,因为过去发生的事件本身没有改变,但是现在改变了,每一代人都会提出关于过去新的问题,发现对过去都有一种新的同情,这是和他们的先辈所不同的。"由于对同样的问题,每一代人都会有不同的看法,所以历史必须重写。不仅社会向历史提出新的问题,而且材料和方法也在不断地改变。新的材料和方法的出现,逼着我们重写历史,所以在这种情况下就出现了与过去史学不同的"新史学"。

（三）新史学

史学家一般认为作为一个运动的"新史学"（New History）这个词,是美国学者鲁滨逊（James Harvey Robinson）1912年在其《新史学》(*The new history: essays illustrating the modern historical outlook*)一书提出的。这本书具有里程碑的意义,一出版便受到广泛的关注,中国清华大学何炳松教授随即将其译成中文,在中国出版后引起很大反响。但是,认为"新史学"运动始于1912年的说法,其实是不对的。

鲁滨逊提出的"新史学",针对的是以往居于史学主流地位的兰克史学。德国史学家兰克(Leopold von Ranke)被称为"客观主义史学开创者"和"史学近代化和职业化之父"。鲁滨逊认为兰克史学陈旧了,所以要推出新的史学。但是,兰克史学也被称为"科学的史学"(Scientific History),相对于之前的传统史学,兰克史学也是一种新史学。鲁滨逊自己也承认,西方十九世纪中叶以前的历史学,或者附属于文学,或者附属于神学,或者被人利用去激起爱国的热诚。自十九世纪中叶以后,史学方才发生重大变化。这些变化主要包括:第一,批评史材;第二,秉笔直书;第三,注重普通;第四,破除迷信。这些变化就是兰克史学所导致的。但是鲁滨逊认为这些都只是史学进步的条件,不是进步的程序,直到二十世纪之交才出现史学革命的呼声。兰克的"新史学"被鲁滨逊所否定,但是到了二十世纪七十年代,鲁滨逊的"新史学"又被年鉴学派的"新史学"否定。年鉴学派发起的"新史学运动"声势浩大,在史学史上具有重大意义。但是这个运动开展了20多年后,又出现了更新的新史学,例如英国的"经济-社会史学",该学派又认为年鉴学派的"新史学"过时了。因此可以看到,史学总是在不断地推陈出新,在不断地变化,每一代人都在否定上一代人,然后又被后一代人否定。因此,"新史学"也就一波接一波地不断出现,这说明史学之树常青不衰。

中国的情况也是这样的。在中国,"新史学"这个概念最早是梁启超在1903年发表的《新史学》一文中提出来的。他在这篇文章中,大力鼓吹进行"史学革命",建立与国际接轨的"新史学"。马克思主义史学传入中国后,出现了革命史学。美国学者德里克

(Arif Dirlik)在其《革命与历史：中国马克思主义史学的起源，1919—1937》(*Revolution & History: The Source of Marxism History 1919-1937*)一书中指出，革命史学否定先前的史学，因此对于共产主义者而言，马克思主义史学才是新史学。中华人民共和国建立以后，经过思想改造、批判胡适等政治运动，马克思主义史学成为中国大陆史学的主流。尔后又经历了1958年的"史学革命"和"文化大革命"，阶级斗争史学、影射史学等先后取代了先前的正统马克思主义史学，成为更新的"革命史学"。可见，在1949年以后的三十年中，前一阶段的"新史学"都被说成是"旧史学"，因此要建立更"新"的"新史学"。"文化大革命"结束后，先前这些高度政治化的"新史学"退出了历史，但是"新史学"这个名词还在用。台湾一批中青年历史学者办了一份《新史学》杂志，于1990年出版，成为中文世界中一份重要的史学刊物。在中国大陆，中国人民大学清史研究所也于2007年创办出版了《新史学》集刊。当然，影响更大的是加州学派(California School)，他们强调从全球史的视野中看中国历史。这些"新史学"都针对前一阶段的主流史学中的问题，提出新的挑战。所以说，史学是一个不断变化、与时俱进的学科。

余英时先生曾对国际史学的长期变化做过一个总结。他说："自十九世纪末以来，西方史学主流便是要把它由艺术变成一种'科学'（即Scientific History，科学化的史学），二十世纪初叶美国'新史学'（New History）进一步科学化，最初用自然科学的方法，后来改用社会科学的方法，这一潮流到了五六十年代登峰造极。'新史学'最大创获在美国经济史方面。两位经济史学家佛格尔（Robert W. Fogel，中国大陆译为福格尔）与诺尔思（Douglass C. North，中国大陆译为诺斯）等从六十年代到七十年代中，曾运用经济计量的方法，通过计算机对庞大统计数字的处理，研究了美国史上的经济成长、铁路建造，以及奴隶制度等多方面问题，得出了许多重要的新结论。但严格地说，这项成就已属于经济学，而不是史学。所以他们在几年前因此而获得了诺贝尔经济奖。"余先生接着说："虽然他们有很多创新，但他们的结论还是颇多持疑。八十年代以来，美国史学界对它的热烈期望终于逐渐冷淡了。"到了今天，这种新史学又遇到了严重的问题。诺贝尔经济学奖得主索洛（Robert Solow）批评当今西方经济史学说：当代经济学脱离历史和实际，埋头制造模型；而当代经济史也像经济学那样，"同样讲整合，同样讲回归，同样用时间变量代替思考"，而不是从社会制度、文化习俗和心态上给经济学提供更广阔的视野。因此"经济学没有从经济史那里学到什么，经济史从经济学那里得到的和被经济学损害的一样多"。因此，他希望经济史学家可以利用经济学家提供的工具，但不要回敬经济学家"同样的一碗粥"。

那么，今天的史学面临着哪些挑战，我们又是如何回应的？

二、挑战与回应

今天史学面临的新挑战，也表现在史学的三大要素方面，亦即出现了新的材料、新的方法和新的社会需求。具体而言，在材料方面主要是出现了"信息革命"，在方法方面主要是史学日益社会科学化，而在社会需求方面则主要是中国社会转型提出了新的问题。

（一）史料

如前所述，史学研究依赖史料。在学术史上，许多重大理论都来自特定的史料。例如，过去我们认为中国历史上有过"封建社会"，但是近年来国内学界对此也提出了质疑。世界史学家马克垚先生说："西方学者把封建作为一个政治、法律制度概括时，所依据的主要是狭小的罗亚尔河、莱茵河之间地区九到十三世纪的材料。用这些有限的材料概括出简单的封建主义的理想典型。"也就是说，这个概念来自欧洲历史，主要依赖的是一个小地方的史料。现在世界其他地方发现了更多的史料，而这些史料表明上述那种"封建社会"并不普遍存在。因此这个"铁定"的说法并不一定站得住脚，原先在"封建社会"的框架中写出的中国历史可能也需要改写。同样地，二十世纪在中国发现的殷墟甲骨文资料和敦煌文书，也在一定程度上改写了中国历史。

今天是一个信息革命的时代，这个革命存在于我们生活的各个方面。在史学中，这个信息革命就是"史料革命"。"史料革命"一词，最早出于年鉴学派第三代领导人勒高夫（Jacques Le Goff）之口，他说："历史学今天正经历着一场'资料革命'，这一革命与新史学有着千丝万缕的关系。"从他的这段话可知，"史料革命"与"新史学"之间，有一种必然的关系。

现代史学到底属于人文学还是社会科学，学界一直在争论不休，不过似乎越来越多的学者倾向于将其归入社会科学的范畴，因此国际历史学界最大和最高的学术组织的名称，就叫作历史科学国际委员会（The International Committee of Historical Sciences，简称

ICHS）。既然是科学（社会科学也属于科学），就要遵从科学研究的原则。科学研究，依照克莱斯维尔（J. W. Creswell）的概括，是一个收集和分析信息，以获得对一个特定问题的正确认识的过程。这个过程包括三个步骤，即提出问题，搜集资料，回答问题并予以验证。而在史学研究中，信息就是史料。

今天的"史料革命"体现在两方面：第一，以前没有发现的史料，现在被发现了；第二，原来已经发现，但却无法看到的史料，随着信息技术的发展（特别是数码化），现在也可以获得了。对于研究者来说，这两类史料都可以说是新的，而且数量惊人，因此被称为"史料爆炸"。这些史料经过科学的加工整理，必然对史学研究产生革命性的影响，因此我们也把"史料爆炸"称为"史料革命"。

在第一方面，我们可以看到今天被发现的史料的数量之大，确实是以往无法想象的。下面举个例子来看看，这些新发现的史料数量到底有多大。山西大学中国社会史研究中心提出了"走向田野与社会"的学术理念，二十年来一直致力于收集集体化时代山西农村社会基层档案资料，至今总数已达一千数百万件。此外，多家大学和研究机构正在收集整理一些地方历史文献（如贵州清水江文书、浙江龙泉司法档案、浙江松阳县石仓村文书等），涉及的文献数量也都各自以万计甚至以数十万计。这些文件都是第一手材料，对于我们深入研究中国基层社会以及市场网络等，具有重要的价值。可以预见，使用这些前人未曾见过的史料研究历史，很可能就会导致历史的改写。

在第二方面，今天我参观华中师范大学档案馆，看到这里收集的大量资料得到很好的分类和整理，使得研究者能够方便地使用。这就是说，经过档案馆工作人员的努力，这些资料从不可用（或者不方便使用）变为可用（或者方便使用），因此也成为一种"新"的史料。此外，更值得注意的是，中国第一历史档案馆藏有清代档案资料1000多万件，大家都知道这些史料对于清史研究非常重要。但是过去没有很好的分类和整理，因此只能望"档"兴叹，无法有效使用。2005年底，该馆正式启动《清代档案文献数据库》重点档案文献数字化项目，计划采用最新信息技术和古籍数字化技术，有计划、分步骤地将这批文献整理出来，最终将建成最具规模的清代档案文献专业数据库，首批成果《大清历朝实录》和《大清五朝会典》已推出。由此，这批数量浩大的文献也成为清史研究者可以使用的史料。这些档案材料出来后，我们对清代历史的认识肯定会发生变化。

但是，如前所述，史料不等于史学。任何资料都是在特定的社会历史环境中产生的，特别是正史，经过官方的取舍，很多不利于统治的史料都被删掉了，而且这些资料系史官用古典语文——文言文写出来的，与现实用语相差甚大。因此这种写作实际上是把原始信息进行了改写。在此过程中，必定有所失真。这一点，后现代主义者的看法还是中肯的。

"史料革命"给我们带来的一个问题是怎么去使用这些数量巨大的史料。菲雷说：研究过去必须使用数据，就像研究现在一样。必须把数据加工（或重建，或推算）达到令人满意程度，才可以有效地运用。什么叫数据？菲雷简明扼要地说："数据就是收集起来供参考或者分析的事实和统计。"计算机科学家克里施南（Krish

Krishnan）则说:"数据是信息或者知识的最低水平和最基础的一种形式。在计算机世界里,数据通常指经过加工的数值的行或列,这些数值代表一个或者几个存在物及其属性。但是在计算机或者信息时代之前很久,甚至古希腊时代之前,数据就已随着计算与贸易的出现而存在了。"当然,不是所有的史学研究都需要这种形式的数据,例如宗教史、文化史研究未必需要很大数量的数据,但是社会经济史研究则必须要有大量的数据。总之,根据研究对象的不同,对数据的需要程度有很大的差异。同时,是否使用数据,也与特定时代的研究方法有密切关系。例如,郭沫若、范文澜那一辈的史学家在做中国史研究时,主要是在马克思主义框架下进行定性分析,因此可以不考虑数据问题。但是今天我们做社会经济史研究,离不开定量分析,因此没有足够的数据就无法进行研究。

数据是信息的最低水平的形式,换句话来说,是最基础的形式,因此必须经过加工才能使用。这种加工包括数据搜集,数据处理,数据检验,将数据变为可以使用的表格形式,等等。

过去马尔萨斯主义者认为中国人口多是万恶之本,过去中国人不搞节制生育,拼命生孩子,越生越穷,越穷越生,形成恶性循环。确实,在中国有很多这样的具体事例。但如果把一个地方的人口资料做成数据库后进行科学分析,结论可能就不是这样了。辽宁道义屯等农村的人口登记资料很全面,从十八世纪五十年代开始一直到今天,两个半世纪的人口资料不间断而且完整。李中清教授和他的合作者把这些资料做成数据库,然后进行统计分析,看看每个妇女平均生几个孩子,一个男人娶几个妻子,最大的孩子和最小的相差多少,有多少男人终身不结婚,等等。然后,与西方的相关数字进行对比,他发现清代中国并没有出现"人口爆炸",中国有自己控制人口的机制。

如果数据不足,量化史学是无法进行的。刘子健指出:"年鉴学派收集资料,加以排比,试寻其关联与背景,但往往花了莫大力气,却无从判其所以然。由于中国历史变乱相循,资料散失,社会调查不易进行,所以也不必强寻历史全貌。而量化学派统计数据来综合各方面的资料,这是可行的,只是必须要有足够的数据。当前研究中国历史不能采用的原因,在于数据不足。"因此,下大气力收集数据,加工数据,建设数据库,是今天我们深入进行社会经济史等史学领域研究的必要条件。

(二)方法

历史学家王国斌(R. Bin Wong)在《转变的中国:历史变迁与欧洲经验的局限》(*China Transformed: Historical Change and the Limits of European Experience*)的前言指出:二十世纪的史学研究所面临的最大问题之一,是我们的史学研究建立在十九世纪出现的社会理论之上,但是"十九世纪的社会理论,在许多方面已不再可信"。既然十九世纪的社会理论的许多方面到了现在已不再可信,再用它们来建构历史,一定会出现问题。因此,我们在使用一些过去史学研究的理论时,必须对这些理论进行重新审视和检讨,分辨其中合理和过时的部分,而不能不分青红皂白,一概接受或者否定。

从方法论上说,史学研究方法很多。历史哲学家怀特(Hayden White)说:"无论是把'历史'(history)仅视为'过去'(the past),或是视为关于过去的文献记载,还是经过专业史学家考订过的关于过去的历史,都不存在用一种所谓的特别的'历史'方法去研究'历史'。"由于没有一种特别的方法,在史学发展的长期过程中,史学从其他学科吸收了各种不同的方法,因此史学研究的方法十分丰富。这些方法都有其功用,因此不能因为偏爱某种方法而排斥其他方法。吴承明先生说得好,"就方法论而言,有新、老学派之分,但很难说有高下、优劣之别","新方法有新的功能,以至开辟新的研究领域;但就历史研究而言,我不认为有什么方法是太老了,必须放弃","我以为,在方法论上不应抱有倾向性,而是根据所论问题的需要和资料等条件的可能,做出选择"。由此出发,吴承明、余英时先生都强调"史无定法"。刘子健先生则进一步提出"史采佳法"之说,"余英时说'史无定法',研究历史的题材不同,自然没有一成不变的方法,所以更妥帖地说应当是'史采佳法'"。

(三) 社会需求

今天世界各国人民共同关注的一个焦点,是中国近三十年的巨大变化。三十年前的世界上,没有多少人会在意中国发生了什么事,但是在今天,不论是喜欢还是憎恨,却无人不在意中国。而对中国今天所发生的一切进行解读,并且预测中国未来的变化,也就成了国际学界最重要的任务,能否提出合理的结论,也是国际学界所面临的最大挑战。

中国之所以成为世界观众的焦点,最主要的原因是"中国经济奇迹"。哈佛大学经济系前主任柏金斯(Dwight H. Perkins)教授曾在一篇文章中说:"十八世纪中期工业革命在英国发生,随后横扫欧洲其他部分（包括苏联阵营）和北美，用了250年的时间，才使这些地区实现工业化，提高了今天世界23%的人口的生活水平。而中国今天的经济发展倘若能够继续下去，将在四五十年内使得世界另外23%的人口生活在工业化世界中。"因此中国近三十年来的经济发展，是人类历史上最伟大的经济奇迹。

其次，今天中国存在着众多严重问题，也使得中国成为世界关注的焦点。例如，中国许多地区遭受了可怕的雾霾，这是中国现在面临的生态环境危机的一个体现。从世界史来看，中国今天的生态环境危机也是史无前例的。此外，中国今天的各种社会问题，从规模上来说，也是无与伦比的。这些都不仅使得中国人，而且也使得其他国家的人，感到担忧。

因此，难怪中国会成为世界关注的焦点，而提供关于中国的正确知识，则是国际学界最重要的任务之一。但是，怎么才能正确认识中国呢？柏金斯说得好："中国的今天是它的过去的继续。中国在过去的几十年中变化很大，但是中国过去的历史仍然照亮了中国的现在。"可以说，不了解中国历史就无法研究中国的现在和中国未来的走向。德国大文豪歌德曾说："我认为但丁伟大，但是他的背后是几个世纪的文明；罗斯柴尔德家族富有，但那是经过不止一代人的努力才积累起来的财富。这些事全部隐藏得比我们想象的要深。"因此，要正确认识中国的今天，必须认识中国的过去，否则我们的认识就会很肤浅。

现在的一个严重问题是：研究中国现状很火热，但是研究中国历史，特别是近代早期的历史（即明清史）却在走下坡路。美国亚洲学会前主席罗友枝（Evelyn Rawski）在1991年写文章谈到，在西方的中国学界,明清社会经济史是最大的一个专业领域,成就也最大。但是2013年在台湾"中研院"召开了一个盛大的国际明清史会议,共有三十场讨论,其中只有两场是社会经济史。由此我们可以看到:一方面,国际学界对中国经济社会史知识的需求越来越大;另一方面,中国社会经济史研究却在走下坡路。这是一个很矛盾的现象,而这很大程度上是经济史学家的失职。英国历史学会主席巴勒克拉夫(Geoffrey Barraclough)曾受联合国教科文组织委托,为该组织出版的《社会科学和人文科学研究主要趋势》撰写了历史学卷(即 Trends in History, Main Trends in the Social and Human Sciences,中译本书名为《当代史学主要趋势》一书),对第二次世界大战结束以后世界各国史学发展状况进行总结。该书结语"当前的趋势和问题"写道:今天"历史学已经到达决定性的转折时期","近十五至二十年来历史科学的进步是惊人的事实",但是"根据记载,近来出版的百分之九十的历史著作,无论从研究方法和研究对象,还是从概念体系来说,完全在沿袭着传统。像老牌发达国家的某些工业部门一样,历史学只满足于依靠继承下来的资本,继续使用陈旧的机器"。而造成这种状况的最重要的原因,则在于历史学家"根深蒂固的心理障碍",即"历史学家不会心甘情愿地放弃他们的积习并且对他们工作的基本原理进行重新思考"。因此,只有不断改进我们的研究。那么,应当怎么改进我们的史学研究呢?特别是应当如何更好地研究近代以前的经济史呢?

三、近代早期经济史研究的新方法

如前所述,在史学研究中,各种经过时间考验而证明有用的方法,都有其不可替代的功用。对于不同的问题,我们要采用不同的方法。但是我们也要强调:每个时代都会有更新、更多和更好的方法可供我们选择,因为只有这样,我们的史学研究才能越来越新,更上一层楼。在这里,以我用GDP的方法对江南(即长江三角洲)经济史所作的新探索为例,看看在近代早期的经济史研究中,如何使用新史料、新方法,解决新问题。

认识一个地区在一个时期中的经济状况(也被称为经济表现)可以通过不同的方法。以往中国经济史研究中所使用的方法,主要是描述的方法和定性分析方法。这些方法是非常必要的,但也存在不可忽视的缺陷。其次,在以往的许多研究中,虽然所研究的往往只是中国经济的一个侧面(或者局部),但是得出的结论却是全局性的。再次,以往的许多研究都以"西方"为比较对象,但是这种比较却往往没有对可比性进行认真的研究,同时也没有一套客观和中性的标准。

以上缺陷,导致了我们对过去的经济状况的认识具有明显的问题。首先,由于所研究的实际上只是经济的一个侧面,而这些不同的侧面放到一起,构成的是一个二维的图像(例如,以往的中国经济史教科书,列出农业、工业、商业等项,而这些项的内容都是平行的,因此构成的总体图像也是平面的),因此使用上述方法来获得对中国(或者中国某一地区)经济状况的了解,往往只是平面的,而非立体的。而事实上,经济各部门之间的关系很复杂,有产业层级的区别,因此一个经济是一个由不同层级的部门构成的立体图像;其次,由于缺乏定量研究,因此我们很难判断一个经济中各个不同部分之间的关系及其关联度。再次,由于对比较对象没有进行认真的讨论和缺乏合适的比较标准,以往的许多比较研究在客观性和可靠性方面往往令人心存疑义。

为了克服以上缺陷,我们需要在原有的研究方法之外,寻找新的方法,使之与原有方法相配合,以求获得对中国(或者中国的某一地区)在某一时期的经济状况有更全面、更深入的了解。我近来进行的GDP研究,就是我在探寻新方法方面走出的一步。

江南经济史一向是国际中国经济史研究的重点。过去学界对江南经济史进行的研究,所使用的史料基本上都差不多,但不同的学者却得到完全不同的结果。由此来看,要改进江南经济史研究,最重要的是要改进研究方法。

江南即长江三角洲,从面积上来说,仅占全国面积的1%,人口也不到全国人口的6%,但是在今天,这个地区的GDP却占到全国的1/5,出口占全国的1/3以上,上交财税占全国的1/4以上。不仅如此,这个地区从宋代以来就是全国最富裕的地区,也是国家财政收入的主要来源,所以国际学界对江南经济史研究也最密集。一些重要的理论,例如费维恺的中国早期工业化理论、黄宗智的过密化理论等,都是从这个地方推出来的。过去学界对江南经济史进行研究的很多,但是基本上都偏重于某些方面,而缺少一个综合的研究。因此,以前研究得出的近代早期江南经济的图像,只是两维的或者平面的,而一个社会和经济的全面图像,必须是三维的或者立体的。那么,要怎么才能达到这一点呢?进行GDP研究就是最有效的方法之一。

中国历史上的GDP问题，早在半个世纪以前，张仲礼先生在《中国绅士的收入》一书中就已注意到了。尔后，柏金斯（Dwight H. Perkins）对1368—1968年中国农业产值进行了颇为精当的分析，已相当接近GDP的问题。近年来，麦迪森（Angus Maddison）对过去两千年中不同时期的中国GDP进行了估算，并进行了国际比较。这些学者的工作具有开拓性的意义，在学术史上功不可没。但是由于各方面条件所限，他们的工作也存在不少问题。例如在张仲礼先生的书中，在讨论中国十九世纪八十年代的GDP时仅用了两页篇幅，这当然很简略。麦迪森的研究所依靠的是海外学者用英文或者法文写的研究成果，而这些成果是非常有限的。最近一些年轻的学者（如刘逖和管汉晖等）对明代和清代中国的GDP进行了研究，但是所研究的时空范围都很大，而所用的材料颇为有限而且问题不少，因此得出的结论也颇有争议。在海外，范赞登（Jan Luiten van Zanden）等荷兰学者将用来研究当代GDP的国民账户核算系统（System of National Account，简称SNA）方法加以改进，成为历史国民账户核算系统（Historical System of National Account，简称HSNA）方法，对近代早期荷兰的GDP进行了开拓性的和深入的研究，取得了很大成功，因此为其他国家的学者研究近代早期的GDP提供了一套比较客观的指标。我使用这种历史国民账户核算系统的方法，对十九世纪初期江南的GDP进行研究。此项研究历时八年，计算出了十九世纪二十年代华亭/娄县地区（今上海市松江区）的GDP。

以此项研究为基础，我把十九世纪初期松江地区的GDP与范赞登等学者所得出的1810年荷兰的GDP进行比较。之所以选择这两个地区的GDP作为比较对象，主要原因有三：第一，这两个地区具有较高的可比性；第二，学界对这两个地区经济史的研究较为深入；第三，这两个地区拥有较为丰富的史料，可以建立历史国民账户核算系统研究所需的数据库，因此可以使用这种方法对这两个地区的十九世纪初期的GDP进行研究。在此基础上，用同一标准对这两个地区的经济进行比较研究。

通过研究和比较，最后得出的结论很有意思。首先，这两个地区农业（连同养殖业和渔业）在GDP中的份额都不到1/3，农业就业人口在总就业人口中的比重也都不到1/2。在此意义上我们可以说，这两个地区的经济都不再是以农业为主的经济，而是以工商业为主的近代经济。尔后，我和范赞登在一篇合著的文章中，使用购买力平价（PPP）的方法，把我们各自对江南和荷兰的GDP的估算，以及麦迪森西欧的GDP的估算，都折算为1990年的美元。结果是在十九世纪初期江南东部地区的人均GDP已达到1000美元，虽然低于同时期西欧最发达的地区荷兰的人均GDP，但是与西欧的人均GDP相似。因此可以说，早在鸦片战争之前，江南地区在经济发展水平方面与西欧很接近。

专门研究荷兰经济史的经济史学家德·弗理斯（Jan de Vries）和范·德·伍德（Ad van der Woude）提出：早在1815年以前，荷兰经济就已是一个"近代经济"（modern economy）了。由上面的比较可见，十九世纪初期的华/娄地区经济与荷兰经济在许多重要方面有惊人的相似之处。因此如果说此时的荷兰经济是一个"近代经济"，那么同时期的江南经济也应当是一个"近代经济"。正是因为有这种近代经济作为基础，鸦片战争后，外来的近代化因素才能够立足，两相结合，成功地演变为工业经济，进入工业化时代。

这个结论更加证实了加州学派的主要观点，即彭慕兰在《大分流》中得出的结论：在十九世纪以前的世界上，有少数地区在经济表现方面具有一些至关重要的特征，而余下的地区则不具有这些特征。这些特征包括比较自由的市场、普遍的手工业、高度商业化的农业，等等。这些特征与"资本主义"之间并没有必然的联系，也与"斯密-马克思模式"无关。这样的地区有中国的江南，欧洲的英格兰、荷兰等，日本的关东，印度的古吉拉特等地区。世界早期近代经济就出现在这些地区。其中的英格兰由于各方面有利的条件发生了工业革命，其后工业革命在欧亚大陆扩散，也已在这些地区相对成功。这个观点就是今天全球史一个重要观点。

以上看法，不论其具体结论是否经得起时间的考验，新的探索都具有重要的意义。如前所述，史学在今天面临着严峻的挑战。换一个角度来看，这对于史学的发展来说未必不是一件好事。认识过去的实践是一个过程，我们在此过程的某个阶段上的认识不可能达到完美无缺。随着认识方法的改进，我们总会发现过去的认识有缺陷。巴勒克拉夫说："历史学已经到了转折时期，这个事实并不意味着它必定会沿着正确的方向前进，也不一定意味着它有能力抵制住诱惑，避免陷入歧途。"史学家只有敞开胸怀，努力向其他学科学习，不断改进研究方法，使得我们对过去的认识尽可能地接近真实，史学才能在上述挑战前面立于不败之地。如果不能够与时俱进，那么将被淘汰的是史学家，并不是史学。

最后我总结为一句话，史学在不断地变化，史学家也在不断地变化，而年轻的学者在变化的大潮中应该是最后的赢家！关键是对新的方法、新的观念、新的途径，都要敞开心扉，不要保守。

区域文化与企业文化

在现代经济中，企业是经济活动的主要承担者，而不同的企业有不同的企业文化；同时，企业又分布在不同的地区，企业文化也深受所在地区域文化的影响。因为企业是人组成的，而人的行为又受到特定文化的支配，因此不同的区域文化和企业文化，是决定一个企业成败的关键之一。区域文化和企业文化，都是历史上形成的，我是做经济史研究的，因此这个讲演将从历史的角度来和大家谈谈区域文化与企业文化的问题。

一、"文化"新解

"文化"是什么意思？许多人大概都会觉得这是众所周知的，不成为一个问题。但是从学术的观点来看，这并不那么简单。有两位知名的人类学家克罗伯（A. L. Kroeber）和克拉孔（Clyde Kluckhohn）对"文化"这个概念进行了研究，发现有一百六十多个解说。他们最后的结论，是把文化看作成套的行为系统，而文化的核心则由一套传统观念，尤其是价值系统所构成。

文化在人类生活中的意义非常重要，美国第一位女人类学家本尼迪克特（Ruth Benedict）说："从世界范围来看，传统风俗是由许多细节性的习惯行为组成，它比任何一个养成的行为都更加引人注目，不管个人行为多么异常。最重要的是，风俗在实践中和信仰上所起的举足轻重的作用，以及它所表现出来的极其丰富多彩的形式。没有一个人是用纯洁而无偏见的眼光看待世界。人们所看到的是一个受特定风俗习惯、制度和思想方式剪辑过的世界。"她说的"传统风俗"就是"文化"的重要内容。

不同的文化给人以不同的思想观念，而不同的思想观念又带来不同的行为方式。著名科学家霍伊勒（Fred Hoyle）在《人和星系》一书中说："摩洛哥和加利福尼亚是地球上纬度极其相似的两个地方，都在各自大陆的西海岸，气候相似，自然资源也可能相似。但是这两个地方目前的发展程度完全不一样。这倒不是因为人民不同，而是由于居民头脑中的思想不同。"因此，我们每个人都是一种特定文化的产物，我们生活的社会是由我们的文化决定的。

文化是人创造的，但是它被人创造出来后又塑造了人。在这一点上，中国的先贤有非常好的认识，可惜这个认识在今天被人们忘记了，因此在这里我特别要强调一下，依照这个认识对"文化"做出新解。

中文中的"文化"一词，由"文"和"化"两个字组成。在古代，这两个字是分别使用的。古代字书《释名》说："文者，会集众彩，以成锦绣"，而《说文解字》注说："教行于上，则化成于下。""文"与"化"连缀使用最早见于《易经》中的"观乎天文，以察时变；观乎人文，以化成天下"。而"文化"一词正式出现是

区域文化与企业文化　261

在刘向的《说苑·指武》:"圣人之治天下也,先文德而后武力。凡武之兴,为不服也;文化不改,然后加诛。"简单地说,"文"的意思是人文(特别是良习美德),"化"的意思是教化,因此将"文"与"化"二字合为一词,意思是用"人文"去"教化"人。因此,无论是区域文化还是企业文化,都有一个重要作用是教育人、塑造人的心灵世界。

二、区域文化及其划分

俗话说"十里不同风",各地的传统风俗(即地方文化)都各有特点。即使在一个较大的地域内,也有许多不同的文化。明朝旅行家和地理学家王士性在他写的《广志绎》中说道,他是浙江人,但是在浙江省,"两浙东西以江为界而风俗因之。浙西俗繁华,人性纤巧,雅文物,喜饰攀蜺,多巨室大豪,若家童千百者,鲜衣怒马,非市井小民之利。浙东俗敦朴,人性俭啬椎鲁,尚古淳风,重节概,鲜富商大贾。而其俗又自分为三:宁、绍盛科名逢掖,其戚里善借为外营,又佣书舞文,竞贾贩锥刀之利,人大半食于外;金、衢武健负气善讼,六郡材官所自出;台、温、处山海之民,猎山渔海,耕农自食,贾不出门,以视浙西迥乎上国矣"。也就是说,浙江各地的地方文化都不尽相同,各有特色。

这种具有特色的地方文化,就构成了文化圈。美国文化学者柯达尔(Henry M. Kendall)在《现代文化区》中为"文化区"下了这样的定义:"文化区是一组相类似的、内部有相互联系的文化占主导地位的区域,这些文化通常具有许多共同因素、特别是语言与宗教。"

文化区有大有小。从大的方面来说，世界有几个大的文化区。提出"文明冲突"论的著名美国学者萨缪尔·亨廷顿（Samuel P. Huntington）认为，世界上有七大或八大文明，即中华文明、日本文明、印度文明、伊斯兰文明、西方文明、东正教文明、拉美文明，还有可能存在的非洲文明。他所说的文明，也就是文化区。

在中国，也有多个文化区，这些文化区包括西北游牧文化区、北方农耕文化区、南方农耕文化区、青藏高原文化区等。其中最主要的北方农耕文化区，包括以关中为核心的秦陇文化亚区、山西的晋文化亚区、山东的齐鲁文化亚区、河南的中州文化亚区、河北、辽宁的燕赵文化亚区等，另一个最主要的文化区南方农耕文化区，则包含长江下游的吴文化亚区、闽浙的瓯越文化亚区、长江中游的荆楚文化亚区、两广的岭南文化亚区、川渝的巴蜀文化亚区等。

多个文化区的并存，使得我们生活的世界变得丰富多彩。我们的中国文化之所以博大精深，也是多种文化相互交融的结果。

三、国内区域文化与企业文化

企业文化是社会文化的一个组成部分，两者之间相互影响，彼此互动。

首先，我们来看看中国文化对企业文化的整体影响。

中国古代文化是以儒、佛、道为主体的多元文化，有"儒家治世、佛教治心、道教治身"之说。儒家主社会治理，佛教偏精神修养，道教重身心修炼。佛、道都不"入世"，而儒家积极"入世"，因此儒家文化成为官方意识形态，也成为中国古代文化的核心内容，是影响古代民众伦理道德、行为规范的主要文化。儒家文化两千多年来不但很稳定，而且遍及社会各阶层。

儒家文化的核心是人，强调人的道德修养，认为人人都可以成为圣贤。孔子用"仁"字来界定"人"字，孟子说"人皆可以为尧舜"，荀子说"涂之人可以为禹"，陆象山更进一步提出"不识一字也要堂堂做一个人"的口号。

在过去很长的一段时期内，儒家文化被视为现代化的障碍，所以有"打倒孔家店"的口号和"批林批孔""评法批儒"等运动。追溯其源，这种看法源于德国著名思想家马克斯·韦伯（Max Weber）。他在《新教伦理与资本主义精神》中说："理性资本主义与新教伦理都只出现在西方文明中。几乎所有与理性资本主义有关的种种因素也都是西方文明独有的。西方文明不同于其他文明的一般特征，就是理性主义，其源头一直可以追溯到整个西方文明传统。不同的文明形式产生了各自独有的精神核心，宗教在其中发挥了巨大的影响。新教伦理赋予了经商逐利行为以合理的世俗目的。而印度教、佛教、儒教、道教、伊斯兰教、犹太教等没有经过宗教改革的各大宗教，其古老宗教伦理精神对于这些民族的资本主义发展起了严重的阻碍作用。"但是这种看法，后来受到许多学者的批评，特别是余英时先生在《中国近世宗教伦理与商人精神》一书中指出：明清时期中国的儒学文化中，包含了许多与韦伯所说的"新教伦理"相同或相似的内容，这些内容与现代化并不冲突，不仅没有成为障碍，而且有推进作用。

其次，我们来看区域文化对企业文化的影响。

中国各区域文化都对企业文化具有重大影响，从而形成了各具特色的企业文化。我们都熟知明清时代形成的十大商帮，即徽商、晋商、洞庭商、宁波商、龙游商、江右商、陕西商、山东商、福建商、广东商（广府帮、潮州帮）。这些商帮所经营的事业中，就有不少成功的企业。对这些商帮的企业文化进行研究，可以看到有许多共同之处，也有许多不同之处。这些不同之处构成了各自的特色，而这些特色都是区域文化的产物。

在中国各地的区域文化中，最值得注意的是江南的区域文化。江南（即长三角地区）在明清时代逐渐形成一个发达的商业化和教育普及的社会。江南独特的文化特质也由此而得到确立。这种文化特质造就了江南人民的精神趋尚、价值取向、生活内容和生存方式。这种江南文化的特点，可以归纳为海纳百川，有容乃大；博采众长，多元交融。

不同于许多建立在比较狭隘的地缘和血缘基础之上的区域文化，江南文化具有很大的包容性。作为明清中国经济的中心，江南成了各地商人汇集之地。清代江南的中心城市苏州，就是外地商人集中的地方。《云锦公所各要总目补记》说："吾苏阊门一带，堪称客帮林立……如鲜帮、京庄、山东、河南、山西、湖南、太谷、西安、温台州帮……长江帮，等等，不下十余帮。"其中仅住在阊门南濠一带的福建商人，就达上万人。徽州商人更是遍布江南各地，以致有"无徽不成镇"之说。晋商也把江南作为重点投资地，十九世纪中期，山西人乔松年在苏州和松江任知府期间，票号从7家增加到11家，松江府从9家增加到23家。这些外地商人定居江南后，很快接受了江南文化，同时也把他们各自的企业文化带到了江南。

江南本地原有的企业文化，在融入各地企业文化后，形成了新的江南企业文化。这种新的企业文化成为中国最有活力的企业文化。在这个方面，有一个例子可以作为代表。在清朝初年，徽商汪文琛在苏州山塘设立了一个棉布企业——益美布号。这个布号经营有道，发展成为中国最大的布商企业之一，"计一年销布约以百万匹计"，自此以后"二百年间，滇南漠北，无地不以益美为美也"。

益美号是一家非常成功的企业，但受江南重公益、重文教的地方文化的影响，也成为一家著名的慈善机构和文化机构。道光六年（1826），汪士钟用益美布号的收入创建汪氏义庄，置田1068亩，以田租收入赡养族内鳏寡孤独和残病贫者，资助族人嫁娶丧葬。汪士钟唯一嗜好便是收藏古籍，把乾嘉时期苏州藏书四大家的宋版书收进自己的藏书楼中，一时间珍本善册荟萃，号称海内之最。这和今天许多人想象中"唯利是图"的商人形象大相径庭。

四、国际区域文化与企业文化

虽然中国各商帮所体现的企业文化都有其优点，但这些文化都是传统社会的产物，无法承担起现代企业发展的重任。要建立和经营现代企业，就必须积极学习西方先进的企业文化，把西方企业文化和中国传统的企业文化中的优点结合起来，创造一种适应中国国情的现代企业文化。在这方面，如果"以成败来论英雄"，也就是从现代企业的成败出发来看中国各地的企业文化，那么其中表现得最好的是仍然是江南。

江南本有放眼世界的传统，早在明朝后期，"西学"开始传入中国之时，江南的先进知识分子就开始学习"西学"。其中最有名的例子，就是明朝科学家和政治家徐光启。他积极向利玛窦等西方传教士学习西方科学知识，并把许多重要的西方科学经典译为中文，介绍给国人。今天我们使用的许多科学名词，就是他和利玛窦一起创造的。他还主持引进葡萄牙技师和军官，为明朝军队制造先进火器和训练士兵。到了鸦片战争后，中国最早的西学翻译机构——江南造船厂翻译处——也建立在上海，徐寿等多位著名科学家就在其中工作。

为了"实业救国"，大批江南人士出国留学，积极学习和引进西方企业文化。在二十世纪二三十年代的上海，工厂、银行的525名经理、董事中，曾在国外留学的就有82名，占15.6%；即使在传统影响颇深的商业企业，高管人员的状况也开始发生变化，583名商业经理、董事中，有18名曾在国外留学。他们回国之后，就把学到的西方企业文化付诸实际。1914年留美回国的穆藕初，在上海创办德大纱厂，率先将西方的科学管理思想付诸企业实践，同时还在百忙之中翻译了当时西方最新的企业管理方法——泰罗的《科学管理原理》，1916年由中华书局以《工厂适用的学理学的管理法》为书名出版，这是中国近代最早的一部科学管理理论译著。

但是，西方企业管理思想以"经济人"假设为前提，即人的一切行为都是为了最大限度满足自己的私利，工作目的只是为了获得经济报酬，因此企业文化的核心是以最可能快的生产节奏来取得最佳的经济效益。这种企业文化能够在一个较短的时间内最大限度地提高生产效率，但蕴积着劳资矛盾和冲突日益加深的潜在因素。中国的民族企业家们注意到了这方面的问题，认为要长期提高企业生产率，减少劳资矛盾，就必须对西方的企业文化进行改革，创建适应本国国情的企业文化。

在这方面，邻国日本的企业文化对中国企业家们具有启发的作用。被称为"日本企业之父""日本金融之王""日本近代经济的领路人""日本资本主义之父""日本近代实业界之父"之称的涩泽荣一，1916年出版了《论语与算盘》一书。书中主张将《论语》作为经商和立身处世的准绳，主题涉及青年立志方法、如何应对逆境、正确的工作态度、保持精神年轻之法、金钱观、对商业道德教育的关注、对慈善事业和履行社会义务的鼓励、对教育制度的思考甚至如何尽孝等，包含了他七十多年来的人生经验和处世智慧。

参考了西方和日本企业文化，江南近代企业家努力创建一种具有中国特色的企业文化，这种文化有以下特点：

1. 坚持以人为本。近代留学生主管的各企业十分重视和改善职工的福利待遇，并努力为人才成长创造良好的内部环境。

2. 倡导劳资合作。关心职工的冷暖，使职工产生归属感，将工人的利益同企业的前途连在一起。

3. 注重制度建设。目标是建立根本性、全局性、稳定性和长期性的管理措施。

4. 服务社会至上。在"实业救国"理想的指导下，把服务社会作为企业追求的目标和实现劳资合作、凝聚职工的旗帜。

他们的努力取得相当的成功，典型例子是近代企业家荣德生先生。他毕生致力于发展中国的民族工业，创办了几十家面粉厂和纺织厂，遍布全国各地，从而成为驰名中外的"面粉大王"和"棉纱大王"。荣氏企业成功的经验之一是他们在管理中始终贯彻执行

"以人为本"的管理理念,并付诸实践。其中最具典型代表性的是于三十年代在申新三厂首创的"劳工自治区"曾名扬全国,并得到国际劳工组织的重视。他的理念,集中表现在他的这段话中:"我们既然有了经费,对于劳工需要的事业,就不难举办了,但是事业很多,我们如何去办理,应该要有一个计划和标准,现在再拿申三劳工自治区办的事业写在下面:劳工子弟教育三岁以下办初级托儿所,负责管理保姆哺乳等事宜,使他的父母可以安心工作。三岁至六岁办中级托儿所,注意教养,和游戏、盥洗、睡眠等事宜。"

五、企业文化对区域文化的促进

企业是现代社会的基本组织之一,从某种意义上来说是组成社会这个整体的一种细胞。企业文化不仅是社会文化的产物,而且也对社会文化具有重要影响。

企业是由企业家经营的。企业家并不只是一些唯利是图的人。美国著名作家戴维·伯恩斯坦(David Bornstein)写了一本非常有名的书《如何改变世界:社会企业家与新思想的威力》,被称作为民营部门提供的"卓越指南"。书中写道:"企业家是那些为理想驱动、有创造力的个体,他们质疑现状、开拓新机遇、拒绝放弃,最后要重建一个更好的世界。"在这本书里,他讲述了许多这样的卓越个体——有些来自美国,其他则来自从巴西到匈牙利的许多国家——引人入胜的故事。这些故事让人们看到了一个没有被媒体大量报道的巨大变革:环顾世界,社会中成长最快的部分是民营部门,同时数以百万计的普通人——社会企业家们——正在越来越多地涉足政府和企业已经失败的地方去解决问题。

因此，把优秀的企业文化推广到所在地区的社会文化中，使之成为改进社会文化的积极因素，这是优秀的企业家义不容辞的责任。

中国传统文化中的许多理念，都成为古代工商业企业文化的重要内容。例如明清商书《士商类要》阐述了"立身持己""和睦宗族""孝顺父母""敬兄爱弟""君子知恩""勤劝读书"等做人的基本原则，成为传统的企业文化的基础。尽忠报国，为国分忧，也成为企业文化的组成部分。例如在鸦片战争之前70年间，清代十三行行商向政府捐输额数超过了1353.7万两银，其中为解决内忧外患的军事费捐输额数高达789万两，占到了全体总额数的58%。十三行中的怡和行老板伍秉鉴，被西方称为十九世纪世界首富，他主持该行时期向国家捐献358万两以上，其中很大部分就用于鸦片战争时期为政府购置军火。

传统的企业文化的这些内容，反过来对各地社会文化有重大影响。例如荣德生的申新三厂的劳工福利制度，对社会的影响就很大，关爱普通人也成为近代江浙区域文化的一个重要内容。

六、结论

中国文化是世界主要文化之一，是中国企业文化的根源。中国国内各区域文化各有优点，对各地企业文化有重要影响。

企业文化是区域文化的重要组成部分，彼此相辅相成。优秀企业文化形成了区域文化的新元素、新内涵，促进区域文明水平提升,这也体现了企业文化对社会文化的贡献和责任。

在经济全球化时代,文化是多元交汇的。只有充分汲取本土和世界各地文化的精粹,方能取精用弘,建立具有自身特色而又领先世界的先进企业文化。

书 序

魏丕信《十八世纪中国的官僚制度与荒政》序

《十八世纪中国的官僚制度与荒政》是二十世纪后期国际中国史坛上最重要的成果之一，作者魏丕信（Pierre-Etienne Will）先生是闻名中外的中国社会经济史学家。在本书中文版即将出版之际，特将本书作者、本书主要观点以及本书所体现的国际中国史学新动向作一简单介绍，以帮助广大读者更好地领悟本书的特点。

一

法国汉学具有悠久的历史，在国际学坛中久享盛誉。二十世纪中叶，西方"史学革命"兴起于法国，法国的中国经济史研究"近水楼台先得月"，在此革命中也得风气之先。优良的汉学传统，史学理论与方法的革命，两者风云际会，相互结合，于是产生了一代新的中国社会经济史名家。魏丕信先生就是这一代学者的杰出代表。

魏丕信先生（以下简称魏氏）生于1944年，早年攻读欧洲古典文学（拉丁、希腊、法国）和中文，1975年获巴黎大学博士学位，

1969年入法国国家高等社会科学研究院任教至今，1991年当选法兰西学院院士。①自1814年以来，先后有8位汉学家当选为该院院士，魏氏以47岁的年纪当选院士，是法国学术界对他卓越成就的充分肯定。②迄今为止，他已有专著2部及论文50余篇发表刊出，这些成果在国际学界享有盛誉。他主要研究领域有人口史、灾害史、水利史、荒政史，以及明清国家与经济的关系、明清官僚制度等六个方面。下面一一加以简介。

（一）人口史

魏氏的中国社会经济史研究开始于人口史研究。他与另一著名法国汉学家贾永吉（Michel Cartier）先生合作，从大量地方志中搜集了丰富的数据资料（当时这方面的数据资料还未有系统地整理利用过），在此基础上完成了《中国人口统计与机构：帝国时代（公元前2年—公元1750年间）人口统计分析的贡献》（与贾氏合作完成）。在此项研究中，魏氏与贾氏指出有关数据资料存在两个主要问题：一是各地人口数字，无论在质或量方面，都有相当大的差别，所反映的内容也不一；二是各时期的人口资料，性质也颇不相同。因此，很难用十六世纪未经实际人口调查的准"定额"人口

---

① 法兰西学院是法国最高学术机构，由50位文理各学科的学术精英组成。严格地说，法兰西学院没有院士（academicians），只有教授（professors），因此正确的说法应为法兰西学院教授。但是我国通常把法兰西学院的教授译为院士，此处姑且从众。
② 法兰西学院共有院士50人，其中数学、物理与自然历史类20人左右，哲学与社会科学类10人左右，历史与人文科学类20人左右，该院成立汉学讲座学科始于1814年，魏氏之前总计有7位汉学家担任过该学院院士。魏氏之前任为谢和耐（Jacques Gernet）先生。

数、清初基本上属于财政"丁"的数字以及1740—1850年间据《民数谷数奏折》而得的上报人口数,来和明初真实的(即使不完全)人口调查作比较。此外还有一个特殊的问题,即缺乏可靠的和可比的人口数字,来准确地估价十七世纪危机对中国不同地区的影响。为了更清楚地了解十七世纪的危机,魏氏随即转向灾害史研究。

(二) 灾害史

既然使用现有数字难以重现历史上的人口变化情况,魏氏转向研究那些影响人口变化的主要因素。他通过对史料进行系统的分析,找出那些被称为"人口增长制动器"的因素,诸如干旱、大水、久雨、蝗蝗、严霜等自然灾害,以及饥荒、瘟疫、战争和其他军事行动。他挑选湖北省作为研究对象,把地方志里的祥异、水利、蠲缓等志中所说的有关情况,按年表列,以获得人口变化的"负面形象"。①

由于地方志中人口数字质量不一,时间亦无规律,所以有很多脱节之处。由这些数字所得出的粗糙轮廓,尚须加以证实和补充。魏氏选择了湖北的江汉平原和江浙的太湖流域两地,对其气候、水利、环境、经济以及政治诸方面的变化,进行了综合性研究。②这项研究的中心是十七世纪的危机。为了全面地分析各种因素,他在对太湖流域的研究中,将一个既定地区内的各种因素与事件的灾难性结合起来,作了概念的界定,把水利基础设施(即江南平原的堤

---

① "负面形象"是借用摄影术语。
② 主要成果为《政治危机、管理危机、水利危机和人口危机:十七世纪长江中游盆地的衰落》《1500—1850年间长江中下游灾荒与经济变化的发生及反应》等。

魏玉信《十八世纪中国的官僚制度与荒政》序　277

塘系统）的历史作为主要题目。

（三）水利史

这是魏氏的第三个研究领域。他在其第一篇水利史研究论文——《中国水利建设的一个循环：十六至十九世纪的湖北省》——中，提出了湖北江汉平原及其周围有一个"水利循环"。他仔细研究了地方志和其他材料中的水利基础设施、洪水与干旱，以此为基础，提出存在一种双重的模式：一方面，通过移民、开垦易涝地、建设堤垸等，水利得以扩大；另一方面，由于人口对环境的压力、政府控制的削弱、基础设施维修不力、私人侵占与非法开垦以及不顾公利的堤垸建设的盛行，水利又出现衰退，从而加剧了水患危险，扩大了水灾影响，最后则因内战导致政治混乱。大体相同的模式出现过两次：一次在明代，另一次在清代，因而可以说是一种"循环"。他在另一论文《政府干预水利基础设施管理的范例：帝国晚期的湖北省》中，更加详密地研究这一主题，并且把政府与水利环境的关系，区别为三个阶段，即：1.政府是建设者的阶段；2.政府是仲裁者的阶段；3.政府失去控制力的阶段。

长江中游有一个"水利循环"的概念，自魏氏提出后，已被不少中外学者采纳。魏氏已把这种分析推广到了江南水利史研究中，并且努力更深入地探讨控制力与离心力之间的互相作用、维修机制的衰退、政府干预的程度与方法等等。①

---

① 除了上面提到的有关论文外，魏氏在水利史研究方面的论著还有《帝国晚期的水利管理》《中国的技术与组织：帝国时代灌溉与治水的范例》等论文。

（四）荒政史

水利史研究中的一个重要问题，是明清政府如何用有限的人力与资金资源，去克服巨大的困难，以推行并经营大型水利工程。魏氏认为对比明代与清代的情况，极有启发性。他指出：与明代相比，清代政府虽然在人力与资金方面并非明显优越，但在效率与组织方面却比明代强得多。同样地，用很少的财力去完成大规模工程所需的官僚技术与组织，也成为魏氏荒政研究的中心。

魏氏荒政研究的代表作，就是本书和他与王国斌合著的《养育人民：中国的国营民仓制度（1650—1850年）》。[①]在后一书中，魏氏与王氏对清代官仓和半私有的民仓（即常平仓、义仓与社仓）制度，做了透彻而全新的研究。他指出在清代前期（特别是十八世纪），政府保证了仓储制度在不同地区、不同部门之间以及仓储制度与其他制度（如漕粮、捐纳等之间）的高度协调。当时的主要困难，在于如何保持充实的仓储以对付紧急赈济，以及保证新旧粮食有规律地更换。更换主要是通过青黄不接时的借贷来进行。很明显，在没有广泛市场网的边远省份，每年的仓粮支出更加重要。在这些省份，政府维持了较大数量的人均储粮，而在长江流域中心省份则否。魏氏广泛利用北京与台北所藏的明清档案，获得丰富的政策争论与机构管理方面的新资料以及大量的粮储数字。他在书中着重研究了粮储的技术、出纳管理中的困难、防止管理不力与腐败的控制机制、各种

---

① 后一书原名为 Nourish the People: The State Civilian Granary System in China, 1650–1850（University of Michigan Center for Chinese Studies, 1991），系与王国斌（R. Bin Wong）合著。在此方面，魏氏的研究成果还有《清代国家粮食储藏：管理与控制诸问题》等论文。

计算方法,以及《民数谷数奏折》中揭露出来的实质性问题。

(五)国家与经济的关系

确定国家对经济干预的程度与方法,也是魏氏长期研究计划的重点之一。只需粗粗一看,即可发现水利管理和荒政管理都显出一种高度的国家干预。然而明清国家干预经济的手段颇为有限。魏氏在《帝国晚期的国家机器与基础经济设施》一文中指出,国家对经济的直接干预程度不高,但官僚机构在经济活动的管理中实行了委托与转契方法,其理想是力求以最小的投入,得到最大的成效(因为国家绝非采取放任自流政策)。换言之,要找到一种方法,一方面能够实施雄心勃勃的工程;另一方面同时又维持一个不说是"小型"也是"轻型"的国家。明清国家偶尔也把可得到的人力、财力用于那些与他所提出的"务实性"有关的领域,力图保证经济与生产的规律性与可预见性,并且让人民生活过得好一些。魏氏指出:清代国家是一个"务实性"的国家,而非韦伯所说的福利国家。

这些"务实"政策的一个领域是改进农业。魏氏在《十八世纪中国官方改进农业的努力》一文中,提出了若干证据,说明十八世纪的皇帝与官员们深感人地比例恶化问题的严重,力图用开垦荒地、推广优良技术与作物来增加产量。在此文中,还提出了许多重要问题,如经济发展中政府与私人积极性及其各自作用、中国不同地区的前近代经济发展的性质等等。除了这篇文章所谈内容外,魏氏还在研究某些干练的官吏所用的教育与动员的技巧。[1]

---

[1] 如陈宏谋在十八世纪四十年代陕西所为。

(六) 官僚制度

一个相对规模不大的官僚机构，能够治理一个庞大的帝国，当然需要很高的技巧和有效的方法。这些技巧与方法，也是魏氏的研究重点之一。但是在这个研究领域中，有不少难题待处理。明清国家的结构性弱点很明显，例如：1. 坚持很低水平的财政征收，而不企图按人口与生产发展的比例增加赋入；2. 通过文化考试招收官员，而不致力保证其行政才干；3. 维持人数非常少的品官，不给他们经济上的独立性（如不给他们世袭的俸禄）；4. 把大部分实际行政事务交给不能有效控制的吏役去办；等等。

这些选择中，有些是由于前近代的物质技术条件所决定的；有些则否。本来明清国家也还有其他途径可选择，但经精心考虑之后，仍做这样的选择。为什么明清（特别是清代）国家不选择其他途径？为什么要把许多工作交给非官方团体去完成？其政治与经济后果如何？这样一种不完善的制度何以能长期延续？它为什么不能适应现代的世界秩序？魏氏在《正式的与实际的官僚机构：清代行政的窘况》和《从务实的年代到制度的危机》等论文中，讨论了上述问题。他认为明清政府体制中的矛盾与弱点，使这种体制具有不稳定性。由于大量地向非官僚团体与代理机构实行委托与转契，由于只有靠各种法外榨取（如附加税、手续费以及各种勒索）才能运转，国家对其官僚机构和对社会的控制，也不可避免地走向削弱。魏氏的着眼点，主要集中于研究约束各种出轨行为的技术（如在官僚中倡导职业道德与伦理价值、建立相互制约的制度、各种制裁手段等），以及研究上述倾向和控制与反控制的努力的历史。后一课题要求对官方腐败以及自康熙后期以后腐败的形式与范围的变化方式做出深刻的分析。

除了以上六个方面外,魏氏目前正在进行两项研究:一是通过关中水利系统(特别是郑白渠)对地方社会进行研究,二是通过官箴书对明清官僚机构的实际运作情况与机制进行研究。[①]他在这两方面的研究都颇富有新意。例如,在后一方面的研究中,他指出:在明代后期和清代,各种官箴和从政指南迅速增加,这与国家机器的扩展以及行政工作专业化的倾向有密切关系。他分析了"治国精英"的出现及其作用,指出组成这个精英群体的是那些活跃的行政人员,不仅包括官员,而且也包括幕友以及其他对行政有兴趣的人。这些人都非常看重自己对人民的责任,重视治理工作中的困难,并深刻地意识到作为一个有共同的急务与理想的群体的重要性。

二

《十八世纪中国的官僚制度与饥荒》是魏氏的代表作之一,1980年在法国出版,引起国际学界的重视,被称为"一部杰作","对于我们理解十八世纪中国国家和社会之间的相互作用做出了重要贡献"。[②]随后本书又被译为英文,于1990年在美国出版。

[①] 有关成果已部分发表,如前一方面的《清流对浊流:帝制晚期陕西省的郑白渠灌溉系统》等论文,以及后一方面的《明清时期的官箴书与中国行政文化》等论文。
[②] 例如史景迁(Jonathan Spence)、李明珠(Lillian M.Li)等学者,分别在 New York Review of Books、Journal of Asian Studies 上发表评论,认为"这是一部杰作,肯定会在中国问题研究领域产生重要影响"(史景迁)、"中国史研究领域有许多理由欢迎本书的出版"(李明珠)。

在此书中，魏氏对1743—1744年河北（特别是河间、天津两府）旱灾期间，政府所进行的大规模而且颇有效率的赈灾活动进行了详密的研究，并以此为核心展开了更为广泛的研究。他着重使用大量的赈灾手册、行政法规汇编、地方志、文集等资料，把有关事件放在一定的历史过程加以观察，从而写成了这部从晚明至十九世纪中期的荒政史。

本书研究的最初出发点是中国的人口问题。在十七至十九世纪中期，中国人口经历了巨大的变动。造成这种变动的原因，既有自然原因，也有人为原因，或者说这是二者相互结合、相互影响的后果。在二者之间，自然因素可能起了更加重要的作用。[1]魏氏指出：中国大陆的特征是在气候、水资源方面具有高度的不确定性。季风无规律，主要江河水流量变化无常，河流上游水土流失导致下游河道淤积与洪水泛滥，等等，都是不确定因素。这些不确定因素表现为自然灾害的频繁发生，导致了农业生产的不确定性。如果不采取措施，那么重大自然灾害就会引起"生存危机"（subsistence crisis），从而对社会经济造成重大冲击。

然而，任何一个有组织的社会都不会被动地屈服于自然灾害及其带来的农业歉收。每个社会都有自己的预防措施的"武器库"，以应付不可避免的紧急情况，并在灾后恢复生产力。救灾活动可以有各种不同形式，同时救灾活动的有效性也取决于多种因素。这些因素包括总的经济状况；人口、资源、可以取得剩余产品及其储备，以及这些因素之间的平衡；国家的财政状况；政府的效率和组

---

[1] 参阅李伯重《气候变化与中国历史上人口的几次大起大落》，《人口研究》1999年第1期。

织程度,以及政府对乡村的实际控制程度;乡村中各阶级之间的关系;发生灾荒时有产者对大众需求的满足能力,等等。这些因素及其作用,都是救灾研究中的重要问题。在本书中,魏氏对以上因素都予以了充分的注意,并且把主要力量集中于对官僚政府的各种抗灾措施进行研究。

在明清中国,人们在应对自然环境的变化和抵抗生存危机的威胁方面做出了巨大的努力,使用并发展起多种措施。这些措施被汇集成为各种著作,其数量之多,描述之详细,在世界上是无与伦比的。为什么会有这种情况出现呢?这与明清中国国家的特点有密切关系。

魏氏指出:与近代以前的欧洲相比,明清中国有一个显著特点,即拥有一个中央集权的国家,以及一个成熟的和稳定的官僚制度。这一点,正是中国具有比欧洲更强的抗灾能力的关键之所在。中国国家组织的救灾活动,不仅十分周密详尽,而且已经制度化。这就是上述救灾著作大量存在的主要原因。本书研究主要就集中于明清中国的国家与饥荒的关系。除了这个主要论题之外,本书还深入研究了饥馑的社会影响、官僚机构内的交流与控制、资源(例如赋税剩余、漕粮、民间仓储系统等)的动员、政府对商人的控制与利用、灾后重建生产基础设施的努力、对流民的控制等问题。

明清(特别是清代)国家是如何从事各种大型的救灾活动的呢?魏氏在研究这些题目时,注意到了以下现象:一方面,无论从政府能够配置于此方面的人员来看,还是从国家所控制的资源来看,明清官僚机器都显得很虚弱;另一方面,在人力和资源的组织与动员方面,明清国家却具有一种相当明显的才干,因此确实取得了相当的成就。这两方面的反差，颇令人感到惊讶。特别是在1720年前后到十九世纪初的一个世纪中，赈灾活动组织得非常之好，政府与官僚都能投入大量的精力与财力去赈灾，并收到了显著的成效。在这个时期，国家以赈灾为己任，在赈灾活动中占有主要地位，而私人及各种社会团体的赈灾活动则处于从属的地位。由于这些成就是在巨大的技术局限和困难的情况下取得的，所以就更为引人注目。因此，魏氏得出了以下结论：在当时困难的条件下，明清（特别是清代）的官僚机构，确实仍能够非常有效地发挥作用，使人民能幸免灾荒和匮缺所导致的最劣影响。简言之，与大多数史家的看法相反，这一切远非只是"有名无实"。

这些成就（即使并非所有都是成就，但至少都是大规模的行动），是在特殊的条件下获得的。换言之，当时的赈灾和其他类似的行动，都近乎所谓的"运动"。由此而出现的问题是：是否应当只把这种成功视为危机时期政府活动和效率的突发？换言之，在危机时期，国家干预到达了高峰，并且在时空方面都很集中，所以此时政府活动效率甚高；而在一般情况下的行政管理，则是日常化的、繁琐的，往往效率很低。二者恰好形成鲜明对比。魏氏通过赈灾研究，指出在任何一种官僚机构（无论是"传统的"还是"近代的"）中，都必定会有大量的日常性工作和低效率，明清中国也不例外。但是明清国家在救灾方面的成功很难说只是一种特例，即在危机时期政府活动具有更高的效率。很清楚，在明清时期（特别是清代），救荒运动的组织绝非一时之举。救灾工作的成功，是以国家机器处于高度的有备状态为前提的。例如，救荒的关键是维持大量的粮食储备，但这是一件复杂而费力的工作。为了有效地维持这些储备，还必须制定和执行大量非常复杂的规章和手续，而这些规章和手续又是普通地方行政的一部分。换言之，它们不仅对专家和紧急情况有意义，而且每个地方官员都应当掌握，以便在必要时执行。因此，魏氏把对这种情况的研究称为"应用官僚制度"研究，并强调在研究中，必须随时记住政府职能与履行职能的社会过程之间的关系。

魏氏在本书中也没有忽视地方精英（特别是士绅）在救灾活动中所起的重要作用。他指出：救灾是中国官僚制度的头等任务之一。在大多数情况下，国家机构与那些与之共同形成一个权力结构的社会群体是不可能截然分隔的，二者紧密联系在一起，而国家只是处于这个权力结构的顶点。在国家正式任命的官僚的权力层之下（即县以下的地方权力结构中），包括不具有功名的富民，里长、保甲、乡约，以及地方政府组织中的下层雇员、胥役等等。但是，只有拥有功名的士绅能与那些出身于自己阶层的官员平起平坐，而在必要时，还承担着与"权力"抗衡的作用。

国家与地方精英之间存在权力斗争，特别是在经济利益方面。为了保护自身的利益，控制地方权力的地方精英（以士绅为代表）在不同情况下扮演着不同角色。他们在国家权力与人民大众之间，或者是作为中转器，或者是作为庇护所。而国家也出于自身的利益，要抑制土地兼并，并保护小土地所有者。这种情况对于饥荒问题具有决定性的影响。正是出于国家和地方精英双方的利益，所以需要采取适当措施以预防经济危机和社会动荡，这成为使整个权力体系具有凝聚力的最有力的因素。但是利益的分歧总是存在着。首先，通过发放救济，并进一步通过建立借贷制度来抵抗灾荒，显然是控制主要生产者（农民）的手段之一。国家希望通过这种手段，使小土地所有者能够保持其独立性，避免其由于高利贷或抵押财产而依附于有产者。而地主出于自己的利益，则力图束缚住佃户，必要时通过使其负债并保留其偿付能力来达到目的。因此，在国家—地主—农民之间，形成了一种非常复杂的关系。魏氏主要关注的是官僚制度的实际运行问题，因此他认为在清代鼎盛时期，这种官僚制度在防灾救灾方面显然起着决定性的作用。尽管地方社会上最富裕的、最有影响的那部分群体具有必要的财力和手段，同时也有愿望，来致力于救灾活动，但他们的工作绝不可能达到像十八世纪的政府所达到的那种程度。十八世纪的官僚机构能够集聚和利用大量的资源，并能够进行粮食和资金的跨地区调运，因而才有可能独力承担起大规模的、长时期的救灾活动。直到十八世纪末十九世纪初，国家的能力才显露出衰落的迹象。由此可见，明清国家在社会经济生活中所能够起的作用非常重大，远非近代以前的欧洲国家所能及。

明清国家的能力、日常运作情况以及国家与地方精英之间的关系，对于正确认识明清乃至以后中国的政治、社会、经济都非常重要。魏氏在此方面做出了重大的贡献，使得我们对于明清国家有了更加完备和更加深入的认识。因此，史景迁指出本书"对于理解前现代中国国家的运作提供了重要帮助"；而李明珠（Lillian Li）则认为本书的精彩分析，"对于我们理解十八世纪中国国家和社会之间的相互作用做出了重要贡献。这是最早关于传统国家在防备和救济饥荒方面的作用的后传统（post-traditional）的分析，它提出了一些关于国家的这种努力对中国社会历史的影响的重要问题……它提供了一个如何利用制度史来提出乃至回答一些重要的社会经济问题的范式"。①

在国际学界中,国家与社会经济之间的关系是一个极为重大、同时也极为困难的问题。而中国的国家与社会经济的关系,则因情况更为复杂和过去研究十分薄弱而难度更大。魏氏在此方面做出了出色的贡献,乃是他多年辛勤探索的结果。从前一节对魏氏研究经历即可看到,魏氏以往研究的各个方面都与本书有关,因此本书是魏氏多年研究的产物。

三

本书的学术意义,还不止于上面谈到的方面。从更广阔的视角来看,本书所体现的史观,可以说是西方学界二十世纪后期出现的对明清中国社会经济新看法的代表。

西方学界对明清中国社会经济状况的看法,在过去的几百年中发生了几次大的变化。大体而言,在十六世纪到十八世纪中期,西方对于当时中国所持的看法是颇为积极的。伏尔泰、魁奈、亚当·斯密等,对中国的评价都很高。②这种积极的看法在十八世纪末开始转变,到1793年英国特使马嘎尔尼(George Macartney)访问中国后,即把中国称为"一艘摇摇晃晃的、老旧的头等战舰"。此后更发生了根本性的变化。自黑格尔以来,西方学界的主流一直

---

① 注释中所引史景迁、李明珠评论中的话。详见该书中第306页注释②。
② 其中亚当·斯密虽然指出了中国存在的问题,但是仍然把中国称为世界最富之国。

把中国看成是一个停滞的"木乃伊式的国家"。而明清（特别是清代）则是最能体现这种停滞的时期。第二次世界大战后，费正清提出了新的"冲击-回应"理论，即中国社会并非停滞，而是有变化的。但这种变化是在外力的影响下发生的。倘若没有外力介入，中国仍然不会发生重大变化。因此这种理论的核心，仍然是明清（特别是清）中国社会经济的自身停滞。这种理论后来又发展为"传统平衡""高度平衡机括"等理论。

到了二十世纪中期，中外学者对上述主流观点提出质疑和挑战，提出了一些新的看法。其中最重要的就是国内的"资本主义萌芽"论和西方的"近代中国"论。这两种观点颇为相近，都强调中国的社会经济在明清时期不仅有明显变化，而且这种变化与近代早期西方出现的变化相当相似，倘若按照其自身的轨迹发展下去，将会像西方国家那样走上资本主义的发展道路。但是中国终究未发展出西方式的资本主义，因此这些看法不仅无法证实，而且在理论上也无法自圆其说。同时，由于这些看法的出发点仍然是西方的经验，因此限制了对明清中国实际情况的深入认识。[1]

到了最近十几年，西方学界对中国的看法又发生了巨大变化。二十世纪八十年代，政治学家肯尼迪（Paul Kennedy）曾估计说：乾隆十五年（1750）时，中国的工业产值是法国的8.2倍，是英国的17.3倍。在1830年的时候，中国的工业产值是英国的3倍，法国的5.7倍。一直到第二次鸦片战争，英国的工业产值才刚刚赶上中国，

---

[1] 参阅李伯重《"资本主义萌芽情结"》，《读书》1996年第8期；《资本主义萌芽与现代中国史学》，《历史研究》2000年第2期；《英国模式、江南道路与资本主义萌芽》，《历史研究》2001年第1期。

而法国的工业产值只是中国的40%。①二十世纪末，经济学家麦迪森（Angus Maddison）运用实际购买力的计算方法，对过去两千年中世界主要经济体的GDP（国内生产总值）做了计算，得出的结论非常令人吃惊。根据他的计算，1700年时，整个欧洲的GDP和中国的GDP差不多相等。在1700—1820年的一个多世纪中，中国经济的年均增长速度四倍于欧洲。②所以在鸦片战争前，中国不仅经济规模在世界六大经济区中最大，而且增长速度也是第一。世界史学家弗兰克（Andre Gunder Frank）也认为，十九世纪初期中国经济不仅规模巨大，而且在当时世界经济里处于中心地位。③上述这些看法，姑且不论是否经得起仔细推敲，但都表明了一点：清代中国经济出现了迅速增长；这个增长所依靠的不是外力，所遵循的也不是近代早期西方的经济成长模式。

  这些新看法的不断出现，促使我们从一个更新的视角来看明清中国社会经济的发展情况。但是这些看法也存在着一些重大的问题需要解决。其中最重要者之一，是如何看待明清国家及其在社会经济生活中所起的作用。明清中国是中央集权的统一帝国，国家对于社会经济活动具有强大的影响力。当时中国的社会经济变化都是在这一特定环境中发生的，因此我们在研究这些变化时，不能回避国家及其所起作用的问题。

---

① 保罗·肯尼迪：《大国的兴衰》，中译本，中国经济出版社，1989，第186页。
② Angus Maddison, *Chinese Economic Performance in the Long Run*, Development Centre of The Ogranisation for Economic Co-Operation and Development (Paris), 1998, p.25, p.40.
③ Andre Gunder Frank: *ReOrient: Global Economy in the Asian Age*, University of California Press (Berkley, Los Angeles, Oxford), 1998, p.9.

过去学界对明清（特别是清代）国家在社会经济中所起的作用，基本上持一种否定的态度，认为明清强有力的中央集权专制国家阻碍了中国社会经济的进步，或者认为腐败、虚弱、低效率和缺乏进取心使得明清国家无法解决遇到的重大问题，无法有效地执行大规模的计划，因而也无法如德国、俄国和日本国家那样积极地面对外来挑战，带领全国人民走向近代化。这些看法无疑有其正确的方面，因为明清（特别是清代）国家确实没有把中国带入近代化。但是这种看法同样也无疑有很大的缺陷，因为如果明清国家确实是如上所述那样，那么十六至十八世纪中国经济的出色表现就无法解释了。

很明显，以往关于明清国家的看法，基本上是以近代西方国家为标准而得出的。王国斌（R. Bin Wong）指出，人们通常认为明清中国的官僚制度，缺乏在西方背景下所要求（理想的要求）的专业水准及统治行为。这些对中国实况的批评，含蓄地把中国等同于"传统"或"近代之前"，而把欧洲与"近代"画上等号。但是这些差异仅只是"中国"与"欧洲"的不同，而不是"传统"与"近代"的差异。事实上，如果深入比较国家完成特殊任务的具体能力，我们就会发现，明清中国国家的表现有时会超越近代早期的欧洲国家。例如，欧洲的国家缺乏能力来对农业人口增税，因为精英对土地拥有权力，使得政府无法确立自己的新权力；欧洲的政府也无法进行人口清查。最后，在十九世纪以前，没有一个欧洲国家能够想出——遑论形成——一种社会舆论与文化实践。而在中国，从公元前三世纪起，就一直通过有组织的文官机构对人民课税；人口登记及清查制度始于2000年前，到十八世纪政府所作的人口记录，其范围已遍及整个帝国。然而在此时的欧洲,却是由教会来记录人口统计资料。欧洲高度制度化的宗教握有决定信仰正统性的权力,这在中国却属于国家权力的范畴。因此,如果使用同样的标准来看,中国从事某些活动要比欧洲国家来得早。这产生了一种与一般想法相反的可能性,即明清中国的某些实际经验早于近代欧洲。①因此,如果摆脱了以往国家研究中的那种西方中心论,那么我们就应当承认明清国家并非如过去所想象的那样。到底应当是什么样,则只有通过深入的研究才能了解。

然而,以往对明清国家的研究,不仅数量很少,而且大多集中于政治制度(特别是官制)以及高层(朝廷和督抚一级)官僚机构的活动。后者包括许多重大的缺陷。例如,近代以前中国政治制度的一个重要特点就是名实不符,亦即在许多情况下,真正起作用的往往不是正规机构(如清代的内阁),而是非正式机构(如乾隆以前的军机处);同时正式的制度与实际的运作,也往往相互脱节。其次,高层与基层官僚机构的活动,在各方面也有很大不同。因此,倘若只是着眼于规章制度和高层机构,是无法真正了解明清国家的实际运作情况的。

魏氏通过在本书和他在其有关论著中所作的深入分析,发现了明清(特别是清代)国家的许多重要特点。他指出:与近代以前的欧洲国家相比,明清中国把人民(特别是农民)的物质福利作为国家要解决的头等重大的问题。与过去相比,明清时期(特别是在十八世纪)国家对农民物质福利的注意重点,已从生产性活动转到

---

① 王国斌:《转变的中国:历史变迁与欧洲经验的局限》,中译本,江苏人民出版社,1998,第253—254页。

了消费。为了社会秩序的安定，国家制定了系统的政策以稳定若干重要民生物资（特别是粮食）的供给，并以常规和非常规的手段干预食物供给状况。清朝创建了一个复杂的粮食供给系统，在这个系统中，朝廷向各地地方官员收集粮价、气候和降雨的资料，以预测何时何地可能发生严重缺粮以及研究如何做出反应。而中心是建立与维持一个储粮数百万吨的仓储系统。这些粮仓主要建立在县城和小市镇，代表着国家对普通人民物质福利的承诺。这些做法在欧洲是完全无法想象的，更遑论能够做到了。①

明清国家遵循的基本国策是扩大与稳定生产及分配，以创造稳固的财政收入来源和安定的社会秩序，从而维护和扩大其统治的能力。这一点并不足为奇，值得重视的是它为达到此种目标而进行的选择，而这些选择大不同于那些在欧洲传统中想象出来的具体目标与策略。因此，上述那些保障人民起码生存权利的物质利益手段，早在它们成为近代福利国家的要素之前很久，在中国就已存在，而且占有重要地位。正因如此，魏氏认为清代国家虽然不是韦伯所说的福利国家，但也是一个"务实性"的国家。同时，十九世纪之前的救灾制度表明，中国有能力建立一个巨大的和复杂的结构，以在广大的范围内影响人民的生活。在很长的一段时间内，这个结构运作相当有效，从而大大减轻了自然灾害对普通人民的打击。这说明当时的国家，不仅有愿望，而且也有能力执行大规模的计划，以改善普通人民的生活，从而表明中国比起当时的欧洲国家来说，具有更高的效率和更强烈的使命感。魏氏得出的这些结论，对于正确认

---

① *Nourish the People: The State Civilian Granary System in China, 1650–1850*, pp. 507–526.

识近代以前中国国家的特点而言，是非常重要的。

最后，我还想说几句。二十世纪后期，国际史学正在经历着一场深刻的变革，因此对以往流行的各种学说、理论及研究方法都展开了全面的检讨，以重新认识历史（特别是非西方社会的历史）。在中国史研究领域中，这个工作也日益深入。到了1991年，费维凯（Albert Feurwerker）在美国亚洲学会的主席演讲中，发出了在中国研究中，应"对研究对象进行重新地估量、描述和分析"的号召。[1]到了二十世纪最后十年，国际学界在重新认识明清（特别是清代）中国的方面取得了重大成就，逐渐形成了一股以"加利福尼亚学派"（California School）为代表的新潮流。然而，早在二十年前，本书就已在重新认识明清中国方面做出了重大的贡献。正是由于魏氏所揭示的明清国家的那些特点，中国社会经济才能在十六、十七和十八这三个世纪中有长足的发展。因此本书为以后国际学界重新认识明清中国社会经济真实情况提供了重要的依据。对于今天正在兴起的对明清中国的新认识而言，本书实际上乃是一个开端。就此而言，本书在国际中国史研究的发展历程中已经留下了永久的痕迹。

---

[1] Albert Feurwerker, "Presidential Address: Questions about China's Early Modern Economic History that I Wish I Could Answer," in *Journal of Asian Studies* (Ann Arbor), vol. 5, no. 4.

万志英《剑桥中国经济史：古代到19世纪》序

史学家们常说"每一代人都要重写历史"。为什么这样说呢？斯塔夫里阿诺斯（Leften Stavros Stavrianos）的解释是："我们每一代人都需要重写历史，因为每个时代都会产生新问题，探求新答案。"希尔（Christopher Hill）也说："每一代人都要重写历史，因为过去发生的事件本身没有改变，但是现在改变了，每一代人都会提出关于过去新的问题，发现对过去都有一种新的同情，这是和他们的先辈所不同的。"他们说得确实有道理，因为现在变了，人们看待自己的过去的眼光也就变了。

在过去，"一代人"的时间通常被认为是二十年。如果是四十年，那就是两代人的时间了。按照上面的说法，历史应当被重写两次了。在刚刚过去的四十年中（1978—2018），世界发生了天翻地覆的巨变。这些变化如此之大，值得我们多次重写历史了。

在这四十年的诸多变化中，最引人瞩目的变化莫过于这期间所出现的"中国经济奇迹"了。1986年，柏金斯（Dwight Perkins）写道："十八世纪中期工业革命在英国发生，随后横扫欧洲其他部分（包括苏联阵营）和北美，用了250年的时间，才使得这些地区实现工业化,提高了今天世界23%的人口的生活水平。而中国今天的经济发展倘若能够继续下去,将在四五十年内使得世界另外23%的人口生活在工业化世界中。"他的这个预言,到今天已经在很大程度上变成了现实。在这四十多年中,中国已发展成为第二大经济体和世界第一贸易大国。

今天的中国是过去的中国的延续,这种联系是割不断的。要真正认识今天的中国经济奇迹,必须回看过去,从历史中发现今天中国经济奇迹的内在根源。而带着今天的新问题去看过去,历史才会复活起来,展现出新的面相,正如克罗齐(Benedetto Croce)所说:"当生活的发展逐渐需要时,死历史就会复活,过去史就变成现在的。罗马人和希腊人躺在墓穴中,直到文艺复兴欧洲精神重新成熟时,才把他们唤醒……因此,现在被我们视为编年史的大部分历史,现在对我们沉默不语的文献,将依次被新生活的光辉照耀,将重新开口说话。"事实上,早在八十多年前,顾颉刚就已说过:"现在用了新的眼光去看,真不知道可以开辟出多少新天地来,真不知道我们有多少新的工作可做。"在今天,情况更是如此。

在这四十多年中,经济史学本身也发生了巨大的变化。一方面,由于各方面的原因,特别是数码科技的发展,各种史料大量出现,以致勒高夫说"历史学今天正经历着一场'资料革命'"。同时,新的理论和研究方法也层出不穷,呈现出异彩纷呈的局面。虽然这些新理论、新方法是否能够最终站得住还需要时间检验,但不可否认的是,它们大大丰富了我们的研究手段,使我们能够做到刘子健所说的"史采佳法"。

在过去四十多年,国际中国经济史研究取得了长足的进展。

以"加州学派"的出现和"大分流"问题的持久讨论为标志，中国经济史研究也进入了国际经济史学术主流，成为国际经济史学的一个重要部分。中国经济史研究新成果不断推出，新理论、新观点不断涌现，大大改变了以往学界对中国经济史的认识，在一些方面甚至颠覆了传统的共识，从而使得我们对历史上中国经济的真实情况有了更正确的了解。然而，这些新成果、新认识还主要局限在专业的经济史学家的"圈内"，大多数"圈外"人士对它们知之甚少，甚至完全不知晓。这种情况，对于今天我们重新认识中国历史的努力，起到非常消极的作用。

作为社会的成员，经济史学家的一个重要任务是向社会提供最新和最好的研究成果，改进社会各界人士对于经济史的认识，从而使他们能够与时俱进，用新的眼光去看过去。然而在这方面，经济史学界还未做得很好，以致社会大众对中国经济史的看法，基本上还停留在四十多年前伊懋可（Mark Elvin）的《中国过去的模式》（*The Pattern of the Chinese Past*）一书所进行的总结性认识上。

海外关于中国经济史的研究，经历了几次重大变化。① 大体而言，四十多年前西方、日本、中国台湾等地关于中国经济史的基本认识，伊懋可做了一个总结。他进而将这些认识进行系统化和理论化处理，并有所发展，从而建立了一个关于帝制时期中国经济的主要特点和演变的系统阐释。伊懋可在这方面的主要工作集中体现在他1973年出版的《中国过去的模式》一书里，这本书在对二十世纪七十年代初以前国际中国经济史学主要认识进行的总结和提炼方

---

① 万志英教授在本书的导言里，对这些变化已作了一个很好的简明扼要的介绍。

面，可以说是功不可没。有意思的是，该书所描绘出的中国经济历史演变的轮廓，也和中国国内经济史研究的主流看法高度契合。[1]因此，此书可以说是四十多年前国际中国经济史界主流认识的集大成者。该书出版后，影响一直持续到今天。在过去的四十多年中，不仅许多学者自觉或不自觉地持有该书的许多观点，而且二十世纪末以来中外出现的许多有影响的新理论，[2]如果仔细来看，都可以看到《中国过去的模式》的影子，或者说可以从《中国过去的模式》中追寻到其学理的根源。然而，尽管在学术史上具有重要地位，该书的基本立论仍然建立在西方中心论的立场之上，把西欧的历史发展模式作为讨论中国经济史演变的出发点。这个立场，在该书出版后的四十多年里，已经受到越来越多的批评，以致在今天诸多学者（特别是年轻一代的学者）已经放弃这种基本立场和建立在这种立场上的许多旧友的"共识"了。[3]而以"加州学派"为代表的许多经济史学家更对这种立场加以猛烈的批判。

令人遗憾的是，在过去四十多年中，虽然关于中国经济史研究的成果不断推出，但像《中国过去的模式》这样一本既能够反映当时的经济史学重大成果，又能够适合从大学生到专业研究者的广大读者需要的中国经济通史，却一直未能出现。由于没有这样一部

---

[1] 我早年认真读过此书，后来我和其他几位学者将此书译为中文，将由浙江大学出版社出版。
[2] 如二十世纪八十年代中国学界流行的"中国封建社会经济超稳定系统"论、二十世纪九十年代美国学界出现的中国农业的"内卷化（亦作过密化）"论等。
[3] 这里顺便说一句，我2003年在哈佛教书，和学生一起讨论该书的优缺点。学生对该书的立场和观点提出了直率的批评和质疑。我把这些批评和质疑转发给伊懋可先生，他虽然仍然坚持自己的观点，但同时也说《中国过去的模式》是30年前的研究成果，现在年轻一代能够提出批评，他感到非常高兴。

中国经济通史，因此以往关于中国经济史的诸多已经过时甚至是错误的观点，今天依然广为流行，甚至成为大众心中不言自喻的"定论"。因此，写出一部这样的著作，是国际中国经济史学界的当务之急。我在大学里讲授中国经济史多年，深切地感受到这一点，北大出版社也一直敦促我写一部符合这样要求的中国经济通史。可是要写一本这样的著作，对于一个学者来说，谈何容易。因此之故，我也一直未敢动笔。今天看到万志英教授的这部新作，不仅为他感到非常高兴，也为学界感到非常高兴，因为等待了这么多年，学界今天终于有了这样的一部著作。

万志英教授（Richard Van Glahn）和我相识于1988年，至今已有三十年。他是一位非常勤勉的学者，早年从事宋代四川边疆历史研究，后来他的研究领域逐步扩展到江南的城镇与民间信仰、中国的宗教文化、中国的白银货币等，近年来更把自己的研究置于全球史的框架之中。他关于中国货币白银化的研究，在国际经济史学界中具有领先地位，成为公认的权威。由于具有这样的深厚功力，加上他对西方和中国经济史研究的深切了解，因此他的这部新作，在学术上达到了一个新的高度，从而满足了国际学界对这样一部高水平的中国经济通史的期待。正如他在本书导言中所言，本书的跨度从青铜时代到二十世纪初，视野横跨近3000年历史，目的就是力求填补这一方面的空白。我们可以看到，他的这一目标已经圆满达到。

写作这样一部著作，是一件高难度的工作。在过去四十多年中，国际中国经济史研究空前活跃，对中国经济史也充满了各种各样的阐释。这些阐释的分歧如此之大，以致对于中国历史中任何阶段的主要问题，研究者几乎都难以达成共识。本书意在成为一部综合之作，因此志英教授在写作中，尽力实现论述的平衡与客观性。在任何他本人介入学术争论并表达他自己的倾向之处，他都尽量承认不同观点，然后再来论证自己的主张。正如他坦言的那样："我毫无疑问属于加州学派，但这种从属只是方法上的，而非视其为教旨，所以我也希望，在本书中我能够做到对相反观点的客观倾听。"正是因为具有这种宽广的胸襟，方使得本书成为一部可以为广大读者提供全方位了解中国经济史研究的佳作。

早在40多年前，时任英国历史学会会长的巴勒克拉夫（Geoffrey Barraclough）受联合国教科文组织委托，撰文总结二战后国际历史学的发展。他尖锐地指出："近十五至二十年来历史科学的进步是惊人的事实"，但是"根据记载，近来出版的百分之九十的历史著作，无论从研究方法和研究对象，还是从概念体系来说，完全在沿袭着传统。像老牌发达国家的某些工业部门一样，历史学只满足于依靠继承下来的资本，继续使用陈旧的机器"。他说：在今天，"历史学已经到达决定性的转折时期"，但是"历史学已经到了转折时期这个事实并不意味着它必定会沿着正确的方向前进，也不一定意味着它有能力抵制住诱惑，避免陷入歧途"。造成这种状况的最重要的原因，他认为是由于历史学家"根深蒂固的心理障碍"，因为"当前在历史学家当中的一个基本趋势是保守主义"，即"历史学家不会心甘情愿地放弃他们的积习并且对他们工作的基本原理进行重新思考"。

本书的出版，不仅为专业的中国经济史学者开阔了眼界，使他们中的许多人能够更好地摆脱"根深蒂固的心理障碍"，"心甘情愿地放弃他们的积习并且对他们工作的基本原理进行重新思考",而且本书也以流畅的文字和平实的语言,使得广大历史爱好者能够从中得知中国经济史的最新成果,从而改善他们对于中国经济史的认识。我相信,国际中国经济史学界内外人士,都将从本书中受惠良多。而在本书的读者和潜在的读者中,最多的当然是中国读者。因此本书中文版的刊出,确是一件值得中国读者高兴的事。

最后,我衷心祝贺本书中文版的推出。

是为序。

2018年6月30日于北大燕园

李丹《理解农民中国：
社会科学哲学的案例研究》序

　　李丹（Daniel Little）先生是美国著名的历史哲学家，其研究涵盖了社会科学、哲学领域中的许多专题，主要著作包括《科学马克思》（1986）、《理解农民中国》（1989）、《论经济模式的真实性》（1995）、《贫与富的悖论：描绘全球发展的伦理困境》（2003）等。

　　他对中国研究和中国今天的发展具有浓厚的兴趣，并从科学哲学和历史哲学的角度出发，对西方的中国研究，从方法论上进行了独到的分析和总结。他去年曾应北京大学之邀，作了以《中国研究领域中的响声：晚近欧亚经济史研究中的争论》为题的演讲。之后他还应清华大学之邀，作了《行动者、结构和社会偶然：关于社会科学的基础的新思维》的演讲，对处于转型时期的中国社会科学的发展提出了许多很重要的意见。

　　《理解农民中国》是李丹在分析和总结西方中国研究的重要成果之一。他梳理了西方研究中国农业和农民的几次具有重大影响的争论，借此可以反映西方人眼中的中国农业的样貌。本书出版后，受到学界的重视。

在本书中,李丹选择中国农业变迁作为主题。具体来说,他主要选取了农民的集体行动、市场交易的等级体系和传统中国农业的停滞与发展等一些主题,涉及有关小农行为动机的斯科特–波普金争论;施坚雅的中心地与巨区理论;分析中国经济史上的技术停滞与突破的科技论与分配论;解释十九世纪中国农民起义的千年王国论、阶级斗争论与地方政治论;中国经济持续增长还是过密化的争论等。

李丹一直跟踪西方有关中国研究的进展,为中文版增添了两章,即第六章《持续增长还是过密化?》和第十章《社会本体论、因果机制与社会心态》。

在中国的史学研究中,像本书这种科学方法论的作品实为少见。而史学研究者唯有具备科学方法论的自觉,才能使研究工作更上一层楼。因此,刘北成教授指导研究生将该书译成中文出版,是一件很有意义的事情。我相信这将对中国学者更深入地了解西方学界在中国农民研究中的成就与不足、在理论和方法上的分歧和争论等,都是一个积极的促进。

我国拥有世界上最多的农民,农民占了我国人口的大多数,从此意义上而言,今天的中国也还是一个"农民中国"。对于中国农民的研究,从某种程度上来说,就是中国研究的核心。更好地了解西方学者的研究特点,无疑对我们的研究是一个推动。

上田信《海与帝国：明清时代》序

四十多年前，我在厦门大学师从傅衣凌老师攻读明清社会经济史。衣凌师十分重视海外贸易史，在他的影响之下，海外贸易也成为厦大明清史的特色之一。同时，厦大所在的厦门是一个美丽的海滨城市，从宋代以来一直是一个活跃的海外贸易中心。在这里学习明清史，对海外贸易也自是别有一种感受。毕业离开厦门后，我主要从事江南经济史研究，在研究中也一直关注海外贸易对江南经济的影响。由于厦大求学生涯时代所受的熏染，我在1997年也写过一篇《"乡土之神""公务之神"与"海商之神"：简论妈祖形象的演变》，探讨明清中国人民心目中妈祖形象的变化。由于这种个人的原因，近来读了上田信教授撰写的《中国の歴史（9）海と帝国——明清時代》（日本讲谈社，2005）的中文版《中国的历史》第九卷《海与帝国：明清时代》（广西师范大学出版社，2012）书稿，感到非常高兴，特作此推荐。

在中国传统社会中，史学的主要功能是为统治者提供治国安邦的经验借鉴（即"资治"之"通鉴"）。由于被赋予了这样一种令人敬畏的政治含义，史学也就成了一门与普通民众无缘的学问。对于大众来说，演义、故事、戏剧等通俗文学读物，成了历史知识的主要来源。从这些来源获得的历史知识当然问题不少，从而导致了大众对历史的误解。到了乾嘉时代，史学开始朝着成为一门独立学问的方向发展。到二十世纪三十年代，专业化的史学更达到了高峰。然而一旦成为专门化的学问，就不免进入象牙塔里。1950年以后，史学日益教条化、八股化。这种教条化和八股化史学，借用毛泽东批评"党八股"的话来说，"干瘪得很，样子十分难看"，从而使大众对学校里教的历史课丧失了兴趣。"文化大革命"中的那种"以阶级斗争和路线斗争为纲"的影射史学，更使得史学名声扫地。改革开放后，史学得以复兴，同时大众也渴求对祖国的历史有更多更好的了解。但是象牙塔内的东西，大众依然难以窥见，他们历史知识的主要来源仍旧是通俗文学乃至电影、电视剧。这种情况对历史学家提出了迫切的要求，要求历史学家尽可能多地提供容易读懂、又能提供正确知识的史学成果，来满足大众对历史知识的渴求。

明清两朝因为距离今日较近，在中国历史的长河中，实际上只能算作"近代史"，因此在海外中国史研究中，明清时期大多被划到"近代史"中，也被称为中国的"近代早期"。由于更加接近今天，因此明清史留给我们的遗产（无论是积极的还是消极的），相对于其他朝代来说更为丰富。大众对中国历史知识的渴求，也以明清史为甚。只要随便看看今天充斥书店和银屏的明清历史故事和影剧，就可看到这一点。

但是，写一部为大众喜闻乐见的明清史读物，难度也比写其他朝代历史的读物更大。其原因虽然很多，但是最主要的是以下两个：应当从什么样的角度来看明清史？应当如何来写明清史普及读物？

第一，应当从什么样的角度来看明清史？要回答这个问题，就必须回答以下两个问题：

1.明清中国是一个停滞的国家吗？

从黑格尔以来，西方主流学术把明清中国看成是一个停滞的国家。赫尔德（Johann Gettfried Herder）形象地说："这个帝国是一具木乃伊，它周身涂有防腐香料、描画有象形文字，并且以丝绸包裹起来；它体内血液循环已经停止，就如冬眠的动物一般。"他们的看法对后代有巨大的影响，直到第二次世界大战后，费正清提出了"冲击-回应"理论，才认为中国的社会经济在近代发生了很大变化。不过这主要是中国受到外力"冲击"后做出的"回应"。没有这个"冲击"，中国依然停滞。越南战争后，西方学界出现了一些不同的看法，但主流看法还是这种"冲击-回应"论。

在我国，1949年以后确立了马克思主义的史学体系。这种史学体系虽然在学术取向方面与西方史学有巨大差异，但是在对于过去几百年中国经济状况的整体看法上，却和西方主流观点颇为一致，即认为"明清时期是中国封建社会末期，是一个没落和停滞的时期"。到了鸦片战争后，在西方的冲击下，中国社会经济才出现了重大的变化。一些学者对上述看法提出质疑，提出了"中国资本主义萌芽"论，但是这种"萌芽"不仅十分微弱，而且后来中断了，并未对中国社会经济带来很大影响。

因此，不论中外，主流的看法都是：明清时期（鸦片战争以前）是一个停滞的时期。

2.明清中国是一个"闭关自守"的国家吗？

这种说法也源自黑格尔。他说：停滞不前，没有变化，是中国的宿命，这种宿命部分地取决于地理因素："亚洲东部的广大土地偏离了历史的普遍进程。"他进而强调：中国缺乏欧洲人开拓海洋的巨大勇气，而在自己广袤的土地上自我陶醉于农业社会的节律。土地所代表的只是"永无止境的依赖性"，而海洋却引领着人们"超越这些思想与行动的有限范畴……海洋的无限伸展超脱了大地的制约，然而这正是亚细亚国家的宏伟政治组织所欠缺的，纵使他们本身同样以海为邻，中国即是一例。对亚洲国家而言，海只不过是大地的尽头、中断，他们与海并没有积极的关系"。马克思继承了黑格尔的理论，并进一步发展了赫尔德的"木乃伊"论，说："与外界完全隔绝曾是保存旧中国的首要条件，而当这种隔绝状态通过英国而为暴力所打破的时候，接踵而来的必然是解体的过程，正如小心保存在密封棺材里的木乃伊一接触新鲜空气，便必然要解体一样。"

这种明清中国"封闭"论的看法深刻地影响了以后的多代学者（包括中国学者），并已成为中国历史研究中的"共识"：中国一向是一个闭关自守的国家，鸦片战争一声炮响，才把中国带进了世界。这种明清中国"闭关自守"论，也成为中国历史教科书上的标准说法。

因此，也不论中外，明清中国都被视为一个"闭关自守"的时期，一个与海洋无缘的时期。

在最近二三十年，国际学界对以上说法进行了猛烈的批判，提出明清中国经济有很大发展，社会、文化等也经历着深刻的变化，中国和外界的联系远比以前加强，从而在国际贸易中扮演着非常重要角色。本书在这些重大问题上，采纳了国际学界的新见解，因此就史观而言，是很有新意的。

第二，应当如何来写明清史普及读物？要回答这个问题，也必须回到以下两个问题：

1.这本普及读物应当包括哪些内容？

以往有一些关于中国史的普及读物，如各种史话、史学讲坛、通俗史学等，其中有些写得也很不错。但是比较而言，关于明清史的普及读物却比较少，已有的大多是偏于某一方面，如政治史、文化史、思想史、社会史、经济史等。其原因，我想主要是因为明清史料异常丰富，除了少数通儒大家外，大多数学者皓首穷经，也只能在一个领域中有所建树，在自己领域之外，则知之有限。为慎重起见，许多学者也不愿多谈自己领域之外的话题。

熊彼特说，经济史"只是通史的一部分，只是为了说明而把它从其余的部分分离出来"。其他"专门史"也同样如此。但是历史本身是一个整体，不能将其分割为各种板块，孤立地看历史。因此，尽管在研究方面需要专业化，但是在向大众提供历史知识方面却必须破除这种学科藩篱，超越以往专题细分化、时段切割化研究的做法，把各种历史事件和现象放在政治、经济、社会、文化的多面联系之中，才能看到其丰富的内容，对历史有一个全面的了解。然而，要这样做，就将迫使历史学家们去阅读自己领域之外的大量研究成果，然后进行筛选和综合。因此，这是一件非常困难的工作。

2.这本普及读物应当用什么表达方式？

通俗读物的写作方式与专业论著的写作方式截然不同。对于大众来说，普及历史读物必须使用他们喜闻乐见的通俗文字（当然也不是媚俗文字）。但是对于大多数史学家来说，已经习惯了专业论文的写法，积重难返，想改变写法，去写雅俗共赏的文字，就必须从头学起。而这是一件很困难的事,搞不好还可能画虎不成反类犬。写通俗读物之所以困难,一个原因就在于此。

但是,既然要向大众提供他们所愿意读而且也读得懂的历史读物,就必须依照通俗读物的写作方式去写。这一点,对大多数历史学家都是一种挑战。

本书把明清中国史各个方面的重要变化都纳入了书中,并且用通俗易懂的文字进行表述,同时配以多种插图,使得一般大众可以获得丰富全面的知识。

总而言之,本书作者在以上各个方面都做了出色的工作,使得本书成为一部成功之作,达到了向社会大众提供关于明清史的全面和正确的知识的目标,正如本书简介所言那样,生动地展示了海洋历史和明清时代五百年的历史,试图对明清这一跨越中世到近世直到近代这一急剧变化的时代进行了阐述。

此外,我还要说的是,本书的成功,也与以下三点有关:

第一,在向社会大众提供历史知识方面,日本学界有很好的传统。我少年时代最喜欢读的书中,就有和田清先生写的通俗历史读物《中国史概说》和《东洋史》,这两本书与当时学校里那种扼杀学生对中国历史兴趣的八股化教科书完全不同,激发了我对中国史的兴趣。本书作者继承了这种传统,这是本书得以成功的一个重要因素。

第二,从学术来看,中国人和外国人写的中国史都各有长处和短处。外国人写中国史,看问题的角度自然与中国人有所不同。这种不同,从一个方面来说,为中国人提供了另外一种视角来看待自己的历史。俗话说,距离产生美感。事实上,距离有时也会产生客观,因为本国人研究本国人,有时会如苏东坡所言,"不识庐山真面目,只缘身在此山中"。本书作者从庐山之外来看中国史,并且特别表现出了一种海洋史(亦即全球史)的视野,这对中国读者来说是很有启发的。

第三,本书作者上田信教授,早年毕业于东京大学,1983—1985年曾在南京大学留学,1989年以来在日本立教大学任教。我虽然尚未有幸与他相识,但是从他的著作里,我知道他是一位十分用功的学者,不仅在明清史研究方面,而且在东亚的生态环境史研究方面,都做了很好的研究。本书的写作,是以他多年来对中国史和东亚史的研究为基础的。这里还要指出的是,上田信教授是一位富有正义感的日本学者,他是第一位将二战时期日军在中国进行细菌战的重大史实载入教科书的学者。2001年,他作为专家证人出庭日本东京地方法院,为中国细菌战受害者原告诉讼团做证。由于这种基于客观事实的正义感,他写下的中国历史自然是比较公正可信的。

我认为,正是由于有以上各种因素为基础,本书才能够取得这样的成功。

最后,我对本书中文版的出版深表祝贺!

2012年4月20日于香港科技大学人文社会科学学院

范赞登《通往工业革命的漫长道路：全球视野下的欧洲经济，1000—1800年》序

范赞登（Jan Luiten van Zanden）教授是国际著名的经济史学家。他1981年毕业于荷兰自由大学（the Free University, Amsterdam），1985在瓦格宁根农业大学（Agricultural University of Wageningen）获得博士学位。此后先在伊拉斯姆斯大学（Erasmus University, Rotterdam）和自由大学任教，1992年移帐乌德勒支大学（University of Utrecht），直至今日。他自大学毕业后一直从事经济史研究，至今已有三十余年，在欧洲经济史研究方面成果斐然，先后出版了 The Strictures of Inheritance: The Dutch Economy in the Nineteenth Century, Dutch GNP and its Components, 1800-1913 等专著（合著）以及 Rich and Poor before the Industrial Revolution: a Comparison between Java and the Netherlands at the Beginning of the 19th Century, On the Efficiency of Markets for Agricultural Products. Rice Prices and Capital Markets in 19th Century Java 等具有重要影响的论文。由于其成就，他于1997年当选为荷兰皇家科学院院士，2003年荣获荷兰全国的最高科研奖——荷兰科学研究组织（Netherlands Organisation for Scientific Research）颁发的斯宾

诺莎奖（the Spinoza premium）。他还于2009—2012年间担任国际经济史学会（the International Economic History Association）会长。

范赞登在经济史研究方面做出了多方面的贡献，其中最著者，是他创造性地使用国民账户核算系统（SNA）方法对历史上的GDP进行的研究。在西方学界，研究近代以前的GDP并不始于他。麦迪森（Angus Maddison）的《世界经济千年史》（*The World Economy: A Millennial Perspective*）就是一部综合了众多学者在这方面研究成果的著作，他对中国历史上的GDP的研究成果《中国的长期经济表现，公元960—2030年》（*Chinese Economic Performance in the Long Run, 960-2030*）也是开拓性的成果。但是就区域研究而言，做得最出色的当数范赞登（Jan Luiten van Zanden）及其领导的研究团队。他们使用国民账户核算系统（SNA）的方法，对近代早期荷兰的GDP进行了开拓性的和深入的研究。[①]他们的研究代表了国际学界在此领域中最新的进展，为其他国家的学者研究近代早期的GDP提供了重要的借鉴。

在取得这些成就的同时，范赞登并没有把自己的眼光限制在这个非常专门的经济史研究领域中。在进行这种研究的同时，他时时关注更大的历史进程，力图更全面地去理解历史和解释历史。

经济史不是历史的全部。熊彼特（Joseph A. Schumpeter）早已指出：经济史"只是通史的一部分，只是为了说明而把它从其余的部分分离出来"。[②]同时，研究经济史的方法也是多种多样的。索洛

[①] 其主要成果见Jan Luiten van Zanden, *Taking the measure of the early modern economy: Historical national accounts for Holland in 1510/14*；Jan-Pieter Smits, Edwin Holings & Jan van Zanden: *Dutch GNP and its Components, 1800-1913*，等等。

[②] 熊彼特：《经济发展理论》，中译本，商务印书馆，1991，第65页。

（Robert Solow）对西方一些只是简单地使用经济学方法来研究经济史的做法做了强烈的批评：当代经济学脱离历史和实际，埋头制造模型；而当代经济史也像经济学那样，"同样讲整合，同样讲回归，同样用时间变量代替思考"，而不是从社会制度、文化习俗和心态上给经济学提供更广阔的视野。因此"经济学没有从经济史那里学到什么，经济史从经济学那里得到的和被经济学损害的一样多"。经济史学家可以利用经济学家提供的工具，但不要回敬经济学家"同样的一碗粥"。[1]除此之外，全面和深入地了解经济史还面临一个更大的问题。以往在西方中心论的支配下，西方经济史学界把研究重点放在西欧经济的历史变化上。而对西欧经济史在近代早期从传统向近代转变的研究，又主要以英国经验为基础。这种以英国经验为基础的经济转型的"西欧模式"，被认为具有放之四海而皆准的普遍意义。近年来，这种公认的普遍意义受到越来越多的质疑与批评。因此如何正确对待"西欧经验"，成为晚近兴起的"全球史"所关注的主要问题之一。

　　面对上述挑战，经济史学者应当如何办呢？首先，要改变上面这些情况，谈何容易！多年前，巴勒克拉夫（Geoffrey Barracbugh）受联合国教科文组织委托，为该组织出版的《社会科学和人文科学研究主要趋势》撰写了历史学卷，[2]对第二次世界大战结束以后世界各国史学发展状况进行总结。在该书结语"当前的趋势和问题"中，他写道："近十五至二十年来历史科学的进步是惊人的事实"，

---

[1] Robert M. Solow, "Economic History and Economics," 刊于 *The American Economic Review*, Vol. 75, No. 2.
[2] 该卷后来以《当代史学主要趋势》为题，出版了中译本，于1987年由上海译文出版社出版。

但是"根据记载,近来出版的百分之九十的历史著作,无论从研究方法和研究对象,还是从概念体系来说,完全在沿袭着传统。像老牌发达国家的某些工业部门一样,历史学只满足于依靠继承下来的资本,继续使用陈旧的机器"。而造成这种状况的最重要的原因,则在于历史学家"根深蒂固的心理障碍",即"历史学家不会心甘情愿地放弃他们的积习并且对他们工作的基本原理进行重新思考"。[1]因此,不是每位学者都能正视这些挑战并采取积极的措施,去解决这些挑战所提出的问题的。而在能够这样做的学者中,范赞登是一位佼佼者。

面对上述挑战,范赞登调整了自己的研究重点,研究地域从西欧(特别是荷兰)转向了全球,研究的对象从经济扩大到政治、文化、社会,而研究方法也采用了经济学、社会学、政治学、历史学等多学科的方法。他在这方面做出的努力所产生的成果之一,就是本书——《通往工业革命的漫长道路:全球视野下的欧洲经济,1000—1800年》。

本书英文版 *The Long Road to the Industrial Revolution: The European Economy in a Global Perspective, 1000–1800* 于2009年由Brill出版社推出后,迅速引起学界的重视。之所以如此,一个原因是范赞登(以下简称本书作者)选择了工业革命的起因这样一个重大课题,作为本书研究的对象。工业革命被视为"把人类历史分开的分水岭"。[2]经过这个伟大变革,人类告别了以往传统的农业社会,进入新的工

---

[1] 杰弗里·巴勒克拉夫:《当代史学主要趋势》,上海译文出版社,1987,第327、330—332页。

[2] Douglas North: *Structure and Change in Economic History*, W. W. Norton & Company (New York), 1981, 第158页。

业社会。由于其在世界历史上具有这种"头等的重要性",[1]因此工业化的研究在世界历史研究中也理所当然地占有特殊地位。

为什么会发生工业革命?学界对这个问题的研究,从工业革命发生起就已开始。在较早的研究中,工业革命被视为一个十八世纪突然发生的历史现象。但到二十世纪后期,此看法已逐渐被大多数经济史学家抛弃。现在比较普遍的观点是:工业革命并非一个局限于某一时期中的现象,而是一种持续的现象,[2]正如诺斯(Douglas North)所说:"工业革命并非我们有时所认为的那种与过去根本决裂;恰恰相反,它是以往一系列渐进性变化的积累。"[3]换言之,作为一个重大的历史现象,工业革命绝不可能突然出现。在欧洲,按照奇波拉(Carlo M. Cipolla)的看法,工业革命乃是十八世纪以前700年来发生的历史变化的最后阶段。[4]而依照其他许多学者的看法,在这7个世纪中,欧洲已出现过一次甚至多次"工业革命"。[5]因此可以说在十八世纪的工业革命以前很久,欧洲的经济已出现了重要的变化,在此基础上,十八世纪的工业革命才有可能发生。

相对而言,在世界历史上,只有英国的工业革命主要是在"自

---

[1] L. S. 斯塔夫里阿诺斯:《全球通史:1500年以后的世界》,中译本,上海社会科学院出版社,1999,第276页。
[2] 卡洛·奇波拉主编《欧洲经济史》第4卷上册《工业社会的兴起》,中译本,商务印书馆,1989,第1页。
[3] 前引North: *Structure and Change in Economic History*,第162页。
[4] Carlo M. Cipolla, *Before the Industrial Revolution: European Society and Economy, 1000-1700*, Routledge (New York & London), 1993,第13页。
[5] 例如费尔南·布罗代尔(Fernand Braudel)认为西欧出现过三次"工业革命":第一次发生于十一至十三世纪,最主要的地方是意大利;第二次发生于十六至十七世纪,主要在英国;第三次则发生于十八世纪中叶以后,主要地点仍在英国。参阅布罗代尔《15—18世纪的物质文明、经济和资本主义》第3卷,中译本,生活·读书·新知三联书店,1993,第630—644页。

范赞登《通往工业革命的漫长道路:全球视野下的欧洲经济,1000—1800年》序

己完成的经济循环"(笛福语)的基础上发生的,从而带有某种"自立性"的色彩。[①]其他国家(或地区)的工业革命,或多或少地要受到先行者(特别是英国)的影响,甚至是法、德等国也不例外。[②]至于更晚出现工业革命的国家或地区,受先行者的影响就更为巨大和明显。由于英国的这种特殊地位,其经验对于研究工业革命的起因当然具有无可比拟的意义。在过去两百多年中,学者们从近代早期英国的经济、政治、社会、文化、意识形态等方面,以及世界的变化(特别是殖民地的开发)等方面,找出了众多工业革命赖以出现的必要因素,并根据这些因素对工业革命的起因做出了多种解释。这些解释都认为:只有英国以及西欧(还有西欧的衍生物——北美)具备这些因素,因此工业革命必然发生在英国,之后只有西欧和北美可以迅速跟进,从而出现工业革命,而其他地区则否。

然而,以往研究中得出的各种结论,仍然不能够完美地解释工业革命何以发生,以及工业革命为什么在西欧发生。之所以如此,主要有两方面的原因。

首先,以往工业革命研究中发现了各种导致工业革命的因素,然而彼此之间的关系到底如何?还是一个需要继续深入研究的问

[①] 见于大河入晓南《英国的工业革命》,中译本,收于周宪文编《西洋经济史论集》,台湾银行(台北)1984年印行。

[②] 在研究工业革命发生的特定条件时,法国经济史学家克劳德·福伦说:"法国不是这一革命的原发地,按照一个普遍发生于西欧的过程,工业革命在很大程度上是由英国输入并向英国仿效的结果。"德国经济史学家克纳特·博查特也说:"不列颠的经济发展对德国的经济发展产生了深刻的影响。"前引奇波拉主编《欧洲经济史》第4卷上册第1章《1700—1914年法国的工业革命》(福伦执笔)和第2章《1700—1914年德国的工业革命》(博查特执笔),第2页、第66页。

题。多年前,未来学家托夫勒(Alvin Toffle)在当时风靡一时的《第三次浪潮》一书中说:"任何对工业革命原因的探索都是徒劳的,因为它没有一个简单的和主要的原因。技术本身并不是推动历史的力量,意识形态或价值观念本身也不是,阶级斗争也不是。历史也不仅仅是生态变化、人口趋势统计或者交通工具发明创造的记录。单单用经济因素也不能说明这个或其他任何历史事件。这里没有超乎相互依赖的可变因素之上的其他'独立的不变因素'。这里只有相互联结的可变因素,其复杂性深不可测。"[1]事实上,这些"相互联结的可变因素"是怎么变化和怎样相互联结的,对工业革命起源的研究来说,可能与发现这些因素同样重要。

其次,以往对工业革命起因的研究,对象仅只限于英国和西欧。这是有道理的,因为工业革命确实起源于英国以及西欧。然而,正如巴勒克拉夫早就呼吁的那样,西方史学必须"重新定向",必须尝试"采用更加广阔的世界史观点,跳出欧洲去,跳出西方去,将视线投射到所有的地区与所有的时代"。他强调:"史学家的观点愈富有世界性,愈能摆脱民族或地区的偏见,就愈接近获得有效于当代的历史观念。"[2]晚近霍布森(John M Hobson)更强调:"这种常见但却富有欺骗性的欧洲中心论,从各个方面来说都是错误的。至少可以说,东西方从公元500年开始就通过全球化一直联系在一起……东方的边缘化导致了一种高度的缄默,因为它掩盖了三个重要的事实。首先,东方在约公元500年后开拓了其自身的重

---

[1] 托夫勒:《第三次浪潮》,中译本,生活·读书·新知三联书店,1983,第170页。
[2] 杰弗里·巴勒克拉夫:《当代史学主要趋势》,上海译文出版社,1987,第158页。

大经济发展;其次,东方在公元500年后积极创造并维持着全球经济;第三,也是最重要的,东方通过开创和向欧洲传播许多先进的'资源组合'(如技术、制度和思想),对西方的崛起做出了积极和重要的贡献。因此,我们需要恢复东方经济活力以及东方在西方崛起过程中所发挥重要作用的历史。"①近年来兴起的加州学派更提出了一系列新观点,迫使学界从全球历史的角度出发,去重新审视欧洲的发展轨迹,并将这一地区的表现与欧亚大陆其他地区加以比较,并导致了如何为这种比较提供基础支撑的问题。对于工业革命起因的研究,也应当如此。

本书作者正是从以上两个方面入手,来重新探讨工业革命的起因。他在本书开始,就开宗明义地指出本书研究工业革命"深层次的"(或者说最根本)的起因,旨在说明:第一,在欧洲,中世纪晚期和近代早期阶段是通向"腾飞"的工业革命的一条"漫长的跑道"。他指出:中世纪在许多方面都比1500—1800年间的三个世纪富有活力。这个观点解决了有关十八世纪晚期工业革命起源的三种不同争论,即关于"大分流"(Great Divergence)的争论、人力资本形成在"革命"的准备阶段所起的作用的争论,以及制度在经济发展中的作用的争论。其次,以往经济学家已经开始研究这一历史过程中的主要突破,提出了各种不同的理论,以解释1800年左右发生的增长模式的激烈变革。但迄今为止,经济史学家们并未找到足够的证据来支持发生于1800年前几个世纪中的人口结构变化。但在本书中,作者认为,这样一种人口结构的变化确实发生了。第三,工

---

① 约翰·霍布森:《西方文明的东方起源》,山东画报出版社,2009。

业革命的一个重要特征是出现了经济腾飞，而新制度经济学的理论和方法对分析和理解长期经济绩效是很有帮助的。经济史学家可以将此方法加以发展，用于研究工业革命。

基于以上认识，本书作者从新的角度对近代早期西欧的经济史进行了深入的探讨，并且把西欧与欧洲之外的地区进行详尽比较，思考这些地区的制度和人力资本形成所反映的内容，并尝试讨论它们在近代早期阶段的长期发展过程。在解决这些问题的过程中，他采用了新近获得的数据，对长期发展进行量化分析。

本书另一大特点是走出欧洲，将西欧的发展置于世界历史视野之中，以观察西欧究竟是否真正与其他地区有所不同；如果确实不同，那么在何时才出现明显差异。作者认为要回答这些重要问题，首先要对制度效率、人力资本形成以及经济绩效的各种指标体系进行详尽的定量比较，以弄清制度与人力资本形成之间以及人力资本形成与经济增长之间的相互关系。作者认为：自中世纪晚期以来，西欧在制度、人力资本形成以及经济绩效三个方面都具有突出的表现，特别是北海地区（即英国和低地国家）在三方面的表现最为突出。然而，北海地区经济在中世纪晚期和近代早期阶段所取得的成功，都深深根植于中世纪鼎盛时期形成的制度之中。

本书还有一大亮点，即知识经济的问题。作者认为：知识经济能够创造出足够的"实用性"知识，进而引发近代经济增长。但是，哪些长期过程和制度有助于人力资本的形成和思想的积累，以使西欧确实能够经历这种向知识经济，进而向近代经济增长的转变呢？过去的研究并不多。在本书中，作者长期地追溯这段历史过程，指出：从中世纪开始，特别是公元900年至1300年，知识积累和人力资本形成出现了重要变化。在这段时期，欧洲发生了一场遍及全欧的经济扩张，但是到了中世纪晚期（1300—1600），北海地区仍保持着快速发展的同时，其他地区却经历了经济增长减缓。他把这个现象称为欧洲经济的"小分流"（Little Divergence），并通过对婚姻模式、家庭对资本和劳动力市场的参与程度的研究，来解释这种"小分流"。在此基础上，他考察了1400—1800年间知识经济在西欧（特别是北海地区）的兴起。知识经济的发展推动了该地区独有的人力资本积累过程和知识积累过程，并构成了北海地区在1800年前的几个世纪中具有的强劲经济表现的历史背景。随后，他将这段历史过程延续到了十八世纪晚期西欧的"双革命",[①]并继续对制度（如公民身份制度）和经济发展之间的相互作用进行分析，以精确地确定近代经济增长始于何时，以及伴随着经济结构转变的人均收入持续增长的进程始于何时。同时，基于他对荷兰共和国进行的案例研究，研究近代早期的市民与国家之间的关系，重构中世纪制度下的村社"公民"与1789年后形成的现代公民之间的联系。最后，将西欧的发展与欧亚大陆其他地区在近代早期的发展情况加以比较，以确定西方的崛起究竟有多么"特殊"。具体而言，步骤如下：

1. 工业革命不是突然发生的，而是经济增长和结构转型过程的结果，这一转型开始于十七世纪初期的几十年，并且发生在北海地区的其他部分，特别是在尼德兰（荷兰）。

2. 近代经济增长第一阶段背后的驱动力是十六世纪出现的世界

---

① "双革命"（dual revolution）一词，系霍布斯鲍姆（Eric Hobsbawm）在《革命的年代：1789—1848》一书中提出，指1789年的法国大革命和同时期发生的英国工业革命。这两场革命改变了世界，并且还在继续使整个世界发生变革。

市场。荷兰和英格兰这两个国家能够迅速扩张是因为它们设法赢得了逐渐扩大的国际服务（贸易、运输和金融）的份额，以及扩大了它们在关键出口工业中的份额。

3. 荷兰和英格兰能够做到这一点，是因为拥有高效的制度，这个制度可以产生低利率、大量熟练和非熟练的劳动力供给以及形成高水平的人力资本。这两个国家仿效中世纪的城邦国家，都经历了"军事-财政"国家阶段。他们使用国家的武力扩大商业精英的利益。这些新型的国家出现在荷兰独立战争和英国内战期间，是在专制王权和他们的精英之间的冲突中产生的。

4. 工业革命是内在激励、经济结构、知识积累和人力资本形成之间特别互动的产物。内在激励，比如对节约稀缺昂贵的劳动力的渴望，刺激了经济结构的转变。西欧在1800年之前的数个世纪中实用知识不断累积。这种累积与人力资本的增长有关。该增长开始于中世纪，并且由于制度改善（它导致了低利率）、新技术（印刷）、新教主义（这个和引起新发展的原因同样有效）和快速增长的城市（特别是在北海地区）对熟练劳动力的需求的增长，而在中世纪后期加速。实际上，人力资本形成的水平（由技能溢价和书籍产量衡量）和经济绩效之间有可能建立紧密的联系，这就使得我们可以成功地"预测"十九世纪"大分流"期间各国的表现。

5. 为了解释这些出现的新制度只是在北海地区产生的原因（或者说，为什么只有在这个地区，中世纪的制度革命才产生出合理的结果），本书分析了这一地区潜在的人口结构的转型，特别是中世纪晚期欧洲婚姻模式的出现。这个模式是人口类型对新的市场环境的适应过程，反过来又引起了人们对劳动力市场和资本市场参与的提高以及高水平的人力资本（包括男女在内）的形成。这个人力资本形成成为西欧这部分的典型特征。

6. 欧洲婚姻模式和中世纪晚期在北海地区出现的市场经济的突破，共同建立在中世纪中期出现的制度之上。在西欧的其他地方，发生在950—1300年间的制度和经济的蓬勃发展在近代早期没有能持续下去，欧洲中部和南部的经济在1500—1800年大部分处于停滞状态甚至下降。这个和中世纪盛期发生的泛欧洲的经济增长过程形成鲜明对比。这个欧洲内部的"小分流"，也和欧洲南部和中部的停滞和制度的失败有关，例如专制主义的出现和欧洲中部的一些地区的农奴制度的复归，专制主义压制了中世纪出现的更加"平衡"的制度。

7. 本书在关于制度和制度改变的分析中，进行了许多关于制度效率的量化比较。利率、技能溢价、市场参与水平以及市场融合度都被用来衡量制度在规范市场交换和保护财产权方面的效率。结果是从中世纪以来，西欧特别是北海地区的制度相对来说更加有效，特别是"纵向"制度（vertical institutions）比欧亚大陆其他部分的制度更有效。只有明朝晚期和清朝时期的中国以及德川时期的日本才拥有可以和西欧的那些制度相媲美的制度，特别是横向制度（horizontal institutions）。开始于十七世纪和十八世纪的英国的近代经济增长过程的基础，就是出现在欧洲中世纪晚期那些相对高效的制度。

8. 西欧高效的"纵向"制度的关键特征，是他们保护无权者以对抗那些掌权的人。这种"权力平衡"（balance of power）又出于下列原因：（1）关于"法治"（rule of law）的"正确的"法律思想；（2）把书面词汇作为"真理"的最终来源；（3）借助于"自下而上"的制度建构过程来解决集体行动的问题，其中社团法人（universtates）起了关键作用。其结果，权力变成了一种遵守宪法规定的（constitutionalize）权力，即权力要受到书面语言的界定和约束，权力也变得可协商（negotiable），即要潜在地服从参与各方的协商，从而这样的权力也是可分割的，可分开的（partible）。这是一个完全不同的关于权力的概念，与我们在这个时期（以及在古代）的大多数的非欧洲社会发现的权力都不同，在其他地方，权力原则上是统一的（unified）、自上而下的（top-down）和整体的（monolithic）。

9. 这些"自下而上"（bottom-up）的制度的最重要之处，是使西欧的发展路径不同于东亚国家的发展路径，东亚在明朝政府和德川政府统治下也出现了市场经济，但那是两国政府自上而下实施自由放任政策（laissez faire）的结果。这可能有助于解释为什么在西欧这样一个包含很多差异很大的政治经济体的地区，其"纵向"制度是更加有效的，即这种制度导致了非常低的利率。反之，东方的"横向"制度可能比西方的更加优越。这个结论的重要性被这样一个事实所强调，即通过近期的研究显示，"纵向"制度比"横向"制度更有助于解释长期的经济表现。

通过细致和深入的研究，本书得出了一些非常重要的结论。例如，作者考察了那些在西欧中世纪盛期大多已开始出现的制度，包括法治（rule of law）、合作团体（如行会）、欧洲婚姻模式和公民权的概念等，分析了这些制度的相对效率，看它们是怎样降低交易成本和扩大市场交换的。通过观察反映制度绩效的相对价格，证实相对高效的制度是怎样影响在西欧发生的人力资本形成和知识积累过程的。①然后将人力资本形成和经济绩效联系起来,显示拥有高水平的人力资本形成的国家和地区都经历了经济相对较快的增长。通过比较北海地区和欧洲大陆其他地方的情况,发现了这一联系。由此来比较西欧和欧亚大陆其他地方的情况时,也就可以更好地解释十九世纪初的"大分流"。

西欧大部分地区的长期经济变化曲线的特点,是中世纪的突然扩张,随后是长时间的稳定期,即便不是"高水平"的经济停滞,这一路径也与同一时期的中国或者中东的经济发展道路没有什么显著的区别。但是只有北海地区在近代早期保持了持续的扩展,这也使得西欧和欧亚大陆的其他地方有了不同之处,因此欧洲"小分流"最终导致了世界的"大分流"。

在本书中,作者特别把中国和日本作为观察西欧经济变化的对照。他对各种不同的制度效率指标和人力资本形成指标进行了分析,显示出日本和中国与欧亚大陆其他地方不同。从中国清朝和日本德川时期开始,有大量的证据显示两国都有繁荣的书籍贸易,同时书籍的需求量也大幅增加,尽管从人均数量上来看还赶不上西欧。同时,也有大量的证据显示,中日都有逐渐复杂的市场交换和高水平的市场融合;在中国还有相对较低的技能溢价(可能在日本也是如此);而且,资本市场的进步也让利率迅速降低。因此在中国和日本,可以发现同样的相关关系,即制度效率和高水平的人力资本形成之间的关系。在十九世纪,日本高效的制度和高水平人力

---

① 他用书籍产量和消费量、有读写能力的人的增长以及技能溢价等指标来衡量这一过程。

资本使得它可以迎接西方带来的"开放"的挑战，并且还能迅速复制西方的技术和一些有活力的制度。在中国，结果非常不成功。可能关键的不同点是，日本在1860年明治维新之后运用国家来进行关键的改革，而中国在十九世纪六十年代以前没有采取措施进行改革。作者特别指出：尽管他强调从中世纪以来西欧独特的发展可以作为其长期成功的解释，但是日本和中国的例子证明还有另外一条通往"近代"经济的道路，这条道路也是以高效率的制度和高水平的人力资本形成为特征的。在西欧自下而上的过程和制度起到了主要作用，而在日本和中国，近代制度的出现是国家从直接对经济的干预中退出并决定让市场发挥主导作用而得来的。

作者在本书中还提出了一个饶有兴味的观点，即中世纪欧洲的部分制度传统包括了关于国家和公民之间关系的新概念。这个公民权的概念也构成了重新解释民主国家和其公民之间关系的基础。这个进程开始于十七世纪中期的英国，并且构成了1776年后的"大西洋革命"（Atlantic Revolution）的基础。建立于中世纪的民主传统在西欧新的议会制度进一步发展过程中仍然起着重要的作用。1500年以后，欧洲大部分地区没有能保持住经济活力，特别是南部（意大利和西班牙）和中部（德国），在中世纪本来是很有活力，但是在近代早期出现了明显的衰退。简言之，在900—1300年间的几个世纪中，增长的过程出现在欧洲大部分地区，但是1500年之后，增长则被限制在北海地区。一个重要原因是只有北海地区保持、继承和发展了中世纪的民主传统。

为什么民主的制度相对有效呢？本书作者的答案是：这些制度使得保护没有权力的人的财产权成为可能。另外一个因素就是民主的程序,不论是在合作的团体(例如行会和公社),还是在以公民权为基础的国家中,民主程序都提供了一种透明的方式以改变"博弈规则"。经济学家和经济史学家经常关注如何发展高效的制度,但是关键的问题之一是怎样发展有效的路径去改变不理想的博弈规则。经济发展意味着制度必须适应变化的环境。与此同时,制度总是有利于某一特定的社会群体,而这可能不利于其他人;每一次博弈规则的变化都有失败者和胜利者。一个社会需要元规则(meta-rules)来改变制度,这些元规则必须透明,并且能让所有人都接受。民主的程序解决了这个问题:它们在原则上可以被所有人接受,可以在元规则的稳定性和具有规则的灵活性之间保持一定的平衡,这种平衡可能是最优的选择。这种情况正如丘吉尔的名言:"民主是最坏的政府形式——除了其他所有不断地被试验过的政府形式之外。"

  从上述简单介绍,读者即可看到本书的大致内容和贡献。当然,要深入和全面地了解作者的观点和方法,唯一的办法是认真阅读此书。和许多过于注重细节研究的经济史研究著作不同,本书内容丰富,气魄宏大,文字简明扼要,把丰富的内容包纳到有限的篇幅中。因此,读者在阅读此书时,将会和我一样,在获得丰富的知识的同时,也得到很大的乐趣。林语堂曾说:"当我们把一个不读书者和一个读书者的生活上的差异比较一下,这一点便很容易明白。那个没有养成读书习惯的人,以时间和空间而言,是受着他眼前的世界所禁锢的。他的生活是机械化的,刻板的;他只跟几个朋友和相识者接触谈话,他只看见他周遭所发生的事情。他在这个监狱里是逃不出去的。可是当他拿起一本书的时候,他立刻走进一个不同的世界;如果那是一本好书,他便立刻接触到世界上一个最健谈的人。这个谈话者引导他前进,带他到一个不同的国度或不同的时代,或者对他发泄一些私人的悔恨,或者跟他讨论一些他从来不知道的学问或生活问题。"[①]对于那些渴望了解今天我们生活的世界是从哪里来的这样一个重要问题的读者来说,阅读此书就是找到了一位很好的指引者。

此外,我还要提一提本书的译者隋福民博士。他是一位优秀的中年学者,经济学和历史学的修养都很好。他在此书的翻译中付出了大量的心血,不仅准确表达了原著的意思,而且译文也流畅易读,从而为读者在阅读本书中文版时提供了很大的方便。相信这对于广大中国读者更好地了解本书的精髓,将会起到非常重要的作用。

最后,对本书中文版的面世深表祝贺,也希望中国读者能够在对本书的各个方面进行深入了解的基础上,与本书作者展开对话(我相信他一定会非常高兴这样做),并由此更深入地进入国际经济史研究的主流。

[①] 林语堂:《读书的艺术》,收于《博览群书》杂志选编《读书的艺术——如何阅读和阅读什么》,九州出版社,2005,第318—324页。

王国斌、罗森塔尔
《大分流之外：中国和欧洲经济变迁的政治》序

二十年前，一批在美国加州不同大学中讲授中国社会经济史的中年学者先后出版了几本专著，对当时国际经济史坛的主流理论和观点进行了质疑和批判，并提出了新的见解。这些学者后来被称为"加州学派"，他们的新见解集中体现在彭慕兰的《大分流：欧洲、中国及现代世界经济的发展》一书中，因此"大分流"理论也就成为"加州学派"提出新见的代表。这些新见提出后，迅速引起国际学坛的注意，在赞同和反对这些看法的学者之间出现了热烈的争论。这个持续至今的大争论，从开始时主要针对中国和西欧的比较经济史的讨论，演变为题材广泛，涉及全球的跨地区、跨时代、跨学科的国际大论争，在国际学术发展史上留下了自己的痕迹。

2010年，在关于大分流的论争开展十周年之际，著名经济史学家欧布莱恩（Patrick O'Brien）发表专文 Ten Years of Debate on the Origins of the Great Divergence between the Economies of Europe and China during the Era of Mercantilism and Industrialization，对十年的论争进行了一个总结，并对以"大分流"为代表的"加州学派"的观

点进行了评价。到今天,又是八年过去了,又是应当进行总结的时候了。那么,在经历了多年的争论之后,"加州学派"的学者们近来在"大分流"的研究方面有什么进展呢?这是诸多学者都关心的问题。

事实上,自"大分流"理论提出后,"加州学派"学者一直没有停止过新的探讨。对于在争论中受到的质疑与批评,他们都进行了认真的思考,借以改进自己的研究。2015年8月,国际历史科学大会首次在中国举办,澎湃新闻专访了前来参会的彭慕兰。彭慕兰坦承先前研究的局限性,并表示最新的研究成果正在完善"大分流"理论。王国斌(R. Bin Wang)和罗森塔尔(Jean-Laurent Rosenthal)的这本书,就是"加州学派"学者进行的努力所获得的新成果之一。

本书在一些重要方面,对于先前的"大分流"理论进行了反思和修正。如本书书名《大分流之外:中国和欧洲经济变迁的政治》所示,本书在研究对象、范围和内容方面,都大大超出了彭慕兰的《大分流》。《大分流》强调进行比较研究要重视比较的单位,因此把英格兰和中国的长江三角洲作为比较对象;本书也重视比较的单位,但把欧洲和中国作为比较对象,英格兰只作为这个比较的一个特例。其次,《大分流》一书以及先前的"大分流"讨论所涉及的时间范围,都是近代早期(1600—1900),而本书认为中国和欧洲的大分流要早得多,不是1600年,而是1000年。

通过对以往"大分流"理论的修正,本书为欧洲和中国不同的经济变迁模式提供了一个新的解释。本书作者指出,欧洲和亚洲在1000—1500年间的一个重大差别,是欧洲存在众多相互竞争的国家，而亚洲则只存在中国这样一个超级大国，其政治和经济的影响力在本地区都无与伦比。这种状况，对于欧洲和中国的政治和经济的演变都具有巨大的作用。尽管在中国和欧洲的历史上，统一与分裂都曾交替地出现，但是中国始终沿袭着统一帝国的模式，而欧洲却经历了更多的分裂。旷日持久的战争使欧洲陷于贫穷，但这些冲突与竞争却在无意之中催生了资本密集型的生产方式。相反，中国在长期的和平和统一中孕育了一个大规模的市场，并从劳动分工中获益。欧洲直到1750年之后，资本密集型的机器生产才显露出一些优势。在此之前，清代朝廷的经济发展理念乃是全世界各个地区的共识，即重农、薄赋、不干预国内贸易。因此，在以往的中西比较史方面，许多传统的观点或缺乏充分的历史依据。

本书在方法论上也有创新。本书作者提出了若干可以被检验的命题或观点，以便后来的研究者对此进行证实、证伪或质疑。他们对以往解释"欧洲为什么成功，中国为什么失败"的传统观点进行了回顾和分析，否定了一些观点，肯定了另一些观点，将其置于一个更大的解释框架之内，与价格理论、政治经济理论配合使用，以进行深入的分析。因此，与传统的研究相比，本书的研究方法能够更加透彻地讨论"欧洲为什么成功，中国为什么失败"的问题，并得出更具说服力的结论。这充分表明：经济学理论与中国和欧洲历史的专业知识相结合，能够产生更好的经济史研究。

此外，本书在研究力量的组织上也别具一格。先前"加州学派"学者之间，虽然也相互通气，彼此交流，但进行研究时基本上是"单兵作战"。本书的两位作者分别是中国史研究和欧洲史研究的专家，同时又都受过良好的经济学和历史学的训练，所以他们能够从不同的角度和不同的眼光，以共同的视野和问题意识来进行研究，识别具有可比性的历史过程，并进行细致严谨的比较。这一点，受到所有书评者的高度赞扬。在今天，进行历史研究已经不能只靠个人的努力了，特别是进行像本书这样的全球史研究，只靠一个学者的努力是很难胜任的。在如何合作进行研究方面，本书给我们做出了一个很好的示范。

本书的这些新贡献，受到了社会经济史学界重量级学者如德·弗里斯（Jan de Vries）、濮德培（Peter Perdue）、李中清（James Lee）、李丹（Daniel Little）等人的肯定。德·弗里斯是专治近代早期欧洲经济史的学者，对先前的"大分流"理论持有不同看法；濮德培和李中清是专治中国经济史的学者，也是"加州学派"的重要人物；李丹则是研究经济哲学的专家。这些不同领域、不同背景的学者对本书的肯定，也表明本书的确是很好地修正了先前"大分流"理论的一些不足之处，使之向前发展了一大步。

那么，本书对先前"大分流"理论的修正，是否"推翻"了"加州学派"的基本认识框架了呢？答案是没有。彭慕兰对"加州学派"的特点做了如下总结：

第一，"不能拒绝比较"。他指出：我们无法做到不去比较，所谓的"逃避比较"，其实是在做隐性比较。但比较最好是正大光明的。历史思维和社会科学的发展，暗示着一个隐藏着的欧洲，哪怕我们没有讨论，也会有意无意地将其进行比较。但要知道，这个欧洲是想象的、理想化的欧洲，而不是真实的欧洲。所以我们共同考虑的是，如果不能逃避，为何不直接进行比较？至少这样我们能尝试超越那种想象的欧洲，和一个真正意义上的欧洲进行对比。

第二，尝试进行"互反比较"（Reciprocal Comparison），以铲除以欧洲中心论为基础的比较方法。他说：当我们比较A和B时，我们不采取以往那种认为A是标准，而B如何与A偏离的方法。相反地，我们将A和B作为同时带有普遍性和特殊性的内容出现。换言之，我们既可以讨论中国相对于工业化而言更缓慢的城市化进程，也可以反向描述成是欧洲相对于进程缓慢的工业化更为惊人的城市化进程。这两者，没有一个是完全普适，也没有一个是绝对特例。

第三，工业化与前工业化的世界之间有一个极大的断裂。前工业化的世界发生的事件和工业化的出现是密切相关的，但两者并不存在因果关系。因此我们不能假设一个地方在前工业化时代出现一些与工业化相关的现象，这个地方就能自发地出现工业化。

本书并未抛弃这些共识，而是以更加开阔的视野和更加深入的研究，使得这些共识得以更加坚实可靠。本书作者提出三点希望：第一，希望读者能够体会到，"政治经济"从根本上影响着经济史的进程；第二，希望本书能够清晰地阐释，我们所讲述的历史对于理解当下的世界和其未来的走向至关重要；第三，希望通过对中国和欧洲经济史的"政治经济"分析，展现人们毅力和行动的差异，以及这些行为意料之外的后果。充分理解了这些差异，才能更加审慎地规划未来，并对明天的成功持更加谨慎的期待。读了本书，我们可以看到，作者的这些希望，是从"加州学派"的初衷出发，而追求一个更高的目标。

我想由此发表一点感触。众所周知，法国的年鉴学派是当代西方最重要的历史学派之一，它发动的史学变革被称为"法国史学革命"，对世界史学的发展起到了重大的推动作用，即如著名英国历史学家巴勒克拉夫（Geoffrey Barraclough）所言："他们（年鉴学派学者）为旧历史学转向新历史学开辟了道路。"然而，年鉴学派本身一直处于不断的变化之中。1978年，年鉴学派第三代领袖勒高夫（Jacques Le Goff）正式提出"新史学"这一名称，并主编了《新史学》百科词典，来阐明年鉴学派与新史学的联系与区别。这个"新史学"运动使得原先主要以西欧大陆为基地的年鉴学派，与英美史学的主流学派相互接近和交融，从而导致了年鉴学派在世界史坛上的影响进一步扩大和世界史学的进一步国际化。如果说"年鉴学派"自1929年诞生到二十世纪六十年代还是一个纯粹意义上的学派的话，那么随着"年鉴学派"范型在法国史学界日益被接受，并成为主流之后，它本身就逐渐丧失其学派性，而成为一种不断更新、拓宽的史学范型或史学研究新趋势。勒高夫明确地声明："并不存在一个学派性很强的年鉴学派"，"我们的学派性越来越弱。我们是一个群体，有着共同的观念基础；我们又是一个运动，我们仍希望继续存在和发展，静止等于死亡"。在某种意义上，"加州学派"也正在走这样的道路。不同的是，"年鉴学派"用了半个世纪，经三代学者的努力才把一个学派变为一个"运动"，而"加州学派"则在二十年的时间内，第一代学者就已开始了这个转变，这充分表现了这个学派旺盛的生命力。

此外，本书中文版的翻译也要一提。译者周琳副教授是我当年的学生，对于新知识的不懈追求是她一个不变的特征。她读了此书后，自觉收获良多，不敢自专，希望和广大中国学人分享，因此在繁重的工作和家务的双重压力下，尽力挤榨出时间，完成了本书的翻译工作。她的翻译忠实地转达了本书两位作者的思想，同时文字清新流畅，使得中文读者将更好受惠于本书。

最后，作为"加州学派"的一员和国斌多年的朋友，我为国斌和罗森塔尔取得的新成就感到由衷的高兴，并热烈祝贺本书中文版的面世！

2018年7月于燕园

郑永常《血红的桂冠：
十六至十九世纪越南基督教政策研究》序

全球史的兴起，是国际史坛上近二十年来出现的最重要的进展之一。全球史（global history）亦称"新世界史"（new world history），二十世纪下半叶兴起于美国，起初只是在历史教育改革中出现的一门新课，目的是从新角度讲述世界史，以后不断发展壮大，导致了新一波史学的"全球转向"（global turn）。时至如今，全球史已发展成为一个新的史学学科。

全球史和过去世界史之间最大的不同，就是要打破现今的国家的界限，将世界各个地区都放到相互联系的网络之中，强调它们各自的作用。全球史即以全球为研究视角，否定"国家本位"，将"社会空间"作为审视历史的基本单位，因此强调在全球语境中，对世界不同区域历史进行平等而全面的考察。为此，全球史学者力求摆脱欧洲中心论，认为"与外来者的交往是社会变革的主要推动力"，[1]主张"跨文化互动"的研究，建立一种"认为世界上每个地

---

[1] William H. McNeil, "The Changing Shape of World History." in *History and Theory*, 1995, Vol. 34, No. 2.

区的各个民族和各个文明都处在平等的地位上,都有权利要求对自己进行同等的思考和考察,不允许将任何民族或任何文明的经历当作边缘无意义的东西加以排斥"的历史观。①

然而,就像一个人不能揪着自己的头发使自己脱离地球那样,史学家也难以克服其所处时代、传统文化和价值观念对史学观点的影响,因此要做到真正的客观公允极为困难。尤其是西方学者,由于西方史学已经成为国际史学的主流,而西方史学不可避免地带有西方的文化和价值观,要真正摆脱西方中心论的影响,就更加不易。因为这个原因,非西方学者在全球史这个新的空间里,应当、也必将有更大的作为。本书就是郑永常先生在这方面做出的重要努力。

本书以大航海时代为背景,针对十六世纪至十九世纪天主教传入越南的过程和遭遇,以及越南执政当局的回应为重心,对近代早期中西文化交流及越南历史进行了深入细致的研究,并且得出了令人信服的结论。

本书所选取的时空范围是十六世纪至十九世纪的越南,主题是这段时间内一种外来文化——天主教——在这个地区的经历。这三个要素,对于全球史研究来说,是非常有意义的。

首先,虽然认为人类的整个历史都是全球史,②但是大多数学

---

① 杰弗里·巴勒克拉夫:《当代史学主要趋势》,北京大学出版社,2006,第126页。
② 例如本特利(Jerry Bentley)与齐格勒(Herbert Ziegler)在其《新全球史:文明的传承与交流》(*Traditions & Encounters: A Brief Global History*)中提出:"全球史"的开始在公元前3500年,至今经历了七个阶段:1. 早期复杂社会(前3500—前500);2. 古典社会组织(前500—500);3. 后古典时代(500—1000);4. 跨文化交流的时代(1000—1500);5. 全球一体化的缘起(1500—1800);6. 革命、工业和帝国时代(1750—1914);7. 现代全球重组(1914至今)。

者认为要到了经济全球化开始后，世界大部分地区才彼此紧密地联系在一起。在此意义上来说，"世界史"是从1500年前后，才成为"全球史"的。

其次，在今天东亚的全球史研究中，越南是一个研究薄弱的地区。越南是东亚最重要的国家之一。2014年，越南人口正式突破9000万大关，成为世界第十四位人口大国，在东亚地区仅次于中国、日本和印度尼西亚。在二十世纪中期，越南因为越战，成为世界关注的焦点。近年来的经济起飞，又使得越南在东亚世界中扮演着越来越重要的角色。

最后，全球史的一个重要内容就是西方的兴起及其全球扩张。这种扩张包括文化扩张，而这种文化扩张又以基督教（包括天主教和新教）传播为先导。东亚世界（包括东北亚和东南亚）是西方全球扩张（特别是早期）的主要目标，大航海活动的最初目标就是开辟到中国的新航路。因此天主教也随着西方的商船和炮舰，以新的态势来到东亚。天主教的传播在菲律宾取得成功，在日本、中国也一度取得相当的成绩，但随后又陷入困境甚至被根除。在这些方面，中外研究成果已颇为丰硕。但是天主教在东亚其他地区传播情况如何，相关研究尚嫌不足，因此是一个全球史研究有待深化的方面。

在东亚天主教传播史上，越南是一个非常重要的地区。大概在1533年，天主教传教士已进入越南南定（Nam Định）地区传教，因此天主教传入越南较之中国和日本更早。经过近五个世纪的曲折经历，如今天主教依然是越南最重要的两大宗教（天主教和佛教）之一，目前有天主教徒约600万，人数在亚洲仅次于菲律宾和中国大陆（包括地下教会），但其占人口的比重和社会影响力则远高于中国。然而，虽然近年来有一些关于天主教在越南传播史的研究成果，但是数量很少，主要是西方人（包括在西方的西化越南人）的作品，有些还出于非专业史学家之手，[①]学术水平有待提高。因此直至今日，我们对于天主教在越南的传播仍然所知甚少。

在全球史研究中，越南是一个不能忽视的国家，而对于中国来说，更是如此。越南是东亚最早有记录历史的国家之一，其有文字记载的历史可以追溯到两千多年前，比日本、韩国都更早。同时，越南也是与中国渊源最深的国家。在过去两千年中，有一半时间越南与中国同属一国，分享着共同的历史。十世纪越南取得事实上的独立后的一千年中，虽然与中国不时有纷争，但是大体上是和睦相处，关系密切，就连现在越南的正式国名，也是1802年清朝嘉庆皇帝所赐。[②]十九世纪中叶以后，越南沦为法国殖民地。在殖民当局的强制下，开始了"去中国化"的过程，逐渐淡出了东亚汉字文化圈。但是两千年的密切联系，使中越两国依然是关系最密切的邻邦。可惜的是，由于各方面的原因，越南人对自己的历史的研究水平不高，[③]西方世界对越南历史兴趣有限，而中国人对越南历史也

[①] 这些作品中最重要的 The History of the Catholic Church in Vietnam 和 The Catholic Church in Vietnam 更出于神职人员 Patrick Oconnor 和 Phan Phát Huồn 之手。这些作品在论述及选材上都难免有所偏重，其立场与观点亦不够客观。

[②] 《嘉庆重修一统志》卷五五三："先是，阮福映表请以'南越'二字锡封。上谕大学士等曰：'南越'之名，所包甚广。考之前史，今广东、广西地亦在其内。阮福映即有安南，亦不过交趾故地，何得遽称'南越'？该国先有越裳旧地，后有安南全壤。天朝褒赐国号，着用'越南'二字，以'越'字冠其上，仍其先世疆域；以'南'字列于下，表其新赐藩封；且在百越之南，着于《时宪书》内，将'安南'改为'越南'。"

[③] 一个原因是"去中国化"造成的文化断层，越南很少人能够阅读记载十九世纪中叶以前用汉文和汉喃字写成的越南史籍和中文史籍。

缺乏应有的重视。加上越南历史研究涉及汉文、汉喃文、拉丁化越南文、葡萄牙文、意大利文、西班牙文和法文史料，难度很大，很大程度上来说，越南历史还是一门仍未经挖掘的学科。因此，直至今日，国际学界对越南历史的了解依然非常欠缺。在此情况下，要把越南历史研究纳入全球史研究，又谈何容易！

本书就恰恰是一部能够弥补以上缺憾的专著。永常对越南历史进行了多年研究，有《汉文文学在安南的兴替》（台湾商务印书馆，1987）和《征战与弃守：明代中越关系研究》（成功大学出版社，1998）两部专著和多篇论文刊出。依我孤陋寡闻，他可能是中文史学界中在近代早期越南史研究方面成果最丰的学者。在越南天主教研究方面，他有多篇文章发表，对近代越南政府的天主教政策及其实施情况也有很好的把握。在此基础上，本书集中讨论十六世纪至十九世纪越南的天主教问题，系统分析传教士在越南传教所面对的困难，以及越南统治者对天主教的态度和政策，让读者对越南天主教的发展史有清晰之了解，也可和东亚其他国家比较讨论。作者指出：越南天主教历史与东亚历史变迁是联结一起的，是东亚世界基督教（天主教与新教）发展史的一部分，也是大航海时代西方人东来贸易体系的环节。一般认为，西方人到达越南后，依靠强大的军事力量，把越南变为殖民地，而越南则只能听天由命，消极顺从。然而本书指出：法国人在这里遇到比贸易更大的阻力与困难。这才是东西文化交流的真实挑战，更能呈现冲突的内涵意义。作者进而指出：从十六至十九世纪，东亚国家禁止基督教和杀害传教士行为，应如何去理解？如果只以"信教自由"或"东方暴政"的二元关系来诠释当时的历史行为，其实是有些不负责任的。

我和永常相识已逾二十年，深知他对学术的热诚与执着。虽然在过去二十年中，我们见面不多，但是我一直在关注他的研究。特别是他到成功大学任教后，在东南亚与中国交流史研究方面成果丰硕。而我近年来的研究兴趣也日益转向近代早期全球史视野中的中国，因此对他的研究也更加注意。特别是越南历史，我过去几乎一无所知，近年来从他的研究中获益良多。因此，当本书即将出版之际，永常不以我为外行而问序于我，我也就不揣冒昧，欣然命笔，目的是希望有更多像我这样对全球史感兴趣的治史者，能够多读些像本书这样优秀的研究著作，从而扩大自己的视野，在治学方面能够更上一层楼。

是为序。

乙未年二月十一日于香港清水湾寓所

任放《明清长江中游市镇经济研究》序

任放博士是我国年轻一代社会经济史学者中的佼佼者,出自陈锋先生门下。本书是他在博士论文的基础上,反复修改,增删修润而成的。在此即将付梓之际,问序于我。我素不专治市镇史,本不敢冒充专家为本书作序,但读了本书书稿之后,发现这是一部很有价值的社会经济史研究专著,其涉及范围远远超过了狭义的市镇史研究。因此也就不揣冒昧,从社会经济史的角度来略谈一点看法。

自二十世纪七十年代末开始,市镇史研究曾是我国史学研究的一大热门领域。但是进入九十年代后,此项研究却呈现出衰颓之势。一方面,社会经济史学者关注的焦点,越来越多地向市镇史之外的领域转移;另一方面,在市镇史研究中,方法日益僵化,少有新见,研究"克隆"现象日盛,乃至仅需将某些论文中所涉及的市镇名称做一更换,即可成为"研究"另一市镇的论文。研究者人数既日少,研究水准又未见有明显提高,因此市镇史研究走向衰落也是不可避免的。

要扭转这种趋势,重振昔日雄风,就需要采取多种方法。其中最为重要者之一,就是使市镇史研究克服以往研究的局限,进入更为广大的天地。具体而言,这包括了两个方面:一是"走出江南",把市镇史研究扩大到中国其他地区;另一是"超越市镇",使市镇史研究超出"市镇"的狭小范围,与社会经济史研究的其他部分更加紧密地结合起来。由于本书在这两个方面都做了出色的工作,因此也取得了超越前人的成就。

在江南之外各地的市镇史研究方面,二十世纪最后二十年中有颇大进展,但江南独大的格局并未真正改变。[①]因此要真正"走出江南",还需要做出进一步的努力。在江南以外各地的市镇史研究中,长江中游(鄂、湘、赣三省)地区占有非常重要的地位。在明清时期,这个地区是中国经济发展最快的地区之一,代表了一种特殊的经济成长方式,其社会和人口变化的特点也都与其他地区有很大不同。这种不同,又决定了这一地区市镇发展具有自己的特殊性。因此在这一地区市镇史研究中,学界已有的"江南模式"仅只能够作参考,而不能照搬。但是这样一来,没有现成模式可搬用,就为这个研究增加了很大困难。其次,在研究市镇史所需的文献资料方面,这个地区也远不及江南。有关文献资料的数量虽然总的也不少,但却很分散,质量也参差不齐。文献资料方面的局限,也为这一地区市镇史研究的深入又增加了困难。因此真要深入研究这一地区的市镇史,无论在方法上还是在资料上,都有很大的难度。本书作者挑选这一地区为研究对象,不仅需要很大的勇气,而且也需要付出更多的努力。

[①] 据本书作者的统计,自1980年至1999年,国内学者发表的市镇史研究论文共约690篇,除去通论性质的165篇外,区域市镇史研究论文为525篇。这525篇的地域分布为:江南244篇,长江中上游地区107篇,华南90篇,北方84篇,后三个地区合计281篇,占53.5%,而江南一个狭小地区却占了另外一半。

以往许多市镇史研究，往往局限于"市镇"本身，或者仅只关注市镇的某些方面。对于更多的方面，则很少涉及。但是正如本书所指出的那样，市镇的产生、发展和衰落，都绝不仅仅取决于某一种和某几种原因，而是多种因素相互结合、相互影响、相互作用的结果。这些因素究竟是哪些？它们是如何结合的？为什么它们会采取某种特定的结合方式？当其中某一种或某几种因素发生变化，或者有新的因素加入，会对其他因素产生什么影响？……这些问题，对于深入推进市镇史研究来说，都至为关键。本书强调了这些因素及其相互关系，因此比以往的许多研究确实前进了一大步。此外，由于市镇的产生和变化是多种因素共同作用的产物，而在不同的市镇，这些因素都有特定的时空限制，因此市镇的类型、结构、时空特点、功能、管理机制等，也无不因时因地而异，因此难以套用一个统一的模式（如果这样做，那只能是削足适履）。但是，要区分这些不同，从众多纷乱的具体事例中找出一些共同特点，然后根据这些特点把众多的市镇进行分类，则是一件颇有难度的工作。本书在此方面进行了很大的努力，把这一地区市镇的情况比较完备地展现在我们面前。

本书作者是一位勤奋努力的学者，为了进行本项研究，他将过去学界关于市镇史研究的状况做了全面的调查，对前人研究中的成败得失作了实事求是的分析评述，这就使得本书的研究得以站在一个较高的起点之上。以往国内市镇史研究（以及其他研究）中一个明显的缺陷是许多研究者不严格遵循基本学术规范，不注意（或者假装不知道）前人在此方面的研究成果，或者在评述前人成果时有意贬低他人以抬高自己。这样做，实际上不过是掩耳盗铃，自欺欺人而已。但是学问乃天下公器，来不得半点虚假。本书作者对前人成果进行了全面的分析，不仅表明他对本研究领域的状况有全面的把握，而且也表明了他尊重前人成果的朴实学风。这一点，在学风日颓的今天，尤有强调的必要。同时，本书作者在第一手资料的搜集和整理方面，付出了巨大的努力。不仅对与市镇直接有关的材料已搜检殆遍，而且把与市镇间接有关乃至其他的相关材料也收罗无遗。吴承明先生指出，经济史是研究过去的、我们还不认识或认识不清楚的经济实践，因而它只能以历史资料为依据。[1]这一点本来是对史学家的基本要求，但是现在的情况却大不相同。因此余英时先生指出，"最近海内外中国人文学界似乎有一种过于趋新的风气。有些研究中国文史，尤其是所谓思想史的人，由于受到西方少数'非常异义可怪之论'的激动，大有走向清儒所谓'空腹高心之学'的趋势"。特别是"在古典文字的训练日趋松懈的今天，这一新流派为中文程度不足的人开了一个方便法门。因此有些人可以在他们不甚了解的中国文献上玩弄种种抽象的西方名词，这是中国史研究的一个潜在危机……有志于史学的青年朋友们在接触了一些似通非通的观念之后，会更加强他们重视西方理论而轻视中国史料的原有倾向。其结合则将引出一种可怕的看法，以外治史只需有论证而不必有证据"。[2]在此情况下，本书作者在史料收集与整理方面付出的巨大努力，显得尤为难能可贵。

当然，学问无止境，本书也还存在一些略嫌不足之处，特别

---

[1] 吴承明：《经济学理论与经济史研究》，《经济研究》1995年第4期。
[2] 余英时：《中国文化的海外媒介》及《关于韦伯、马克思与中国史研究的几点反省》，收于余英时《文化评论与中国情怀》（第2版），台北：允晨文化实业股份有限公司，1990。

是在理论分析方面。本书作者对以往市镇史研究所依赖的理论基础（如"资本主义萌芽"理论、城市化理论等）进行了评述，但是未对本书研究主要依赖的理论做出进一步说明。如果以往的理论有明显的缺陷，那么作者应当进一步提出自己感到满意的理论。当然，这对于一个青年学者来说可能要求太高，但是我相信像本书作者这样一位勤奋的学者，在未来的岁月中一定能够在此方面有重大突破，从而对中国社会经济史研究做出更大的贡献。

2002年7月1日

黄纯艳《宋代海外贸易》序

二十年前,当我国的改革开放刚刚起步时,学界和社会都弥漫着一股把现今中国的一切问题都归咎于过去的风气。此风在二十世纪八十年代中期达到高潮,其标志就是电视剧《河殇》,而该剧竭力宣扬的一个主题就是所谓"蓝色文明"与"黄色文明"之争。前者指的是以贸易立国、积极向海洋发展的西欧,而后者则是指埋头搞农业、自我封闭于内陆的中国。在一片声讨"黄色文明"的声浪中,中国历史的真实到底是什么?中国过去是否真的与海洋无关?反而少有人去深究。但恰在此时,海外学界却出现了相反的看法,即中国早就已是一个重要的海洋国家。正如李露晔(Louise Levathes)新出版的一部畅销书《当中国称霸海上》所示,中国人的海上活动在十五世纪初期的世界上已取得无人可以挑战的优势地位。[①]以后,则如贡德·弗兰克(Andre Gunder Frank)的一部引起重大争议的新著《白银资本:重视经济全球化中的东方》所要论证的那样,在十七、十八世纪的世界贸易中,中国也遥遥领先于世界

---

① 该书原名 When China Ruled the Seas, Oxford University Press, 1994。中文本由邱仲麟译出,徐泓审定,台湾远流出版事业股份有限公司 2000 年出版。

各国,海外规模之大无人能匹敌。[1]这些著作的出现表明在过去的一二十年内,国际中国海外贸易史研究已经发生重大了变化,取得了重大进展。但是这些进展主要集中在明清海外贸易研究方面,而中国海外贸易的大发展却并非始于明清。因此大量加强明以前的研究,也就成为今日发展中国海外贸易史研究的主要任务之一。

宋代是我国海外贸易发展的重要时期,这已是学界共识,毋庸多说。关于宋代海外贸易的研究,自桑原骘藏、藤田丰八等先驱者的研究成果在二十世纪一〇年代问世以来,在近一个世纪的时期中,中外学者付出了大量努力,到今天已是硕果累累(其中也包括了本书作者的多篇重要论文)。因此要在此领域中做出突破性的成果,难度自然非同一般。大概也正是因此之故,近年来在宋代海外贸易研究方面少见有新观点推出,也未见有能够总结二十世纪末国内外研究成就的综合性专著面世。一方面宋代海外贸易研究亟待发展,另一方面又少有在此领域中具有突破性和综合性的专著出版,这就形成了一个令人急切盼望高水平新著出现的局面。本书恰好于此时刊出,其意义自然十分重要。

本书是作者黄纯艳教授在宋代经济史和海外贸易史两个方面长期研究结果的结晶。作者出自李埏先生门下,获得博士学位后又在韩国磐先生指导之下完成了博士后研究。既得名师精心培养,本人又格外勤奋努力,因此在唐宋经济史研究方面已经成果累累,可谓年轻一代中国经济史学者之佼佼者。厦门大学南洋研究院是我国最重要的东南亚研究中心,素以中国与东南亚关系史研究享誉中外。

---

[1] 该书原名 *ReOrient: Global Economy in the Asian Age*, University of California Press, 1998. 中文本由刘北成译出,中央编译局2000年出版。

作者在厦大做博士后期间，充分利用这一有利条件，潜心研究海外贸易史，并取得了可喜的成果。以上述两方面的研究为基础，他对宋代海外贸易进行的研究自然也有很高的起点。经过他数年的不懈努力和探索，在此研究中取得重要的成就，而包含这些成就的最终成果也就是本书。因此可以说本书凝聚了作者多年在求学和工作中所付出的心血。

作者在本书中做出的贡献颇多，很难一一列举，特别是我并非宋史专家，因此要对本书做出全面的评述和介绍，显然也非我力所能及。在这里，我只想谈谈我所体会到的本书的几个重要特点。

首先，以往断代史研究的一个弊端，是过分强调了历史阶段的特殊性和重要性，而忽视了历史变化的大趋势与连贯性。作者在本书的研究中，非常重视中国海外贸易发展的总体特点及其成因，并把宋代海外贸易放在中国海外贸易史的长期发展中，来分析其特点与地位。他提出：中国古代海外贸易发展的历史趋势，大体呈一条抛物线，而宋元两代就处于这条历史曲线的顶部。宋元两代不仅是一个贸易制度和航海技术创新的时期，而且也是中国古代对外贸易重心转移的时期。宋代海外贸易的发展开创了中国在国际贸易中的主导地位，奠定了中国古代海上贸易的基本范围。但是，作者也指出：中国古代海外贸易发展的规模与整个社会经济的发展水平存在着巨大的反差。相对于社会经济的发展而言，海外贸易的发展十分迟缓，它在整个社会经济中的比重及对社会经济的推动力也都十分有限，即使在宋元时期也是如此，因此不宜对宋代海外贸易的成就过分地夸大。

其次，作者对宋代海外贸易发展原因进行了全面的分析。他指出：中国古代海外贸易发展所受的主要制约因素是没有实现政治力量和贸易力量的结合，海外贸易活动没有国家政权的支持和保护，而这又是中国古代政治经济结构所决定的，因而宋代海外贸易的繁荣也只是相对的。除了这个普遍性的因素之外，还有导致宋代海外贸易发展的特殊因素。具体而言，中国历史上各个朝代海外贸易特点差异很大，而这种差异又是影响各朝海外贸易发展因素的差异造成的。在影响海外贸易发展的诸多因素中，有一些起着主要作用的因素，直接牵动着海外贸易的起伏变化。以往许多论著在对中国古代海外贸易发展进行研究时，常常忽视这些差异，按照一个相同的模式，罗列出政治、经济、技术等因素，因此使人无法看出各朝之间的差异。各朝海外贸易之所以各具特色，乃是因为各个时代的历史环境都不尽相同。因此具体地研究各朝的历史环境，乃是研究各朝海外贸易特点的关键。

作者指出：宋代海外贸易的繁荣，有两个因素起着主导作用：第一，经济重心的南移，导致了出口品主要产地和进口品主要销售市场的转移。换言之，随着东南沿海地区经济的发展，出口商品的主要产地转移到东南沿海地区。在另一方面，当时的进口品主要是被称为"香药犀象"的外国特产，大多属于奢侈品。这些进口品的消费地区，主要也是商品经济较发达、消费能力较强的地区。宋代商品经济最发达的地区是东南沿海以及四川，而最重要的消费中心是京城。在宋代，京城从唐代的长安和洛阳，首先转移到相对比较接近东南的开封，尔后完全转移到位于东南的杭州。这一转移，也意味着进口品的主要消费市场也转移到南方。第二，在政府的贸易政策方面，宋代与过去相比有颇大的变化。宋代政府贸易政策的基本特点是既鼓励又控制，有较强的功利色彩，其出发点是希望在鼓励扩大海外贸易规模的基础上，政府能够最大限度地占有海外贸易带来的利益。作者强调这种海外贸易政策与宋朝的外交政策之间存在着较大的脱节。宋朝政府在政治、外交上实行守内虚外、重北轻南的政策，主要关注的是与辽夏金的关系，因此对于海外诸国，除了与其安全有关的高丽和交趾外，宋朝几乎没有派出正式的政治使节，甚至对朝贡贸易也实行限制。这种政治外交上的"无为"态度，与海外贸易的繁荣恰成鲜明对比，而这种状况正是宋朝特殊的国际环境造成的。

此外，作者还指出全国的经济增长，技术的进步等也对宋代海外贸易的发展起了一定的作用。但是这些并不是宋代海外贸易发展的关键因素。

最后，关于宋代海外贸易与东南沿海地区经济发展的关系，以往曾有不少学者论及。但是这些研究主要集中于具体的生产部门（尤其是瓷器贸易与生产）与具体的地区（特别是福建经济的发展）上，但未有人做过全面系统的论述和总结。本书在此方面进行了大量的工作，做出了迄今为止最为全面的论述。他指出：宋代海外贸易对东南沿海地区，尤其是对福建、广东沿海和海南岛等地的城镇的兴起、市场的发育、商业的繁荣、手工业的发展、经济结构的变迁和交通的改进与扩张等，都产生了显著的促进作用。但是与不少学者把这种作用过分夸大的做法不同，作者在深入分析的基础上，指出这种作用虽然十分重要，但是仍然颇为局限，主要是限于港口周围地区。对于整个东南沿海地区而言，并未起到推动经济全面发展的作用。因此，作者提出了对社会经济与海外贸易的相互关系的新看法,即两者之间并无同步运动和相互体现的必然关系。换言之,社会经济的发展不一定必然带来海外贸易的发展,社会经济的回落也不一定必然导致海外贸易的萎缩。

在此方面,作者还特别以海南岛为对象进行了个案研究,就海外贸易对该岛的经济开放、移民、产业特征等都作了深入的探讨。这不但在宋代海外贸易与东南地区的经济发展关系的研究方面,而且在海南区域经济史研究中,也是开创性的。

此外,作者在对宋代贸易港的布局与管理、铜钱的外流、进口品的营销等方面也做了大量工作,提出了不少有新意的见解。同时,在海外贸易与宋代财政、政治和实际生活的互动方面,虽然以往研究成果不少,但是作者仍能提出新见,由此亦可见其善于思考。

当然,既然有新见,自然也就会有争议。由此而言,本书也有一些看法尚可商榷,其中最主要者就是对于明清海外贸易的评价。如前所述,与"明清时期是中国海外贸易的停滞或者衰落时期"的传统看法相反,近年来海外研究表明中国海外贸易在明清时期有很大的发展,到了十八世纪更在全世界首屈一指。所谓明清中国的"闭关自守"等传统说法,也正在逐渐被推翻。[①]当然,这些新的看法现在尚未取代旧有看法而成为国内外史坛的主流观点,但是自提出来之后,已经获得越来越多的学者的赞同,成为一种我们无法回避的观点。虽然这些新观点并不直接与宋代有关,但是却为我们

---

① 例如张彬村《明清两朝的海外贸易政策:闭关自守?》(收于吴剑雄主编《中国海洋发展史论文集》第4辑,台北:"中研院"中山人文社会科学研究所,1994)。

进行更加长时段的通贯研究所必需。"通古今之变,成一家之言",本是史家追求的最高境界,而从本书中也可以看到作者在此方面所做的努力和所体现出来的追求。因此我希望作者以后更多地关注明清乃至近代中国海外贸易史研究的进展,使得本书所表现出来的贯通古今的研究趋向得到进一步发展。

2001年5月于清华园

仲伟民《茶叶与鸦片：十九世纪经济全球化中的中国》序

全球史研究的兴起，是近年来国际学坛上的一件大事，昭示着历史学发展过程中一个新时代的开始。仲伟民教授的这本新著，就是我国学坛对这个大事件做出的最新回应之一。

依照当今国际学坛中全球史研究的领军人物奥布雷恩（Patrick K. O'Brien）教授的总结，全球史这个学科可以远溯到希罗多德。希氏开创的探究全球物质文明进步的传统，一直延续了下来。到了启蒙时代，商品和知识越来越多地从亚洲、非洲以及大航海时代以后的美洲传入欧洲，使得学者们能够对欧洲和世界其他地区之间的经济进行系统的比较分析。孟德斯鸠、伏尔泰、休谟、杜尔哥（Anne-Robert-Jacques Turgot）、罗伯特森（William Robertson）等学者都从不同方面对此进行了思考；而亚当·斯密更是如此，其《国富论》既是古典经济学开始的标志，也开辟了经济史这个现代学科的发展之路。但是可惜的是，以往西方主流学界对长期经济变化展开的探究，一直局限于欧洲，对西方之外地区的长期经济变化，很少有人去研究。直到近年来，方有一批学者在此方面进行了大量努力，使得全球史成为当今国际史学的一大亮点。兰德斯（David Landes）的《国富国穷》（*Wealth and Poverty of Nations*）和彭慕兰（Kenneth Pomeranz）的《大分流》（*The Great Divergence*）两书引起的争议，使得各国学界对全球史的兴趣更为浓厚。

目前进行全球史研究的主力在经济史方面。2003年9月，49位来自不同国家、不同学科的著名经济史学家倡议，建立以伦敦政治经济学院（London School of Economics and Political Science）、加利福尼亚大学尔湾校区（University of California-Irvine）和洛杉矶校区（University of California-Irvine Los Angeles）、莱顿大学（Leiden University）和大阪大学为骨干的"全球经济史网络"（Global Economic History Network，简称GEHN）。华威大学（University of Warwick）也建立了以伯格（Maxine Berger）教授为带头人的全球史研究中心。稍后，设立在伦敦经济学院的*Journal of Global History*于2006年创刊，成为国际全球史学科研究成果发表的重要园地。近年来，关于全球史研究的专著不断推出。仅一年，就有Robert Allen的*The British Industrial Revolution in Global Perspective*、Jan Luiten van Zanden的*The Long Road to the Industrial Revolution: the European Economy in a Global Perspective, 1000-1800*、Giorgio Riello与Prasannan Parthasarathi主编的*The Spinning World—A Global History of Cotton Textiles, 1200-1850*等重要著作面世。这些，都显示出全球史日益兴盛，成为国际史学界（特别是经济史学界）的一股重要潮流。

这种"全球史"与我国的"世界史"有明显的差别，因为全球史的基本立场是：第一，必须摒弃以往世界史研究中那种以国家为单位的传统思维模式，基本叙事单位应该是相互具有依存关系的若干社会所形成的网络;第二,在世界历史发展的任何一个阶段,都不能以某个国家的发展代表全球发展的整体趋势,全球发展的整体趋势只体现在真正普适于所有社会的三大过程(即人口增长、技术的进步与传播、不同社会之间日益增长的交流)之中;第三,在上述三大过程中,最重要的是"不同社会之间日益增长的交流";第四,从学术发生学的角度彻底颠覆"欧洲中心论",所谓"欧洲兴起"只是人类历史长河中一个特定时期的特定产物,从中挖掘"普适性"的"文化特质"只能是制造神话;第五,在考察一个由若干社会参与其中的历史时间的原因时,要充分考虑其发生的偶然性和特定条件性。[1] 值得强调的是,全球史重视比较研究,但是这种比较必须建立在相互影响的基础上,并认为这些影响以一种对话的方式,把比较对象进行新的整合或者综合为一种单一的分析构架。[2] 这种主张,对于正确评价包括中国在内的非西方国家在世界历史发展中的位置,具有非常积极的作用。

在我国,学者们对全球史的兴趣也日益浓厚。但是平心而论,我国的全球史研究目前尚处于起步阶段,真正有分量的研究成果尚不多见。在少数摆脱了传统的"世界史"编纂方式的旧套、突破中国史与外国史的藩篱的成果中,仲伟民教授的新著《茶叶与鸦片:十九世纪经济全球化中的中国》就是重要的著作之一。[3]

按照西方学界普遍的看法,中国自十六世纪末或十七世纪初,就已不可避免地卷入了全球化的潮流。用史景迁(Jonathan

---

[1] 刘新成:《全球史观与近代早期世界史编纂》,《世界历史》2006年第1期。
[2] Giorgio Riello & Prasannan Parthasarathi eds, *The Spinning World—A Global History of Cotton Textiles, 1200–1850*, Oxford: Oxford University, 2009, p.11.
[3] 该书由生活·读书·新知三联书店于2010年出版。

Spence)的话来说,就是:"从1600年以后,中国作为一个国家的命运,就和其他国家交织在一起了,不得不和其他国家一道去搜寻稀有资源,交换货物,扩大知识。"①但是,中国是如何进入经济全球化的?传统的说法是鸦片战争前的中国是一个闭关自守的国家。自黑格尔起,西方学术主流就把中国视为一个"木乃伊"式的国家。黑格尔以后,赫尔德(Johann Gettfried Herder)从种族、地理环境、文化教育、政治制度、道德思想等方面分析了中国文明的全面停滞,得出来形象化的结论:"这个帝国是一具木乃伊,它周身涂有防腐香料、描画有象形文字,并且以丝绸包裹起来;它体内血液循环已经停止,就如冬眠的动物一般。"②马克思继承了这种观点,说:"与外界完全隔绝曾是保存旧中国的首要条件,而当这种隔绝状态通过英国而为暴力所打破的时候,接踵而来的必然是解体的过程,正如小心保存在密封棺材里的木乃伊一接触新鲜空气,便必然要解体一样。"③黑格尔、赫尔德和马克思的这种看法,对后代有巨大的影响。艾蒂安·巴拉兹说:"要批驳黑格尔关于中国处于停滞不变状态的观点很容易……然而,黑格尔是对的。"④到了鸦片战争后,这种封闭才被打破,中国也才被西方强制进入全球化进程。

然而,近年来的研究表明,在鸦片战争很久以前,中国经济就已深深地卷入了经济全球化,并在其中扮演着非常重要的角色。一

---

① 见 Jonathan Spence, *The Search for Modern China* (New York: Norton, 1999),第一版序。
② 夏瑞春:《德国思想家论中国》,江苏人民出版社,1995,第97页。
③ 马克思:《中国革命和欧洲革命》,见《马克思恩格斯选集》第1卷,人民出版社,1995,第692页。
④ 引自阿兰·佩雷菲特《停滞的帝国——两个世界的撞击》,生活·读书·新知三联书店,2007。

些学者如弗兰克（Andre Gunder Frank）甚至认为在1800年以前，中国在世界市场上具有异乎寻常的巨大的和不断增长的生产能力、技术、生产效率、竞争力和出口能力，这是世界其他地区都望尘莫及的。中国巨大的出口，把当时世界主要的"硬通货"白银的一半吸引到中国。[1]因此，从新的视野来研究早期全球化中的中国，不仅是当前国际经济史研究最重要的内容之一，而且也是全球史的重点研究课题之一。本书选择了这个非常重要而且难度甚大的题目作为研究对象，是非常具有挑战性的，由此亦可见作者在学术上的胆略与功力。

在十八世纪以来的全球化过程中，成瘾性消费品的作用十分突出。在某种程度上可以说是这些成瘾性消费品将全世界连接在一起，并由此导致了世界各地出现分化，成为西欧与其他地区"大分流"的原因和后果之一。本书以成瘾性消费品中最重要的两种——鸦片和茶叶——为切入点，将十九世纪的中国纳入全球化视野进行讨论，指出正是茶叶和鸦片这两种主要商品成为中国进入全球化的主要的商品。

本书作者在翔实的史料基础上，研究了十九世纪茶叶和鸦片贸易的盛衰变化，然后对茶叶经济和鸦片经济作了对比，指出二者对中国社会经济所产生的重要影响，揭示十九世纪中国危机的内涵，对十九世纪中国社会的特点进行独到的分析。在此基础上，作者指出：在此阶段的全球化过程中，中国贡献给西方的是被麦克法兰

---

[1] 参见Andre Gunder Frank, *ReOrient: Global Economy in the Asian Age*（New Dehli: Vistaar Publications, 1998）。

(Alan Macfarlane)教授称为"绿色黄金"的茶叶,[1]促成了西方的"勤勉革命";然而西方却回报以被称为"比奴隶贸易还要残酷"的鸦片贸易。马克思引用了英国人蒙哥马利·马丁的一段话:"同鸦片贸易比较起来,奴隶贸易是仁慈的;我们没有摧残非洲人的肉体,因为我们的直接利益要求保持他们的生命;我们没有败坏他们的品格,没有腐蚀他们的思想,没有扼杀他们的灵魂。可是鸦片贩子在腐蚀、败坏和毁灭了不幸的罪人的精神世界以后,还折磨他们的肉体;贪得无厌的摩洛赫时时刻刻都要求给自己贡献更多的牺牲品,而充当凶手的英国人和吸毒自杀的中国人彼此竞争着向摩洛赫的祭台上贡献牺牲品。"[2]中国人民深受鸦片毒害,成为十九世纪以西方为主导的经济全球化的牺牲品。因此,十九世纪的全球化绝非一些西方中心论者所讴歌的理想天地。对于大多数非西方国家来说,这是一柄双刃剑。作者的这个观点,对于我们正确认识经济全球化这个历史过程,具有重要的意义。

本书在研究方法方面颇有特色。作者讨论中国在十九世纪全球化过程中的地位和处境时,运用了全球化理论;在分析中西贸易在十九世纪中国社会转型中的作用时,运用了市场理论;在探讨中西方发展道路的不同时,运用了成瘾性消费品理论,并对这种理论与近代社会成长的关系进行了进一步的分析。这种运用多种社会科学理论来研究经济史的做法,在我国大陆经济史学界尚不多见。

本书材料基础扎实,有丰富的统计数据。作者还充分利用了

---

[1] Alan Macfarlane & Iris Macfarlane, *Green Gold: The Empire of Tea—The Remarkable History of One of the Most Important Plants Known to Mankind*,(London:Ebury Press, 2003)。

[2] 《马克思恩格斯全集》第12卷,人民出版社,1962,第584—585页。

中外学界多年来的研究成果，取精用宏，在此基础上提出了自己的观点。

此外，本书在诸多具体问题的研究上均有创新，例如对茶叶贸易和鸦片贸易进行对比，对茶叶消费和鸦片消费进行对比，从贸易角度对中英进行对比，等等。读者可以在阅读中自己体会，这里就不一一胪列了。

伟民从事中国史研究和史学理论研究多年，用功甚勤，成果甚丰。他对国际史坛的动向有很好的了解，同时又具有颇为深厚的史学功底，因此能够在茶叶与鸦片贸易这两个前人研究很多的领域中提出新见，取得值得瞩目的成果。我相信读者将能从这本书中得到启发，受到鼓舞，也希望有更多的学者加入全球史研究的阵营，大家一同努力，使这个新兴的学科在我国有大发展，从而促使我国史学更深地进入国际学术主流，成为国际主流学术的重要组成部分。

2009年5月于伦敦政治经济学院

龙登高《中国传统地权制度及其变迁》序

土地产权制度是农业经济制度的根本。传统中国的土地产权及其交易形态,与近代以前的西欧相比,发育程度更为成熟,制度遗产更为丰厚。在近代(本序所说的近代,即modern times,包括学界通常说的"近代"和"现代")中国,地权制度的变革更成为社会经济转型的关键。在今天,土地制度改革仍是"三农"问题的重中之重。因此可以说,土地产权制度是认识中国传统经济及其变迁的核心。

这一重大课题,不仅一直成为历史学界的热点,也受到经济学界的高度重视,还受到社会与媒体的关注。学术论著丰富,原创成果引人注目,同时争论与认识误区也不少。

登高教授早年受教于先父李埏先生,是先父的得意门生。先父毕生治经济史,主要领域有二,即中国封建土地制度史和中国古代商品经济史。登高教授深得家父学问真传,早年专治商品经济史,有专著《江南市场史》《中国传统市场发展史》出版,受到学界好评。近十余年来,登高又从商品市场转向地权市场,于此领域辛勤耕耘。他指导的十几名博士生与硕士生,也以此为题完成学位论文。他带领其团队深度挖掘原始契约文书，从台湾获得逾百册档案与契约，参与推动清华大学图书馆购得4万余份山西契约与文书，并与陈志武教授组成团队，挖掘第一历史档案馆的刑科题本。厚积薄发，近年来一系列成果发表于《中国社会科学》《历史研究》《经济研究》《近代史研究》《中国经济史研究》，并完成国家社会科学基金重大项目"中国土地制度变革史"。本书是继专著《地权市场与资源配置》之后的新进展，颇有创获。

登高教授人才难得，为发展清华大学的经济史研究，我于1999年向校方大力推荐，调入清华大学并在此工作至今。他专心致志于学术研究，成果累累，佳作迭出，我一直关注其研究进展，为其所获成就深感欣喜。下面，就是我读了他这部新作后的一些体会。

一

土地产权形态的理论建构。在学界以往的研究中，缺乏具有深度的系统论述。本书第二章即对此进行了概念界定与探讨。

第一，土地权利可以分层次、分时段地独立存在并进入市场进行交易，由此形成所有权、占有权、使用权等产权形态，及其相应的交易形式构成地权交易体系。

第二，凡此不同层面的产权形态的实现形式，都可以通过投资与交易获取，譬如对土地增值权的投资形成了独特的田面权，这是一种财产权。

第三，通过契约来表达的产权凭证与交易凭证，在民间源远流长，并得到历代政府或法律的认可与规范。

第四，在土地私有产权基础上，又提出和揭示了其衍生与发展形态的法人产权。

在地权交易形式方面，作者着力甚深，特别是独具中国特色而颇多争议的典权，作者从类型入手探讨其性质，从宋代与清代的比较入手探讨其规则逐渐成熟的过程，研究方法上的创新推动了认识的纵深突破。

此类创获不少，具体而微，小中见大，予人启发，兹不赘述。

二

深入考察地权制度的同时，本书又反思与之关联的中国经济的历史特征，对一些认识误区与成说进行了检验。土地占有高度集中于地主富农，被视为近代中国落后的根本原因，也是土地私有制被连根铲除的理由。以往只有估计或推算数据，本书根据分散于各地的土改时期确切的普查数据，对此进行了检验。结果发现，南方各省地主富农占有土地的比重在26%—35%之间，而北方的自耕农占有土地比重远远高于南方，这与过去估计的地主富农占有50%的土地相距甚远，更不用说通常所说的百分之七八十的"共识"。这一基本判断使人对土地产权制度与传统经济进行重新思考。譬如土地集中的多种负反馈机制，过去几乎为人忽视，本书进行了解释，五六种因素在一定程度上对冲和约束了地权集中的趋势。

在地权分配不均的感性诉求之上，在二十世纪的中国形成了"平均地权"的主流思潮。然而，无论是所有权的平均还是使用权的平均，其美好的初衷都难以维系，到了新世纪不得不鼓励流转，换言之，从政府强制性分配走向市场配置。作者从渊源流变的视角解释了当前土地制度改革的来龙去脉。土地流转的历史表现远远超过当前，作者从历史遗产中为当前土地改革提出了借鉴与启示，如从田面权制度为当前农地的三权分置，从地权交易的风险缓冲机制、过渡机制对当前农地流转的担忧提供制度设计的借鉴。

与此相关，以往学界流行的"自耕农最优论"实际上只是一种感性认识，一种静态的观点。平均地权可以说是其制度实验，其目标是每个家庭耕作自己的土地，全社会无差别。然而，实践证明平均状态不可延续。与"自耕农最优论"相配套的是"租佃制度无效率论"。然而这种理论经不起历史实际的检验，事实是租佃制度发育良好的地区经济反而更发达（作者有专文探讨佃农经济的活力）。佃农通过市场交易获得土地建立家庭农庄，从而获得剩余控制权与剩余索取权及风险收益；正如当今的创业者，并不是自己拥有资本、土地、劳力或技术，而是通过市场整合这些生产要素与资源去创造财富。

平均地权、自耕农最优论、租佃制度无效率论，这些旧有成说，都是建立在缺乏或排斥市场逻辑的认识论基础之上。归根结底，劳动力、土地与资本等生产要素，只有通过市场配置才能具有活力与可持续性。

至此，本书基于原始资料挖掘了制度遗产，并从历史演进的视野作了古今贯通的论述，以其逻辑体系建立了传统中国土地私有产权制度的理论框架，并由此反思了一些历史成说，并作了新的解释。

三

对于近代以来中国经济的认识,为什么出现这些误区?作者进一步作了探讨。拥有土地产权并通过交易去创造财富,这种市场经济的基本原理,可以说是一种朴素天性,在传统中国的民间得到了释放,但到了近代,却迷失于落后挨打的混乱之中。人们感性地将贫穷落后归咎于——土地私有产权导致地权集中,造成农民破产流亡与贫困,要素市场与商品市场导致经济失序。只有通过政府控制资源与配置资源才能走出混乱,实现富国强兵,成为近代的主流思潮。本书探究了近代中国经济凋敝,主要的外因是长期战乱,而内在的根本原因则在于传统经济向近现代经济转型(或农业经济的工业化转型)的失败。

许多学者提出这样的假设:如果中国能像英国一样源发性地产生工业革命,应该就能避免落后挨打。其实,这种问题也普遍出现在世界许多国家。事实上,英国之外的国家,都是在不同程度上通过学习和模仿"英国模式"而实现工业化的。没有出现自发性的工业革命,并不能由此说明中国传统经济的停滞与缺乏活力,更不能以此全面否定中国传统制度与文化。作者比较了中国与西欧前近代的产权形态与经营方式,进一步论证了传统中国的特征——基于土地私有产权与市场交易的个体农户经营,具有低门槛、可分割性、可复制性、易恢复性,造就了农业时代庞大的农民中产阶级,形成了经济与社会的相对稳定。这种稳定性和本质属性的自我强化,另一方面却抑制了变化和异质因素的成长。由此作者解释了中国传统经济的本质特征及其与西欧经济发展道路的分异。此外，也澄清了中国诸子均分制与西欧长子继承制是基于文化差异等既有成说。

本书反思了既有主流观点，但并非有意标新立异，而是将自己的观点建立在自成逻辑体系的解释框架基础之上。他对相关问题所做的解释，并不是以某种理论的推导，更不是模型的演绎，而是来源于本书所还原的历史事实基础之上的新见。作者原创性揭示了土地产权制度的丰厚遗产及其学术价值，考察了近现代以来的制度变革。因此，本书不仅有助于理解传统经济的本质特征及其近现代变迁，而且从中国渊源流变出发，使读者能够更好地理解中共十八届三中全会所提出的市场是资源配置的决定性力量。本书还提示人们，当前所进行的市场经济建设，是具有特定的传统制度与文化基础的，只不过这些制度遗产，在过去很长的时期内未能得到很好的挖掘，相反长期被忽视甚至被扭曲。作者通过潜心探索，将这些宝贵的遗产清楚地展示在世人面前，使我们能够更好地理解"具有中国特色的市场经济体制"，由此也更显示出本书的价值。

最后，热烈祝贺本书的面世！

2018年5月1日

《计量史学译丛》序[①]

马克思在1868年7月11日致路德维希·库格曼的信中写道:"任何一个民族,如果停止劳动,不用说一年,就是几个星期,也要灭亡,这是每一个小孩都知道的。人人都同样知道,要想得到和各种不同的需要量相适应的产品量,就要付出各种不同的和一定数量的社会总劳动量。这种按一定比例分配社会劳动的必要性,绝不可能被社会生产的一定形式所取消,而可能改变的只是它的表现形式,这是不言而喻的。自然规律是根本不能取消的。在不同的历史条件下能够发生变化的,只是这些规律借以实现的形式。"在任何时代,人们的生产、生活都涉及数量,并大多表现为连续的数量,因此一般是可以计算的,这就是计量。

传统史学主要依靠的是定性研究的方法。定性研究以普遍承认的公理、演绎逻辑和历史事实为分析基础,描述、阐释所研究的事物。定性研究往往依据一定的理论与经验,寻求事物特征的主

[①] 本文主要节选自即将出版的拙著《什么是经济史》(上海三联书店,2024)。本文因篇幅有限,所以脚注及引文出处尽皆删去了。读者若需要相关信息,可以在拙著《什么是经济史》第九章中查找。

要方面,并不追求精确的结论,因此对计量没有很大需求,研究所得出的成果主要是通过文字的形式来表达,而非用数学语言表达。然而,文字语言具有多义性和模糊性,使人难以精确地认识历史的真相。在以往的中国史研究中,学者们经常使用诸如"许多""很少""重要的""重大的""严重的""高度发达""极度衰落"一类词语,对一个朝代的社会经济状况进行评估。例如《汉书·食货志》记载,"从西汉建立至武帝之初,七十年间,国家亡(按:同无)事,非遇水旱,则民人给家足,都鄙廪庾尽满,而府库余财。京师之钱累百巨万,贯朽而不可校。太仓之粟陈陈相因,充溢露积于外,腐败不可食。众庶街巷有马,阡陌之间成群,乘牝者摈而不得会聚"。由此而言,似乎在这一时期经济繁荣,人民生活富足,国家财力丰厚。这就是历代史家艳称的"文景之治"时期。然而就在这段时期中,晁错在给汉景帝的《论贵粟疏》中提供了一幅不同的图像。他说这时的农民"勤苦如此,尚复被水旱之灾,急政暴虐,赋敛不时,朝令而暮改。当具有者半贾而卖,无者取倍称之息;于是有卖田宅、鬻子孙以偿债者矣"。汉武帝时,董仲舒也说秦朝赋税苛重,豪强剥削严酷,因此"贫民常衣牛马之衣,而食犬彘之食"。而"汉兴,循而未改",普通人民依然生活在贫困之中。今天做断代史研究的历史学家,往往把自己所研究的那个朝代的繁盛时期如"文景之治""贞观之治""开元盛世""(北宋)仁宗盛世""明代中后期的繁荣与资本主义萌芽""康雍乾盛世"等时期,视为中国历史上社会经济发展的顶峰时期。然而支持这些看法的,只是诸如上面所引《汉书·食货志》对西汉初期经济状况的描述一类的文字记载,再加上研究者自己的主观判断。由于无法确定这些文字记载的可靠性和准确性，而研究者的主观判断又受到各种主客观因素的影响，因此得出来的结论当然不可能准确，可以说只是一些猜测而已。由此可见，在传统史学中，由于计量研究的缺失和被忽视，导致许多记载和今天依据这些记载得出的结论不可靠，难以成为信史。

计量史学家弗拉德（Roderick Floud）指出：

> 当我们描述和分析存在于过去或当代的人类社会时，我们当不可避免地要使用数字和数量。假如我们要对某一个人作一番充分的描述，那么他的年龄、出生日期、财产、妻子的数目、孩子的数目，等等，都是我们必须了解的数量特征。在做这样的了解时，我们把他与其他人进行衡量和比较，是较富还是较穷，较年长还是较年轻，并试图通过这些方法，以及对他的思想和工作的讨论，确定他在其生活的那个社会里的位置。
>
> 我们只有通过计算他出生以来的年份的数目才能衡量一个人的年龄，只有通过计算他所拥有的以一定数目的货币单位表示的实物或实物价值，我们才能衡量他的财产。如果我们描述生活在过去的人们时使用这类衡量，我们所用的即是计量方法。与此对照，我们在历史研究中所使用的其他衡量和描述的形式是非计量性的……很多历史学家所用的定性判断和描述因而蕴含着一种计量的意味，有时这种意味需要明白表示出来。此外，许多对个人或集团行为的描述都含有计量的意味；像"通常""一般""经常""许多"这些词都指数量概念，而且虽然一般我们不会去精确地加以验证，在原则上它们的意味

或正确性只能通过计量性衡量来确定。像其他社会科学家一样，历史学家因而经常会不可避免地应用计量的概念。

因此，在历史研究中采用计量研究非常重要，许多大问题，如果不使用计量方法，可能会得出不符事实甚至是完全错误的结论。例如以往我国历史学界的一个主流观点为：在中国传统社会中，土地兼并是建立在"封建土地剥削和掠夺"的基础上，成为农民起义爆发的根本原因。但是经济学家刘正山通过统计的方法表明这些观点站不住脚。历史学家米罗诺夫（Б. Н. Миронов）和斯捷潘诺夫（З. В. Степанов）总结道：

> 数学方法已影响到历史学家观察问题的角度和运用文献资料的方法，影响着他们对原始资料的收集和整理，以及分析这些资料的方向和内容。最后，数学方法对于检验研究结论也有重要的意义。然而，运用数学方法最重要的意义看来在于，它有可能解决使用习惯的、传统的历史研究方法所无法解决的某些难题。

如上看来，运用数学方法的历史学家着手研究的起点就与通常的做法不同；不能从直接收集感兴趣问题的材料开始研究，而要从明确地提出问题、建立指标体系、提出工作假设开始研究。这便规定了历史学家必须收集什么样的材料，以及采取何种方法分析材料。在收集和分析材料之后，这些历史学家得出有关结论，然后再用一些具体历史事实验证这些结论。这种研究方法有两点明显地背离了分析历史现象的传统做法:研究对象必须经过统计指标体系确定,在历史学家研究具体史料之前,已经提出可供选择的不同解释。然而这种背离已被证明是正确的,因为它不仅在提出问题方面,而且在解决历史学家所提出的任务方面,都表现出精确性和明确性。按照这种方法进行研究的历史学家,通常用精确的数量进行评述,因而很少使用诸如"许多""很少""重要的""重大的"一类使分析结果显得不精确的词语进行评估。这不无重大意义。同时,我们注意到,精确、具体地提出问题和课题假设,还节省了历史学家的精力,使他们可以更迅速地达到预期目的。

因此,由于数量在人类生活中的地位如此重要,因此历史研究如果不关注计量方法,就很难准确地描述历史现象,阐释历史过程,分析历史的因果关系。这一点,是我们必须高度重视的。

但是,在历史研究中使用数学方法进行简单的计算和统计,还不是计量史学。所谓计量史学(Quantitative History)并不是一个严谨的概念。从一般的意义上讲,计量史学是对所有有意识地、有系统地采用数学方法和统计学方法从事历史研究工作的总称,其主要特征为定量分析,以区别传统史学中以描述为主的定性分析。

计量史学是在社会科学发展的推动下出现和发展起来的。随着数学的日益完善和社会科学日益成熟,数学在社会科学研究中的使用愈来愈广泛和深入,数学和社会科学的结合也愈来愈紧密,到了二十世纪更成为社会科学发展的主要特点之一,对于社会科学的发展起着重要的作用。1971年,国际政治学家多伊奇(Karl Wolfgone Deutsch)发表过一项研究报告,详细地列举了自1900—1965年全世界的62项社会科学方面的重大进展,并得出如下的结论,"定量的问题或发现（或者兼有）占全部重大进展的三分之二，占1930年以来重大进展的六分之五"。

作为一个重要的学科，历史学必须与时俱进，二十世纪七十年代，时任英国历史学会会长的历史学家巴勒克拉夫（Geoffrey Barractbugh）受联合国教科文组织委托，总结二战后国际历史学发展的情况，他写道："推动1955年前后开始的'新史学'的动力，主要来自社会科学。"而"对量的探索无疑是历史学中最强大的新趋势"，因此当代历史学的突出特征就是"计量革命"。历史学家在进行研究的时候，必须关注并学习社会科学其他学科的进展。计量研究方法是这些进展中的一个主要内容，因此在"计量革命"的背景下，计量史学应运而生。

计量史学于十九世纪末开始萌芽，主要是受到统计学发展的影响。1882年，历史学家斯坦格发表《历史与统计学》，1892年波哥林斯卡发表《历史统计学方法及其迄今取得的成就》，这两篇论文是有关计量史学的最早的著作。但是那时计量手段还比较落后，计量方法的使用受到很大限制。此后，越来越多的历史学家开始进行历史计量研究的尝试，他们的努力使得这种研究成为一个专门的学问，即"计量史学"。

二十世纪中叶以来，电子计算机问世并迅速发展，奠定了计量科学手段的基础，计量方法的地位日益提高，逐渐成为一种独立的研究手段进入史学领域，导致国际历史学发生了一次新的转折。计量史学二十世纪上半叶始于法国和美国，继而扩展到西欧、苏联、日本、拉美等国家。二十世纪六十年代以后，电子计算机的广泛应用，极大地推动了历史学研究中的计量化进程。计量史学的研究领域也从最初的经济史,扩大到人口史、社会史、政治史、文化史、军事史等方面;应用计量方法的历史学家日益增多,有关计量史学的专业刊物大量涌现。

以往历史研究中对数量的统计和分析,与二十世纪中期以来兴起的计量史学具有很大差别。计量史学的特点,历史学家芝井敬司总结为:"第一,要求使用电子计算机。电子计算机的出现,使系统收集、利用史料及进行统计分析成为可能。电子计算机向研究者提供了处理大量情况资料和分析多变量现象的能力,这就为数量历史学的发展奠定了基础。第二,统计分析。这里不是指历史学中过去所使用的描述性统计,而是属于更高级的推理统计学和多变量解析领域的分析,这些分析大部分非使用电子计算机不可。第三,制作数学模式。借用各相邻学科原有的模式,在数量历史学发展中获得数理表现。"必须具备这些条件,才是计量史学。较之与主要使用定性方法的历史学相比较,计量史学的优点在于其分类的体系和方法,它所用的假设和所立的类型都是宣明而清楚的。在明确地寻求类型和类似性时,计量史学家承认他是在进行简单化,并叙述他是怎样做的,他不会无意识地删除不利于他的证据项目,因而决不会看不到历史证据的固有的繁复性,其所设计的测度方法正是将这一繁复性约简为能够理解的形式。

计量史学的兴起大大推动了历史研究走向精密化。传统史学的缺陷之一是用一种模糊的语言解释历史,之二是历史学家往往随意抽出一些史料来证明自己的结论,这样得出的结论往往是片面的,计量史学则在一定程度上纠正了这种偏差,并使许多传统的看法得到检验和修正。计量研究还使历史学家发现了许多传统定性研究难以发现的东西，加深了对历史的认识，开辟了新的研究领域。历史学家马尔雪夫斯基说："今天的历史学家们给予'大众'比给予'英雄'以更多的关心，数量化方法没有过错，因为它是打开这些无名的无记录的几百万大众被压迫秘密的一把钥匙。"由于采用了计量分析，历史学家能够更多地把目光转向下层人民群众，转向物质生活和生产领域，转向家庭史、妇女史、社区史、人口史、城市史等专门史。另外，历史资料的来源也更加广泛，像遗嘱、死亡证明、法院审判记录、选票、民意测验等等，都成为计量分析的对象。计算机在贮存和处理资料方面拥有极大优势，提高了历史研究的效率，这也是计量史学迅速普及的原因之一。

历史学家J.库泽认为，计量方法在历史研究中的运用，从五个方面推动了历史学的发展：（1）过去大量无法使用的数量资料得到应用，从而弥补了旧史料的不足，使史学研究的老课题获得了新进展；（2）突破了传统史学的束缚，开拓了诸如制度和结构一类的史学研究新课题；（3）促进了史学研究中争论的圆满解决；（4）归纳整理了可供机器辨读的成套资料，积累了学术研究资本；（5）大批史学家开始接受统计学、数学、电子计算机理论和操作技术，以及其他社会科学理论的训练，促进了史学研究队伍的现代化。

1981年，历史学家贝林（Bernard Bailyn）在当选美国历史学会主席发表的就职演说《现代史学的挑战》的演说中指出，计量史学为研究隐而不见的事件开拓了道路，构成了对现代史学的一大挑战。值得注意的是，计量史学的发展成为国际潮流。因此巴勒克拉夫在总结二战以后国际历史学的发展时，直率地指出："对量的探索无疑是历史学中最强大的新趋势。"当代历史学的突出特征是"计量革命"。

历史学中的"计量革命"首先出现在经济史领域。之后，计量方法也迅速地渗入政治史和社会史领域里。W. 艾德洛特在二十世纪五十年代开始从事英国谷物法议会中议员投票行动的分析，由于数据庞大，于是决定使用电子计算机进程处理，写成了《十世纪四十年代英国下院的投票行动》一文。分析的结果并没有显示出通常人们所认为的经济起了决定作用和贵族做了让步，而是政党起了相当关键的作用。换言之，政党的归属性比以前人们认为的决定议员议决行动的阶层、出身等要素更重要。在他的影响下，政治史学家们开始分析美国议会中议员的议决行动，然后扩大到分析有权者的投票行动，前者促进了对政党作用的再评价，后者促进了对"批判选举"的再探讨。在社会史研究中，S. 森斯特罗姆对社会变动所做的研究是社会史研究中使用计量方法的转折点。他从波士顿1880年的人口普查、1910年的结婚证明书、1930年的出生登记卡中抽出了800名居民，得出了关于不同职业、住所、年龄、民族、宗教、财产的资料，这些资料的分析结果，第一次揭示出生活在底层的人们要从贫困下解放出来是极为困难的。从而打破了以前流行的把新政前的繁荣时代叫黄金时代，认为人人都可以得到平等的观点。在他的研究的影响下，其他城市也展开了使用以前不曾使用过的史料，用实证方法解释社会变动实际情况的研究。发掘和使用未曾用过的史料，正逐渐在社会史领域计量方法进行家族史、人口史、城市史研究，到二十世纪七十年代中期，社会史中计量方法的研究已被称为"新社会史"。

不过，经济史仍然是计量史学取得最大成就的学科。我国经济史学前辈学者陈振汉先生说："量的概念在经济史中之所以重要，是由于经济史的特点——变化不显著，要说明经济发展、倒退等演变只能通过量的分析，否则只能用形容词来说明，说不到根本上。比如只能说今年比去年生产好，或者比去年差。这给人什么样的历史概念？'比'去年好到何种程度？'差'又差到什么程度？比如说今年生产好。原因可能是生产责任制、天时好。要说明生产责任制的好处，必须区别这两个因素所起的作用，说明多少成果是由于生产责任制而取得，多少成果是由于天时好而取得，这样有了统计的分析，说服力就强了"，"由于经济事实的大量存在，且由于其重复性，在历史上长期地、继续地存在，有继续连贯的数字材料，我们可以比其他任何历史更多地运用统计方法。"因此巴勒克拉夫说："经济史永远具有计量化的方向。"因此，历史学中的"计量革命"首先出现在经济史领域，导致了"新经济史"的兴起。"新经济史"是二十世纪中期以来，兴起于美国的计量经济史学新学派，把先前不断发展的计量史学推进到了一个新的高度。

有些学者认为，"新经济史"的主要特点在于强调经济过程中的数量方面，但新经济史学的代表人物之一福格尔并不完全同意这种说法。他认为在以往的经济史研究中，包含数据资料的著作比比皆是。仅只从使用数据这一角度来看，新经济史和以往的经济史是一脉相承的。两者之间的不同在于：以往的经济史学家主要阐述从标准史料中发现的数据，并且或多或少地保留了原来的形式，很少进一步改造这些数据，因而无法阐明严格意义上的经济分析概念，也因此不能充分地利用数据资料，并进一步揭示出数据背后所蕴含的历史真相。他们的研究也往往停留在定性层面上，对于数据的使用，也仅仅是佐证定性论点而已。这些经济史学家在用材料证明自己的论点时，使用较多的方法就是例证。事实上，这种证明有很多问题。因为在广大的历史空间中，存在这样的例证，同时也会存在那样的例证，而个案很难代表总体。福格尔认为这些传统经济史研究之所以会如此，就是因为传统的经济史学家不能有效地运用经济学理论和数理工具研究经济史。新经济史方法上有许多区别于传统经济史研究的新特点，例如新经济史研究强调计量，而计量又和数学以及统计学有着根深蒂固的联系，因此，新经济史学家认为，如果没有统计学做基础，仅凭直觉得出某些结论，就不是历史研究的科学态度。传统的经济史学家往往认为数学在经济史研究中的作用十分有限，只有小范围的问题并且通常是不重要的问题可以用数学方法来研究，数学只是隐蔽地、潜意识地出现在经济史研究中，而新经济史则把这种应用明朗化、规范化了。

简言之，以前虽然有一些学者主张采用计量方法进行经济史研究，并在研究中取得了一定的成果，但只是利用简单的统计分析得到数据，注释或佐证某种观点的正确与否。在二十世纪中期以前，这种研究方法并不占主流。第二次世界大战之后，随着计算机技术和统计学理论的发展，对于较大数据的收集、分析和预测逐渐成为可能。经济学分析越来越多地采用复杂的数学公式和数理模型，并通过大量数据进行实证检验。

在此背景之下，一批学者在二十世纪五十年代发起了"新经济史革命"。"新经济史"（New Economic History）一词最早见于D.诺斯1963年在《美国经济评论》上发表的一篇文章，说美国的经济史研究已出现了一场"革命"。这场革命是由新一代经济史学家发起的，他们"对传统的经济史解释产生了怀疑，认为新经济史须以良好的统计资料作为坚实的基础"。"革命"一词在经济史学家看来意味着"深深地打断了历史进程的连续性"，"新经济史"之被认为是经济史学方法论的一场"革命"，是因为在经济史学的发展史上，它确实是一个重大创新，为经济史研究带来了一种新的方法论。1965年，福格尔（Robert Fogel）发表了《经济史和经济理论的重新结合》一文，认为新经济史是理论—统计学传统的当代继承人。此后，"新经济史"一词取代了原来的"计量史"或"计量经济史"而流传开来。这种"新经济史"最主要的特点，就是充分运用计量方法进行经济史研究，因此新经济史也被称为计量经济史或经济计量史（Econometric History）、历史计量学（Cliometrics）等。虽然这些名称的含义不尽相同，不同的学者在对某个名称的选择上也有各自的偏好，但是它们谈的实际上仍然是同一门学科。

"新经济史"是计量史学发展的新阶段，在学术史上具有重大的意义。古德里奇（Carter Goodrich）说："新经济史的出现是经济史研究历史上的一件大事。定量研究方法的采用使得传统的经济史研究正在面临一场严重的挑战，这是一次新的'知识革命'，就好像工业革命时期机器织布对手工织布是一次革命一样。"其结果，使得"经济史研究已经分成两个阵营，一个是以文字形式表现，一个是以数据形式表现，前者可以称之为'经济史'，后者已经不能称之为'经济史'了，需要另外起一个名称"。在此之前，福格尔已指出"新"经济史与"旧"经济史的区别，首先是计量对象的不同，新经济史的重要任务之一是复原那些一度有过、但已不复存在的经济数据；其次，新经济史十分注重如何组合原始数据，以便计量前人从未计量过的东西；第三，新经济史强调要设法计量不能直接计量的东西。简言之，这种"新经济史"最主要的特点，就是更充分运用计量方法进行经济史研究。陈振汉先生对此也做了总结："在史学观点和方法上，历史计量学派的主要特点是：以西方经济学理论为指导，对不同社会历史上的经济成败及其缘由作数量的分析研究。他们认为经济史研究不只是搜集、考订、分析史料和叙述史实，更重要的是要能解释史实，说明其中彼此的相互关系。"

"新经济史革命"在国际经济史学界引起了巨大反响。有很多人认为这个新方法为经济史研究带来了新的活力，使得经济史研究变得"科学化"。不过，计量经济史学本身也存在一些严重的问题。首先，计量研究只涉及历史现象中量的方面，只是从数量关系上帮助揭示事物的性质，并不能代替全部历史研究。例如经济活动是人进行的，而人是有思想和感情的，思想和感情方面的情况，很难用数量关系来精确地加以概括。因此计量化的方法在解答"什么"和"如何"的问题上是成功的，但在"为什么"的问题上往往不那么得心应手。早在1986年，经济学家（Roger E. Meiners）和纳迪涅里（Clark Nardinelli）就已提出这样的问题："新经济史发生了什么？"到了2001年，克拉尼斯（Peter Coclanis）和卡尔托（David Carlto）在题为《经济史的危机》文章中明确指出，"计量史学一度风光无限，但是近来其用来研究经济史的所有方法的确似乎失去了根基"，从而出现倒退。

之所以造成这种情况，首先是计量方法的作用被夸大，计量方法也被滥用，历史学家埃利批评英国的社会史研究，由于"夸大可资应用的数据价值和忽视不该忽视的史料而滥用计量方法"，造成了忽视理论概括，热衷于支离破碎的分割研究的倾向。他认为"把计量方法扩展到统计上无法比较的，甚至首先使人怀疑统计标准的现象，很可能是社会史研究中令人最为不安的发展情况"。其次，许多计量史学家们越来越倾向于通过复杂的统计图表、数学公式来表达他们的研究成果，从而使历史学变得越来越抽象难懂，离开传统的叙述体越来越远。西方一些进步历史学家认为，"这种历史学使广大读者扫兴，因为它不符合他们的爱好和愿望"，造成了普通读者和历史学家之间难以弥补的鸿沟。这种状况目前甚至已影响到中学历史教学，结果使很多青年混淆了时代次序，不注意历史地对待事物，过早对历史产生了厌恶。再次，有些计量史学家片面强调计量方法的客观性，否认一定的史学理论和思想对历史研究的指导意义。历史学家拉迪里（Emmanuel Le Roy Ladurie）甚至声称："今后的史学家无非是计算机程序编排者。"许多历史学家指出这种做法不仅不能推进对历史过程的研究，相反有可能使它"变成以精确科学性作为幌子，来替永恒资本主义的永恒经济发展作辩护"。二十世纪七十年代中期以后，西方历史学界出现的"叙事史复兴"，就是对计量史学的一种反动。

计量史学家福格尔、艾德洛特（William O. Aydelotte）等深切地感到上述问题的严重性，因此一再声明计量方法只能适用于有限的范围，它只是对可能适用的研究对象才是极其有效的。福格尔强调："争论历史著述应否允许使用数量方法是浪费时间，因为驱逐这一幽灵是不可能的。真正的问题是怎样最有效地使用数量方法。计量史学不可能完全排除历史学家的主观因素，以不同理论作指导的历史学家会从不同角度选取自己所需要的史料进行研究。计量史学还存在大量尚未解决的理论和技术问题,特别是研究成果的不可检验性。计量史学家往往用大型电子计算机对收集起来的大批数据资料进行处理,涉及高深的数学原理和公式运用,在每个环节上都可能出现数据是否充分和可靠、重要证据是否被遗漏、程序的编制是否正确等问题,这些都可能导致错误。"

总之,计量史学在历史研究中究竟应当占有什么样的地位,计量方法和传统叙事方法如何有机结合起来,都还有待于解决。

在中国史研究中使用计量方法始于二十世纪三十年代。在这个时期兴起的社会经济史研究,表现出了明显的社会科学化取向,统计学方法受到重视,并在经济史的一些重要内容(如户口、田地、租税、生产,以及财政收支等)被广泛采用。1935年,史学家梁方仲发表《明代户口田地及田赋统计》一文,并对利用史籍中的数字应当注意的问题作了阐述。由此他被称为"把统计学的方法运用到史学研究的开创者之一"。1937年,邓云特(即邓拓)的《中国救荒史》出版,该书中统计了公元前十八世纪以来各世纪自然灾害的频数,并按照朝代顺序进行了简单统计。虽然在统计过程中对数据的处理有许多不完善的地方,但它是中国第一部将统计方法运用在长时段历史研究中的开山之作。1939年,史学家张荫麟发表《北宋的土地分配与社会骚动》一文,使用北宋时期主客户分配的统计数字,说明当时几次社会骚动与土地集中无关。这些都表现了经济史学者使用计量方法的尝试。更加专门的计量经济史研究的开创者是巫宝三。1945年,巫氏团队的《国民所得概论》出版,引起了海内外的瞩目,成为一个标志性的事件。但是在此之后,中国经济史研究中使用计量方法的做法基本上停止了。

到了改革开放以后，使用计量方法研究历史的方法重新兴起。到了二十世纪末和二十一世纪初，中国的计量经济史研究开始进入一个新阶段。为了推进计量经济史的发展，经济学家陈志武与清华大学、北京大学和河南大学合作，于2013年开始，举办了数届"量化历史讲习班"，参加讲习班接受培训的学者来自国内高校和研究机构，人数总计达数百余人。尽管培训的实际效果还需要时间检验，但是如此众多的中青年学者踊跃报名参加培训这件事本身，就已表明中国经济史学界对计量史学的期盼。越来越多的人认识到：计量方法在历史研究中的重要性是无人能够回避的；计量研究有诸多方法，适用于不同题目的研究。

计量史学是经济史学发展过程中出现的新学术流派，为历史研究提供了新的理念、路径和方法，值得我们欢迎。当然，正如任何事物一样，这些新学术流派也存在缺陷，需要改进。但是，这并不是拒绝计量史学的理由。身为英国历史学会主席的巴勒克拉夫尖锐地批评说，历史学家有"根深蒂固的心理障碍"，"只满足于依靠继承下来的资本，继续使用陈旧的机器。这些机器尽管低于现代最先进的标准，却仍然能够使企业在尽可能少地追加资本的前提下，提供一定数量的拥有现成市场的老牌传统产品"，因此"百分之九十的历史著作，无论从研究方法和研究对象，还是从概念体系来说，完全在沿袭着传统"。要改变这种情况，唯一的办法是虚心地学习新知识，而计量史学就是这些新知识中非常重要的一种。

为了让我国学者更多了解计量史学的发展，陈志武、龙登高和熊金武教授组织多位经济学和历史学者担任翻译，出版了这套《计量史学译丛》。这套丛书是《计量史学手册》的中文译本，英文原书于2019年11月由斯普林格出版社出版,是世界上第一部计量史学手册,亦是计量史学的里程碑之作。该书全面总结了计量史学对经济学和历史学知识的具体贡献。丛书各章均由各领域公认的大家执笔,系统完整地介绍了计量史学对某一个具体议题的贡献,再到计量史学方法论,从而全方位介绍计量史学研究方法、应用领域和既有研究成果的学术性研究丛书,既是向社会科学同行介绍计量史学的学术指导手册,也是为研究者实际开展计量史学研究的方法性和写作范式指南。

在此,衷心祝贺该译丛的问世。

2023年6月于燕园

倪玉平《清代关税：1644—1911年》序

商品流通税（Commodity circulation tax）是国家财政收入的重要内容。在传统农业社会中，国家税收的基本成分是农业税。到了近代早期，商品流通税在国家财政收入中的比重越来越高，以致超过农业税而成为税收的主要部分。中国在十九世纪中期也出现了这样的转变，因此这个问题又被赋予了新的意义。

商品流通税在清代被称为关税，分别由常关和洋关征收。常关以征收内陆货物为主，洋关以征收对外贸易为主。十九世纪中期以后开征的厘金也是国内商品流通税，而被西方列强把持的海关税则是对外贸易商品流通税。本书所说的关税，包括了国内商品流通税和外贸商品流通税，在十九世纪中后期，主要包括关税和厘金。

清代的常关与洋关既有从明代继承的，又有十九世纪中期以后创立的。常关与洋关之间有分工，有时也有交集。这些情况，都使得清代关税问题非常复杂。

一、清代关税研究的重要性

（一）关税在清代国家财政中的地位

在十九世纪中期以前的两个世纪中，清朝的财政收入以田赋收入为主，占到清朝财政收入的四分之三左右。在余下的盐课、关税和杂税中，关税占了很大比重。① 到了十九世纪中期以后，关税的收入大幅提高，到了十九世纪后期的财政收入中，田赋、盐课和关税成为三大支柱。② 到了二十世纪初，甚至大大超过田赋，成为清朝国家最重要的财政收入。③ 在此意义上可以说，关税问题是研究清代中国历史的关键问题之一。

（二）关税的变化

何烈把太平天国运动时期清朝财政的变化分为五个时期：因袭期（1851—1852）、崩溃期（1853—1855）、转变期（1856—1860）、复苏期（1861—1864）、定型期（1864—1874）。在不同的

---

① 在十八世纪中期和十九世纪初期，关税约占11%—12%。见申学锋《清代财政收入规模与结构变化述论》，《北京社会科学》2002年第1期。
② 其中鸦片税收占到整个财政收入约10%。周育民：《19世纪60—90年代清朝财政结构的变动》，《上海师范大学学报（哲学社会科学版）》2000年第4期。
③ 申学锋指出：1911年关税和厘金收入合计占清朝财政收入的47%，大大超过田赋（27%）和盐课（26%）（出处同上），而王国斌则说1849年中国国家的财政收入为4250万两白银，其中77%来自农业而其余来自商业。到了1885年，财政收入上升到7700万两以上，而这个增加主要是由于商税增加了三倍。在1911年（即清朝的最后一个财政年度），财政收入接近于30200万两，其中农业税从1885年的3000万两增至5000万两，各种杂税约为4500万两，商税则超过20700万两。

时期，关税发生了重大变化。在清代前期，政府坚持"量入为出"的财政理念。由于太平天国起义的爆发，清代财政体制发生了重大的结构性变化。洋税的异军突起，以及厘金的创建，一并成为挽救清政府财政命运的最重要支柱。[1]因此关税也成为决定清朝生死存亡的财政来源。

（三）关税在"大分流"中的地位

依照许多学者的看法，在近代早期的世界上，中国和西欧都曾处于先进地位。但西欧逐渐走在了前面，到了十九世纪前半期，出现了大分流。英国以及一些西欧国家进入工业化时代，而中国则在此进程之外。在这个大分流形成的过程中，这些西欧国家也完成了从传统的土地税和人头税向以商品流通税为主的近代财政制度的改革，清代中国则是在十九世纪中期内外压力的重压下才开始这一改革。

二、清代关税研究回顾

清代财政史的研究可以追溯至一个世纪以前。经过几代学者的不懈努力，学术界关于清代财政史的研究已经取得了丰硕的成果，但仍然存在一些缺憾。即以财政数据的搜集整理为例，学界至今都还无法提供清代财政收支的成系列数据，而只能采取通过个别年份

---

[1] 咸丰年间全部厘金收入已超过1000万两，至光绪五年已突破2000万两，二十九年更突破3000万两。以我们大体上可以年收入3000万两以上作为光绪三十年以后全国厘金总收入的常态。光绪末宣统年间收入突破4000万两的收入并不稳定。周育民：《晚清厘金历年全国总收入的再估计》，《清史研究》2011年第3期。

的数据来估测收支变化的变通方法。

学术界关于清代关税的研究成果已经有了数种，但大都集中于关税制度本身的梳理和分析，对于关税数据的整理和统计，则显得较为缺乏。汤象龙《中国近代海关税收和分配统计：1861—1910》一书，依托藏于中国社会科学院经济研究所图书馆的抄档，对1861年后的洋关税收做了非常细致的统计，但由于受当时条件的限制，这一经典著作还是存在着摘抄错误、统计标准不一等情况，完全准确率仅为62%。

三、本书的主要贡献

作者先是在数年前对嘉庆、道光两朝（1796—1850）时期的关税数据做统计分析，出版《清朝嘉道关税研究》（北京师范大学出版社，2010），然后在此基础上，依靠大量的第一手档案资料，包括军机处录副奏折、宫中档朱批奏折、户科题本、上谕档、抄档等，对清代关税的征收数据做了尽可能完善可靠的整理和统计。这在学术界还是第一次，对于今后的进一步研究，也奠定了较好的基础。

首先，本书揭示了清代关税变化的趋势。在清代前期，常关税征收平稳，太平天国起义之后，常关税下降至原来征收数量的一半，但洋税增长迅速，两者合计，已经由清初的每年500万两增长至清末的3500万两以上，增幅高达7倍以上。另一方面，通过考察清代户关与工关的比重，以及边疆边贸关、运河长江关与沿海关之间的变动趋势，认为运河长江关仍占常关收入的主体，但沿海各关征收量增长迅速，在一定程度上反映了清代各经济区域由内陆走向沿海发展的变化。

其次，本书利用人口数据和物价指数对清代的关税征收进行修正，认为人均关税量可以1850年为界，前期相对平稳，此后人均常税量下降，人均洋税量和人均总关税量则上扬七八倍。用物价指数（以1910年为100）对关税量做修正后可以看出，嘉道时期的实际关税量相较乾隆时期发生下降，从而证明了"道光萧条"存在的可能性。1850年以后，关税征收大幅增加，但实际增长为4—5倍，而非名义增长的7倍那么高。

再次，本书还利用关税征收的税率，估测了1724、1766、1812、1840、1850、1887和1910几个年份清代商业总产值和人均商业总产值的变化，结论是1766年是清代前期人均商业总产值的高峰，嘉道时期则表现为平稳的下降。此后数值迅速增长，1887年达到高峰，1910年虽然下降，但仍是清前期人均商业总产值的一倍左右。这一尝试可以为目前的中国历史GDP研究提供可资讨论的视角和观点。

最后，本书认为清代关税的变化，在一定程度上改变了清代的财政结构，即由传统的农业税占主体的农业型财政向以关税、厘金为主体的工商业型财政转变，则是国家财政向财政国家的转变。关税的征收虽然在很大程度上反映的是国家的税收能力，但从长时段来看，它仍然反映出财政与经济发展水平的联动关系，中国并不是一个可以违背经济规律的"特殊国家"。

梁晨《民国大学教职员工生活水平与社会结构研究：以清华为中心》序

　　章开沅先生有言："一百年的中国近代史，其实是一场现代化史。"[①]柯文（Paul Cohn）也认为在中国近代史上，"不可想象的是，除了近代化外还有任何变化称得上重要的历史变化"。[②]近代化是一个复杂的过程，包括多个方面的现代化，但最关键是人的现代化。英格尔斯（Alex Inkeles）认为"人的现代化"是国家的现代进程中不可或缺的关键因素，一个国家要现代化，必须把"传统人"变为"现代人"，因为"那些完善的现代制度以及伴随而来的指导大纲，管理守则，本身是一些空的躯壳……再完美的现代制度和管理方式，再先进的技术工艺，也会在一群传统人的手中变成废纸一堆"。[③]

[①] 章开沅：《寻找历史与现实的契合——现代化研究与中国近代史研究》，收于北京大学世界现代化进程研究中心编《罗荣渠与现代化研究：罗荣渠教授纪念文集》，北京大学出版社，1997，第10页。

[②] 柯文：《在中国发现历史——中国中心观在美国的兴起》，中华书局，2002，第168—169页。

[③] 阿历克斯·英格尔斯：《人的现代化：心理·思想·态度·行为》，四川人民出版社，1985，第4页。

要培养"现代人",没有现代教育是不可能的。因此,无论不同国家的现代化形式和途径有多么大的区别,现代教育都是基础和前提。英格尔斯的这个结论,为日本、中国等在现代化历史进程的后进国家的历史经验所证实。在鸦片战争以后的几十年中,先进的中国人从惨痛的经历中逐渐领悟到了这一点。戊戌维新时,梁启超先生提出,"变法之本,在育人才;人才之兴,在开学校",就是这一时代思潮的集中体现。在此影响下,中国兴办了一批新式学校,为国家培养"现代人"。进入民国以后,蒋廷黻进一步指出:"中国人能近代化吗?能赶上西洋人吗?能利用科学和机械吗?能废除我们家族和家乡观念而组织一个近代的民族国家吗?能的话,我们的民族前途是光明的,不能的话,我们这个民族是没有前途的。"[1]周纵策在《论中国现代化》一文中则疾呼:"从经济方面看,中国人太贫穷;从教育方面看,中国人太愚昧……我们要中国有办法,必须克服这贫穷和愚昧。"[2]在新式教育体系中,培养高级人才的大学尤为重要,正如蔡元培先生所言,"为了维护其社会生存,不得不对教育进行变革。当时摆在我们面前的问题,是要仿效欧洲的形式,建立自己的大学"。[3]因此,以高等教育为重点探讨中国近代史,是非常有意义的。

在中国高等教育史上,清华大学具有一种特别的地位。从1911

---

[1] 蒋廷黻:《中国近代化的历史教训——中国近代史的总论》,《政论旬刊》(汉口)第1卷第25期,1938,第1—3页。亦见于蒋廷黻《中国近代史》,上海古籍出版社,2006,第2页。
[2] 周纵策:《论中国现代化》,《三民主义半月刊》第7卷第5期,1945,第16—18页。
[3] 蔡元培:《中国现代大学观念及教育趋向》(1925年4月3日),收于高平叔主编《蔡元培教育论集》,湖南教育出版社,1987,第395—401页。

年建立清华学堂到1928年正式更名为国立清华大学,不过短短十七年,清华就已成为中国最好的大学之一。自更名为国立清华大学之后,清华不仅是中国的顶尖大学之一,而且也跻身于世界名校之列。清华培养出一批又一批的高级专门人才,为中国的现代化事业做出了巨大的贡献。为什么清华能够取得如此骄人的成就?这成为众多学者研究的课题。

这些成绩的取得,既要归功于清华的制度设计,但更应归功于工作于清华的那批人。在这批人中,教师是关键。为清华的发展立下不朽功绩的梅贻琦校长那句脍炙人口的名言,"所谓大学者,非谓有大楼之谓也,有大师之谓也",已道出了个中奥妙。这个信念,也得到像朱经武先生等著名学者和教育家的认同:"教授是最重要的,他们是学校的灵魂","在大学的问题上,我从来都有一个观点:必须先找大师,再建大庙"。[①]

然而,找到大师,罗致到优秀学者来工作,仅只是办好大学的第一步。这些学者到大学后,如何使他们能够于此潜心治学和教书育人,则又是一个问题,一个更加难以解决的问题。要做到这一点,首先就要为他们提供一种具有吸引力的生活条件,为他们创造一个衣食无忧而且为社会所尊崇的生活环境。一千多年前,韩愈在那篇脍炙人口的短文《马说》里就说得很明白:"马之千里者,一食或尽粟一石。食马者,不知其能千里而食也。是马也,虽有千里之能,食不饱,力不足,才美不外见,且欲与常马等不可得,安求其能千里也?"有了千里马,必须使之食饱力足,其才美方能外见。

---

① 朱经武:《教授是大学的灵魂》,《南方人物周刊》,2008年3月。

因此，大学教师的生活水平问题，乃是能否成功地罗致人才和留置人才，并使之能够尽其才的关键之一。在大学内部，除了教师，还有职员、工友等不同的人员，他们的工作也都是不可或缺的。要使他们安心并且努力工作，也必须为他们提供合适的生活条件，使之得以享有相当的生活水平。因此，生活水平问题，就是研究清华何以成功的关键之一。

从更广泛的视野中来看，生活水平问题也是对社会进行深入研究的核心问题之一。社会由不同的群体组成，这些群体的生存情况，成为社会结构与分层、阶层间流动与社会不平等等问题的基础。衡量社会分层与不平等的标准虽然可以有多种，但生活水平是基础。从生活水平来研究一个社会，就触及了社会研究的核心。在今天的国际学坛中，生活水平研究具有鲜明的前沿性。清华大学教职员工是站在中国现代化事业最前沿的一个群体，而现代化是中国近代史的主线。本书牢牢地把握住了这条主线，透过对清华教职员工群体的深入研究，使得我们对中国的现代化进程获得更加具体的认识，因而具有重要的学术意义，同时也具有学术的前沿性。

以往学界对大学历史的研究，往往未能摆脱"校史"研究的局限，从而成为一种"微观史"研究。微观史研究对于史学十分重要，但是如果不放进一个大的框架之中，有可能导致研究的"碎片化"。古尔迪（Jo Guldi）和阿米蒂奇（David Armitage）指出：在二十世纪后期的西方史学界，"微观史成为史学的主流"，而"'宏大叙事'——大框架、大过程、大比较——变得愈发不受欢迎"。有感于此，他们于2014年发表《历史学宣言》（*The History Manifesto*），指出"微观史若不与更大的历史叙事相联系，不明确交代自身的研究想要推翻什么、坚持什么，那就很容易被人称为好古癖。我们希望复兴的是这样一种历史，它既要延续微观史的档案研究优势，又须将自身嵌入到更大的宏观叙事"，而"微观史档案研究与宏观史框架的完美结合将为历史研究展现一种新的境界"。①

本书虽然是以清华大学为中心进行研究，但不同于学界已有的诸多大学的校史研究之处在于：本书是把清华作为社会的一个组成部分来进行研究的。本书作者说得很清楚：清华地处城郊，教职员工各阶层人群以清华校园为生活的主要地理场所，构成了一个相对封闭的小社会。然而，他们也经常往来于学校、城市与乡村，时刻沟通着清华与外界社会。因此清华这个小社会既具有一般社区特点，又具有和其他地域、人群保持紧密关系和流动开放的特点。透过这个小社会，可以清晰和具体地了解民国社会。在此意义上可以说，清华是一个透视中国近代社会的窗口。

如何透过这个窗口来了解当时的中国社会结构？本书采用了两种路径。首先，通过对教职员工这个大群体中的各亚群体（教师、职员和工友）的深入研究，弄清清华内部的社会结构；其次，把清华所表现出来的特点，放到更大的框架中进行探讨。换言之，就是以清华为立足点，兼及北平以及全国其他高校教职员工的状况，不仅使得研究结论具有更高的可信度与可比较性，而且可以通过清华这个"个案"来了解全国大学的情况。这种思路与曾国藩的座右铭"大处着眼，小处着手"颇为契合，也与古尔迪和阿米蒂奇在《历

---

① 乔·古尔迪（Jo Guldi）、大卫·阿米蒂奇（David Armitage）:《历史学宣言》，孙岳译，格致出版社、上海人民出版社，2017，第11、35—36、151页。

史学宣言》中强调的"我们不是要用宏观史去反对微观史,而是要提出大问题,这些大问题源于特定案例研究。将宏观和微观、长期视野和短期主义相融合,这才是关键"的主张相一致。可以说,本书为学界如何妥善处理宏观史和微观史的关系,提供了一个很好的示范。

当然,要通过上述两种路径,把清华教职工群体的生活水平的研究做成这样一个窗口,首先需要对清华内部的社会结构进行深入的研究。清华这个"小社会"虽然规模不大,但内容非常丰富。要对这个"小社会"中的主要群体的生活水平进行研究,并非易事,需要多学科方法进行研究。本书在方法上的一个重要特点,就是采用多学科的研究方法,从各个不同的角度展开研究。

本书是一本近代史研究专著,因此首先采用的是历史学的方法。任何学科都有特定的研究领域,作为一个成熟的专业学科的历史学,当然也不例外,正如彭刚所言:"历史学对于自己的学科边界,有必要保持足够的警醒与谦卑,历史学家工作的性质是什么,历史学能够和不能够做到的事情是什么,这样一些问题是历史学家所不能回避,需要加以思考的。"①

史学的边界之一,就是研究必须建立在坚实的史料基础之上,正如傅斯年先生所言:"材料之内使他发现无遗,材料之外我们一点也不越过去说。"②在各种史料中,第一手史料(亦即原始史料)又占有特别的地位,因为"任何历史研究都应当从分析原始资料开

---

① 彭刚:《什么是历史》,《文汇报》,2011年4月4日"文汇学人"。
② 傅斯年:《史料论略及其他》,辽宁教育出版社,1997,第40、47页。

始"。①本书选择清华大学作为研究对象的主要原因之一，就是出于史料的考虑。由于战争和社会动乱，近代中国各类机构（包括大学）的档案大多保存不很完整，而清华是少数的例外之一。清华大学档案馆不仅保存有自1909年创办以来学校各部门的主要档案，而且还有大量的教职员工个人档案。这些档案具有良好的连续性和完备性，是一个不可多得的第一手史料库。作者在清华大学档案馆里埋头工作多年多时，收集了大量的史料，并进行了精心分析核实，从而获得丰富和可靠的数据。除了清华大学档案馆和图书馆之外，作者还从北京市档案馆、北京大学档案馆、香港大学校务部档案以及当时清华教职员的众多日记、回忆文章中获得大量史料，补充和扩展了清华档案记载。这些工作为本书研究建立了坚实的史料基础，这也成为本书的一大主要特点。

其次，本书以生活水平问题为切入点，将清华教师、职员和校工这三种从事不同性质工作的群体进行比较研究，使得我们能够从多个方面、不同角度认识大学中不同从业群体之间待遇、生活水平的差距以及其中体现的阶层结构。要进行这个研究，史学的方法是不够的，必须借助于社会科学的方法，特别是社会学、经济学、历史人类学等学科的方法。在本书中，作者很好地运用了社会科学的理论和方法，成功地为本书研究建构了一个科学的理论分析架构，并使用科学的方法进行具体问题的探讨，使得本书在理论和方法方面能够紧跟国际前沿，进入国际学术主流。

---

① 埃马纽埃尔·勒华拉杜里（Emmanuel Le Roy Ladurie）：《蒙塔尤：1297—1324年奥克西坦尼的一个山村》，许明龙、马胜利译，商务印书馆，1997，前言第2页。

在现今国际学界关于生活水平的研究中,经济学与社会学中的统计方法的运用已成为重要趋势。随着对生活水平概念的认识的发展,对数字计量方法的运用也越来越受到重视。在史学研究中,长期以来使用的概念并不是生活水平或生活质量,而主要用生活状况、生活情况等词语进行表述。使用这些词语,一般倾向于运用文献记载的史料,通过列举、概括等办法,对社会某群体的生活进行描述或介绍,而缺乏对数据的收集、统计和分析。这样做,虽然有真实、直接的优点,但也有片面、狭窄的缺点。特别是由于缺乏准确的度和量的分析,使得主观性较强,缺乏客观性,从而容易导致分析和比较结论失真,产生错误判断。实际上,在"生活水平"概念中"水平"一词本身,就对准确、系统的数字统计资料有着比较强烈的要求。本书在对生活水平的研究中如何运用计量的方法进行了探索,并进行了卓有成效的运用,从而使得本书研究超越学界以往研究,为社会群体生活水平的研究树立了一个很好的榜样。

使用社会科学的方法研究历史的重要性和必要性,梁启超先生发出建立"新史学"的号召时就已说得很明白。然而在今天的一些史学研究著作中,由于各种原因,在使用社会科学的方法(特别是计量方法)时出现了一些问题,致使许多学者对这些方法本身产生了疑问甚至反感。斯通(Lawrence Stone)说:"如果我的看法无误,即'新史家'们又走回历史叙述的老路,意味着一个时代的结束,一个相对历史变迁提出一套有系统的、科学的解释之时代的结束……量化方法不过是一株柔弱的芦苇,所能解决的问题很有限。现代新史家面临一种二选一的情况:一方面是一种人类行为的先验的统计模式,另一方面则是基于观察、体验、判断及本能而获得了解。有些'新史家'又回到第二种方式来解释过去了。"①克里吉（Eric Kerridge）在讨论西方经济史学的现状时也说："首先，经济学家渗入经济史学带来了一种非历史的观念（unhistorical cast of mind）。其次，统计学家的侵入也使经济史变得面目可憎。"②但是本书作者在运用社会科学的方法时，依然坚持历史学者的本色，使得本书避免了这种通病。作者对史学研究重点"新""老"方法都兼收并蓄，各采其长。吴承明先生说："就方法论而言，有新、老学派之分，但很难说有高下、优劣之别……新方法有新的功能，以至开辟新的研究领域；但就历史研究而言，我不认为有什么方法是太老了，必须放弃……我以为，在方法论上不应抱有倾向性，而是根据所论问题的需要和资料等条件的可能，作出选择。"③刘子健先生也说："余英时说'史无定法'，研究历史的题材不同，自然没有一成不变的方法，所以更妥帖地说应当是'史采佳法'，因题制宜。再更大胆地说是'因问求法'，如同科学家做实验一样不断尝试终可能走出一条路来。"④本书也体现了这种"史采佳法"和"因问求法"的开放心态，从而使得本书在研究方法上也具有自身的特色。

总之，本书以清华大学为中心，对民国时期中国大学从业群体生活水平与社会结构进行了深入的研究。由于篇幅所限，本书集中

---

① 劳伦斯·斯通：《历史叙述的复兴：对一种新的老历史的反省》，收于陈恒、耿相新主编《新史学》第4辑，大象出版社，2005，第8页。
② 参见龙秀清编译《西方学者眼中的经济－社会史》，收于侯建新主编《经济－社会史：历史研究的新方向》，商务印书馆，2002。
③ 吴承明：《中国经济史研究的方法论问题》，《中国经济史研究》1996年第1期，第1—21页。
④ 刘子健：《史学的方法、技术与危机》，台湾《新史学》第1卷第1期（创刊号），1990，第79—95页。

于对教职员工群体的研究，而对于大学群体中另一主要群体——学生，本书作者近年来也有深入的研究，取得了受到国内外学界重视的重大成就。这些研究体现了中国史学界在史学研究的理论、方法和史料方面的进展，使得中国学者的研究走到了国际社会经济史学界的前沿。通过这样的研究，我们可以获得对历史的更深入和更全面的认识。在此方面，本书确实起到了一种示范的作用，成为我们深入认识中国近代化历史的一个窗口。

张天虹《中晚唐五代的 河朔藩镇与社会流动》序

唐代河朔藩镇问题是一个老问题。早在宋代，对唐代藩镇的研究就已开始，并提出了多种看法，有的认为黄巢起义之前的藩镇具有双重性，肯定藩镇的积极作用；有的则持批判和否定态度，认为藩镇是国家的大害。但是这些都还不是专门的研究。宋代以后，元人朱礼《汉唐事笺前集》，明人洪垣、张溥、李贽，清人赵青黎、沈炳震、赵翼等，都从不同的方面对唐代藩镇问题进行了较为集中的讨论。而明人张大龄的《唐藩镇指掌》、清人华湛恩的《唐藩镇表》、黄大华的《唐藩镇年表》、万斯同的《唐边镇年表》和《唐镇十道节度使表》更是唐代藩镇问题研究的专著。到了近代，关于唐代藩镇的专门研究不断推出。陈寅恪、吴廷燮、杨志玖、谷霁光、王永兴、韩国磐、张国刚、冯金忠、李碧妍、仇鹿鸣等几代学者，从各方面对唐代藩镇进行了深入的研究，并出现了大量的藩镇的个案研究。张国刚的《唐代藩镇研究》以及冯金忠的《唐代河北藩镇研究》，更是系统研究唐代藩镇的专著。丰硕成果使得今天的唐代藩镇研究成为一个起点甚高的领域。

然而，进入二十一世纪后，唐代藩镇研究呈现出了衰落的迹象。要使唐代藩镇研究重新充满活力，就必须从新的视角出发，采纳新的史料，采用新的方法来进行研究。而随着研究视野的扩展、社会科学方法的引入、新史料的发现，这样做已经初具条件。张天虹新著《中晚唐五代的河朔藩镇与社会流动》一书，就是此时"应运而生"的一部重要著作。

一

先师傅衣凌先生在临终前口授的遗作中，总结了他一生对中国传统社会的性质和特点所作的辛勤探索所得出的结论。他写道："由于自然生态、生产条件、种族迁徙、农村公社原有组织形态等等因素的差别，在原始社会漫长的瓦解过程之后，中国社会形态的演变进程错综复杂，社会结构新、旧交错，融为一体，出现了多种生产方式长期并存的局面……从原始社会末期开始，中国多元的社会结构已经形成……秦汉以后，这一特点表现得更为明显……在注意中国传统社会结构的多元化时，我们还不能忽视这种多元化是出现在经济、政治、社会发展极不平衡的辽阔国土上的。由于自然环境的差异和生态平衡的改变、历史上开发时间的先后、人口的流动和增减，以及经济重心的转移等等因素的影响，各个地区的生产技术水平、生产方式、社会控制方式和思想文化千差万别，而且还随着历史的发展出现周期性和不规则的变化。这种情况使多元化社会结构更为复杂，也从一个方面说明了社会经济史区域性研究的必要。"①

这段话清楚地告诉我们：中国传统社会的历史，无论是在时间和空间，还是在内容和结构方面，都是非常复杂和不断变化的，必须从多个角度进行全方位的和动态的研究，方能得窥其全貌。然而，"吾生也有涯，而知也无涯"，任何学者都只能选取中国历史的一个方面或者一个片段、一个局部进行研究。对于研究者来说，无论选取什么作为研究的对象，都是在为探求中国历史的真相而努力，因此可以说都同样重要，即如胡适之先生所言，"发明一个字的古义，与发现一颗恒星，都是一大功绩"。②但是在历史的长河中，有一些时期、地区或者事件对于整个历史的进程具有特别的意义。如果能够选取这样的时期、地区或事件作为自己研究的对象，那么研究的成果对于我们认识历史演变就有特殊的意义。本书选取中晚唐五代的河朔藩镇与社会流动作为研究的主题，就是选取了这样一个具有特殊意义的时期、地点和事件，对中国历史进行深入剖析，因此从选题来说，此项研究具有十分重要的学术价值。

二

在中国传统社会的历史上，中晚唐和五代一向被视为"乱世"。的确，自安史之乱开始，强盛的唐帝国就凑然步入衰落乃至灭亡的历史进程，直到北宋建立后，中国才重新走向和平与繁荣。

---

① 原载《中国社会经济史研究》1988年第3期，此据傅衣凌《休休室治史文稿补编》，中华书局，2008，第209、214页。
② 胡适：《论国故学》原载《新潮》第2卷第1号，1919年10月30日。此据欧阳哲生编《胡适文集（2）》，北京大学出版社，1998，第327—328页。

因此之故，对于许多仰慕大唐盛世的历史爱好者来说，中晚唐和五代似乎是一个不值得予以关注的时期。然而对于社会史学者来说，这个时期恰恰是一个具有特别意义的时期。

虽然学界对于"唐宋变革论"的看法有分歧，但是对于在唐宋时期中国社会曾经发生了重要变革这一点，事实上早已形成共识。在那些并未参加"唐宋变革论"讨论的学者中，侯外庐先生很早就从经济史的角度出发指出："大概地说，中国封建社会可分为前期和后期两个阶段。前期从商鞅变法起，又可以战国末秦、汉之际为过渡，两汉作为一个阶段，魏、晋、南北朝、隋为一个阶段。后期可以隋和唐初为过渡，从中唐至明代中叶为一个阶段，明代末叶即自十六世纪中叶以后，至1840年为又一个阶段。唐代则以建中两税法为转折点，以黄巢起义为枢纽，处在由前期到后期的转变过程中。研究唐代社会经济的变化，可以看出中国封建制社会在发展过程中的主要的问题。"① 钱穆先生则从制度史的角度指出："现在再略一综述唐代的制度。论中央政府之组织，结束了上半段历史上的三公九卿制，而开创了下半段的尚书六部制。论选贤与能，结束了上半段的乡举里选制，而开创了下半段的科举考试制。论租税制度，结束了上半段的田租力役土贡分项征收制，而开创了下半段的单一税收制。论到军队，结束了上半段的普及兵役制，而开创了下半段的自由兵役制。综此几点，我们可以说：唐代是中国历史上在政治制度方面的一个最大的转捩中枢。唐以后中国的历史演变是好是坏，那是另外一回事，但罗马帝国亡了，以后就再没有罗马。唐室覆亡

---

① 侯外庐：《中国封建制社会的发展及其由前期向后期转变的特征》，《中国封建社会史论》，人民出版社，1979，第147页。

以后，依然有中国，有宋有明有现代，还是如唐代般，一样是中国。这是中国历史最有价值最勘研寻的一个大题目。"[1]这两位前贤虽然术业各有专攻，研究方法与风格亦各异，但他们对唐代是中国传统社会的转折点的看法却惊人的一致，可谓"英雄所见略同"。而这个转折虽然是一个长期的过程，但最明显的是在中晚唐乃至唐代的余绪五代。因此，把这个时段作为研究的时间范围，便抓住了中国历史上的一个重要时期。

其次，作为华北地区主要组成部分的河北地区本是华夏文明的起源地之一，因此在中国历史上占有非常重要的地位。正如西嶋定生先生所总结的那样：中国统一王朝的政治中心自古以来就在华北，文明的中心也在华北，其原因之一就在于华北农业比江淮稻作农业优越。到了隋代统一中国，开凿了大运河，把华北的政治中心地区和江南直接联结了起来，进而到了唐代，开始每年有数百万石的所谓江南上供米运往首都长安，华北的一部分粮食依靠江南的稻作农业。这就把华北农业与江南农业的历来关系颠倒了过来。这种倾向到了宋代便固定了下来，以后则江南农业生产凌驾于华北农业生产之上，中国农业的基本地区转到了江南。[2]即使江南取代华北成为中国最发达的经济地区之后，华北（特别是河北）仍然在诸多方面对中国的历史进程拥有不可忽视的重要意义。这一点，赵翼早已敏锐地看到了，他说："唐开元、天宝间，地气自西北转东北之大变局也……契丹阿保机已起于辽，此正地气自西趋东北之真消息，

---

[1] 钱穆：《中国历代政治得失》，生活·读书·新知三联书店，2001，第73页。
[2] 西嶋定生：《中国经济史研究》，冯佐哲、邱茂、黎潮合译，农业出版社，1984，第165页。

特以气虽东北趋，而尚未尽结，故仅有幽蓟，而不能统一中原。而气之东北趋者，则有洛阳、汴梁为之迤逦潜引，如堪舆家所谓过峡者。至一二百年而东北之气积而益固，于是金源遂有天下之半，元、明遂有天下之全，至我朝不惟有天下之全，且又扩西北塞外数万里，皆控制于东北，此王气全结于东北之明证也。而抑知转移关键乃在开元、天宝时哉。"①他所说的"东北"，关键就是河北，关外的契丹、女真、蒙古诸族，倘若不能得河北，那么即如汉之匈奴、唐之突厥，虽然控弦数十万，兵锋所向，无不披靡，数次兵临长安城下，然而终未能一统天下。河北这种特别的战略地位，使得中国的全国政治中心，自元代以来，都不得不坐落在这里。然而，相比江南、华南乃至关中、河南等地区，学界对河北历史的研究相对薄弱。这种情况，与河北在历史上的特殊地位形成巨大的反差。本书以河北为研究的空间范围，应当说是非常有意义的。

中晚唐和五代时期，河北地区发生的最重大的历史事件，莫过于藩镇的兴起了。陈寅恪先生指出："唐代中国疆土之内，自安史之乱后，除拥护李氏皇室之区域，即以东南财富及汉化文化维持长安为中心之集团外，尚别有一河北藩镇独立之团体，其政治、军事、财政等与长安中央政府实际上固无隶属之关系。"②在中国历史上，地方势力割据之事时有发生，但是这些割据，通常发生在边疆少数民族为主的地区（例如南诏、大理、西夏等政权），内地中央王朝统治力所不能及；也有发生在内地的，但通常只是在中央集权帝

---

① 赵翼撰、王树民校证《廿二史札记校证》卷二〇，"长安地气"条，中华书局，1984，第443—444页。
② 陈寅恪：《唐代政治史述论稿》上篇《统治阶级之氏族及其升降》，《隋唐制度渊源略论稿》（外二种），河北教育出版社，2002，第187页。

国统治力量式微衰弱乃至崩溃之时（例如五胡十六国、五代十国等时期）。而中晚唐的藩镇，却不仅出现在中古中国经济、文化、政治、军事诸方面的腹心要地河北，而且发生在唐帝国中央统治力量尚可控制全国大部分地区的时期，并与唐朝中央政府共存达一百多年。这一点，可以说是在中国历史上绝无仅有的。因此，藩镇的兴起、存在、消亡，为我们提供了一个深入了解中国历史的切入点。

三

社会流动问题是历史研究的核心问题之一。所谓社会流动（social mobility），指的是个人或群体社会地位的变化，即从某一社会阶层到另一社会阶层的变化。按不同标准，社会流动可分为多种形式：1. 根据方向，可分为垂直流动和水平流动；2. 根据范围，可分为代际流动和代内流动；3. 根据规模，可分为个体社会流动和团体社会流动；4. 根据原因，可分为结构性流动和自由流动；5. 根据方式，可分为竞争性流动和赞助性流动；等等。社会学家认为社会流动有利于人尽其才，推动人力资源使用的合理化，因此是社会进步的重要内容。同时，社会越开放，阶层的流动率越高，流动所需的时间越短，流动的幅度也越大；反之亦然。因为社会流动使得处于各社会阶层中的个人都能够在社会中找到自己合适的位置，因此可以减少社会冲突，从而起到"安全阀"的作用。

唐代是中国传统社会发生转折的时期，社会流动是在此时期中中国社会变化的主要内容之一。侯外庐先生已明确指出：唐朝推行了九等户制，使得"过去的高门大族和庶族寒门，已经用户等来划分,而不完全以门第来划分了"。①唐代中期推行了两税法,进一步提出"以贫富为差",其实质在于反对"以身份为差"。②因此,社会等级的划分进一步趋于简单化,等级之间的界限变得模糊,出现了混一士庶的趋势。简言之,从唐代中叶开始,社会等级制度经历了一次再编造。这个再编造,就是社会流动的表现和产物。

以往对于唐代以降中国传统社会的社会流动的研究,集中在垂直流动的问题上,即掌握政治权力的精英阶层是根据什么样的选举制度来组成,是否具有吐故纳新的机制,从而在代际之间形成精英阶层的循环和流动。在对中国历史上的社会流动问题上,海内外学者都将科举制度作为中心,并在科举制度研究方面取得了极为重要的成果。然而,正如杜希德(Denis Twitchett)、孙国栋、毛汉光等学者所指出的那样,唐代的科举考试使一批声望相对不太显赫的地方士族子弟得以入仕,但是却并未使得普通人家的子弟在向上的社会流动方面有实质的突破,所以科举考试只是世家大族的一种"圈内竞争",③并未成为唐代社会流动的主要动力。因此,我们对于唐代和五代社会流动研究,还需要注意科举之外的其他流动渠道,研究不同地域的社会流动的具体形式,以及社会流动的多重影响等

---

① 侯外庐:《中国封建制社会的发展及其由前期向后期转变的特征》,《中国封建社会史论》,第202页。
② 侯外庐:《中国封建制社会的发展及其由前期向后期转变的特征》,《中国封建社会史论》,第188页。
③ Denis Twitchett(杜希德),"The Composition of the T'ang Ruling Class: New Evidence from Tunhuang", in Arthur F.Wright and Denis Twitchett: *Perspectives on the T'ang*, New Haven and London: Yale University Press, 1973, pp.47-85. 孙国栋:《唐宋之际社会门第之消融——唐宋之际社会转变研究之一》,《唐宋史论丛》,(香港)商务印书馆,2000,第211—308页;毛汉光:《中国中古社会史论》,上海书店出版社,2002,第334—364页。

问题。

在唐代和五代的河北地区,科举制度显然不是社会流动的主要渠道。陈寅恪先生早已指出了河朔地区社会流动机制有别于唐廷控制的顺地,指出安史之乱以后的唐统治阶级的升降,"可分为中央及藩镇两方叙述"。①因此,将社会流动的方法和视角与河朔藩镇统治下的地域社会经济相结合来进行研究,深入剖析藩镇统治下的河朔地域社会,对于认识唐代以及之后的华北社会的历史,具有十分重要的意义。

四

本书选择了中国历史上一个重要的转折时期,一个在政治、经济、军事等方面具有重要意义的地区、一个社会变化的重要方面进行深入研究,因此本书的研究成果也不仅是为我们提供了一种"地方性知识"(local knowledge)、"微观史学"。古尔迪(Jo Guldi)和阿米蒂奇(David Armitage)于2014年发表《历史学宣言》(The History Manifesto)指出,"微观史若不与更大的历史叙事相联系,不明确交代自身的研究想要推翻什么、坚持什么,那就很容易被人称为好古癖。我们希望复兴的是这样一种历史,它既要延续微观史的档案研究优势,又须将自身嵌入到更大的宏观叙事",而"微观史档案研究与宏观史框架的完美结合将为历史研究展现一种新的境

---

① 陈寅恪:《唐代政治史述论稿》上篇《统治阶级之氏族及其升降》,《隋唐制度渊源略论稿》(外二种),河北教育出版社,2002,第180页。

界"。①我认为，本书研究就是顺应了这种把微观史和宏大叙事结合起来的研究新潮流。

以往学界在唐代河朔藩镇研究上成果甚丰，为后人的藩镇研究奠定了坚实的基础。但也正因如此，后人要在这个研究中更上一层楼，其难度可想而知。之所以难，一个主要原因是史料问题。

余英时先生有言："史学论著必须论证（argument）和证据（evidence）兼而有之，此古今中外之所同。不过二者相较，证据显然占有更基本的地位。证据充分而论证不足，其结果可能是比较粗糙的史学；论证满纸而证据薄弱则并不能成其史学。韦伯的历史社会学之所以有经久的影响，其原因之一是它十分尊重经验性的证据。甚至马克思本人也仍然力求将他的大理论建筑在历史的资料之上。韦、马两家终能进入西方史学的主流，决不是偶然的。"②因此可以说，能否获得充分和可靠的史料，乃是史学研究成败的关键。

对于一个"老"课题的研究而言，由于原有的史料大多被前辈学者搜罗殆尽，因此必须找到新的史料，才能做出新的成果。这一点，陈寅恪先生说得很清楚："一时代之学术，必有其新材料与新问题。取用此材料，以研求问题，则为此时代学术之新潮流。治学之士得预于此潮流者，谓之预流（借用佛教初果之名）。其未得预者，谓之未入流。"③

---

① Jo Guldi and David Armitage, *The History Manifesto*（Cambridge：Cambridge University Press, 2014）p.121.
② 余英时：《中国近世宗教伦理与商业精神·自序》，《中国近世宗教伦理与商业精神》，台北：联经出版事业股份有限公司，1987，第73页。
③ 陈寅恪：《陈垣敦煌劫余录序》，《金明馆丛稿二编》，生活·读书·新知三联书店，2001，第266页。

唐五代的藩镇研究以及河北区域社会史研究，之所以难以深入进行，重要原因之一就在于资料不足。经过学界多年的努力，大量的碑志资料陆续得到整理出版。本书作者也做了大量的田野工作，在京津和河北各地访古，查找"漏网"的碑志资料。本书作者搜集整理了属于中晚唐五代初期河朔藩镇（763—914）的各种碑志300多方（通），加以逐个分析考证，最后选出其中翔实可靠约252方（通），成为本书研究的史料基础之一。本书作者本来已将传世史籍中的史料搜罗殆尽，再加上这批新史料，遂使得本书在史料上得以超越前贤，占有更为丰富的史料，从而也为进一步的研究奠定了基础。

史料是史学研究的基础，但仅有史料是不够的。即使做到所用史料尽都正确无误，仍然不能保证就可得出正确的结论。因此，本书作者在研究中，也尽力探索最为合适的方法。

刘子健先生说："有人说史无定法。这句话没说清楚。研究历史的题材不同，当然不可能有呆板一成不变的方法。其实是史采佳法。说得更清楚一点，门道很多，因题制宜。再大胆一点说，因问求法。这不是佛教徒求法。假定说提的问题，一时没有现成的方法可以采用，怎么办呢？答案是去找，试用各种途径去寻求。科学家做实验就是这样的左试右试，就可能走出一条路来。有人怀疑，以为应当方法在先，问题在后。事实上这怀疑错了……这'问'字尤其要紧。中国语文把学和问两个字联结起来，极为精妙。他种文字不能比美。《论语》里满篇是问，欧阳修的《易童子问》，朱熹的《四书或问》，乃至张之洞的《书目答问》，都在问。如果只是传习、待访、补遗、拾阙等等，而不发问，哪怕用功日知，也不会有新生的学术，激发新的思路，去寻求新的方法。"①本书作者正是遵循了这一规律，根据本书所涉及的社会流动研究、区域史研究、唐五代史研究、中国传统社会研究等诸方面的问题，寻找合适的研究方法。大体而言，他以历史学研究方法为本位，特别是在对一些基本资料的考订方面下了大功夫。同时，他对社会科学的研究方法也采取开放态度，努力学习政治学、社会学、经济学等社会科学知识，从中引入合适的方法为自己的研究服务。对于他辛勤收集和整理的碑志资料，他大胆地使用了统计学的方法，进行量化研究。马克思认为："一种科学只有在成功地运用数学时，才算达到了真正完善的地步。"②虽然对此我们不能做机械的理解，但是在能够运用数学来帮助我们进行研究的地方，当然应当积极采用数学的方法。

由于选题重大，史料扎实，方法得当，本书研究取得了重要的研究成果。唐史本是中国史研究的"重头戏"之一，中外学界在此领域中名家辈出，做出了光辉成就，从而成为中国史研究的一大亮点。本书能够为此加入一份新光彩，是作者多年努力治学的结果。贾岛诗云："十年磨一剑。"本书作者为此项研究投入了十五年的光阴。这在学风浮躁的今日，洵为难得。

当然，本书也还有需要进一步提高的方面。唐代藩镇河朔地区的社会流动，都是历史长期演变的结果，对后世具有长远的影响。从长时段历史的角度来看，唐代河朔藩镇，和东汉末年以来华北地区出现的形式、性质和规模各异的地方势力的兴起，彼此之间有何

---

① 刘子健：《史学的方法、技术与危机》，台湾《新史学》第1卷第1期（创刊号），1990，第83—84页。
② 保尔·拉法格：《忆马克思》，保尔·拉法格、威廉·李卜克内西著：《忆马克思恩格斯》，杨启潾等译，生活·读书·新知三联书店，1963，第8页。

关系？这些地方势力控制下的社会固化与唐代河朔藩镇治下地区的社会流动是两种性质截然相反的历史现象，而这两种现象为什么会发生在许多方面情况大致相同的华北地区？又，钱穆先生说："东汉以下，士族门第兴起。魏晋南北朝定于隋唐，皆属门第社会，可称为是古代变相的贵族社会。宋以下，始是纯粹的平民社会。除蒙古、满洲异族入主，为特权阶级外，其升入政治上层者，皆由白衣秀才平地拔起，更无古代封建贵族及门第传统的遗存。"①北宋源于后周，而五代可以说是唐代后期华北历史的延续。因此唐代河朔的社会流动，对于宋代以及以后华北地区的社会流动有何影响？如果更进一步，把这个问题放在全球史的范围内来看，那么我们可以看到在唐代时期，世界其他地区都出现了各种地方势力"割据"和社会固化的现象。唐朝、阿拔斯帝国和拜占庭帝国（东罗马帝国）是当时世界上的三大政治实体。阿拔斯帝国（黑衣大食，750—1258）是当时伊斯兰世界的中心，疆域广大，经济繁荣，但进入九世纪之后，国内出现大规模叛乱，具有野心而不太忠诚的军人们企图割据他们自己的辖地。当哈里发们沦为禁卫军将军们手中的傀儡时，各省的省督和军人们立即纷纷宣告独立。②在拜占庭帝国（东罗马帝国），马其顿王朝（the Macedonian Dynasty，867—1056）是拜占庭帝国鼎盛时期。但是在这个时期的后期，一些握有兵权的将领通常出自外省，尤其是来自小亚细亚中部地区，他们是当地的大地主，在地方上势力很大。他们统率军队，军队直接听命于他们。皇权强大时，他们服从皇帝的命令，行为有所收敛。皇权变弱了，

---

① 钱穆：《中国学术思想史论丛》第6卷，安徽教育出版社，2004，第209页。
② 西德尼·内特尔顿·费希尔：《中东史》（上册），商务印书馆，1980，第116页。

他们便拥兵自重，不听中央节制。轻者在乡村兼并土地，盘剥当地农民；重者割据一方，参与宫廷斗争，甚至夺取皇位。[①]为什么在大体相近的时期，世界上最重要的三大帝国都出现类似的情况？但是同样也在这个时期，中国的社会流动明显加速，而伊斯兰世界和基督教世界的社会固化却进一步加强，这是为什么？这些问题，本书并未涉及。但是如果能够从时间和空间方面对这些问题进行讨论，相信将会令本书研究的深度和广度得到更大的提升。简言之，本书是作者对这个中国中古时期华北社会流动研究的第一个重大成果，希望他今后能够继续努力，在这项研究中取得更大的成就。

2020年7月10日于北京大学历史系

[①] Warren Treadgold, *A History of the Byzantine State and Society*（Stanford University Press, 1997）pp. 543-544.

周琳《商旅安否：清代重庆的商业制度》序

在二十世纪六十年代以前的国际中国社会经济史学界中，处于主流地位的理论是费正清的"冲击-回应"理论。二十世纪六十年代末至二十世纪七十年代初，这个理论受到了美国年轻研究者的挑战。当时美国的侵越战争正日渐扩大和升级，在从事亚洲研究包括中国问题研究在内的年轻学者中引起极大的反响。以詹姆斯·佩克（James Peck）为代表的一批哈佛研究生，开始批评以费正清为代表的"哈佛学派"。他们对美国中国近现代史研究范式进行深刻的反思和批判，从而使美国的中国近现代史领域出现了很多新的研究趋势。之后，魏斐德（Frederick Wakeman）、史景迁（Jonathan Spence）、孔飞力（Philip Kuhn）、柏金斯（Dwight Perkins）、裴宜理（Elisabeth Perry）、周锡瑞（Joseph Esherick）、罗威廉（William Rowe）、黄宗智（Philip Huang）、柯文（Paul Cohn）、白馥兰（Francisca Bray）等当时较为年轻的学者以及比他们更年长一些的施坚雅（G. Wiliam Skinner）、牟复礼（Frederick Mote）等学者，分别在不同领域，从不同的角度，对"冲击-回应"理论进行了深入的批评，提出必须摆脱这种理论背后的西方中心论，对西方到来之前中国的实际情况进行深入的和实事求是的研究。这种新的中国史研究所要回答的中心问题，就是魏斐德所总结的："十九世纪中叶以前，中国内部真的没有出现自发的转变吗？1839年鸦片战争以前，中国真的是停滞不前的吗？"[1]

为了回答这个问题，中外学者在过去半个多世纪中做了大量的工作，取得丰硕的成果。在这些成果的基础之上，以"加州学派"为代表的一批学者提出了"大分流"理论，把中国社会经济史研究推到了国际史坛的中心位置，引起了国际史坛长达二十年的大争论。这个争论的中心议题，就是为什么清代中国曾经是世界上最大的经济体，然而却未能如同近代早期的西欧一样走上近代化的道路，相反自十九世纪中期开始进入了长达一个多世纪大衰退。

"大分流"争论涉及的问题甚多，但其中一个比较薄弱的方面，是对城市问题讨论不多。在社会经济史上，城市问题具有特殊的分量。马克思说："城市本身表明了人口、生产工具、资本、享乐和需求的集中；而在乡村里所看到的却是完全相反的情况：孤立和分散。"列宁也说："城市是经济、政治和人民精神生活的中心，是前进的主要动力。"[2]清代处于中国社会从传统社会向近代社会转型的早期，而城市化是近代社会转型的核心问题之一。因此，要深入了解中国近代化的历史，必须把城市问题作为研究重点之一。

国际中国史学界对鸦片战争以前中国城市的研究，长期处在韦

---

[1] 胡龙春：《魏斐德：在中国发现历史——读〈中华帝国的衰落〉》，来自《文艺评论》官网。
[2] 转引自蔡竞《马克思主义经典作家城市化观点述论》，《四川省干部函授学院学报》2002年第3期。

伯理论的支配之下。韦伯认为在中国，城市化并不像在欧洲大部分地区那样是经济变迁进程的自然结果，而主要是国家有意识地设计的。在整个中国城市史上，城市作为地方行政中心和军事驻防地的政治功能一直保持着十分重要的地位。这种政治控制也伸展到经济领域，"城市的繁荣并不主要有赖于市民在经济与政治冒险方面的进取精神，而更有赖于朝廷的管理职能"。韦伯没有完全忽视贸易，但他断然将城市的市场功能置于其军事驻防功能之后。这种行政管理功能占据首要地位的直接结果，是城市里的政治自治从未得到发展。在重要的商业中心，由于完全缺乏建立在"契约性自治"原则之上的强制性法律，商业活动依赖从农村延伸来的人际依赖及其排他性。这种排他性被贯彻到所有集体活动领域中。他也认为虽然有一些社团，但这些社团本质上属于"前协会"性质，"不存在真正的'共同体'（社团），特别是在城市里，因为不存在纯粹是有意设计的协会或企业的经济和管理组织。这些东西几乎没有是纯粹在中国本土发源的。所有残存的公共活动都被当作是纯粹的个人事务去处理，当然，首先是通过血缘关系"。其结果是，即使是中国能够存在严格意义上的城市阶层，每一单个的城市也不可能得以建立合法的城市共同体："平常没有可以代表城市市民本身的联合协会，甚至连这种可能性的想法都完全没有。看不见任何由于城市人的特殊地位而产生的公民意识。"[①]

韦伯理论有其正确的一面。中国广土众民，历史悠久，在不同地区和时期，城市也有很大不同。到了明代，城市分化已经非常明

[①] 罗威廉：《汉口：一个中国城市的商业和社会（1796—1889）》，中国人民大学出版社，2016，绪论。

显。先师傅衣凌先生把明清的中国城市分为"开封型城市"和"苏杭型城市",此外还有"新兴工商业市镇型城市"。[①]其中的"开封型城市"在很大程度上就具有韦伯所说的那些特征。[②]事实上,不仅是明代的开封,包括汉唐长安、明清北京在内的其他很多城市,也或多或少拥有这些特征。[③]

然而,限于他从当时西方学界所能获得的关于中国的知识,韦伯基本上没有注意到傅衣凌先生所指出的另外两种中国的传统城市。和"开封型城市"不同,在"苏杭型城市"经济中,工商业占有很大分量,可以说是以工商业为主的城市。到了清代中期,"开封型城市"和"苏杭型城市"之间的差别仍然是非常明显的。例如,清代北京内外城实行不同的户籍制度。内城为八旗驻区,户口具有军政合一、兵民合一的独立户口编审体系;外城主要为汉人,并且驻有少量旗兵。京师八旗人口,康熙五十五年为68万,占到北京城乡总人口的1/3以上。[④]这些旗人都由国家财政供养,不事生业,不是经济人口。与之形成鲜明对照的是苏州。清代中期苏州府城人口100余万,工业人口至少占了有劳动能力的成年居民总数的37.5%。如仅以成年男性居民计,则这个比例更要上升到75%。[⑤]府城内官员及其眷属、属员以及驻军的人数,总共约6700人,[⑥]仅占府城人口

---

① 傅衣凌:《明清社会变迁论》,人民出版社,1989,第152—159页。
② 这些特征,详见傅衣凌《明清社会变迁论》,第152—159页。
③ 高寿仙:《明代北京城市人口数额研究》。
④ 侯仁之主编,唐晓峰副主编《北京城市历史地理》,燕山出版社,2000,第283、289页。
⑤ 李伯重:《工业发展与城市变化:明中叶至清中叶的苏州》,《清史研究》2001年第3、4期与2002年第1期。
⑥ 王卫平:《明清江南城市史研究:以苏州为中心》,人民出版社,1999,第63页。

的0.67%。至于"新兴工商业市镇型城市"则更是因工商业而发展起来并依靠工商业为生的新型城市,①工商业人口所占的比重,比府城相应的比重更高。

对于"苏杭型城市"和"新兴工商业市镇型城市"的研究,在过去半个世纪中都取得了重要成就。对于"苏杭型城市",从宋代临安到清代上海,研究成果不断推出。市镇研究也在二十世纪八九十年代出现盛况。但是,总体来看,这些研究仍然存在一些问题。首先,研究的重点主要还是东部沿海地区的城市。内陆地区工商业城市的研究也取得重要成就,②但相对于沿海城市研究而言,还是比较薄弱。其次,在现有的研究中,大部分是以"传统-现代"模式为出发点的,力图从"现代"的角度去看待"传统",以发现"传统"中的"现代性"因素。这种研究取向是对传统的"中国停滞"论和"冲击-回应"理论的否定,对认识中国的实际情况具有重要意义。大多数"苏杭型"城市是后来的"口岸城市"的前身,它们在鸦片战争之前很久就已有相当发达的海外贸易,通过与海外的互动,程度不等地接受了外来影响。这一点,和中国内地城市有相当大的不同。上海城市史研究的先驱学者墨菲(Rhoads Murphey)将其1953年的著作命名为《上海:现代中国的钥匙》(*Shanghai: Key to Modern China*),认为上海是了解近代中国的钥匙。但是二十多年后,墨菲修正了自己的看法,认为上海是上海,中国是中国,上海并非了解中国的恰当钥匙。中国的广大内

---

① 傅衣凌:《明清社会变迁论》,人民出版社,1989,第152—159页。参阅李伯重《工业发展与城市变化:明中叶至清中叶的苏州》。
② 定宜庄:《有关近年中国明清与近代城市史研究的几个问题》,收于中村圭尔、辛德勇主编《中日古代城市研究》,中国社会科学出版社,2004。

地拥有众多的城市，它们在鸦片战争之前与海外联系较为疏远，鸦片战争后很长一段时期内受到外国的影响也仍然有限，因此"中国特色"相对而言更为"纯粹"。近几十年来，对于中国内地工商业城市史的研究取得了许多成果，特别是罗威廉（William Rowe）的《汉口：一个中国城市的商业和社会（1796—1889）》（*Hankow: Commerce and Society in a Chinese city, 1796-1889*），代表了在此方面研究的最高水平，而对于内地其他工商业城市史的研究成果数量有限。在汉口之外的内地工商业城市中，重庆是一个特别值得重视的城市。如同汉口一样，重庆是一个由工商业发展所造就的城市。到了清代中期，重庆已经发展成为西南地区的商业中心。在过去三十年中，重庆城市史研究取得相当丰富的成果，但仍有很大提升的空间。①本书作者在清代重庆社会经济史方面进行了深入的研究，使得本书是迄今为止关于清代重庆经济和市场最详尽的研究。

本书研究之所以取得成功，源自作者在以下几个方面的努力：

（一）史料

吴承明先生说："史料是史学的根本，绝对尊重史料，言必有证，论从史出，这是我国史学的优良传统。治史者必须从治史料开始，不治史料而径谈历史者，非史学家。由于史料并非史实，必须

---

① 已有成果如隗瀛涛主编的《重庆城市研究》（四川大学出版社，1989）和《近代重庆城市史》（四川大学出版社，1991）；周勇主编的《重庆：一个内陆城市的崛起》（重庆出版社，1989），周勇等译编《近代重庆社会与经济发展（1876—1949）》（四川大学出版社，1989）等。其中《近代重庆城市史》是通史性质，被称为"中华人民共和国成立以来第一批研究中国近代城市史的学术专著"，其他几部则是研究重庆发展史的专题论文集或资料集。

周琳《商旅安否：清代重庆的商业制度》序　417

经过考据、整理,庶几接近史实,方能使用。"傅斯年先生更加强调史学严谨必须完全以史料为依据:"材料之内使他发现无遗,材料之外我们一点也不越过去说。"在众多种类和来源的史料中,档案是最重要者之一。有"客观主义史学之父"之称的兰克,深信"判定历史真相的最好办法就是利用原始资料,特别是档案材料",①因此古奇(George Peabody Gooch)指出:"他不是第一个使用档案的人,但却是第一个善于使用档案的人。"②对于社会经济史来说,档案更具有非凡的意义。

目前我国发现的体量最大、内容最丰富的清代县级衙门档案是清代《巴县档案》。在这套档案中,有大量与商业相关的案卷,是这套档案最独特的地方。本书作者在清代《巴县档案》的整理和利用方面进行了长达十余年的努力。在她开始本项研究的时候,从商业的角度来利用这套档案的研究者极少,她系统地发掘和研读了这套档案中各个时期与商业相关的案卷,从而为本书研究奠定了坚实的史料基础。

(二)研究方法

吴承明先生有言:"即使做到所用史料尽都正确无误,仍然不能保证就可得出正确的结论。"刘子健先生则对用什么方法研究历史提出了很好的见解:"余英时说'史无定法',研究历史的题材不同,自然没有一成不变的方法,所以更妥帖地说应当是'史采佳法',因题

---

① J. W. 汤普森:《历史著作史》下卷第3分册,商务印书馆,1996,第250页。
② 乔治·皮博迪·古奇:《十九世纪历史学与历史学家》(上),商务印书馆,1997,第215页。

制宜。再更大胆地说是'因问求法',如同科学家做实验一样不断尝试终可能走出一条路来。或许有人怀疑应当先有方法再寻问题。这不对,应先有问题意识,再去尝试并强调'学问'的'问'。"

本书所欲解决的问题,是在西方到来之前,中国内地商业是怎么进行的。任何经济活动,都受某种制度的支配。诺斯说:"经济制度的基本来源包括:正式的规定,如宪法、法律和法规;非正式的行为准则与规范;正式规定与非正式准则的执行情况和特点。这三个方面共同确定了市场乃至整个经济的表现特征。"[1]过去许多制度史研究都重在第一个方面,而对于第二、三方面,则注意较少。本书作者力图写出"活"的制度史,认为制度不只是正式的,而更是流变的,而非僵硬的;是众人的创造,而非少数人的设计强加于大部分人;是为"复调"的,而非单一的。她也非常特别关注制度之外的政治、社会过程,认为离开了这个过程,不可能出现一个如此活跃、迅速发展的市场。秉持这样的理念,她"深潜"入数千份案卷之中,识别焦点问题,打捞重要的事实,将它们编织进由各种类型的规则、人群、行业、事件构成的"关系之网"。再将这些"关系之网"放入时代坐标之中。这样既能看到微观的局部,又能展现市场宏观变动的节奏,还能呈现人与经济、社会、制度的交互作用。

作为一部社会经济史研究专著,本书在方法上,除了使用历史学方法之外,还恰当地运用了从社会学、经济学等社会科学学科借用来的方法,使得本书对相关问题的研究确实做到了"史采佳

---

[1] 道格拉斯·诺斯:《经济制度有效演进之路》,《财经》2002年第7期。

法"。这一点，也是本书得以成功的关键之一。

（三）研究内容

要对制度进行"活"研究，就离不开在这个制度下进行相关活动的个人及其行为。这些个人和行为都是具体的，需要进行微观细腻的研究。本书依托大量的档案资料，因此将研究以细化到某个人的经历、某个行业的盛衰，或某类商品的行情，从而避免了因研究视野过于宏观，而漏掉关键的过程或事件。在此基础之上，本书提出了一些新的观点。例如，应差、征厘并不是纯粹负面的行为，反而是维系官商关系、推进市场运行的关键；清代的重庆不存在工商业者参与的"自治"，也没有纯粹的"社会力量"，决定着这个市场和社会的最强势因素仍然是官府，但地方官府也从不是单纯地"抑商"或"害商"，而是在复杂的现实中做着多元化的选择。

由于使用了大量的第一手史料和正确的研究方法，本书通过对清代重庆的市场、商业和商人的研究，使得我们对清代社会经济史的认识得以进了一步。在相当长的一段时间里，我们对于传统经济和市场的研究，被一种"二元论"的思维方式所主宰。二十世纪九十年代前的许多研究者认为，中国传统经济和市场是停滞、落后，受到不公正对待的。二十世纪九十年代后，随着"传统经济再评价"，越来越多的研究者认为，至少明清时期一些地区的经济和市场是发展的、有活力的。然而本书的研究证明，上述认知都有对的地方，也有不对的地方。至少清代中后期重庆的经济和市场，是既有发展潜力，又面临着结构性的问题，既有相当多的机遇，又有不利的政策和社会环境。而且负面的环境之中，也可能反而蕴藏着某些发展的契机。所以研究者或许应该同等地接纳这两种认知，在对"结构过程"的系统性、动态化研究中，把这些看似矛盾的东西整合起来。这样我们就能够超越争议，让不同的学术发展阶段、不同的观点相互理解、相互助益。

本书作者在此项研究上，投入了十余年的光阴。她在早年清华大学攻读博士学位时就已开始了此项研究。为了获取第一手史料，她不仅长时间地"躲"在四川省档案馆里潜心研读巴县档案，而且到重庆等地进行实地考察，搜集地方资料和获取感性认识。为了提高自己在理论和方法上的眼界和能力，她努力学习社会学、经济学知识，特别是积极参加了中山大学和香港中文大学主办的"中国社会的历史人类学"暑期营，并作为香港中文大学历史系的"国内优秀博士生访问计划"访问学者，在香港工作半年，进一步学习历史人类学的理论和方法。此外，她也积极吸收国际经济史学界的研究成果，翻译出版了科大卫（David Faure）的《近代中国商业的发展》（China and capitalism a history of business enterprise in modern China）、王国斌（Roy Bin Wong）和罗森塔尔（Jean-Laurent Rosenthal）的《大分流之外：中国和欧洲经济变迁的政治》（Before and Beyond Divergence: The Politics of Economic Change in China and Europe）等重要经济史著作，并发表过多篇讨论经济史理论与方法的论文。

本书作者对此项研究的工作，始于她的博士论文《传统商业制度及其近代变迁——以清代中后期的重庆为中心》。该论文于2010年获"清华大学优秀博士论文"一等奖，2011年获第一届"思源优秀博士学位论文"优等奖；2012年获"全国百篇优秀博士学位论文"提名奖。之后，她以博士论文为基础申请了国家社科基金项目

"清代州县档案中的市场、商人与商业制度"。经数年进一步深化研究，该项目顺利完成，通过结项鉴定，等级为"优秀"。本书即是该项目的最终研究成果。由此可见，本书从开始构思到最终完成，历时十余寒暑，倾注了作者的心血。此书的成功，表明一个青年学者成长的艰难过程，也是一位"以学术为志业"（韦伯语）的学者没有虚度一生中最好年华的明证。

罗威廉总结他那部关于清代汉口商业与社会的名著时说道："因为汉口拥有非同寻常的商业地位，其历史发展又有其他的特殊性，比如兴起较晚，它很少被看作是中国社会变迁研究的典型个案。人们更多的是因为其先进地位而关注其作用。正是这一特征引导我首先选择了汉口。我希望对罗兹·墨菲谨慎地使用的'作为变化中心的城市'这一概念做出验证，所以我放弃了受到中央政府强有力控制的北京、武昌之类的城市。同时，我希望将关注点放在那种迄今为止还只是较少地参与到'对西方做出回应'中去的地方，所以回避了那种完全的海岸城市，包括富有魅力的上海、广州或天津等。以下各章的讨论，将证明我选择汉口在这两方面都是有充足根据的，尽管任一方面都没有我所期望做到的那样清晰。"[1]本书研究也出于同样的目的，而且也获得了良好的成果。因此，这是一部成功的社会经济史研究专著。用时下时髦语言来说，本书可以说是一部"后浪推前浪"的著作。

最后，衷心祝贺本书的出版。

2020年8月于北京大学

---

[1] 罗威廉：《汉口：一个中国城市的商业和社会（1796—1889）》，中国人民大学出版社，2016，绪论。

张晓晶、王庆《传统中国的财富积累与分配：1820年代长三角地区社会财富研究》序

由于江南地区（长江三角洲）在过去一千年中是中国经济和文化最发达的地区，江南一直是海内外中国史研究最密集的地区，[①]二十世纪国际学坛中关于中国史研究中的诸多重要见解，都是以江南研究为基础提出的。[②]中国经济史中许多有影响的理论模式都来自江南经济史研究，或者以江南经济史研究作为这些理论主要的经验研究基础。江南的情况往往被当作中国的"典型"或者"代表"，从中得出相关的理论模式。在此意义上来说，江南研究成为认识中国的一个重要窗口。虽然江南经济史研究成果非常丰富，但是今天的"江南经济奇迹"又提出了新的问题，需要学者们以不同的眼光，使用不同的方法进行新的研究。这种新的研究，不仅会推进江南经济史研究，而且对我们正确认识中国经济演变的"中国特色"也具有重要意义。

[①] 详见李伯重《"壶里乾坤大"：江南史研究长盛不衰的原因初探》，收于张海英主编《明清史评论》第二辑，中华书局，2019。

[②] 例如"中国停滞"论及其变种"高水平平衡机制"论与"过密化"论、"唐宋变革"论、"冲击－回应"论、"近代早期中国"论、"资本主义萌芽"论、"市民社会"论、"乡绅与乡村自治"论等等。

一

哲学家波普尔（Karl Popper）对科学的研究方法进行了深入讨论，指出："应该把科学设想为从问题到问题的不断进步——从问题到愈来愈深刻的问题。"[1]他强调"科学只能从问题开始"。科学发现从问题出发，科学的创新源自提出新的问题，而产生原创性理论的问题有着特定的环境，即所谓的"问题情境"。[2]简言之，科学研究就是从问题开始，而从问题开始，就是所谓"问题意识"。一个人的问题意识是受其所处的时代和环境所决定的。因为学者不能逃脱其所生活的时代，因此时代决定了学者们需要研究的问题。[3]没有人能够超越客观条件而提出与所处时代完全无关的问题。因此，不同的时代有不同的问题意识。

在今天，中国和世界都处在一个史无前例的大变化时代，其中最重大的变化之一是中国的崛起。被称为"金砖四国（BRICK）概念之父"的欧尼尔（Jim O'Neill）说："中国是我们这个世代最伟大的传奇故事。"[4]考虑到过去四十年来中国经济成长的规模之大和速度之快，当然可以说是世界历史上最大的经济奇迹，即如柏金斯

---

[1] 波普尔：《猜想与反驳——科学知识的增长》，上海译文出版社，2018，第318页。
[2] *Stanford Encyclopedia of Philosophy,* Stanford University Press, 2017, "Karl Popper"条目。
[3] Daniel R. Fusfeld, *The Age of the Economist.* (the fourth edition), Glenvieu, Illinois, London: Scott, Foresman and Company, 1982, p.5. 他的这个看法，虽然是在讲经济学时讲的，但我认为也适用于史学。
[4] 欧尼尔：《高成长八国：金砖四国与其他经济体的新机会》，台北：天下文化，2012，第123页。

（Dwight H. Perkins）所说："十八世纪中期工业革命在英国发生，随后横扫欧洲其他部分（包括苏联阵营）和北美，用了250年的时间，才使这些地区实现工业化，提高了今天世界23%人口的生活水平。而中国今天的经济发展倘若能够继续下去，将在四五十年内使得世界另外23%的人口生活在工业化世界中。"①而在中国内部，江南又是经济成长最迅速的地区，因此江南的经济表现可以说是"奇迹中的奇迹"。②

这个"奇迹"当然是不会凭空出现的，它为什么会发生、怎样发生和将会走向何处，是今天这个时代向全世界学者提出的新问题。为了寻求新答案，我们需要从历史中汲取智慧。之所以如此，马克思说得很清楚："人们不能自由地选择自己的生产力——这是他们的全部历史的基础，因为任何生产力都是一种既得的力量，以往的活动的产物。所以生产力是人们的实践能力的结果，但是这种能力本身决定于人们所处的条件，决定于先前已经获得的生产力，决定于在他们以前已经存在、不是由他们创立而是由前一代人创立的社会形式。单是由于后来的每一代人所得到的生产力都是前一代人已经取得而被他们当作原料来为新生产服务这一事实，就形成人们的历史中的联系，就形成人类的历史。"③造就今日"江南奇迹"的因素很多，而其中最重要者之一是过去留下的历史遗产。这种遗产在十九世纪中期西方到来之前已形成了坚实的基础，以后长期的战

---

① Dwight Perkins, *China: Asia's Next Economic Giant?* Seattle: University of Washington Press.
② 参阅李伯重《"江南经济奇迹"的历史基础——新视野中的近代早期江南经济》，《清华大学学报（哲学社会科学版）》2011年第2期。
③ 《马克思恩格斯选集》第4卷，人民出版社，2012，第408—409页。

争、内战、动乱乃至激进的"左"政策,虽然严重地破坏了这个基础,但是未能彻底摧毁它。因为有这个基础,所以到了改革开放时期(特别是1992年邓小平南方谈话之后),江南才能一马当先,走在全国各地区之前。[①]特别是如果不深入了解十九世纪中期以前的江南经济,那么就会把江南在近代经济发展中取得的成就,完全归功于西方的作用,从而又在落入建立在西方中心主义基础之上"冲击-回应"论的窠臼中了。

二

在探讨江南经济奇迹为何发生时,我们必须充分注意上面所引马克思的话:"任何生产力都是一种既得的力量,以往的活动的产物。"这种既得的生产力所创造出来的物质产物,就是社会财富(对于一个国家而言,就是国民财富)。在人类历史上,有过多次"经济奇迹"出现,但是从来没有任何"奇迹"是"在一张白纸上"画出来的"最新最美的图画"。两百年前,德国文豪歌德写道:"我认为但丁伟大,但是他的背后是几个世纪的文明;罗斯柴尔德家族富有,但那是经过不止一代人的努力才积累起来的财富。这些事全部隐藏得比我们想象的要深。"[②]因此,不了解前人所创造出来的社会财富,是无法真正认识今天的江南"经济奇迹"的。

从学理上来说,财富问题乃是经济学研究的根本问题,现代

[①] 参阅前引李伯重文。
[②] 转引自弗格森《罗斯柴尔德家族》第1部《金钱的先知》,中信出版社,2009,第43页。

经济学的开创者亚当·斯密,其代表作《国富论》,中心就是研究国民财富的性质和原因的。因此可以说,现代经济学就是从财富研究开始的。当然,由于时代的限制,他所讨论的"国民财富"仅只是供给国民每年消费的一切生活必需品和便利品,大致相当于今天我们所说的"国民收入"。至于财富存量和财富分配的问题,他还未涉及。亚当·斯密之后,经济学家继续对财富问题进行讨论,但主要集中于资本问题,特别是资本在近代经济发展中所起的作用问题,即如芝加哥大学出版社在为麦克洛斯基(Deirdre Nansen McCloskey)的《中产阶级的平等》(*Bourgeois Equality: How Ideas, Not Capital or Institutions, Enriched the World*)一书写的推荐语中所说:"大多数经济学家——从亚当·斯密到卡尔·马克思再到皮凯蒂——都说1800年以来的大富裕(the Great Enrichment)来自资本。"对于什么是资本的问题,经济学界有不同的解释,而皮凯蒂及其团队有意模糊了资本和财富在概念上的差异。皮凯蒂在《21世纪资本论》中所说的资本或财富,指的是一个社会中能够在市场上交换所有权的所有的非人力资本的资产。通俗地讲,包括了土地、房产、厂房、设备、股票、债券、银行存款、专利等等。他把资本分为农地、住宅(包含住宅所附着土地的价值)以及其他三部分,这更清楚地表明资本和财富即为同一物。

这里,我们首先要把"财富"和"收入"两个概念作一说明。皮凯蒂说收入是存量,它与某段时间内(一般为一年)的生产和分配的产品数量相关;而资本是存量,它与某个时间点上所拥有的财富总额相关,是此前所有年份获得或积累的财富总量。换言之,收入是一个经济体在一段时间(通常是一年或者数年)中生产出来的总产值,通常用国内生产总值(即GDP)表示。财富(或者资本)则是在这个时间以及之前经济活动的物化成果的总量,通常用资产负债表来表示。GDP是反映一个经济体在某一时点上经济活动的增减变化,而资产负债表是以该经济体整体财富存量为考察对象,反映某一时点上经济体的资产负债总规模及结构状况。一个社会的经济状况好坏和发生危机的概率,并非体现在经济增长的速度上,而是反映在其资产负债表中。因此资产负债表的研究,对于经济研究具有重要意义。[1]用通俗的话来说,GDP和资产负债表都类似一个家庭的账本,其中GDP是这个家庭记录其一年净收入的账本,而资产负债表则是这个家庭所拥有的全部财产的总账本。

财富的分配一直是经济学研究的主要内容之一。经济学家皮凯蒂(Thomas Piketty)在《21世纪资本论》的导论中说道:"财富分配已成为时下最广泛讨论和颇具争议的话题之一,但我们是否真正了解其漫长的演进过程呢?……我们对财富和收入从十八世纪演变至今又真正了解多少?当下,我们从中又可以汲取怎样的经验?"为什么要从十八世纪出发来了解今天呢?他指出:"在当今世界,资本的重要性与十八世纪相比并未有重大变化,只不过资本形式发生了变化:资本的主要表现形式从以前的土地变成了如今的工业资产、金融资产和房地产。财富集中度依然很高,只是不再像100年之前那样极端。人口中最贫穷的一半依然一无所有,只不过现在有了所谓'世袭中产阶层',其财富占了社会财富总额的1/4—1/3。如今最富有的10%人群占有了全部财富的2/3,而不是此前的90%。"因

---

[1] 张晓晶、刘磊、邵兴宇:《国家大账本:21世纪中国经济的"存量赶超"》,《中国经济报告》2021年第2期。

此，在此意义上可以说，不了解过去的情况，就无法真正认识今天的情况。①

因此，对历史上的财富存量和财富分配的研究，对我们正确认识今天的"江南经济奇迹"极为重要。由于江南在历史上和今天的中国经济发展中的特殊地位，倘若不能很好地认识江南，那么也就很难真正认识中国。然而令人遗憾的是，这样的研究至今尚未见到，这不能不说是江南经济史研究的一大缺憾。

本书正是中外学界第一部进行这样尝试的成果，因此其意义之重要，自不待多言。

三

关于财富的存量和分配问题，早在十八世纪中叶就已有学者注意到了。法国重农学派最重要的代表人物之一杜尔哥（Anne Robert Jacques Turgot, 1727—1781）于1766年出版了其代表作《关于财富的形成和分配的考察》，就已经开始了对财富问题的研究。更有意思的是，这本书是他为两位中国学生而写的。这两位中国学生这时在法国完成了学业，正要回国去。当时的法国学者大多认为中国是开明政治的策源地，都希望这两位中国青年能够让他们的欧洲东道主不断地了解中国的内部情况。杜尔哥向他们提出一系列的问题请求解答，为此他写出这本书，以便他们能够更好地领悟这些问题的旨趣之所在。令人遗憾的是，尽管杜尔哥这本书是为中国写的，但是

---

① 皮凯蒂：《21世纪资本论》，中信出版社，2014。本文后面所引皮凯蒂的文字，均出于此书的导论。

对中国历史上的财富存量和财富分配问题却一直未有人进行研究。之所以如此，一个主要原因是做这样的研究需要一种合适的方法。

杜尔哥在《关于财富的形成和分配的考察》中使用的研究方法当然还很粗糙，难以适用于今天的研究。到了二十世纪，经济学家阿罗（Kenneth J. Arrow）等人重新定义财富的概念，将自然资本、人力资本、再生资本以及石油资本收益变动与碳排放损失作为财富构成，从而对财富做出来新的解释。联合国环境规划署（UNEP）基本上沿着阿罗当初的思路，提出并倡导"包容性财富"（inclusive wealth）的估算。晚近皮凯蒂团队进一步发展了对财富的研究，他们主要基于国家资产负债表方法进行财富估算，将研究推进到一个新的高度。国家资产负债表是国民经济核算体系的一个重要组成部分，统计体系本身已经十分成熟，而且在四式记账法下，资产与负债之间相互参照，可信度更高。而包容性财富估算以及其他的方法，则是对国家资产负债表方法的一个补充。

关于财富分配问题，学界已有长期的研究。但是如皮凯蒂指出的那样："我们无法回避的事实是，财富分配的社会科学研究经过长时间发展，多是基于各种各样的纯理论推测，而确定的事实依据支撑则相对有限……社会科学研究总是会充满试验性和不完美因素。没有人会要求将经济学、社会学和历史学转化为精密科学。但如果我们能够耐心地搜集案例和样本，冷静地分析相关经济、社会以及政治机制，就可以宣传民主辩论，聚焦正确的问题。并且这样有助于重新定义辩论框架，廓清先入为主或欺骗性的观点，对所有观点都保持严格审视的态度。在我看来，这是所有学者（包括社会学家）都应该扮演的角色。"对于历史上的财富分配研究来说，这一问题尤为显著。这是因为对于历史上的财富，我们今天只能通过历史遗留下来的信息（包括皮凯蒂说的案例和样本）来重构，而这些信息既不完全，又很分散，需要研究者下大功夫去搜集和鉴别真伪；同时，关于历史上经济、社会以及政治机制，学界也有不同的看法，需要研究者冷静地分析，"进行民主辩论"，"聚焦正确的问题"。根据国家资产负债表的编制方法，社会净财富按一定比例分配到居民和政府手中。这对于我们正确认识一个社会具有非常重要的意义，同时，以这样的视角对财富分配所作的研究，也能够进行更为客观的国际比较。

四

有人觉得财富问题似乎是经济学研究的独门领域，只有经济学家才有能力进行财富问题的研究。但是皮凯蒂指出，"如果想要进一步了解财富分配的历史动态和社会阶级的结构，我们必须采用一种务实的态度，利用历史学家、社会学家、政治学家和经济学家的研究方法"。研究财富分配，需要了解财富分配的历史动态；研究财富存量，也需要财富存量的历史动态。而要了解财富存量和财富分配的历史动态以及与此相关的社会阶级的结构，仅只经济学的方法是不够的，也必须采用历史学、社会学、政治学的研究方法。

本书作者之一张晓晶教授是资深的经济学家，主要从事开放经济宏观经济学、宏观金融理论与发展经济学研究，曾荣获"孙冶方经济科学奖""孙冶方金融创新奖"等诸多奖项。他长期从事宏观经济金融形势跟踪分析，特别是中国国家资产负债表研究，是引领这个领域研究的著名学者（leading scholar）。他和另外一位经济学家李扬教授主持的中国社会科学院国家资产负债表研究团队，经十年之功，编制出2000—2019年时间跨度共计20年的中国国家资产负债表。该数据目前已经成为分析研判中国国家能力、财富构成与债务风险的权威依据，被国际货币基金组织、世界不平等数据库（WID）以及 *American Economic Review*, *Journal of Economic Perspectives* 等顶级学术期刊论文所引用，并进入了国际知名的CEIC数据库，由此奠定了在该领域的国际话语权。本书的另一作者王庆博士，毕业于中国人民大学经济史专业，学术训练扎实，是近年来国内经济史领域值得关注的新人。

财富存量研究，过去学界研究颇为有限。晚近在皮凯蒂等人的推动下，存量研究开始复苏。由于一个经济体的财富存量是长期造就出来的，为了更好地"盘点"这份"家产"，不少学者投入了世界各国的历史资产或历史财富的研究，他们的研究成果对皮凯蒂团队的数据进行了修正和发展。但是在中国，尚未见到这方面的研究，这当然是令人深感遗憾的。

张晓晶教授在中国国家资产负债表的研究中做出了重大贡献。但和一些只做当代经济研究的学者不同，他力求从历史的长时段来寻找今天中国经济的基因，因此在中国国家资产负债表编制工作开展后不久，他就萌生了编制历史资产负债表（Historical Balance Sheet）的想法。他认为"资产负债表数据能否发挥其最大优势取决于时间序列的长短，只有使用更长时间跨度的数据，才有助于发现影响中国历史演进的结构性力量，充分认识为什么中华民族伟大复兴进入了不可逆转的历史进程"。因此，他把财富存量和财富分配的研究，上推到了鸦片战争之前。这样做是非常有意义的。如前所述，如果不弄清鸦片战争之前中国经济的状况，那么鸦片战争之后中国经济所发生的变化，就只能归因于外力的"冲击"了。这种观点尽管已被许多学者所扬弃，但是仍然还有不少学者依然接受。因此张晓晶教授和他的合作者王庆博士合著的这本书，对关心中国经济问题的各学科的学者，都是一个应当重视的成果。

本书的重要意义还不止于此。欧美主要发达国家不仅普遍编制了二十世纪初期至今相对连续的年度国家资产负债表，而且部分研究已经将英国、法国、德国、美国、荷兰和瑞典等历史数据相对丰富国家的国民财富和资产负债情况推至十八世纪甚至更早，并利用这些数据取得了丰硕的学术成果。但是在中国研究中尚未有这方面的研究成果，可以说是一个空白，这当然是我国学术的一大弱点。为了正确地认识中国在世界经济中的真实地位，近二十年来国际学界展开了关于"大分流"的大辩论，成为世界各国不同学科学者交流的舞台、不同意见交锋的阵地。然而，在这个历时二十年的国际学术大辩论中，虽然财富问题也被屡屡提出，但是借助于国家资产负债表研究来对中国历史上财富存量和财富分配的新研究，却尚未见及。因此，本书不仅填补了我国学术的一个空白，而且对于国际学界也提供了一个新的讨论领域，从而有助于国际学术的发展。

由于学界对中国历史上的国家资产负债表的研究阙如，因此本书写作面临很大困难。本书两位作者采用了一种研究策略：第一，尽可能地利用学界已有成果，哪怕这些成果极为有限；第二，根据学界已有成果和资料可获得性，选取十九世纪初江南的一个地区的经济，作为本书研究的对象。这个策略，我认为是非常正确的。众所周知，中国是一个历史悠久、幅员广大的国家，各时各地的经济表现有很大差异，有的差别甚至可以称为"天渊之别"。就时间而言，中国历史上的一个朝代往往长达两三百年。在这个时期中，经济总在起伏波动，出现"发展—繁荣—衰退—萧条"的周期变化。就地区而言，彭慕兰（Kenneth Pomeranz）在其《大分流：欧洲、中国及现代世界经济的发展》一书中就已明确指出：在十九世纪以前的世界上，从经济表现和发展水平来看，荷兰和江南（即长江三角洲）都是欧亚大陆上最先进的地区，而乌克兰和甘肃则是落后地区。荷兰和江南之间的相似性，比起荷兰和乌克兰，或者江南和甘肃之间的相似性更多。[1]因此我们不能把江南、甘肃以及中国任何一个地区的经济表现，当作整个中国的经济表现。由此，正确的研究策略应当是：首先选择那些历史留下的经济信息最丰富的地区和时间点，进行深入研究，然后把这样的研究扩及其他地区和时期，等到这样的案例研究积累到相当程度时，才有可能进行全国性长时段的经济表现的研究，而不是相反，仅只依凭一些数量有限且其可靠性上待核实的史料（例如一个或者几个朝代的人口、土地、赋税等官方数字）来进行全国性长时段的研究。根据这种研究策略，从研究的地域空间来看，江南自宋代以来，一直是中国经济最发达的地区，也一直是中国文化最发达的地区，保留了最为丰富的经济史文献。从研究的时间节点来看，十九世纪初期是西方"冲击"到来之前中国传统经济的最后时期，同时这个时期的史料也较之前任何时期都更为丰富，可以从中获得更多和更可靠的历史信息。因此从

---

[1] 彭慕兰：《大分流：欧洲、中国及现代世界经济的发展》，江苏人民出版社，2004，第5—6页。

某种意义上来说,这个时期的中国经济,是我们今天能够看到"原生态"的中国传统经济的最佳时期。因此,倘若要挑选一个地区和时期来研究"原生态"的中国传统经济,十九世纪初期的江南无疑就是首选。本书选择了这样的时空范围,我认为是非常有意义的。此外,由于上述原因,江南在中国经济史研究中也拥有特别的地位;在过去一个世纪的中国经济史研究中,对明清江南经济史的研究最为丰富和深入,这也为新的研究提供了学术基础。

基于以上特点,本书两位作者在这项研究中做出了开创性的贡献。此贡献可以大致归纳为如下几点:

第一,估算出了传统中国的第一张社会财富表、第一个财富收入比,填补了中国历史财富研究的空白,为后续更大地域范围、更长时间跨度的研究提供了参考范例。同时,由于中国相比于西方世界发展路径更为独特(相比同时期的西北欧国家国土面积更大、人口更多),因此中国长时段数据的加入,不仅丰富了当前国际历史财富变迁研究的成果,而且有可能对现有理论提出补充或挑战。

第二,从财富的角度重新审视了江南社会的早期近代性,捕捉到了江南近代经济繁荣的历史基因。在今天,江南是中国最为重要的增长极,其对全国经济总量的贡献占到四分之一。找到其历史基因,从而加深了我们对历史延续性影响经济发展的理解。

第三,对江南这个传统经济最发达地区的社会财富的研究,使得我们可以"以小见大",深入地观察传统中国在走向近代化进程中面临的各种障碍。这些障碍不仅存在于经济内部,而且也涉及经济之外,恰如斯蒂芬·金小说中的"穹顶"。尽管当时的江南已经做到了穹顶之下的最优,但只有冲破它,才可能真正获得从早期近代经济向现代经济转型的内在动力。这种"穹顶论"虽然尚显粗糙，但为理解"大分流"这个国际学界争论的热点问题提供了新的视角，也提升了中国在国际学坛发出的声音。

第四，本书作者在进行本项研究时，广泛参考了国际学界相关研究的成果，仅只书中列出的参考文献就达到465种之多（其中英文文献144种），可谓搜罗殆尽。他们采纳了皮凯蒂等提出的基本概念和研究路径，作为本书研究的出发点。但是在此同时，本书作者也指出了皮凯蒂研究的不足和缺陷，从而在自己的研究中取其优点和避免其缺点。此外，除了从"纯"经济学的角度外，本书还从自然资源和自然条件、科学技术、文化和价值观、制度路径依赖等方面对财富存量问题进行讨论。这些讨论，不仅有助于我们更清楚地认识中国传统经济的财富存量，而且也解释了中国传统经济的财富存量变化所处的大环境，以及在这个大环境中中国传统经济的财富是如何增长的以及它能够发展到什么样的程度。通过和西方发达国家的比较，使得我们对中国传统经济的发展水平以及发展前途有更好地认识。

五

本书两位作者非常重视学界已有的研究成果，在他们采用的诸多成果中，把拙著《中国的早期近代经济——1820年代华亭-娄县地区GDP研究》[1]作为本书研究的一个基础。我在拙著中，使用历史

---

[1] 李伯重：《中国的早期近代经济——1820年代华亭-娄县地区GDP研究》，中华书局，2010；增订版 An Early Modern Economy in China: The Yangzi Delta in the 1820s, Cambridge University Press, 2022。

国民账户系统（The System of Historical National Accounts）的方法，对1823—1829年松江府华亭-娄县（大致相当于今天上海市的松江区）地区的GDP做了专门的研究。但是我的研究并未涉及国家资产负债表与财富存量和财富分配的问题。本书作者对国家资产负债表与财富存量和财富分配进行的研究，把江南经济史研究又推进了一步。作为一生从事江南经济史研究的学人，看到在自己钟爱的事业方面，有人做了我所做不到的贡献，我深感欣慰。学术要发展，就需要学者们利用前人已有的成果，采纳其合理部分，指出其不妥之处，补上其缺憾。他们正是这样做的，他们所作的工作包括：

第一，补充了新的资料。对拙著的估计相对不足之处，比如华亭/娄县地区的金融市场、货币存量、公共部门中的军事设施、水利设施和祠庙等资产，他们都使用了一些新的资料和数据，包括较多的民国时期社会调查以及大量其他的物价和工资数据。

第二，增加了新的估算。在从流量数据向存量数据转换过程中，一方面出现了超过原有历史GDP的估算需求，另一方面也需要一定数量的新参数，以及对原有参数进行校准。因此，本书在数据估算方面也有一定的拓展。

第三，扩大了国际比较的范围。拙著比较研究的对象主要是荷兰，而本书的比较对象则覆盖了大部分能够满足资料需求的国家，包括英、法、德、美、瑞典和日本等国。与此同时，在纵向上，考察了对象国较长时期内的财富变化情况。这一做法能够帮助我们更为清晰地认识十九世纪二十年代华亭-娄县地区在世界经济发展中的相对位置。

第四，有了新的发现。如前所述，GDP和资产负债表是一个家庭的两套账本，二者各有特点，也各有所长。本书研究的历史财富，属于存量范畴，因而相比拙作的流量研究，得到了一些新的发现，比如华娄社会财富的规模与分布结构、财富收入比、金融市场的发育情况等等。这些发现都是对现有研究较好的补充。

我从事江南经济史研究已逾四十年，可以说不仅见证了，而且亲历了江南经济史研究在改革开放以来走过的历程。如今看到有年富力强的学者加入江南经济史研究的队伍，带来新的方法、新的理念，做出了新的成果，不仅感到非常高兴，也感到非常振奋。

在今天，社会科学各学科的自我封闭倾向都很严重，但经济学在自我封闭方面可谓是"王中王"。①本书的两位作者都是经济学出身，受过良好的经济学训练，其中张晓晶教授是成名的经济学家，王庆博士则是前途无量的青年经济学者。但是他们并不囿于上述那种自我封闭的偏见，把自己的研究延伸到历史学的领域，这也表现了他们广阔的胸怀和眼界。皮凯蒂说："经济学并不应该试图与其他社会科学割裂开来，只有与它们结合起来才能获得进步。社会学科的共同特点是知之甚少却把时间浪费在愚蠢的学科争吵之中。如果想要进一步了解财富分配的历史动态和社会阶级的结构，我们必须采用一种务实的态度，利用历史学家、社会学家、政治学家和经济学家的研究方法。我们必须从基本的问题开始，并试图去回答这些

---

① 这种情况在美国最为突出，1997年的数据显示，美国经济学论文的引用文献中高达81%来自本学科，而政治学、社会学、人类学的这个数字则分别是59%、52%和53%。2006年的一项问卷调查中，美国高达57.3%的经济学教授反对"跨学科知识优于单一学科的知识"。作为对比，在政治学和社会学教授中，反对比例分别只有28.0%和25.3%。见张跃然《经济学家：社科世界中的殖民者？》。中国的情况与美国有所不同，但也仅只是程度不同而已。

问题。学科争论和地盘之争是没有意义的。在我眼里，本书（按：即《21世纪资本论》）是一部经济学作品，同时也是一部历史学作品。"由此而言，这本新著就是为学界提供的一个突破学科藩篱、实现学科交融研究的范例。

最后，热烈祝贺本书的出版！

2022年4月于燕园

周生春《经"史"致用：周生春学术论文集》序

翻开亡友周生春兄的这部学术论文集书稿，不禁心潮起伏，感慨万端。看到相识逾四十年的老友的大作，仿佛他仍然还在西子湖头，和朋友们一起品茗论学，为青年学子们精心授课。但事实是严酷的：他已经永远离开我们一年多了。

生春兄1947年8月出生于苏州，1966年高中毕业于江苏师院附中。在那不堪回首的十年中，他和我们这一辈人中的大多数一样，被作为"知识青年"送到农村插队，接受"再教育"，在辛苦劳作之余，他坚持自学中国历史。"文化大革命"结束后，他于1978年以同等学力的资格和优异的成绩，考上了1949年以后中国的首届研究生，在杭州大学历史系师从著名学者陈乐素、徐规先生攻读宋史。在获得硕士学位后，他曾短暂地回到苏州大学历史系任教。但因追求学问心切，他很快又考上了北京大学历史系的博士研究生，师从著名学者邓广铭先生继续攻读宋史。在获得博士学位后，他至浙江大学工作，直至辞世。在浙江大学，他历任讲师、副教授、教授、博士生导师，以及浙江大学行政管理与公共政策研究所所长、浙江大学区域社会经济史研究中心主任。他也是浙江大学儒商与东亚文明研究中心、浙江大学晨兴文化中国人才计划的主要创办者。此外，他还先后任杭州古都文化研究会副会长和名誉会长。

生春兄刻苦用功，研究领域广泛，著述颇丰。据不完全统计，他先后出版专著一部，发表学术论文数十篇，编、撰《吴越春秋辑校汇考》、《〈老子〉注评》、"经典会读"丛书等著作十余部。这些都从一个方面显示了他的学术成就。

生春兄与国际学界有着密切的联系。他曾于1999年、2003年两赴美国哈佛大学做访问学者，2007—2008年再赴美国普林斯顿大学做访问学者，并曾担任"日本学术振兴会"特聘专家。此外，更多次到欧美、日本和我国台湾地区进行短期学术访问。这种经历使得他在研究中不仅具有国际视野，而且也使他获得广泛的国际学者人脉，为他邀请海外著名学者来杭州为"浙江大学晨兴文化中国人才计划"的学生授课提供了丰富的资源。

我和生春兄相识于1979年。那时中国高等教育在"文化大革命"浩劫后刚刚复兴，研究生培养制度也于1978年才重建，当时全国研究生数量屈指可数。我和生春兄都是1978年入学的首届研究生，不过我在厦门大学，而他在杭州大学。1979年，生春兄和他的两位杭大研究生同学一起来厦大访学，我们得以相识。因为我们都有类似的人生经历，而且当时都在做江南农业经济史研究，因此一见如故，开始了终生的友谊。我们于2001年共同发起和主办了"中国东南区域史第二次国际学术研讨会"，参会学者有吴承明、伊懋可（Mark Elvin）、包弼德（Peter K. Bol）、岸本美绪、万志英（Richard von Glahn）、周绍明（Joseph McDermott）等多位国际著名学者，会后我们又共同把会议论文选编成为《江南的城市工业与地方文化（960—1850）》一书，由清华大学出版社2004年出版。

　　1952年全国的院系调整，浙江大学的文科被整个的划分到杭州大学，从那以后，浙大便成为一所偏重理工科（特别是工科）的大学。生春兄到浙大任教后，深感文科缺失对浙大学生培养带来了严重的消极影响，决心尽力去改变这种情况。2008年，他与杜维明先生共同创建了"浙江大学晨兴文化中国人才计划"（Zhejiang University Morningside Cultural China Scholars），并担任责任教授。这个计划每年在浙大全校范围内选拔30名优秀在校生，在保持其各自主修专业的基础上独立成班，邀请国内外著名学者、社会各界杰出人士传道授业，担任导师。共设10门课程，其中必修课程8门，讲座2个系列，1—2年修完所有课程，完成学业。他遍请海内外著名人文社科学者为参加该计划的浙大本科生授课，并带领学生到欧美名校访学考察。这个计划自2008年9月正式启动以来，已经培养了数百名眼界开阔、具有人文情怀的青年才俊（其中大部分是理工生），一半以上在本科毕业后都到海内外名校继续深造。这个计划的成功，成了浙江大学的一张闪亮的名片。他在患病期间仍然坚持指导学生，指导浙江大学晨兴文化中国人才计划的发展，可谓鞠躬尽瘁，死而后已。这个计划培养出来的学生，都对他们敬爱的周老师怀有深深的感情，不仅把他当作良师益友，更视为人生的引路人。

　　在创建这个计划之时，生春兄就与我进行商量。他说：一个人精力有限，能够在学术上做出成就固然重要，但是培养人才的意义更为重大，因为一个人能够做出的学术贡献是有限的，而培养出来的人才所能做出的贡献将会大得多。我感到他是从我们这一代的曲折经历，深刻体会了培养年轻人的重要性。因此我非常赞同他的想法，积极协助他开展这个工作。在开始几年，这个计划进行得很艰难，没有资金支持，他只好向过去的学生和朋友"化缘"，支付浙大的教室使用费和来授课的学者旅费、住宿费等。在他不懈的努力下，浙大开始认可他的工作，也感动了陈启宗先生等对关心教育的各界人士。在各方面的支持下，计划得以走上顺利发展的坦途。

由于把大量精力投入教育工作，生春兄可以用于个人科研的时间不可避免地会受到挤压。不过，他仍然尽力使用一切可以利用的时间进行专业研究，并不断扩大研究范围，开辟新的领域。他门下的高足孔祥来博士，在他身后搜集其论文，选编成这部文集。这些论文内容丰富，涵盖了史事考证、经济史、思想史、出版史、政治史等多个方面。这些文章都是精心写就，新意迭出。还要指出的一点是，生春兄治学严谨，文章写好后，如果自觉不够满意，就不急于发表，而是不断修改，一定要做到满意为止。因此，他的专著《宋元江南农业经济史论稿：以浙西、江东水利田的开发为中心》，以其博士论文为基础，经过反复修改、增补、打磨而写成，于2022年由台湾花木兰文化事业出版公司刊出。从博士论文写就到出版，历时三十多年，这在当今的中国，可谓绝无仅有。由此亦可见他治学态度严谨之一端。

生春兄一生献给了学术，献给了教育，献给了浙大，在这三个方面都功不可没。如今虽已离开了这个他深爱的世界，但是他留下的一切，都会被大家长久地铭记，他的未竟之事业，也会被后辈们继续推进。这样，他的在天之灵也会感到无比的欣慰。

是为序。

2023年11月20日于燕园

伊懋可《中国的历史之路：基于社会和经济的阐释》序

经历了三十多年的曲折过程，本书的中译本终于完成了，现在我们可以将这部在国际中国经济史研究中享有盛名的著作，呈现给中文世界的读者了。

1978年，我国的改革开放刚开始之时，我考入厦门大学历史系攻读研究生。到了"文化大革命"十年，一种自我封闭登峰造极，所有西方出版的史学著作都被贴上"资本主义反动学术"的标签而被严禁，就连苏联出版的马克思主义史学著作也成为"修正主义学术"而难逃被禁的命运。1978年我来到厦大时，图书馆里开放给学生的国外经济类学术著作，除了马克思的《资本论》等少数几部马克思主义经济学经典著作的中译本外，基本上看不到其他的。1979年，吴承明先生到厦大开会，我有幸拜识了这位经济史学泰斗。他虽然很忙，还是抽出了时间，和我单独谈了话。我向他请教应当读些什么书。他说："做经济史，一定要读经济学，不仅要读马克思的经济学，而且要读西方现代经济学；不仅要熟读中国经济史史料，而且也要读西方学者写的经济史著作。"我请他推荐几本可以精读的国外著作,他思考了一下,建议经济学著作可读读萨缪尔森的《经济学》(当时已有中译本,尽管是"内部发行",但是在厦大图书馆可以找到)作为入门,而经济史著作,则可以读读柏金斯(Dwight Perkins)的《中国农业的发展,1368—1968年》(Agricultural Development in China, 1368-1968)和本书。不过他又告诉我,后两书都只有英文原版,估计在厦大找不到,因为据他所知,柏金斯的书中国社科院经济所图书馆可能有一本,但不对外开放,而伊懋可书则只是在北京图书馆(今国家图书馆)外文部有一册。尔后我找到了萨缪尔森的书认真学习,成为我第一部系统学习的现代经济学著作。至于另外两本书,则只好"望洋兴叹"了。1980年,美国学者易社强(John Israel)教授为了进行西南联大校史研究,到昆明搜集研究资料和访问一些劫后余生的联大师生,先父李埏先生是其中之一。他们相谈甚欢,先父在谈话中提到了这两本书。易教授很热心,说柏金斯教授是他的朋友,他回到美国后会告诉柏先生,请他寄一本《中国农业的发展,1368—1968年》给先父。易教授言而有信,回到美国后果然对柏先生说了。于是柏先生立即寄了一本书给先父,先父阅后即转赐予我,成为我读到的第一部海外学者作的中国经济史著作。伊懋可的书则无从寻觅。到了1980年夏,我和师兄杨际平去北京为做学位论文收集资料。一直到此时,才有机会到北图位于北海的外文部看到此书。由于书不能外借,我于是每天一早到那里,将此书借出,在阅览室阅读,直到图书馆关门。当时图书馆没有复印、摄影等服务,我只好一边阅读,一边匆匆进行翻译,把译文作为笔记保留下来。我在北图阅览室里"泡"了好些个整天,把此书的第三编(晚期帝国阶段,即明清两朝）草草译出。至于第一编（早期帝国阶段，即秦汉及随后的魏晋南北朝）和第二编（中期帝国阶段，即隋唐宋元），则因为时间有限，只能将书中主要内容做一个提纲式的提要。

之后十年，我因忙于工作和生计，奔波于国内外，没有精力继续进行本书的第一、二编的翻译工作。1989年，我应法国国家社会科学高等研究院之邀去该院讲学一个月。在此期间，我通过邮件与伊先生联系上了，从此也开始了多年的友谊。他告诉我日本著名翻译家小西先生曾将该书的第一、二编译为日文出版，后因精力不济未能完成第三编的翻译。我得知后大喜，请他将日译本寄给我，等我回国后不久，就收到了他寄来了的日译本。因为本书中的中国古代人名、地名、书名、机构名、官职名及其他各种专门术语，作者都用韦氏拼音拼写，又没有附上一个译名对照表，因此要将这些还原为中文是一件非常困难的工作。同样地，书中有众多从中国古籍中引用的文字，作者都将其译为英文而未附有中文原文，这些引文的出处则用韦氏拼音拼写书名，而且其中有许多是从日本学者的著作中转引的，虽然他已一一注明引自何处，但这些日文文献中的大多数，在当时中国的图书馆中没有订阅。因此之故，要把书中的引文一一复原，难度也非常之大。如今有了日译本，这些问题中的许多得以解决（日译本中的中国古籍引文都是原文）。因此这个日译本对于此书翻译帮助甚大。不过遗憾的是，小西先生的日译本未包括本书第三编，因此上面说到的问题只是得到部分解决。而且，尽管日译本中的中文古文引文是原文，我们还是需要对照中文原书一一进行核对，而许多中文古文文献并非一般图书馆所有。这一来，又大大增加了工作难度。

到了二十一世纪初期，本书的翻译又再提上日程，主要原因是我在加州理工学院教书时，认识了在那里任教的王湘云博士。湘云博士是一位出色的中国史学者，毕业于哈佛大学，是著名清史专家孔飞力先生的高足。我和她谈了此书的翻译问题，承她不弃，同意将此书的第一、二编译为中文，并很快完成了。读过本书英文版的人都知道，本书不很容易读，一个原因是作者出身于英国学术世家，其书文笔体现了传统英国学者的文风，典雅而含蓄，词汇丰富，有许多不很常见的字，而且一个句子往往有几行之长。对于我们这些习惯于阅读简短明快的美式学术英语的中国学者来说，要很好地翻译这种文字很不容易。湘云做了很大努力，译文质量很好，但是她也说明：因为她一向专治清史（特别是清代蒙、藏、满民族史），对于以前的历史不很熟，同时加州理工学院图书馆所藏中国古籍有限，许多引文无法核查，因此也有一些问题还留待解决。因为我自己也抽不出时间来去核查原文，因此又搁置下来了。后来经台湾"中研院"邱仲麟先生介绍，台湾政治大学的陈怡行博士欣然承担并完成了全书引文核查的繁重任务。还有少数引文无法查到，我只好求助于伊先生。但是他在进行了多年中国社会经济史研究并名满天下之后，已转向了中国生态环境史研究。多年前写作本书的参考资料，有许多他已封存多时，还有一些是在英国和日本图书馆中查到的，现在他在澳洲任教，远离英国和日本，而澳洲各大学中国古籍藏书有限，难以一一找出。而且，他作为澳洲国立大学太平洋研究院院长，行政事务繁多，其中国环境史研究又正在进行得如火如荼，实在也抽不出时间做此事。此外，由于此书出版已久，原出版社处理此书版权的人员更换多次，因此江苏人民出版社有意出版此书的中译本，与原出版社商谈版权转让，也一直未有结果。因此之故，翻译出版之事又再停了下来。直到今年初，首都师范大学张天虹教授慨然允诺承担全部译稿的核校工作，此事方才有进展。天虹教授专治中古中国社会经济史，有他加盟，本书的中译者可以说是专家汇集了。伊先生也为中译本写了序，由天虹译为中文。同时，浙江大学出版社启真馆叶敏博士几经周折，终于拿到了版权。至此，这场历时三十五年、经四位历史学者通力合作进行的翻译工作，终于有了结果。此书英文版出版于1973年，到中文版刊出已是快半个世纪过去了。这个漫长而曲折的过程，也可以成为国际中国史研究历史上的一段佳话了。

当年此书英文版刊出后，立即在西方学界引起巨大反响。伊先生对以往西方和日本学界关于中国社会经济史研究成果进行了全面而深入的检讨，从中总结出了"中期帝国时期的经济革命"论、"晚期帝国时期高水平平衡陷阱"论等著名理论。这些理论都成为西方中国史研究的理论基石。其中的"高水平平衡陷阱"论，更被称为"伊懋可定律"。到了二十世纪末，随着中国的崛起，西方学界对中国历史的看法也发生了巨大变化，但是上述理论依然处于主流地位，并且已经深入人心，成为一般人对中国历史的共识性看法。有意思的是，在二十世纪八十年代以前，虽然中国史学界与国际史学界隔绝，但是在对中国社会经济史的这些重要看法上却颇为一致。这些看法通过教科书广为传播，以致到了今天，一般人民依然还用这些观点看待中国历史。因此之故，对这些理论进行深入了解非常必要，而本书正是这些理论的集大成者。由此而言，阅读本书是非常必要的。当然，二十世纪的最后一二十年中，西方学界对中国历史（特别是社会经济史）的看法也出现了诸多新见，特别是以加州学派为代表的一代学人，更对以往流行的主流看法提出了猛烈的批判。我本人是加州学派成员，我对中国社会经济史的许多看法也与伊先生相悖，认为如同以往许多著名学者一样，他的上述理论乃是从西方中心论的立场来看中国，因此难以符合中国历史的真实。但是正如牛顿的名言"我之所以看得更远，是因为我站在了巨人的肩上"所言，每一代学者之所以能够提出新见，乃是因为前一代学者为他们提供了坚实的基础；况且每一种新见也都有不足之处，有时甚至会发生错误。因此我们在提出或者接受一种新见时，都应当认真了解这种新见赖以提出的基础，检讨它所欲质疑和批判的旧说，看看这种质疑和批判是否有道理。由此而言，接受加州学派看法的学者，更应当仔细阅读本书。

我与伊先生相识多年，认为他不仅是当今西方中国史研究方面最优秀的学者之一，而且也是一位以追求学问真谛为毕生使命的真正学者。2003年我在哈佛任教时，把本书当作中国史课程的必读书之一，要学生细读。在课堂上，我鼓励学生就本书的观点提出自己的看法。这些本科生不愧为哈佛学生，"初生牛犊不怕虎"，提出了许多质疑和批评，其中有些相当尖锐。我把这些意见发给伊先生，他回信说：看到这些年轻学子能够认真读他三十年前出版的书并提出许多意见，他感到非常高兴。他虽然不一定赞同这些意见，但是认为很有意义，希望同学们把这本书当作一块磨石，在上面磨利自己的爪子，以便日后能够提出更好的见解。这种真正的大家风度，令我对他更增加了敬佩。今天中译本刊出之后，读者如果能够认真阅读，提出自己的看法，我相信伊先生将会感到非常欣慰。毕竟，正如本书的副标题"一个从社会经济的角度对中国历史变化模式进行的阐释"所示,本书主旨是对中国历史变化进行解释。作为中国人,当然对有关自己祖国历史的各种解释最为关心,因此也会有最大的读者群。一个学者的著作倘若只有几个同行关注,那么其著作对社会的意义不能说是很大。如果有众多的读者,而且其中一些人能够提出不同的意见,对于作者来说,那将是莫大之喜。如果更有一些人能够通过阅读该著作,提出自己的新见并就此进行深入的论证,那么学界对中国历史的解释也就向前进了一步。伊先生(以及一切像他那样的以学问为生命的真正学者)毕生努力就是为了发现对中国历史的最好的解释,如果集众人之力达到了这一目标(尽管以后必定还有更好的解释出来),那么还有什么比这更欣慰、更幸福的事呢?

最后,谨向为本书的翻译和出版付出了巨大努力的王湘云、张天虹、陈怡行和叶敏诸位朋友表示诚挚的谢意,同时也为本书中译本的成功推出表示热烈的祝贺。

2015年10月于昆明

书评

评斯波义信《宋代江南经济史研究》

斯波义信先生是我们熟知的著名的日本汉学家，也是当代国际中国经济史坛上最有影响的名家之一。1968年，当时年仅三十八岁的斯波义信先生推出了其首部专著《宋代商业史研究》，不仅震动了日本汉学界，而且也震动了国际汉学界。因此本书非但在日本得以再版（1978），而且在初版问世两年后，就经著名英国汉学家伊懋可（Mark Elvin）手译为英文并由美国密歇根大学刊行。这部著作是当时国际汉学研究最重要的成果之一，直至今日也仍为宋代经济史的一部经典之作。但是对于其作者来说，该书的面世还只是一个光辉的开端。在尔后的一二十年中，作者又先后出版了三部中国史研究著作和一部韦伯研究著作（均系合著），以及一部《函馆华侨关系资料集》，此外还有为数众多的中国经济史研究论文。这些论著从不同的角度、不同的方向，显示了作者广博的学识、深厚的功力、严谨的学风和对新领域、新内容、新理论、新方法的辛勤探索与不倦追求。

1988年，恰好是《宋代商业史研究》首版二十年之际，斯波义信先生的《宋代江南经济史研究》与读者见面了。如同当年《宋代商业史研究》的出版一样，《宋代江南经济史研究》的面世，又引起各国学者的关注,成为国际汉学界的重大事件。然而,倘将这两部著作细加玩味并作比较的话,可以看到:后一部著作所表现出来的作者才气,不减当年,而在研究的广度与深度方面,则令人有"更上一层楼"之感,尤其是研究的理论与方法,更是有炉火纯青、匠心独运之境。说这部著作是体现了二十世纪八十年代国际中国经济史研究最高水平的代表佳作之一,并不为过分。

理论与方法

近几十年来(比较确切地说,是自1950年以来),国际中国经济史学在理论与方法上发生了并且正经历着一场深刻的变革。新理论与新方法层出不穷,并逐步取代传统的理论与方法成为史坛主流。在各种新出现的经济史研究理论中,影响较大、运用较广的,我们认为有两种:一为"新社会史"理论,一为区域研究理论。这两种理论彼此并不矛盾冲突,但却表现了经济史研究中的两种方向相反的趋势,即研究范围的"由小而大"和研究单位的"由大而小"。所谓"由小而大",是指中国经济史研究的范围,过去主要限于经济制度,而后逐渐扩及社会经济生活的各个方面以及社会经济生活之外的许多方面,力求把社会作为一个不可分割的整体,从中考察经济现象。所谓"由大而小",则是指中国经济史研究,过去通常以全国为单位,而今则强调把中国从地域上划分为各种不同层次、不同特点的经济地区,作为"适当的经济单位"[①]来进行研

---

① "适当的经济单位"一词,为加藤繁所创。详见斯波义信《宋代江南经济史研究》,第604页。

究。在新出现的研究方法中，也有两种是值得特别重视的：一为跨学科研究方法，一为比较研究方法。前者表现为社会科学乃至自然科学各学科的研究方法大量渗入经济史研究，以致经济史研究逐渐从主要依靠史料考证方法的学科，演化为多学科方法结合的学科；从以描述历史上经济现象及其变化过程为主的"叙述史学"，发展为以探索历史表象下隐藏的深刻内容为目的的"问题史学"。后者则使得经济史研究从"就事论事"的孤立现象研究，变成把研究对象置于较大时空范围中进行考察、借以探索规律性的研究。应当指出：上述这些国际中国经济史学中出现的新理论与新方法，乃是以近几十年来国际"史学革命"中出现的主要理论与方法为蓝本的。换言之，是后者在中国经济史学科中运用的尝试。这些理论与方法本身是否正确还有待时间的考验。

中国经济史学在理论与方法上的变革，在我国也有反映。但是由于特定的历史背景，我国经济史学的理论与方法变革，走的是另外一条道路。

我国经济史学的变革也始于二十世纪五十年代，与国际上的变革差不多同时发生。二十世纪五十年代以前，中国经济史研究还处于早期阶段。一方面，主要是对古代财政制度进行考证诠释的传统"食货学"，还在整个中国经济史学中占有重要地位；另一方面，西方传来的经济史理论与方法也得到一定程度的运用。但是，如斯波义信先生所指出的那样，二十世纪五十年代以前的西方以及日本的中国经济史研究，从理论到方法都尚未摆脱十九世纪历史学派（本文作者按：即兰克客观主义历史学派）的影响，即以史料学为中心，以考据学为主要手段。①换言之，实即"洋考据"之学。这两个主流学派的共同特点，都是强调史料，注重考证，以致有"史料即史学"之说；②同时研究范围也都主要局限于历代王朝中央政府在经济活动中所起的作用及其影响。到了二十世纪五十年代，我国大量引入当时苏联流行的马克思主义史学理论与方法，导致了经济史研究在理论与方法上的变革。首先，这个变革一反过去"有史无论"的偏见，倡导以马克思主义作为理论指导，实为经济史学的一大革命。这种对理论的高度重视，同二十世纪五十年代国际史学变革的健将、年鉴学派的旗手布罗代尔（Fernand Braudel）的著名口号"没有理论就没有历史"，形成相互呼应之势。其次，这个变革也促进了经济史研究范围的扩大，特别是强调对过去史家所漠视的人民大众在经济活动中的作用与地位进行研究，意义尤为深远。但是，也应指出：由于种种原因，我国的经济史研究仍未突破以生产关系为中心的格局，方法上亦呈现出教条化与简单化倾向。这些偏见与失误，到"文化大革命"前夕与"文化大革命"时期发展到极端，演变为"阶级斗争决定论"乃至"路线斗争决定论"（即儒法斗争决定论）等荒谬理论，和无视史实乃至捏造史实的恶劣手法。直到1979年，我国经济史学才进入了一个"百花齐放，百家争鸣"的空前繁荣的新时代。随着国际史学理论方法的引进，国际中国经济史中的变革之风也吹到了我国史坛，引起了我国学者的注意与兴趣。大多数学者认为：在坚持马克思主义的前提下，批判地继

---

① 斯波义信：《宋代江南经济史研究》，第7页。
② 张广智：《克丽奥之路——历史长河中的西方史学》，复旦大学出版社，1989，第160、162页。

承传统史学的精华和批判地吸收当代国外史学的有益成分,对建设具有我国特色的新史学来说,乃是必不可少的。而要吸收国外史学的新成就,就必须从汗牛充栋的国外中国史论著中,挑选出那些真正具有价值、足以代表当代国际水准的论著,介绍给我国学术界。《宋代江南经济史研究》就是一部值得详加介绍的学术巨著,在理论与方法上,"博采众长,融会贯通,改进发展,自成一家",是本书的主要特色。鉴于本书中所运用的理论丰富多彩,而本文篇幅有限,难以备述详论,故仅能择其著者而评介之。

本书作者对于二十世纪五十年代以来国际"史学变革"中出现的各种新理论,都予以密切关注并加以深入研究。在他撰写本书的过程中,给他影响最大的新理论,我们认为有二:一为布罗代尔历史结构观,另一则为施坚雅(William Skinner)的区域系统理论。但是,作者在汲取这些理论的精髓时,又根据自己的研究实践对之加以改进发展,从而形成了自己的理论体系。

布罗代尔提出的多节奏与多层次的历史结构观,是年鉴学派最重要的理论贡献之一,也是"新社会史"的主要理论基础之一。这种史观对于经济史研究意义特别重大,因为它最重视发生于"长时段"内的"结构史"(亦作"构造史"),其次是发生于"中时段"内的"情态史"(亦作"动态史")。经济史研究的对象,大多属于"结构史"范畴。特别是生产力经济史的研究对象,更多属"长时段现象"。但是在传统的经济史学中,最受重视的仍是发生于"短时段"内的"事件史"(如立制、变法等)。因此这种历史结构观提出之后,很快就引起国际经济史坛的热烈反响。如今,不仅在西欧经济史研究中,而且在东欧、印度洋沿岸、东南亚等地区的经济史研究中,都有运用这种理论的尝试。至于在中国经济史研究中,情况不尽如是,但本书确是比较成功地运用了这种史观的著作。同时,应当指出:作者在运用时,根据研究的实践,对这种理论也作了若干修正。例如,作者虽然也强调以"结构史"和"情态史"作为研究的基本理论构架,但对"事件史"却并不像年鉴学派多数学者那样漠然视之,而是把"事件史""情态史"和"结构史"一同作为经济史观的"三要素"。这无疑是更为合理的。作者还进一步指出:这种史观还包含了"总体观"(Holistic Perspective)与"文化相对主义"(Culture relativity)的观点。前者的目标是"追求公正地包罗人类与人类社会的整体历史";后者则反对研究中的民族中心主义或国家中心主义模式,主张进行范围广泛的观察比较,同时注意研究普通人民以及大众日常生活,找出存在于这一层次的各种复杂的阶级、文化、宗教及社会组织的存在形态。[1]此外,年鉴学派学者对社会经济结构的分析偏重于静态考察,[2]而本书作者则十分强调做动态考察。

还应强调的是,本书作者对于布罗代尔的历史结构观,并不只限于理论上的认识。在本书的研究中,也可以看到作者是如何成功地把布罗代尔的理论用之于研究实践,同时又扬其长,避其短,从而发展了这种理论的。例如,作者非常重视自然环境的历史变化,并将其作为有关地区经济发展方式的决定因素之一(详见本书前篇第二、五章,后篇第一、二章)。这无疑是汲取了布罗代尔"长时段"理论(或"结构史"理论)的要旨。但对于那些属于"短时段

---

[1] 斯波义信:《宋代江南经济史研究》,第6页、第5页、第603页;附英文要旨第4页。
[2] 张广智:《克丽奥之路——历史长河中的西方史学》,复旦大学出版社,1989,第259页。

现象",但对经济变化有重要影响的政治、军事事件(如宋代迁都杭州等),作者也未予忽视。"总体观"对作者的研究有重大影响,这从本书中关于宋代杭州及宋以后宁波的"城市生态"的研究里,可以看到。但作者的有关研究又并非包罗万象、细大不捐,从而可得免于年鉴学派的"总体观"常受到的批评与指责。①

基于以上史观,本书作者对于"经济研究的目的何在"与"经济史研究的基本内容是什么"这两个相互关联的问题和经济史学理论的根本问题,作出了以下总结:

经济史研究的目的,是为了认识以下四点:一、各个时代的人们,能够怎样有效利用有限的资源,以进行生产、分配、交换、消费等活动?二、他们解决以上问题的方式有何变化或发展?三、决定以上情况及其变化的原因何在?四、上述情况及其变化,与社会及经济以外的人类活动有何关系?后者对前者有何反作用?这四个方面,同时也就是经济史研究的普遍课题即基本内容。

以上定义,可以视为本书作者经济史观的集中概括。

施坚雅以其市场系统理论为基础的区域系统理论,在国内外经济史学界具有重大影响。近十余年来国内学者言谈之间也颇有涉及,但遗憾的是迄今为止未见有施氏有关论著的中译本行世,也未见有专文对其理论加以评介。

本文作者是施氏密友,深得施氏区域经济系统理论之三昧,并以之作为本书研究的基本理论模式之一。但是,作为诤友,作者

---

① 有的学者指责年鉴学派所追求的"整体""全面",无异于"万花筒"。参阅张广智《克丽奥之路——历史长河中的西方史学》,复旦大学出版社,1989,第259页。

评斯波义信《宋代江南经济史研究》 459

对施氏理论之不足亦予以指出，并对之做出改进。例如，本书作者指出：作为施氏理论的基础之一的"中心地"说，仅适用于对组织联系已达成熟阶段的社会实体的分析；宋代长江下游尚远未达此阶段，因而难以原样搬用。更明显的例子，是作者对于施氏"地文地域"理论的发展。

众所周知，正确划分经济区域，是区域经济史研究的第一步。但是在我国经济史学界，至今尚未见有区域划分的理论问世，因而各个学者心目中的"经济区域"，彼此差别很大，并无一定的标准。施氏的"地文地域"（physiographic region）说以"河川流域"（drainage basin）为基础来划定经济区域，是颇有见地的。但此说源于"功能地域"（functional or nodal region）说，着眼点是施氏自己的市场系统理论（市场系统与河川流域有密切关系），因此对于市场系统比较成熟的清代中国来说，比较适宜。但对于宋代而言，情况就未必如此了。其次，在自然经济占统治地位的时代，在国民经济中起支配作用的经济部门是农业而非商业，而决定一个地区农业的主要自然因素，与其说只是河川，倒不如说是整个生态环境。一个地区之所以是一个经济区域，其内部的经济发展应当具有相当的共同性，而与其外有明显差别。经济发展主要是农业发展，而农业发展又在很大程度上取决于生态环境。因此说生态环境是划分经济区域的主要标准之一，我们认为是非常正确的。本书作者提出的"地文-生态地域"新说，无疑是对施氏"地文地域"说的重大改进与发展。出于慎重，本文作者并未明说此理论适用于中国北方，但是我们认为应当是适用的。

由于这个理论的提出，作者便能够更好地观察、发现和解释同一经济区（在本书中是"长江下游经济巨区"）内部不同层次的经济亚区（如在本书中的"宁绍亚区"乃至徽州、湖州次亚区）的经济发展及其差异。因此，这个理论对于研究不同时代、不同层次的区域经济史来说，无疑都是更为切合的。

本书在研究方法上也是融通百家、自成一系的。这里我们也仅就本文第一节中所谈到的"跨学科研究方法"与"比较研究方法"，来看一看本书的特色。

一是跨学科研究方法的理论根据是"总体论"的历史观。"总体论"的历史观主张"总体史"（或"整体历史""综合历史"），因此历史学应当"社会科学化"，即把历史学从一门描述性的人文科学，转变为一门分析性的社会科学。[①]本书作者引用弗里德曼（Maurice Freedman）的话，认为中国经济史研究所涉及的社会科学学科，至少包括经济学、政治学、社会学、社会心理学、人口学、社会地理学、经济地理学等。这些学科的研究方法与模式，都可以参考借用。例如经济学家的研究模式（由抽象到具体，先假说后论证）、社会学家的研究模式（从具体入手，注重统计）以及别的研究模式（如把以社会横断面比较为基础的复数指标进行组合，根据对各种指标的比重及组合方式的适当处理进行归纳，等等），都可用到中国经济史研究中。[②]在本书中，作者确实也采纳了跨学科研究方法，例如上述的经济学家和社会学家的研究模式，在本书中都得到了运用。

[①] 在西方，历史学通常被归入"人文科学"而非"社会科学"；"社会科学"包括政治学、经济学、社会学等学科。
[②] 斯波义信：《宋代江南经济史研究》，第31页。

此外，近年来国际史坛的"史学科学化"的趋势，除了表现为史学"社会科学化"外，还表现为自然科学研究方法向史学的渗透，特别是"计量史学"的出现，标志着这种渗透已达到相当的程度。在本书中，作者对计量方法采取了一种积极而稳重的态度。他运用得最多的，仍然是统计学方法，但是由于运用得好，因此揭示了许多过去学术界未曾注意到的现象及其规律。例如，他把现可查到的宋代城郭周长资料（143城）全部汇集起来，按照"上级治所"（府州军治）和"下级治所"（非负郭县县治）三个层次分类，然后计算出各个地区（如华北、华中、华南三大地区；路一级地区）、各级城市的城墙周长平均值，进而了解当时城市规模及其地理分布的差异。其结果很有意思，也很有意义。除了一般的研究方法外，本书作者还从自然科学中借用了某些具体的研究模式。例如在本书前篇第二章中，作者借鉴高谷好一根据泰国湄南河流域水稻种植与地形的关系而得出的"热带三角洲农业发展"模式，来研究长江下游地区的开发史，从而获得了令人信服的结论。

二是比较研究方法，与其说是一种方法，倒不如说是一种历史观，即"全球史"观。按照这种历史观，"历史学家所需要的是范围广泛的比较资料，使他们能够探索和分析世界上所有地区的历史发展和社会模式之间的共性与差异，能够认识到人类社会结构中的规律性，与此同时，也要努力发现出乎意料的明显的无规律性和变异性的深刻原因"。[①]从本书作者来说，其"文化相对主义"的观点，也为他运用比较研究方法提供了理论上的根据。为了简明起见，我

---

① 杰弗里·巴勒克拉夫：《当代史学主要趋势》，上海译文出版社，1987，第158页。

们仍然只从研究方法的角度讨论比较问题。

西方史学界常用的比较方法，有"纵断面比较"与"横断面比较"，"社会内比较"与"社会间比较"，等等。前两种着眼于时间，后两种则着眼于对象。我国史学界所习惯用的"纵比"与"横比"方法，大致相当于前两种。这里要谈的仅是后两种。

从某种意义上而言，"社会间比较"（Cross-social comparison）与"社会内比较"（intra-social comparison），①近乎我们的"中外比较"和"国内（各地区间）比较"。这里所说的"社会"，意义并不等同于马克思主义理论中的社会形态或社会制度，而是指某种社会群体。②因此，社会间比较指不同社会群体之间的比较，而社会内比较则指同一社会群体内部各子群体之间的比较。"社会群体"的范围可大可小，在西欧经济史研究中通常被理解为"文化上与社会生活方式上的统一体"，其成熟形式是"民族国家"或"国民国家"。③

中国广土众民，社会规模之大，世界上无有其匹。要找一个合适的比较对象，并非易事。国内的一些中西比较文章，常把中国与欧洲某一国家作比较，得出某个时期中国"领先"或"落后"的结论。这种比较，姑且不论其内容是否全面和周密，仅从比较单位的规模之悬殊来说，就难以产生正确的结论。例如按照国内流行的看

---

① "社会间比较"与"社会内比较"都是日文名词。按其英文原称，"社会间比较"亦可译为"跨社会比较"。
② 在英文中，"社会"（即 society）一词的定义有数种，其中之一为 social Community or certain grouping of humanity, e.g. Western Christendom, the people of Islam (*The Advanced Learner's Dictionary*), Oxford university Press 1963，即"社会群体"。
③ 斯波义信：《宋代江南经济史研究》，第604页。

法,到乾隆时中国已大大落后于英、法等先进西欧国家,而至鸦片战争前夕,中国更已被远远地抛在英、法之后。可是根据保罗·肯尼迪的计算,乾隆十五年(1750)时,中国的工业产值为法国的8.2倍,英国的17.3倍。就是到了道光十年(1830),中国工业产值也还是英国的3倍,法国的5.7倍。甚至到了第二次鸦片战争时,英国工业产值也才刚刚赶上中国,而法国则仍远远低于中国(仅为中国的40%)。①当然肯尼迪的计算不一定可靠准确,但上述结果从反面告诉我们:倘若不正确选择比较单位,那么任何中外比较的结果都会是有问题的。其次,从社会内比较而言,困难也不少。一方面,中国社会规模巨大,其内子社会数量之多,是西欧国家所不能比的;另一方面,中国社会又具有很强的统一性,不像中世纪西欧国家那样具有社会多样性。这两方面的特点,都要求我们投入更多的努力,才能进行全面深入的社会内比较。因此本书作者指出:在中国经济史研究中,较为现实的办法,是先做好社会内比较,然后扩大到地理条件、文化类型相接近的社会间比较,最后到更为普遍的比较。②因此在本书中主要运用了社会内比较(包括长江下游大区与其他大区之间的比较,以及长江下游各亚区之间的比较)和纵断面、横断面比较的方法。

这里我们还要特别强调:对于区域经济史研究中的比较方法来说,运用得怎样,还有待于如何处理整体与局部、典型与一般的关系。在这两个方面,本书作者都处理得很出色。

整体与局部区域经济既以一国或一地区之一部为研究单位,因

---

① 保罗·肯尼迪:《大国的兴衰》,中国经济出版社,1989,第186页。
② 斯波义信:《宋代江南经济史研究》,第604页。

此如何处理整体与局部的关系，乃是不能回避的问题。由于中国社会本身的特点，这个问题尤为突出，解决起来也尤为困难。因此之故，一些区域经济史论著，总是见木而不见林，眼光跳不出所研究的区域界限。其结果，当然是限制了研究的深度与广度。本书作者则不是。本书虽名为《宋代江南经济史研究》，但绝非就江南论江南，而是把江南放在宋代中国这样一个大空间中来进行研究的。本书序章第二节，就是对宋代中国社会的一个综合分析。其他不少篇节（特别是前篇第一、三、四章的第一节），也都是对宋代全国性问题的集中讨论。正是有了这样的一个背景，作者对宋代江南经济的研究才能达到这样的一个高度。这种做法，颇值得效法。

除了在空间方面存在着整体与局部的关系外，在时间方面应当说也存在着这种关系，即一个较短的时期与一个较长的时期之间的关系。当然时间的划分也不是随意的。从经济史的角度来说，年鉴学派的"时段"理论对此具有特别的意义。这里姑且不深论此问题，仅只强调：本书作者不但把江南放在宋代中国这样一个大空间范围内加以研究，而且也放在一个起止远超过宋代的大时间范围中进行考察。本书各章研究所涉及的时间上限，远者上溯至秦汉，近者亦至唐代；下限则近者及于明代，远者延至民国，在这样的时间范围里，宋代的特点才显得比较清楚。我国学者的区域研究，多以王朝兴废或政治事件断代，前后延伸不多。例如研究明清江南经济史者，所涉及时间常不出明清两代，甚至上不出正（德）、嘉（靖），下不出嘉（庆）、道（光），罕有上推至宋元，下延至清末民初者，更不用说更早与更迟了。

此外，顺带说一说，虽然我国经济史学家都知道各王朝的经济变化通常呈"恢复—高涨—衰落"的规律，而几个相连接的王朝的经济变化便表现为一种循环或周期变化，但多数学者因为王朝断代所限，对循环或周期变化的特点未作进一步的探讨。本书由于把江南放在一个很大的时空范围内进行考察，因此便能把握住其经济变化的周期性或循环性的特点。特别是在序章第二节第二小节内，作者在妥善处理了全国与江南、政治与经济等各方面关系的基础上，对自宋兴至明初（永乐迁都）这一长江下游地区的经济周期及其内各个阶段的特点，作了独到的阐明。这对于我们研究其他区域来说，也是极富启发性的。

典型与一般这个问题与前一问题有密切关系。一个局部倘若较为集中地体现出整体的特征，通常就被视为"典型"的；反之则否。许多学者在选择研究地区时，该地区是否具有"典型性"，常常是主要考虑因素之一。

一般地说，通过剖析典型，以推进对一般的认识，也是一种可取的研究方法。不过要这样做，必须首先解决两个前提问题：一、整体的真正特征是什么？二、究竟是哪个局部最能体现整体的真正特征？从正确的认识过程来说，只有首先对各个局部进行了深入研究并总结出各个局部的具体特征之后，才能从中归纳得出整体的特征，然后又才能决定哪个局部最集中体现出整体的特征。如果不是这样，事先就抱有一个尚未经证明是正确的整体特征的成见在胸，并以此去决定哪个局部最具"典型"意义，然后又通过对这个局部的研究证明其整体特征正确，那么事实上只能是一种循环论证，并无多大意义。过去国际史学界盛行的"西欧中心主义"实质上也是把世界作为一个整体，而把西欧作为典型地区。这种先验主义的研究模式，近年来已日愈被抛弃。巴勒克拉夫呼吁西方史家："跳出欧洲去，跳出西方去，将视线投射到所有的地区与所有的时代。"并且强调："史学家的观点愈富有世界性，愈能摆脱民族或地区的偏见，就愈接近获得有效于当代的历史观念。"而这种新的历史观念认为："世界上每个地区的各个民族和各个文明都处在平等的地位上，都有权利要求对自己进行同等的思考和考察，不允许将任何民族或任何文明的经历只当作边缘的无意义的东西加以排斥。"①本书作者坚持"文化相对主义"的观点，认为经济史研究应当摒弃"西欧中心主义""中华中心主义"或其他中心主义的先验模式，不带成见，实事求是地探讨问题。这种态度，我们以为是可取的。

不仅如此，在中国国内区域研究中，我们认为也应当反对"中原中心主义""沿海中心主义"等先验模式，以及这些模式的变种"中原典型"论、"沿海典型"论或某些"典型"论等等。当务之急，是不抱偏见地深入研究每一个地区。本书尽管以在宋代乃至宋代以后中国经济史上占有重要地位的江南为研究地区，但作者之所以选之作为研究单位，如他自己所说，并非因为他认为江南是一个"典型"地区。相反，他认为只有先考虑到中国各地的差异，才能理解中国的情况。②我们认为，这种见解是正确的。在我们的一些区域经济史研究论著中，为了"拼凑典型"或"塑造典型"，或者是把该区域并不存在或尚不明显的全国性特征硬套上去，搞得"麻雀虽小，五脏俱全"；或者把别的地区（尤其是先进地区）所具有的、能够反映当时中国经济新变化的特征强搬过来，弄得处处"力

---

① 杰弗里·巴勒克拉夫：《当代史学主要趋势》，上海译文出版社，1987，第158页。
② 斯波义信：《宋代江南经济史研究》，附英文要旨第4页。

争上游",人人"不甘落后"。其结果,是"史八股"盛行,千人一面,万篇一律。一位朋友戏称:可取一文,更易其中地名,即可适用于另一地。实事求是、具体情况具体分析,是马克思主义活的灵魂。在区域经济史研究中也要坚持这种态度。

关于本书的理论与方法,除了以上评介者外,我们还想谈两点读过本书后的联想和体会,一是应当如何评价近十年来国际史坛新出现的理论与方法;二是应当如何处理这些新理论、新方法与我国的马克思主义史学以及传统史料考据学之间的关系。在这两方面,本书作者的态度和做法,都颇值得我们借鉴。

1. 近年来,"史学危机"不仅仅是我国史家的热门话题,而且也是国际史坛普遍谈论的话题。1986年国际历史科学大会常委会在商讨第17届国际历史科学大会(1990年召开)的论题时,就有学者建议增加《历史学在当代世界的作用:当代史学危机》这一题目。巴勒克拉夫也指出:"历史学比其他任何一门科学更加肩荷过去的重负,从而蒙受着苦难。历史学是沉入水中淹死在河底呢?还是胜利地浮出水面,登上彼岸,获得新生,重新充满着活力,这是谁也无法预料的。"[①]要顺利渡过危机,重新充满活力,唯一的办法是不断变革,不断前进。年鉴学派新一代领导人之一的勒高夫在谈到该学派的前景时说:"我们希望继续存在和发展。静止等于死亡。"[②]对于整个历史学科来说也是如此:静止等于死亡。而要前进,要发展,就必须不断地吐旧纳新,进行新陈代谢。国际史学理论与方法

---

① 杰弗里·巴勒克拉夫:《当代史学主要趋势》,上海译文出版社,1987,第158页。
② 姚蒙:《历史始终是人类社会在时间中的演进——法国著名史家维克·勒高夫采访纪实》,《史学理论》1987年第3期。

的变革，正是历史科学力图克服危机、争取生存的表现。因此，从这个意义上来说，我们认为对于新理论、新方法的出现，是应当持欢迎态度的。

世界上不存在十全十美的东西，新生事物尤其如此。任何一种新理论、新方法，究竟能否站得住，还需要时间的考验。事实上，近几十年来国际史坛新东西层出不穷，令人目不暇接，但最终经受住时间考验的，总是少数。因此，对无论哪一种新的理论和方法，都要一分为二。既不一概盲从，也不一概排斥。具体地、实事求是地分析每一种新理论、新方法，辨别精华糟粕，才能博采众长，取精用宏。

在以上方面，本书作者为我们树立了一个榜样。众所周知，日本汉学研究源远流长，很早就形成了自己的传统风格。在中国经济史研究方面，起步本比欧美和中国早了半个世纪，①而且自加藤繁以来，名家辈出，硕果累累。在很长的一段时间内，日本学者曾独步寰宇，执国际中国经济史（尤其是古代经济史）之牛耳。②其东京与京都两大学派，均颇有建树，自成一系，在国际中国经济史学界中都占据着重要地位。本书作者是加藤繁的再传弟子和周藤吉之、松本善海、西岛定生等名家的高足，学问上得乃师真传，堪称加藤繁门中之巨擘和衣钵传人。但是，他并未以此自满，而是放眼国际史坛，密切注意史学的最新动向。在日本的中国古代经济史学家中，他大概是对国际史坛新出现的理论与方法了解最多、认识

---

① 斯波义信：《宋代江南经济史研究》，第6—7页。
② 一直到二十世纪六七十年代，此种情况尤为突出。欧美汉学界对中国古代经济史中的若干重大问题，此时才刚刚触及；而日本学者则是这些领域的开拓者。参阅伊懋可为斯波义信《宋代商业史研究》英译本所作译序。

评斯波义信《宋代江南经济史研究》 469

最深者之一。本书的前言、结论和序章,实际上就是作者对于四十年来国际中国经济史学的主要理论、方法与各方面研究成果所作的系统结论,可谓一部小型中国经济史学学术史。这个总结全面、深刻而又简明、扼要,从中可看到作者对国际史坛新进展的洞察。此外,在本书前后两篇各章中,也对所涉及的理论与方法作了提纲挈领的介绍,显示出作者对这些理论与方法的熟悉。正是在这种基础之上,作者才能博采众长,融贯百家,改进创新,独具一格。与此相反,在我国的一些学者中,自我封闭,自我隔离于世界的倾向仍然存在。他们把一切国外的新理论与新方法都视为无稽之谈,不屑一顾。典型的例子,是施坚雅市场系统与区域系统理论的遭遇。这些理论本来并非尽善尽美,就连施氏自己也对其偏颇之处做了重大修正。可是平心而论,至少对于研究清代中晚期以来中国比较发达地区的经济史来说,这些理论还是颇有参考借鉴价值的。但是有些国内学者并未认真领悟施氏理论之真谛,也未对该理论作深入研究,甚至尚未一读其书,便遽以"六边形""切蛋糕"六字概括之,致使别的学者以为其论荒诞不经,不值一览。其结果是,尽管我国经济史学界知道施氏理论之名已有十年之久,但是时至今日,我们还未看到一部著作像本书那样充分汲取该理论之精华而又避免了其不足。因此,施氏曾极力批评并力图纠正的若干过去研究中的弊端,在一些国内学者的论著中仍比比可见。这种现象,我们认为是很令人遗憾的。

总而言之,国际史坛近几十年出现众多新理论和新方法,这是件好事,应予欢迎,因为它表明了历史学作为一门科学,正在艰难之中奋力前进,以赶上时代的步伐。至于这些理论与方法孰对孰错,孰优孰劣,须据具体情况作具体分析,不可一概而论。只有时间和实践,才能得出最后的结论。

2. 近几十年来国际史坛新出现的理论与方法,与马克思主义的关系如何?

毋庸讳言,近几十年来国际史坛新出现的理论与方法,属于马克思主义的与反马克思主义的,虽然都有,但都不是主流。其居主导地位者,多数是虽非马克思主义,但也并未与马克思主义水火不容。其中,有些与马克思主义有较密切的关系,而另一些则否。前者主要在基本史观方面,后者则主要是具体的研究方法。就后者而言,问题比较好办。因为马克思主义的历史科学也需要丰富多彩的研究方法与手段,所以对于国际史坛新出现的研究方法,大多可以采取"拿来主义",在研究实践中不断改进发展。困难的是对于前者应如何看待。

在近几十年的国际"史学变革"中,马克思主义发挥了重大的作用。大多数有眼力的史学家,都把马克思主义视为一种人类智慧的宝藏,从中汲取了思想和启发,作为他们创造新理论的思想来源之一。最明显的例子,是当代西方史坛上占据主导地位的年鉴学派。该学派受马克思主义影响至巨至深。其奠基人之一的费弗尔名明确宣传:"任何一个历史学家,即使从来没有读过一句马克思著作……也要用马克思主义的方法来思考和理解事实与例证。马克思表述得那么完美的许多思想,早已成为我们第一代精神宝库的共同储藏的一部分。"[1]该学派第二代领导人布罗代尔认为,他著名的

---

[1] 张广智:《克丽奥之路——历史长河中的西方史学》,复旦大学出版社,1989,第264页。

"长时段"理论与马克思主义是相一致的:"马克思的天才,马克思的影响经久不衰的秘密,正是他首先从历史长时段出发,制造了真正的社会模式。"[1]第三代领导人勒高夫指出:"在许多方面,如带着研究历史、跨学科研究、长时段和整体观察等,马克思是新史学的大师之一。"[2]当然,年鉴学派在许多重要方面并不同意马克思主义(特别是社会分期论),但该学派主张"马克思主义和非马克思主义的新史学家有责任把这场讨论进行下去,这也是当今历史学界的任务之一",而不是轻率地否定马克思主义在这方面的观点。

正如在本文第一节中所说的那样,1949年以后,我国史学界接受了马克思主义,并以马克思主义理论作为指导,从而改变了以往"有史无论"的情况,乃是一大进步,和国际"史学变革"的方向是一致的。其次,马克思主义是人类的宝贵精神财富,我国史学界接受了马克思主义,和近几十年来国际史坛中马克思主义的影响与日俱增的历史趋势也是一致的。因此,对我国近四十年形成的马克思主义史学妄加否定,盲目崇拜国际史坛上的新理论与新方法,是十分轻率的,也是十分可笑的。然而,在另一方面,在1979年以前的三十年中,由于许多方面的原因,我们对马克思主义的理解有很大偏颇,"文化大革命"时期更是严重偏离了马克思主义,因此完整地准确地理解马克思主义,是我们史学工作者的当务之急。在这种情况下,轻率地给某一种史学理论或方法扣上"反马克思主义"的帽子,肯定也是不妥当的。正确的办法,应当是认真、深入地研究

---

[1] 布罗代尔:《历史和社会科学:长时段》,收于蔡少卿编《再现过去:社会史的理论视野》,浙江人民出版社,1988。
[2] 勒高夫:《新史学》,收于上引蔡少卿编书。

各种理论与方法,取其精华,弃其糟粕,以此来进一步发展马克思主义史学。

基于以上认识,我们认为:对于我国的马克思主义史学传统,全盘否定是完全错误的,以僵化的眼光来看待它,也是反马克思主义精神的。马克思主义史学家对国际史坛新出现的主要理论与方法,也不应当是采取全盘否定或全盘肯定,而是应当如马克思本人对待学术界的各种理论与方法一样,深入研究,批判继承。

在本书中,作者虽未涉及有关马克思主义的问题,但他在为拙著《发展与制约:明清江南生产力研究》撰写的序文中,对于拙著以马克思的经济学理论为主干、参用若干新出现的方法的做法,予以肯定与好评。由此我们可以看出,本书作者对于马克思主义的态度,比起那些全盘否定的浅薄之辈来,是远为高明的。

如何看待我们的传统史料考据学的问题,与上述情况有相似之处。我国的考证学在许多方面,与西方十九世纪居于史坛主流地位的兰克客观主义史学有相似之处,所采用的方法也是相当科学的,但其出现比兰克史学早一个世纪以上。从这个意义上说,这种以乾嘉学派为代表的传统考据学,应当是我们史学研究的"国粹",很值得加以珍惜与继承的。但是,二十世纪五十年代以后,我们虽然纠正了传统史学漠视理论的弊端,却矫枉过正,把婴儿与洗澡水一起倒出去。这种错误做法,在1979年以后颇为史学界反对,但遗风尚存,而且往往以另一种形式表现出来,即把传统史料考据与国外的新理论、新方法对立起来,似乎要采用新理论、新方法,就非得彻底铲除传统考据之学不可。"不破不立,大破大立,破字当头,而后可立",仍是某些学者的惯用思维方式。

在正确处理以上问题方面,本书作者的态度与做法很值得我们学习。一方面,他对以加藤繁为代表的日本中国经济史研究的传统方法(即考证法)之不足作了批评;另一方面则充分肯定加藤繁等前辈学者的功绩,指出加藤繁与内藤虎次郎等通过广泛搜集史料,加以归纳整理,以获得正确知识,从而为以后的中国经济史研究建立了基本的史料学基础,因而功不可没,成为日本中国经济史的开拓者与先驱者。[1]更为可贵的,是作者在本书研究中,为我们树立了一个成功地把新理论、新方法与传统史学有机地结合起来的良好榜样。因此,尽管运用了大量的新理论与新方法,我们却并未感觉作者立论是缺乏坚实史料基础的无根之说,也未感觉作者有标新立异,哗众取宠,而是感到作者所说言之成理,出诸有据,其结论可以接受,可以信赖。与此相反,前些年,颇有一些国内学者既不深知国际史坛新理论、新方法,更不知传统史料考证学为何物,单凭几个翻译过来或自己生造的新名词,就拼凑此"说"彼"论",装腔作势,借以吓人。有位国内经济史学前辈曾批评某些海外著作有如《水浒传》中打虎将李忠的"花棒",舞起来煞是好看,但却上不得战阵。而上不得战阵的主要原因,即在于缺乏坚实的史料基础,缺乏必备的考证功夫。令人遗憾的是,在某些方面,国内史学界中"花棒风"并不逊于国外,甚至有过之而无不及。如果说国外"花棒"著作的作者在著书立说时还要去查阅一下前人有关论著的话,那么国内"花棒"论作者连这一点工作都不愿去做的。前些年名噪一时的"(中国)单一小农经济是超稳定的经济结构"之论,

---

[1] 斯波义信:《宋代江南经济史研究》,第7页。

本来倒也不失为一说。惜乎论著志不在学术，不肯略花时间去核查一下其所赖以立论的那很有限的几条基本史料，结果当然可想而知。像唐代"应受田"并不是实际耕田数这类唐代经济史研究中的ABC问题，前代史学家早有考证，而"超稳定经济结构"论者竟全然不察，采用"应受田"数作真实垦田数并进而以此计算推论出一系列重要结论。提出新说是好事，但如果这些新说在史实前面不堪一击，那么它们又有多少价值呢？我们认为，本书作者的做法，反而是值得师法的。

论点与内容

这部仅正文即达612页（十六开本）的洋洋大著，内容丰富多彩，新论点层出不穷，要作全面而又扼要的归纳，并非易事。特别是本书作者对宋代史事所知有限，要做这项工作更感难以胜任。幸亏作者在本书结语及所附英文提要中，对本书主要论点与内容作了提纲挈领的总结，从而为我们撰写这篇评介提供了极大方便。根据行文的方便，这里首先介绍本书主要论点，其次简述本书主要内容。

本书并不是一部那么面面俱到但缺乏新意的教科书式的平庸之作，也不是一部用功虽勤但主要限于具体史事考据的文章汇编。相反，本书论点新颖，主旨明确，对具体问题的研究细致深入，但各项具体的研究又被纳入统一的分析构架之中，成为全书不可分割的有机组成部分。

作者明确指出：本书主旨，在于透过各种空间动态（详见下文）与时间周期循环的连锁关系的脉络，说明长江下游地区的经济状况及其长期变化。同时，作者还采用了不同的理论分析模式，大量搜集整理现有资料，以阐明这些状况及其变化是如何相当有规律地因时因地而异的。在追求实现上述目的的努力中，作者获得了许多新发现，提出了一系列新论点。由于谨慎，作者对于其中不少论点还有所保留，认为尚须做进一步论证，而仅指出以下七个论点较有把握，较为稳妥。这些论点是：

一、宋代初期，长江下游地区的经济仍然处于开拓发展阶段。长江三角洲中心地带的土地利用仍然相当粗放，垦殖点也很疏散；赋税税率降低，恰与证明该地生产脆弱的数量证据相符；认为宋代初期该地出现人口过剩，也缺乏证据，等等。

二、虽然经济高涨的真正原因尚不很清楚，但是长江下游地区经济上扬时乃始于北宋后期。长江下游地区主要的水利工程，大多数兴建于此时期；而且与此相应的是，国家与地方官吏对兴修水利的积极性，也是空前的。许多维护这类水利工程的规约，都可追溯到此时期。

三、人口从山地丘陵地带向低湿地带的明显迁移，也发生于北宋末年。这一点颇难确证。但低湿地带的一些主要县份都析出新县，而这又与基本始于北宋后期的人口增长相一致，从而从一些方面证实了上述论点。

四、对长江下游地区经济起落兴衰产生影响的，还有各种外部因素，这也应当加以注意。在这些因素中，南宋迁都杭州，明显地促进了长江下游地区经济的稳步上升。迁都杭州以及两浙路因之变成京畿地区，导致了物资运输成本的普遍降低。这一点具有非常重要的意义。另一方面,虽然作者谦称其对平民赋税负担程度的研究尚非定论,但可以肯定的是:宋代赋税控制弱于唐初或明初。这一点,亦与宋代该地区仍处于土地开垦的发展中阶段的事实相符。

五、本书所论及的主要著名水利工程,均始成于南宋中期。与此相应,有证据表明过剩人口从本地区的外缘地带迁往能给予他们较多生存机会的地方,亦即流入低湿地带、城市以及尚未开发之地。与此同时,农村市镇的剧增,也开始成为农村社会变化的特征。

六、实行于长江下游地区中心地带的公田法,在许多方面继承了北宋以来国家力求控制庄园地产的努力,并使得明初政府可以比较容易地在此地带设置大片官田。由于公田法的创立,长江下游地区中心地带的赋税税率提高了(通过官田田租的形式),从而加重了本地区的财政负担。

七、宋代长江下游地区的农业生产水平(以粮食亩产为指标)的明显提高,出现于宋代末期。其主要原因,是本地区中心地带农业基础的不断完善。粮食亩产量及其时空差异是研究长江下游地区经济状况的中心,在本书中,作者主要从生产力的时空分布及配置方面入手进行讨论,做法与其他学者不同,因此得出的结论亦大相径庭。

对于以上论点,我提出两点感想与看法:

第一,本书作者对于宋代江南经济发展水平的总估价,一反学术界长期定论,堪称一革命性的论点。多年以前,一些著名学者(例如天野元之助先生以及作者的业师周藤吉之先生等)对宋代江南农业生产水平(特别是稻田亩产量)作了出色的研究,已达到很高水平。这一结论旋即为大多数中外史家所接受，成为不移的定论。由于过去长期对唐代江南农业发展水平估价甚低，因此宋代的高水平颇令人有"飞跃"之感。二十世纪六七十年代流行的"宋代农业革命"之说，实即源出于此。另一方面，由于宋代江南农业发展水平已甚高（主要表现为稻田亩产量），与明清相较，无大差别。因此不免令人感到宋代以后，江南农业已陷于停滞不前之景况（若有发展，也仅只表现为棉、桑种植的扩大）。"明清停滞论"，至今仍颇为流行，推考其始，实亦发端于此。因此，近几十年中外史坛对江南乃至整个中国近一千多年来社会经济变化的总体观点，乃是以对宋代江南经济发展水平的估计为主要立论根据的。换言之，倘若对宋代江南的估价发生变化，则从"宋代农业革命"说到"明清停滞"论的一系列流行观点，均会发生动摇，甚至可能被推翻。因此，说本书作者对宋代江南经济（特别是农业生产水平）的估价具有革命性意义，决不是故作惊人之语。

本书作者虽然未从事宋代江南经济史研究，但在进行唐代与明清江南经济史研究中，也常常为史坛流行的"宋代江南农业也达到高水平"的定见所困惑。我不同意"宋代江南农业革命"之说。拙著《唐代江南农业的发展》一书中，我指出宋代江南稻作的主要技术要素，唐代都已基本具备；从投入-产出的关系进行分析，江南集约型的水稻农业也是形成于唐代。我也不同意"明清江南农业停滞论"。在拙著《发展与制约：明清江南生产力研究》中，证实了由明代中后期至清代中期，江南水稻生产中的资本投入有明显增加；若与宋代相比，则增加幅度更为巨大。在农业商业化已达相当高的明清江南（特别是已经出现大规模的粮食商品输入的情况），倘若高额资本投入不能导致较高产出的话，农民自会弃稻他营（如在江南棉、桑区那样），但是棉、桑地在江南农田总数中仍居少数。因此从逻辑上来看，宋代江南农业发展的高水平，似乎与江南农业发展的总过程不相协调。但是由于缺乏对宋代江南经济史的深入研究，我们对"宋代江南农业的高水平"，也只得姑且存疑。及至拜读了本书，顿感困惑冰释，从而对江南经济史的发展脉络，有了更为清晰的了解。

第二，对于江南地区的开发过程及特点，本书也提出了独到的论点。从事江南经济史研究的学者一直为一个问题所困扰，即：早在南朝时期，三吴就被称为"富甲天下"（沈约的描述可作代表），但是从宋人记述来看，直到北宋中叶，江南的核心地区－太湖以东广大平原，生产仍然相当粗放，一部分地方仍然实行二年一作。此外，人烟也很稀少。据本书统计，北宋初（980）苏州的人口密度，每平方公里仅21人，北宋末（1102）也仅有91人；而明初（1390）则达292人。如此稀少的人口，自难实行精耕细作。然而，从唐代以来，确实也有不少史料表明江南（包括苏州）生产发达，地方富庶。因此，便形成了很矛盾的情况。国内大多数治江南史或宋史的学者，似乎回避这个矛盾，避而不谈太湖以东平原开发很晚的事实。少数学者甚至提出早在南北朝时期中国经济重心就已移至江南。本文作者在研究唐代江南农业发展时曾提出：六朝以来江南的开放，主要有建康、太湖以西、会稽等地势较高的地带，原因盖在于这些地方相对来说比较适宜于移民生活与生产。到了唐代，开始了对太湖以东广大地区较大的开垦，但这种开垦呈点状分布，即广大平原上稀疏地存在着一些相当发达的垦殖点。这些垦殖点外，生产仍甚粗放。虽然提出了此说，但心里还不是很踏实。如今读过本书之后，方才感到放心。特别要指出的是，本书提出的江南开发过程以及特点，从理论上来说，与高谷好一对泰国湄南河流域开发所做的研究（这项研究主要是从现代农学的角度出发的），有异曲同工之妙（本书作者曾参考过高谷氏的研究）。因而我们可以从中得出一些规律的东西，作为我们研究南方许多地区（如珠江，闽江等流域）开发史的借鉴。过去一些学者研究问题时，由于缺乏"空间动态"的概念，即不注意历史现象的空间分布状况及其变化，因而往往以偏概全，以点代面，结果很容易被一些极端性的史料所迷惑，从而得出不符事实的结论。

此外，还要指出：本书的其他主要论点（如赋税负担、公田法对后世的影响等），也是很令人感兴趣的。有的（如赋税负担问题）与国内流行见解不相同；有的（如公田法与明代官田的关系）则国内似罕有涉及。因此，认真地对待这些观点，将大有助于国内学者的研究。

本书正文除去前言与结语外，共分三大部分。第一部分《序章》，内含二章，主要讨论本书所涉及的各种理论与方法问题，并且阐明整个历史背景。第二、三部分，即前篇与后篇，共含八章。除了后篇的首章外，其余七章，每章集中讨论一个专题。因此本书的具体研究内容，可以说有七大方面。兹即依序逐项简介于下：

1. 宋代长江下游地区的农业生产力

本书作者进行此项研究的主旨，是通过检验各种在功能上相互关联的非连续性变量之间的关系，考察本地区经济的变化过程。主要的变量来自不同的时间与地点的稻米亩产量记录。将此变量的变化方向与其他变量（如单位空间的人口密度、各州的财政负担程度等）的随应变化方向细加比较，即可得出以下结论：至少在北宋前半期，本地区的农业尚未十分发达，因此本地区还不能被称为"全国粮仓"。唐末五代流行的粗放农业的残余，一直延续了下来，这是宋代长江下游地区农业的一个不可否定的特征。据作者估计，宋代前期本地区稻田亩产量约为1石谷（就整个地区而言），约当明量0.56石。当然也并不排除分散于各地的高产稻田有较高产量的情况，但这些高产记录有很大的时空特殊性，而且大多可以追溯到宋代以前。

长江下游地区中心地带亩产量与人口密度的上升趋势，始自北宋末年，尔后继续稳步上升。在日本研究晚明与清代长江下游地区经济史的学者中，否认本地区较高水平的农业经济出现于南宋的观点颇为流行，这是难以令人赞同的。虽然南宋时期确实还有大量尚未开发的土地资源，但与北宋相比，南宋的稻作技术肯定有很大改进。南宋本地区经济变化的另一重要特征，是本地区外缘地带人口过剩现象的出现。从南宋时期人口经常性地由外缘地带迁往其他能够吸引过剩人口地方的事实，可以推知上述情况确实存在。

2. 宋代长江下游地区的灌溉与土地开垦动向

本项研究实际上是一个对宋代本地区农业开发过程的详细考察。考察发现人们在选择稻作与定居方面，有一个明显的变化，即由长江三角洲的北、西、南外缘高地转向东部低地。[①]基于此发现，作者揭示了人类适应生态环境的过程如何发生，以及重要性何

---

① 原文分别是"上部デルタ"（三角洲上部）和"下部デルタ"（三角洲下部），前者指一河流三角洲的上游较高地带，后者则指三角洲下游的较低地带。

在。自东汉至五代，垦殖与定居的地点通常限于本地区主要河流的上游山地、中游河谷冲积平原和下游三角洲的边缘地带。这与当时稀疏的人口分布、低水平的水利技术投资以及低程度的城市化状况是相一致的。

隋唐开通大运河，是标志着土地利用方式出现重大变化的开端。与此同时，原有的分散的海塘，也被连接起来，保护其内盐田不受海潮侵袭。嗣后，在大运河或主要河流与海塘之间，又建成纵横交叉的密集河网，为土地开发带来了排灌之便。这一时期北方人口的南迁，则为这些重大工程提供了主要的劳动力。晚唐以来出现的商业与城市化的复苏，促使地方政府大力加强本地区的田赋与行政管理基地，最终必然要求加速建成由城市向腹地辐射的良好水网系统。

国家对这类水利工程的参与，在北宋中后期达到顶峰，但以后未能延续很久，而且这些工程在空间分布上也颇为局限。到南宋中期，众所周知的江南水网的轮廓已大致形成，同时各地仍有一些开发较差的地方，分布于从今日松江区到绍兴市以北和南京以南，主要则在淮南地区。作为一个整体而言，本地区农田的充分开发，应当是完成于明代中叶。

3. 宋代长江下游地区的官府粮食消费与财政负担

本项研究主要讨论官府粮食消费对本地区经济的影响。在这个方面，宋代情况与明代前期大不相同。考虑到本地区农业基础仍很薄弱，宋初朝廷在本地区全境推行了轻赋政策。宋统一以前，本地区赋税沉重，入宋后被减至原来的三分之一，因而本地区成为轻赋政策的真正受惠者。毋庸赘言，在全国各大区中，本地区生产发展潜力最大，因此倘若轻赋成为永制，则本地区农业经济将很容易发展起来。事实确实如此。北宋晚期以前，本地区一直未进行过公平估税而做的详细地产调查，但早在1007年，税额制就已推行于包括本地区在内的东南六路。终宋之世，各路、州乃至县的税粮定额几乎成为不可更变的田赋上限。

很明显，这种税制与国家对供养北方驻军和京师百官的关注有密切关系。朝廷计算出军队、百官对粮食的需要总量，减去北方诸路赋入可提供的数目，从而得知每年需从东南六路运谷六百万石至北方，即京畿。一旦此北运数额列入全国预算，重要的事情就是按时交纳了。尽管后来华北丧于金人之手，各路、州、县的定额却几乎一成不变地沿用至宋末。此外，为了交纳一批数量固定的粮食，东南六路转运使每年另行市籴谷二百万石。南宋时期，朝廷的财政控制有所削弱，因而市籴愈加成为各级政府税粮不足的重要补充手段。在新开发地区广泛种植的占城稻，按规定不得充税米或供市籴，这意味着本地区所生产的占城稻中，有相当大的一个数量可能通过市场交换为非糯谷，用以纳税或粜与官府。总而言之，上述南宋特有的制度，应被视为与农业经济上扬趋势有关的因素。

4. 宋代长江下游地区城市化的诸侧面

在社会的商业联系的进步方面，宋代是一个关键阶段。这表明：城市人口集中于主要的商业城市；大城市中贸易设施普遍增加；城市中心的金融活动日益复杂；出现了一些更多依赖经济因素而非政治因素的大城市；具有颇大自治性的原始行会正在兴起；官府对城市的控制趋于减弱；农村地区小市镇日渐增多等等。学术界对于这些现象早已有研究，但以往的研究，用通俗的话来说，还只是集中于弄清总体建筑的各个组成部分。而要了解某个地区城市化进程的有机结构，就必须对某一既定区域系统中的城市等级结构的形成与作用做出多方面的解释。在本项研究中，作者依靠现有的关于城市范围的资料，对高于全国水平的较大城市，作了区域性的层次区分。结果表明，在长江下游地区，就城区规模而言，大、中、小三个等级的差别，比相邻地区更大。作者进一步利用有关南宋杭州的资料，论述城市内部空间的功能区分。他把若干代表这种功能差异的指标数据示于地图上，从而获得了一些很有意义的发现，例如空间的两种分化，即商业区与官绅区的分化以及批发业务场所与零售业务场所的分化，显然没有关联。至于商业区的中心，既是金银交引铺、盐钞铺等金融机构或贵重物品交易场所的集中地，又是交通以及批发、零售系统的中枢所在。杭州的商业区中心位于城市中心区，是主要街道的交汇之处，又面对王公贵族的府第。当然也还存在某种按照居民身份差别来划分居住区的情况，但其界限已相当模糊。还有一种相似的地段划分，即批发商人依其货物流向来划分各种交易中心。这两种划分相并，证明了经济因素在城市内部地段专业分化中的作用。简言之，南宋杭州的社会完整性，不仅是由其国都的地位，而且也是由自然与经济的因素所决定的。当然，杭州的情况有其特殊性，但是否应视为本地区的例外，尚未能匆促下结论。

5. 对于宋代湖州与徽州的个案分析

本项研究原本包括对四个州级地域实体的个案分析。其中位于长江下游地区的有湖州与徽州，另外两个（袁州与汉阳军）则分别在江西与湖北，属于长江中游地区。这四个地区情况各异，可视为一种总发展趋势的不同表现。作者对袁州与汉阳军的研究，分别着重于分析地方水利合作组织对促进该地区中心区域人口与城市成长的作用（袁州），以及一个主要依赖与外地贸易而非本地农业而生存的但又位于远外围地带的地方的变化状况（汉阳军）。这两个分析很有意思，可与作者对湖、徽二州的分析互相对比参照，借以看到宋代长江中下游地区经济发展的不同类型。但是由于篇幅所限，本文姑略去对这两个个案研究的介绍，而仅限于介绍作者对湖、徽二州的研究。

（1）湖州：作者之所以选择湖州作为重点研究对象，乃是因为该州生态环境存在明显差异，从而使经济发展经历了一种特别的过程。湖州地势西高东低，西部的山地与东部的洼地，几乎各占该州面积之半。这种特别的生态特征，连同唐宋之际出现的人口与经济状况的剧变，使人想到以下问题：这些变化与生态环境的利用有何关系？这些变化以何种方式演进？想来应当与总的经济进程有关的各种变化，它们又是如何相互关联的？追溯长期以来湖州土地开发与人口移植的持续过程，可以清楚地看到：湖州的情况，不过是整个长江下游地区的缩影。大运河支流的开凿以及随之而来的改造东部洼地为稻田，大大推动了湖州农业经济的发展。改造洼地为稻田的方法，是开挖大量池塘，并通过密集的运河网把田里过多的水排出。与此相伴，人口（当然也意味着劳动力）也由外地流入新垦地区，从山区流入洼地。在人口剧增的同时，东部平原的城市化也在加剧。旧县不断析出新县、市镇迅速增加（其分布明显密于西部山区），都证明了这一结论。相反，以梯田修建和小池灌溉为特征的西部山区，至宋末时已度过其全盛时期。种稻衰落，代之而起的是蚕桑的逐渐普及。专力于蚕桑的农民，售出生丝或丝织品，买回稻米，以此为生。湖州这种桑-稻的空间专业化，是宋代特有的现象。到明中叶，农村商业化程度提高，加之外地稻米不断流入，致使湖州东部洼地农民采用集约方式种桑，从而引起稻田面积的锐减并导致了西部山区经济的衰落。

（2）徽州：该州的情况，极好地表现了长江下游地区外缘地带各地经济发展所具有的一种变异形式。首先，在社会动乱时期，徽州崎岖的地形，使外地流民得以蔽身。这里水稻种在颇为有限的山坡梯田里，产量较高，但需把较多的劳动与资本投入造田、整地、插秧、中耕除草、灌溉、收获等各道工序。到最后，劳动者的粮食消耗量，还是超过了有限的粮食产量。换言之，自发展的早期阶段起，徽州经济专业化的倾向就是不连贯的。漆茶竹木、纸张文具的生产，以及矿物的过境运输，成为该地借以渡过难关的特有手段。长江下游地区外缘地带各地的情况或多或少与此相类，但徽州在一点上处境较他地更为有利，即其地理位置最接近主要市场。徽州介于长江中游与下游两经济大区之间，使得该地区人民有很好的机会进行跨区贸易，以有易无，从而改善生活。

6. 宁波的经济趋向：宋代至清代

对发展区域系统的理论模式以及经验模式来说，城市贸易系统大概是最合适的单位。无论从社会间比较或社会内比较的方面来看，情况亦然。这里所说的"单位"，不仅包括城市本身，而且还包括该城市最大限度地商业腹地。如果从各个有关社会中选出一个这样的单位，加以分析和比较（比较对象必须是经济中心地功能相同，并且各自所处的城市等级上处于可比水平的单位），就可以看出各个不同的区域系统在一个比较范围内的协变。本文研究中的宁波,就是这样的单位。宁波成为州(府)级行政单位,始于中唐,是大运河南伸、沿海贸易出现以及长江下游地区逐渐开发的结果。至宁波建州之时,该地已发展为长江下游地区的出海港口之一。在此后的千年内,一直很繁荣,是中国沿海贸易以及中国与日本、朝鲜海上贸易的一个中心。1843年,宁波向西方人开放,变成参与国际贸易的通商口岸之一。直至清末,宁波仍旧主要从事传统的帆船贸易,与前比较变化不大。这种传统贸易的延续,及其对城市支配之下的地区经济发展的影响,颇值得注意。同时,众所周知,宁波出现了一批十分活跃的土著工商业者,他们凭借着控制海陆贸易的有利条件,在事业上超过了前辈。而且,他们移居上海后,逐渐适应了轮船、新式银行、电报、全国邮政系统和某些近代工业。然而,也很清楚,在古代及近代早期,在进一步加强长江下游地区各城市以及长江下游地区与邻近地区之间的经济联系方面,宁波商帮作用仍然是很传统的。这些事实表明:宁波商帮作用的扩大,依赖于宁波贸易方式特有的机构与动力;而且,只有到这种方式的内部经济潜力已发挥殆尽,同时长江下游地区城市正经历着意义深远的重新组合之时,这种扩大才会出现。总而言之,宁波的地方方言的变迁史,也将为分析特殊区域的周期性变化趋向,提供丰富的证据。有关宁波的研究,还可参考本书作者的另外两篇专论《宁波及其腹地》(收于《中华帝国晚期的城市》,斯坦福大学出版社,1977)和《1930年代的宁波城乡关系》(东洋文库,1989)。

7. 绍兴的地域开发:宋代至明初

本项研究集中于讨论绍兴地区的水利工程问题,着重对该地主要水利工程做个案研究。首先,作者通过对绍兴属下萧山县(今萧山区)的湘湖水利自宋至晚清的变化过程的考察,揭示了使用该湖湖水的普通乡民与具有官绅身份的世家大族之间的利益冲突关系。这个为灌溉之用的人工湖,始成于北宋末年,由官府倡导,以促进萧山西部资源的开发利益。起初,湘湖的存在受到本地乡绅豪强的威胁,他们企图废湖为田。多亏一些有远见的地方官员的干预,至南宋中叶制定出严格的用水规则(即《用水约束》),以保证沿湖乡民能公平地共同用水。此规则被铭之于石,官府亦支持其实施。至明中叶,湖畔乡民中有孙、吴二大族,因仕宦荣达,开始私自占湖为田,最终导致此水利工程在清初基本上失去作用。一些代表仰赖湖水灌田的普通农户利益的士绅,力图恢复湘湖原来的功能,根据传统的用水规则提出了抗诉。但面对高级官僚与本地暴发户的勾结,这种抗诉并无作用。关于麻溪坝(绍兴中部平原的蓄水设施之一)的个案研究,亦证明了同样的情况。更值得注意的是三江闸工程。随着绍兴中部鉴湖灌溉系统功能的衰减以及杭州湾南岸诸水下游三角洲地带的开发,绍兴着手兴建一个新的大型水利工程即三江闸,以鼓励移民开垦该处土地。通过把浦阳江的一条支流引入下游三角洲地带,并沿此新河建造一系列坝闸,上述目的可以达到。三江闸建成于明代中叶,但建成后引起新的问题。虽然坝内农民获得了较前更佳的排灌之利,但是坝外人民生活的经济环境却因此而大为恶化,二者形成鲜明对比。如同上述湘湖的情况一样,一些士绅为了坝外贫民的利益,竭力争取折中的解决办法,但其创议并未从根本上改变现状。终清之世,国家与地方官员在解决此问题上亦无能为力。至清末,坝外乡民趁地方行政权力削弱之机,拆毁长期以来危害他们的麻溪坝。到了民国初年,地方官员着手兴建一系列新的水利工程,以保证坝内乡民均可受益。

附带指出,本书标题中的"江南"与书中谈到的"长江下游地区",二者同为一区域。此地区的范围,包括今日的苏南、皖南、浙北,以及长江北岸的扬州、南通、泰州、芜湖等地市和杭州湾南岸的宁波、绍兴、建德、东阳等地市。其中对宁波、绍兴二地的研究,时间界限远出于宋代。

以上所作的论点与内容介绍,仅是大概。要更深入详细地了解本书所论,读者尚须亲自一览其书。

评包弼德《历史上的理学》

我本是思想史的门外汉，自无资格评论此书。但是2003年我在哈佛任教时，与包弼德教授有较多往来，有幸先睹本书英文版 *History and Neo-Confucianism* 的首章 "Thinking about History and Context" 的稿子，并在上课时，选用了此章作为必读文献。由此对于他的学术观点有所了解，并颇有同感。本书出版后，又得先睹为快。因此将自己读后的一些心得写出，成为此文。

本书是包氏多年潜心研究的成果，集中地表现了他对中国历史的新看法。他的这些新看法，集中体现了他对学界长期盛行的"中国停滞论"的批判。他指出：以往学界盛行的那种关于中国在十二世纪之后就长期停滞的看法，直到今天，在通俗读物以及群众印象当中依然十分流行。因此，学者们仍然有必要进一步批判这些早已过时的看法。而在这种批判中，如何看待中国历史上的理学，无疑是一项非常艰难的工作。

理学在中国历史上曾经起过非常重要的作用，但是自"五四"运动之后，理学受到猛烈批判。"五四运动"以"打倒孔家店"为口号，批判矛头指向三纲五常、君主专制、男尊女卑、包办婚姻、父权主义乃至师道尊严等,而这些批判对象都被说成是理学的主要内容。因此之故,理学也成为中国落后的主要根源。这种反理学的潮流,到了1949年以后有进一步发展,到"文化大革命"中更达到登峰造极的地步,被当作"四旧"的核心而尽力铲除。在这种氛围中,理学研究也受到意识形态的严重影响。"文化大革命"以后,传统学术在一定程度上得到复兴。但是如何真正摆脱那种以西方中心论为基础的"近(现)代人对过去的傲慢与偏见",从新的视角出发,切实了解理学的真意及其中国历史上的作用,还需要学者进一步努力。在这方面,海外学者已经做了不少工作。尽管在过去很长的时间内,理学研究在海外(包括港台)的中国历史研究中也被边缘化,但是一直有一些思想家试图重建儒学,使它再次成为中国传统哲学的一部分。随着"东亚经济奇迹"的出现之后,对儒学的评价发生了重大变化,并导致了"新儒家"思潮的兴起。到了晚近,随着"国学热"的出现,"新儒家"思潮更是火了起来。不过,"新儒家"思潮主要是强调对儒家思想的再诠释,意识形态色彩很重,而且其中问题也不少。

本书研究与"新儒家"研究有根本不同。这是一部"纯学术"的史学专著,主旨在于探究在理学产生和发展之时,中国社会出现了何种变化。正如包氏在本书后记中所言,"当思考理学在中国历史上所扮演更大的角色时,我比较关心的不是理学是否在政治上维和专制,或在思想上维和正统,而是唐宋变迁以来,理学与发生在国家与社会层面的更大的变化之间的关系。我把理学视为早期帝国模式中的政治、社会、经济和文化系统瓦解之后出现的另外一种选择"。这一点,明确地说明了本书研究与以往的理学研究之间的重大差别。在以往的研究中,大多数历史学者认为,理学与中国社会的变化格格不入,而那些将理学作为哲学来研究的学者则普遍漠视理学产生的历史条件。因此,本书集中于探讨理学的产生和发展的历史条件,是非常重要的。这些条件出现于宋代,而后来到了晚明又重现并有发展。治中国经济史、思想史、社会史、政治史的学者们,常常会发现许多在宋元时期产生的现象(例如商业化、思想活跃、地方精英积极参与公共事务,以及朝廷与士人的分歧,等等),到了晚明又再显现。这个情况,与导致理学产生的条件在晚明重现的情况,并不是巧合。因此,本书通过对理学产生与演变的历史条件的考察,为我们揭示了自宋到清一千年中国历史演变的脉络。本书破除了过去许多中国思想史研究中那种就思想而研究思想的藩篱,并突破了以往许多中国历史研究者"画(时)代为牢",仅只关注某一朝代情况而不及前后的局限,因此堪称一部跨领域、长时段研究的佳作。

在整体史观上,过去许多学者站在西方文化优越论的立场上,将理学作全负面的评价(即使是大多数"新儒家"学者,也仅只强调早期儒学的积极因素)。本书通过"从外部探讨理学内部的历史",对理学在中国历史上的作用作了更加全面的分析,从而得出了更为可信的结论。同时,本书也摆脱了过去许多中国史研究中那种依照西方模式来认识中国的束缚,从而得出了对中国历史实际的更好的认识。因此,我们可以公正地说,国际中国研究学界近年来在批判西方中心论、更好地认识中国历史而做出的努力中,本书是一部有代表性的成果。

包氏在本书中所进行的研究,不仅在学术上具有重要意义,而且对于我们正确认识今天的中国国情乃至展望中国未来的发展都有相当意义。今天的中国是历史上的中国的发展，中国的未来也是中国传统文明的继续。由于我们大家都同意中国今天和未来的发展的主要原因在于中国内部而非外部，因此那些曾经为中国文明的形成和发展起过重要作用的因素，也必定对于中国的现在和未来的发展继续起到重要作用。理学正是这种因素之一。因此包氏在本书后记中说："我相信儒学不仅仅是一个历史课题，它仍旧是让我们思考现今世界状况的思想资源。儒家关于社会制度、政治、经济与文化如何改善人类社会与福祉的看法，对今天的中国仍具意义。同样，理学家对个人的自主性与责任的关注，在今天仍然值得借鉴。人们期望参与建构一个共同的世界秩序，以及关注私人财富的快速增长，这一切为寻找共同的思想基础打开了一扇新门。"包氏的这一信念，也正是我们应当认真思考的一个重要内容。

由于本书在上述方面做出的重要理论贡献，因此是近年来西方学界在中国史研究方面的一个重大成果。此书被译为中文并由浙江大学出版社于2010年推出后，受到越来越多国内学人的重视。我相信，认真阅读此书，将进一步推动我们在理学研究和中国史研究中破除西方中心论，从而更好地认识中国自身的特点。

评王文成等
《宋金元明时期的市场发展与货币流通研究》

本书作者王文成教授早年师从李埏先生治宋代货币史，完成了博士论文《宋代白银货币化研究》，对中国古代白银从商品变成货币诸问题进行了深入的研究。自此以后，他继续这项研究，把研究的时段延伸到金、元、明时期，探讨铜（铁）钱、白银和纸币的相互关系，从城乡市场的发展变迁中，阐释货币流通格局演进的逻辑，发表了一系列学术论文。近年来，他约请赵小平、刘欣、丁琼三位学者，共同完成了这本新作。在这本专著即将付梓之际，王文成教授把书稿发给我，读后受益良多，不敢自专，因此写出这篇书评，俾学界同仁及早认识这部具有重要学术价值的专著，待刊出之后，也能像我一样先睹为快。

一

在人类历史上，货币的发明是一件具有划时代意义的大事。而中国在世界货币发展史上，又占有显要的地位。我在最近举行的

"2021上海货币论坛"的发言中提出,中国在世界货币史上有两项伟大发明,第一项是铜钱,第二项是纸钞。到了经济全球化时代开始后,又出现了一个新变化,即弃钞用银。这个独特的演变经历,使得中国在世界货币史上表现出一种与众不同的特色,即货币史的"中国特色"。

我国最早的货币是海贝。汉字中有关财物的文字,如财、货、费、贸、资、赁、质、贿、赂、赎、赃……均从贝,就是证明。这是一种商品货币,流行于商周时期。到春秋战国之时,由于交换发展,才开始有金属的铸造货币。首先出现的金属铸币是"布"和"刀"。布的形状类似后世的农具铲子,所以人们又称之为铲币。刀的形状略似后世的朴刀,是农业林业的生产工具和战争用的兵器。此外,还有蚁鼻钱等。这些形式的金属铸币,各有自己的使用地域,跨地域的贸易所使用的货币,大约是作为称量货币的黄金。这个时期,是多形式的金属铸币相互竞争的时代。在这些形式中,到底哪一种形式最好,尚未确定。

公元前336年,僻处西垂的秦国开始铸造方孔"半两"圆钱。这时的"半两钱"的中孔,有的方,有的圆,还有的半方半圆。后来秦始皇统一全国,即把"半两钱"统一定制为外圆内方的样式,再推行到全国,"以秦法同天下之法,以秦币同天下之币"。这是中国货币发展史上的一个里程碑。千家驹和郭彦岗指出:"实践证明,这种圆形方孔钱,使用时可以减少钱身的回转磨损,贯穿便利。"不仅如此,这种铜钱还便于携带,易于数数,因此是当时各种铸币形式中最好的一种。因此之故,这种铸币的形式,很快就为东亚各国采用,成为东亚地区通用的形式,一直到二十世纪初还如此。在日本，甚至到了今天，小额辅币还采用圆形圆孔的形式。在西亚的波斯，伊利汗国时期也抛弃了西亚长期使用的铸币形式，仿照中国的铸币形式铸造自己的货币。此外，由于中国的影响，东亚各国自行铸造的铜钱，在形制、重量、成色等方面也以中国铜钱（特别是开元通宝）为范本，各国铜钱都大同小异，因此开元彼此通用，从而成为一种广大地域通用的国际货币。

这种形式的铜铸币——铜钱——不仅有上述优点，更重要的是，它非常符合中国古代的经济特点。李埏先生指出："铜钱的特点，一言以蔽之，是一种贱金属的、细小单位的货币……铜钱的细小单位的特征，是由小生产者的交换来规定的。由于生产规模的狭小，不仅购买是零碎的，其出卖产品也是零碎的。这就使得要通过市场交换迁就他们，使用那细小的货币——铜钱。"过去许多人把小生产视为一种落后的生产，因此迁就小生产者的货币也是一种落后的货币形式。但在近代以前，这种卷入市场的小生产却具有非常重要的意义。年鉴学派大师布罗代尔说："市场经济或商品经济这两个概念的核心是市场。初级市场是市场经济的基础和门槛。留在市场之外的一切产品只有使用价值，进入市场大门的一切产品具有交换价值……近代以前，在初级市场这个阶梯上，最完善的经济组织是中国。"千千万万的中国小农和小手工业者被卷入市场，这在近代以前的世界上罕有其匹，是中国经济史的一大亮点。因此为这些小生产者服务的铜钱，在世界经济史上自然也具有非常重要的历史地位。

在中国以外的世界上，古代主要的铸币形式是各国铸造的带有人像或者其他图像的金属货币，其中数量最大、使用地域最广和使用时期最长的是罗马帝国及其继承者拜占庭帝国的铸币，以及波斯、阿拉伯帝国的铸币。这些货币以金、银、铜为币材，而以金、银为多。有学者据此认为这些货币优于中国以铜为币材的货币，但如果仔细分析，情况并不然。

首先，这些货币由不同的政权铸造，因此在形状、大小、重量乃至成色方面，都颇不相同。一旦跨出该政权所管辖地域或者其势力范围，这些货币的价值就受到怀疑。因此，如戴维·欧瑞尔和罗曼·克鲁帕提所言，"货币的价值牢牢地盯住金属价格，而非采用灵活汇率。不过产生了一个意想不到的结果——这就是格雷欣定律（Gresham's Law），哥白尼、奥雷斯姆（Oresme）等人称之为'劣币驱逐良币'。此处的'良币'指的可能是金属的重量，也可能是货币的外观。货币短缺，加上货币标准的灵活多变，带来了通缩灾难，直到发行纸币和低面值铸币可以用于日常交易时才慢慢得到缓解"。由于货币价格牢牢盯住金属价格，因此这种贵金属铸币实际上仍然是一种变相的称量货币，并非严格意义上的铸币。不仅如此，由于单个贵金属铸币价格昂贵，因此在铸币时使用减重、掺假、偷工减料、降低成色、粗制滥造等方法，有大利可图。不仅民间盗铸者如此，就是政府也往往不能自我控制地这样做。与此相对照，铜钱单个价格低微，虽然铸币时使用上述方法也有利可图，但获利要小得多，因此在正常时期，上述情况较少发生。

其次，贵金属铸币单个价值很大，标准的罗马-拜占庭金币，一枚通常重4克左右，按照2021年10月份我国的黄金基础价格，大约在370元人民币/克上下，4克约合1500元人民币；白银价格大约在3—5元人民币/克之间，以中数计为4元，4克约合人民币16元。这样的金币如果用于小额交易，就英雄无用武之地了。我们不能想象，一个工匠手持一枚银币向农民买一棵白菜，或者一个农民手持一枚金币向一个商贩买一个吃饭用的普通陶碗。因此在使用贵金属铸币的地区，小生产者很难使用这种铸币。这种货币是贵族、大地产所有者、领主等群体使用的交易工具，与普通民众关系不大。在一个社会中，如果没有适合大多数人使用的货币，那么这个社会和市场经济之间的距离当然就很大。为了解决这个问题，到了中世纪后期，欧洲出现了一种薄片币（bracteate）。这是十二、十三世纪，在包括德国、奥地利和斯堪的纳维亚在内的欧洲北部大部分地区使用的主要铸币类型。这种铸币往往用极薄的银片制成，加盖印记时需要将其置于柔软的表面上，由于银币过薄，背面往往会留下相反的印记；由于薄片币过于脆弱，可供使用的时间不长，因此每年都会集中召回一两次，换成新币，因此这是一种专门用来重铸的铸币。和这种货币比较起来，中国的铜钱无疑更加结实耐用，也更加便于使用。

然而，铜钱也有其天生的缺陷，即单位价值低，因此仅只适合小额交易用，但不适合大额交易。南朝梁代的《殷芸小说》"吴蜀人"篇中有"腰缠十万贯，骑鹤上扬州"之句，为后世广泛传颂。如果以五铢钱（每枚重约3.25克）计算，10万贯重达325吨。当今世界上载重量最大的美国C-130大力神运输机的最大载重量尚不及36吨，因此这10万贯铜钱需要至少九架C-130运输机才能运送。宋代话本《错斩崔宁》，说南宋首都临安（今杭州）有个小商贩刘贵从丈人处借得15贯钱，"驮了钱，一径出门"；又说到后来有个小商贩崔宁，"是村里人，因往城中卖了丝帐，讨得些钱……膊中，恰好是

15贯钱,一文也不多,一文也不少"。以宋钱通常重量计,15贯重62公斤,一个人是很难背驮得动的。另外,由于单位价值低,商业运作所需铜钱总量就很大。全球史学家斯塔夫里阿诺斯在《全球通史》中写道:"宋朝值得注意的是发生了一场名副其实的商业革命,这对整个欧亚大陆都具有重大意义。"这个被称为"商业革命"的商业大发展,对货币的需求量剧增。因此宋朝政府铸钱之多,史无前例。据宫崎市定先生估计,宋朝铸钱总重量达75万吨之多,超过以前各个朝代铸钱总量的许多倍,但宋朝人仍然总感到钱不够。但是中国内地铜矿资源有限,铜矿附近的薪炭资源也经多年消耗而日益减少,因此无法再扩大铸钱规模。

为了解决大额交易所需,唐代采取了一个"钱帛兼行"的双轨货币制度,即小额交易用铜钱,大额交易用绢帛,作为支付手段。李埏先生对这个制度的产生和实施,都做了精辟的论述,本书也对此进行了介绍,兹不赘。但是绢帛终归不是理想的币材,因此随着商业进一步发展,人们需要找到一种更为方便使用的货币形式。在此背景下,宋代中国做出了一项具有世界意义的伟大创新——发明了纸币。

关于纸币的产生,早在1930年,日本汉学大师加藤繁先生首先关注到了,发表了一系列文章,论述纸币的产生和发展。在那个中日学界隔绝的时期,李埏先生在中国首先关注到了这个问题,自1940年开始,也发表了一系列论著。通过这两位先驱的启迪,纸币史研究逐渐扩展开来。这个历史过程,本书也已做了很好的论述。

纸币的发明的确是世界货币史上的革命。元代时,马可·波罗来到中国,看到了这一新奇事物,说道:"发行的所有纸钞好像都具有像纯金或纯银一样庄严的权威……所有人都乐意接受。纸钞在大可汗国境内通用，不管是谁都可以用纸钞进行货物的买卖交易，就好像纸钞和纯金的铸币没有什么两样。"随后，纸币在中国内地之外的一些地区开始流行。1979年甘肃省文物部门在黑城内曾采集到一张残抄本；1983—1984年内蒙古文物考古所等在黑水城考古发掘出土一大批纸币；1985年额济纳旗吉日格郎图苏木牧民发现被风刮出埋在沙土中的一批纸币，这些纸币中主要是元代晚期印造的至元钞和至正交钞。

西亚的伊利汗国在乞合都汗统治时，大臣撒都拉丁建议仿元朝发行纸币。乞合都汗对纸币的性质不很了解，于是询问元世祖忽必烈派往伊利汗国的丞相孛罗关于元朝印刷发行纸币的情况，孛罗说："纸币是盖有大汗印的纸，纸币代替金属铸币可在元朝四处流通，元帝国所有的硬币巴里失（银锭）便被送入国库存储。"乞合都汗意识到纸币的生产成本低，却可累积金银，世上的金银对其而言永远不够，于是赞成在伊利汗国印刷发行纸币。1294年7月23日，乞合都汗宣布印刷纸币的诏令，开始印刷纸币。伊利汗国印刷发行的纸币在形式上仿元朝纸币，纸币上印有纸币印刷的时间、币值及伪造纸币的惩罚措施等，纸币上还印有汉字"钞"及其音译，钤印官印。研究者认为伊利汗国印刷发行的纸币为木刻版印刷，印版刻字及纸币印刷由当地的汉人进行，穆斯林工匠参与合作完成印刷纸币。1294年9月12日，乞合都汗在帖必力思城颁布流通纸的诏令，规定拒绝使用纸币者立即处死，并开始了试推行纸币。

欧洲人虽然从马可·波罗等人的记述中得知中国使用纸币的信息，但一直要到十七世纪，才真正认识到纸币的优越性。英国经济学家、财政金融家约翰·罗（John Law，1671—1729）在其《论货币与贸易》（1705年出版）写道："人们一直采用各种方法来保存和增加货币，一些国家采用的方法正好和另一些国家采用的方法相反，即使同一国家也往往采用截然不同的方法，它们这样做并不是因为各自的条件不同……某些国家增大货币的单位，而另一些国家则缩小货币的单位；某些国家降低货币的成色，而另一些国家降低货币成色后又恢复其成色；某些国家严厉禁止输出货币，而另一些国家则明文允许输出货币；某些国家一心想增加货币，迫使其商人在输入货物的同时，要带回贵金属。大多数国家都采用过其中的某些或全部方法，或采用过其他与此相类似的方法。它们有时采用这种方法，有时采用那种方法，是出于这样一种想法，既然已经采用的方法不奏效，那么相反的方法也许会奏效；可是人们发现，这些方法当中没有一种能够保存或增加货币，有些方法甚至起了相反的作用……利用银行来增加货币，是迄今所采用的最好的方法。"接着，他追溯了纸币在欧洲出现的历史："在意大利，银行已有很长的历史了，但就我所知，最早建立银行的却是瑞典。当初瑞典把铜当作货币，由于铜很笨重，因而使用起来很不方便；于是便建立起了银行，人们可以把货币抵押在银行，从而获得信用，以信用作为支付手段，由此而便利了贸易。荷兰人由于同一原因建立了阿姆斯特丹银行。他们把白银当作货币，但他们的贸易额如此之大，以致用白银付款也感到很不方便。阿姆斯特丹银行和瑞典银行一样，是个安全的地方，商人把货币抵押在那里，从而获得借以进行贸易的信用。银行除了使付款更方便、更迅速外，还使人节省了兑换费、保管费和运输费，人们再不会因货币质量低劣而遭受损失，而且把钱存入银行比放在自己家里更为安全,因为银行采取了必要的防火、防盗措施。"

虽然纸币的理念已经多次付诸实施,在欧洲由国家背书的纸币却出现很晚,1694年,才由英格兰银行发行。当时英国在比奇角战役当中被法国击败,英王威廉三世(William Ⅲ)迫切需要1200万英镑重建海军。为了筹集这笔资金,他采取的主要方法就是开一家类似荷兰和瑞典国家银行的银行,不过有一点不同:这家银行实行公私合营制度,由商人出资,给政府提供黄金借贷,并获得债务的票据。英王最初给予该银行许可当中并没有提到钞票,但结果是钞票成为英格兰银行最成功的地方。和其他银行一样,这家公司发放储蓄票据、放贷生息,票据由出纳手书,承诺即期支付持票人票据上的数额,因此任何人都可以将票据全部或部分兑换为铸币(在票据拥有恰当背书的情况下)。由于这些票据得到了皇室的许可和支持,所以很快就作为货币开始流通。这是由国家背书的纸币在欧洲的最早出现。

然而,纸币有一个与生俱来的弱点,那就是政府在发行纸币时,是否能够有效地自我控制。如果不能就不可避免地导致通货膨胀。虽然金属铸币也存在同样的问题,但由于纸币制作成本低得几乎可以忽略不计,因此导致的通货膨胀也是金属铸币所难以相比的。世界史上最早的纸币导致的通货膨胀就在北宋时期。南宋、元朝、明朝也经历了恶性通胀,之后,虽然纸币并未被完全放弃,但中国不再进行纸币的创新实验,而转向贵金属,以解决大额交易所需的货币形式。在十五、十六世纪日本、西属美洲等地银矿的发现和开发,使得白银的供给出现了爆发式的增长。大量白银流入中国，为中国货币的白银化提供了物质条件。

中国货币的白银化，并未采用铸币的形式，而采用称量货币的形式，这一点，颇为许多学者诟病，认为这是一种落后的货币形式。但是，在无法严格控制铸币的质量（重量、成色、制作工艺水平）的条件下，称量货币是杜绝劣币泛滥的有效手段。清代中国基本上没有出现由货币供应导致的大规模的通货膨胀，白银作为称量货币的使用是功不可没的。

除了白银外，其他形式的货币在明清时期仍然在使用，这也是帝制晚期中国货币制度饱受诟病的现象之一。伊懋可（Mark Elvin）指出："危害中国传统后期金融制度的弊端之一，是多种形式的银锭、铜钱和票据同时流通。这需要大批的人来从事这些通货的鉴别和兑换。但是如果与此相较，采用其他使用的办法所引起的流通手段的短缺，却更为严重。虽然一种管理妥善的统一纸币无疑更加可取，但是我们并没有很令人信服的理由去批评中国政府，说它没有朝此方向努力。维持这样一种通货十分困难，因此在货币政策方面采取自由放任当然是更加明智的抉择。"因此这个现象证明了黑格尔的名言"凡是合理的都是现实的，凡是现实的都是合理的"的正确。

总之，中国货币形式的演变历程，在人类历史上具有非常重大的地位，也是世界经济史中的"中国特色"的一个重要方面。对这个历程进行深入研究，也就是我们探索"中国特色"的一项重要工作。我们面前的《宋金元明时期的市场发展与货币流通研究》一书，正是学界在这个探索中取得的一个重要成果。

二

北宋淳化（990—994）年间，川蜀地区在继续铸行铁钱的同时，率先发明了交子，即世界上最早的纸币，确立了"钱楮并用"的货币流通格局。此后的数百年间，虽然宋金元明诸朝先后更替，但纸币无视改朝换代仍长期持续行用，甚至不止一次成为官方允许的唯一交易媒介。然而延至明代中叶，纸币却不顾政府的强力挽留，最终退出流通，铜钱和白银成为上下通行的货币。中国古代货币流通格局，完成了从宋代的"钱楮并用"到明中叶以后"银钱兼行"的历史性转变。"钱楮并用"究竟是如何演进到"银钱兼行"的？铁钱、铜钱、纸币和白银如何、为何消涨进退，演绎出这样的纷繁复杂的篇章？这显然是中国货币史上颇值得深入探究的重要课题。

本书从货币"源于市场，主要在市场上使用，当然也反映市场发展状况，并影响市场发展"的基本观点出发，着眼于从市场变迁的角度探究货币问题。因此，书中首先分时段对宋金元明时期的区域市场、跨区域、跨政权市场以及全国市场发展情况进行了梳理，重点从市场空间布局和层级结构两个方面，阐述了这一时期城乡市场体系变迁的轨迹。其中，对北宋时期市场的区域性特点、不同区域市场之间的整合问题，特别是对金元之际市场空间布局向蒙古高原迁移以及市场层级的萎缩、元朝统一后市场体系的整合完善、明代前期市场的曲折发展诸问题的探究，展现了由宋金元明市场发展的总体趋势和不同时段急剧变动的时代特征，为探究货币流通格局演进过程中的"市场-货币"关系奠定了基础。

也正是基于货币"源于市场,主要在市场上使用,当然也反映市场发展状况,并影响市场发展"的基本观点,本书着眼于铜铁钱适宜于零散细碎的小商品交易、白银适宜于大宗贸易和远距离贸易、纸币是金属货币的价值符号的特点,阐述市场变迁与三种货币消长进退的关系及其发展趋势:

与北宋时期区域市场网络和乡土信用的发展相适应,区域性的"钱楮并用"货币流通格局率先在川蜀市场上形成;而宋金时期跨区域、跨政权的批量贸易,孕育、促成了白银货币化。

金元之际市场结构的急剧变动,导致了货币流通格局从"钱楮并用"进入了"银钞相权"时期。其中,市场层级的萎缩和北方小农参与交易程度的衰退,使铜铁钱退出流通成为可能;而蒙古贵族——汉人世侯——斡脱商人为主体的大宗跨区域贸易,不仅多次将白银变成了合法的流通货币,而且促成了"银钞相权"货币流通格局的形成。

元朝统一后的市场整合、市场体系的健全完善,以及明前期市场历经曲折恢复发展,不仅持续呼唤铜钱重回市场,而且总是将官府集中入库用作纸币价值保障,禁止民间行用的白银拽入市场。官府以白银"平准"钞价难以为继,纸币在铜钱和白银的双重挤压下,退出流通之势已不可避免。"银钱并用"最终取代了"银钞相权"货币流通格局。

本书在集中探究"市场-货币"关系时,基于货币所具有的社会性、公共性,把货币政策作为一个不可或缺的重要变量,纳入了分析研究的视野。不仅通过官方货币政策的制定和实施,阐述货币流通格局的演变情况，揭示市场机制的实现途径，而且结合货币流通格局演进的轨迹，分析、检验货币政策的有效性。特别是对官府借助货币政策的公共性，提升纸币信用、扩大纸币流通的积极作用，以及官府借此聚敛财富、失信于民，促使货币体系崩溃、加速纸币退出流通等问题，作了深入的探讨。

三

货币作为价值尺度，在市场交易中用作计量商品价值的工具。单一货币通行于市场各层级各领域，是充分发挥其价值尺度职能最理想的状态。然而，宋金元明时期的市场上，却总是多种货币同时并存，不仅金银铜铁乃至绢帛等曾充当币材，纸币也长期流通。本书针对这种现象，对不同货币之间的相互关系进行了探究：

金属（金、银、铜、铁）作为货币，不仅其自身具有实用价值，而且在频繁的交易中获得了市场共同认可的交换价值。交换价值是金属用作货币的根本标志，但金属币材所具有的实用价值，仍可以在一定程度上保障市场币值。更重要的是，不同金属货币通过适时变动的比价联系在一起，构成了相互关联的多元货币体系，共同履行价值尺度职能。而宋金元明时期的多元货币体系中，铜钱和白银此退彼进，依次发挥了基准货币的作用。史料中关于银钱比价从南宋的1两兑3300文到明朝弘治年间1两兑700文的记载，不仅是两者关系变动的重要标志，而且体现了白银从不适小用到"朝野率用银"的重大变化。

纸币与金属货币不同，其自身几乎没有价值。但以宋金元明时期商业信用的快速发展为基础，借助强大的官府信用，纸币与金属货币的价值联系在了一起。金属货币的交换价值，通过信用关系投射、转移到了纸币上，纸币成为能够在市场上流通的货币。相应地，在铜钱与白银此退彼进的过程中，纸币也由铜铁钱的价值符号变成了白银的价值符号。其在多元货币体系中的功能，随之从浓缩铁钱、铜钱价值的手段，变成了等分白银的便捷工具。

宋金元明时期的多元货币体系中，白银货币地位的确立和变动是一个引人瞩目的重要问题。本书在作者所著《宋代白银货币化研究》的基础上，继续在"货币化"指的是"商品怎样、为什么、通过什么成为货币"的前提下，进一步阐述了宋代白银通过与铜钱建立兑换关系、"兑银计值"实现货币化的观点。继而着眼于白银在多元货币体系中地位的变动，系统展现了货币白银化——白银逐步成为主要货币的曲折进程，阐述了金元时期不止一次提升白银的地位，使之成为唯一合法货币的史实。对所提出的从"白银货币化"到"货币白银化"这一对逻辑上相互关联、时间上前后交替的概念，进行了系统阐释，为厘清白银货币化、货币白银化与财政货币化、财政白银化的关系，奠定了史实基础。

四

宋金元明时期的市场发展与货币流通，所涵盖的时间跨度大，涉及市场、货币诸领域。其中不少史实，此前学界关注不多，或存在不少误解。诸如传统中国信用关系中的"乡土信用"的发展、"交子"最初是作为交付铁钱的凭据、宋金之间贸易所具有的跨区域、跨政权的"双跨"特点,金朝铸造"承安宝货"银锭的背景和目的是"比以军储调发,支出交钞数多。遂铸宝货,与钱兼用,以代钞本",等等。而对于蒙元广泛用银的原因,学术界流行着受中亚影响的看法。在本书中,综合运用汉译波斯文献、回鹘文书以及西方传教士的记载等,对蒙元时期用银的源流以及货币流通格局演变进程的研究,着墨颇多,提出了一些不同的看法。

首先,本书作者认为:蒙古初兴时没有货币,也不用银。蒙古西征前后,与中亚地区的经济联系有所加强,而回鹘文、波斯文、拉丁文中都出现了关于用银的记载。但综合分析前人研究成果,所用银两波斯文写作 _____ ,上为波斯文,音Balish,汉语音译"巴里失"或"把力失",下为这个波斯文的汉字注音巴力石;回鹘文转写为yastuq,拉丁文据此转写为iastoc,汉语音译"雅斯特科"。而"巴里失""雅斯特科"的意译乃是"垫子"或"枕头"。其形制实际上就是宋金两朝行用的"枕头"状银锭。其使用方式也是以"锭""两""钱"为单位切割称量货币使用。蒙古初兴时用银,以及此前回鹘文书中记载的白银,不是中亚地区传统的以枚计数的打制银币"第纳尔",而是宋金时期称量使用的银锭。这从一个侧面说明,蒙古用银并非受中亚影响的结果,而是继承宋金白银货币化的结果。

不仅如此,蒙古西征的战火也对中亚地区的经济发展造成了重大破坏。人口减少,工匠迁移,中亚地区持续向外输出商品、吸纳白银的能力随之减弱。而穿越草原、戈壁沙漠艰辛遥远的路途,单次往返耗时成年累月,商品贸易的规模始终受到较大限制,与蒙古草原的经济联系不宜估计过高。加之蒙古帝国的分裂以及元朝与察合台汗国、窝阔台汗国之间的战争，还不时使丝绸之路的贸易陷入停顿。

相反，蒙古帝国建立前后，跨越长城沿线的农牧区经济交流更加活跃，往来也更为便利。宋金两朝辖区与蒙古高原之间的经济联系，远非中亚地区可比。因此，蒙古兴起前后使用的货币，更多继承了金朝的历史遗产。蒙古帝国时期不仅广泛用银，而且在1234年灭金之后不到两年，仿效金朝发行了以"锭"为单位的纸币——交钞。萌发于金朝时期的"银钞相权"货币流通格局，最终以中统元年（1260）发行中统钞、中统四年（1263）设平准库为标志，在蒙元辖区全面确立。也正因为如此，蒙元纸币的面额虽然仍以贯文为单位，但实际价值与白银相联系，货币单位以"锭-两-钱-分-厘"计，最小面额的纸币"厘钞"，所对应的也正是流通中白银的最小单位"厘"。

此外，书中结合市场发展状况分析至元十九年（1282）整治钞法的性质，认为其实质是禁止市场上的白银流通。元朝的货币政策，与其说钞法整治，不如说整治市场上已广为流通的白银。而书中还指出，至元十九年三月辛酉（1282年4月10日）阿合马已死，四月乙巳（1282年5月24日）元廷才下令考核平准库、要求各地把平准库金银运送大都。元代文献中关于阿合马下令运各地平准库金银到大都"以邀功能"的通行说法，显然有误。

总之，本书按时间顺序系统梳理宋、金、元、明市场发展与货币流通格局演进的历史脉络，着眼于贯通宋金元明四朝，集中探究市场-货币关系、多元货币之间的相互关系，提出了较为系统新的看法，澄清了市场-货币史研究中的一些流行的误解，对丰富和深化经济史的研究，有重要学术价值。本书研究对深深植根于中国传统的市场史、货币史及货币政策史进行了深入的分析，展现了传统市场发展、货币流通格局的中国特色，在一定程度上反映了传统中国经济政策、经济思想的智慧，对于进一步丰富和发展货币理论，提供了丰富、生动的材料。对思考、认识当前经济全球化、区域经济一体化以及相应的货币问题，也可提供一些具有启发意义的借鉴和参考。

李伯重著作目录

自1974年以来，在国内外出版学术专著16部（独著），在中国、美国、英国、日本、韩国等地发表中英文论文多篇，并有合著史学作品4部，合作翻译学术作品3部，合作主编史学论文集2部。此处仅列已出版之书，论文从略。

中文专著

1.《唐代江南农业的发展》，农业出版社，1990；再版：北京大学出版社，2009。

2.《江南农业的发展，1620—1850年》，上海古籍出版社，2007，获第六届北京哲学社会科学优秀科研成果奖（2001）。

3.《江南的早期工业化，1550—1850》，社会科学文献出版社，2000，获第二届郭沫若中国历史学奖（2002）；修订版：中国人民大学出版社，2010。

4.《发展与制约：明清江南生产力研究》，（台北）联经出版事业有限公司，2002。

5.《理论、方法与发展趋势：中国经济史研究新探》，清华大学出版社，2002，获第四届中国高校人文社会科学研究优秀成果奖

（2006）。增订版更名为《理论、方法、发展、趋势：中国经济史研究新探》，浙江大学出版社，2013。

6.《多视角看江南经济史（1250—1850）》，生活·读书·新知三联书店，2003，增补版：商务印书馆，2022。

7.《千里史学文存》，杭州出版社，2004。

8.《中国的早期近代经济——1820年代华亭—娄县地区GDP研究》，中华书局，2010，获第四届郭沫若中国历史学奖（2012）和第六届中国高校人文社会科学研究优秀成果（2013）。

9.《史潮与学风》，中国人民大学出版社，2014。

10.《新史观新视野新历史》，香港城市大学出版社，2018。

11.《火枪与账簿：早期经济全球化时代的中国与东亚世界》，生活·读书·新知三联书店，2017，获教育部第八届高等学校科学研究优秀成果奖（2020）；繁体字版：（台北）联经出版事业有限公司，2019。本书于2017年获第六届坡州亚洲图书奖（Paju Book Awards）。（坡州图书奖包括著作奖、策划奖、书籍设计奖和特别奖。著作奖评选范围来自中、日、韩的母语原创作品，每年选一种）

12.《李伯重文集》（四卷本），四川人民出版社，2024。

英文专著

1. *Agricultural Development in the Yangzi Delta, 1620–1850*, The Macmillan Press Ltd., Houndmills, UK & St. Martin's Press& Inc., New York, USA, 1998, 获北京市第六届哲学社会科学优秀成果奖一等奖（2000）。

2. *An Early Modern Economy in China: The Yangzi Delta in the 1820s*, Cambridge University Press, Cambridge, UK, 2020.

3. *New Perspectives on Chinese Economic History*, Tsinghua University Press, Beijing, China, 2023.

4. *Guns and Ledgers: China and the East Asian World in the Age of Early Economic Globalization*, Palgrave Macmillan, UK, 2023.

韩文版著作

1.《理论、方法与发展趋势：中国经济史研究新探》，韩国 Chaek Se Sang 出版社，2005。

2.《火枪与账簿》，韩国 Geul Hang A Ri 出版社，2018。

合著

1. 千里（李伯重）、延之（李埏）:《北宋方腊起义》，云南人民出版社，1975。

2. 李埏、李伯重、李伯杰:《走出书斋的史学》，浙江大学出版社，2012。

3. 李埏、李伯重:《良史与良师——学生眼中的八位著名学者》，清华大学出版社，2012。增补版易名为《良史与良师——学生眼中的十位著名学者》，北京大学出版社，2012。

4. 李伯重、韦森、刘怡:《枪炮、经济与霸权》，现代出版社，2020。

主编作品

1. 李伯重、周生春编《江南的城市工业与地方文化（960—1850年）》，清华大学出版社，2004。

2. 李伯重、董经胜编《海上丝绸之路：全球史视野下的考察》，社会科学文献出版社，2021。

翻译作品

1. 王国斌（R. Bin Wong）：《转变的中国：历史变迁与欧洲经验的局限》，李伯重、连琳琳译，江苏人民出版社，1998。

2. 斯波义信：《宋代江南经济史研究》，李伯重、方健等合译，江苏古籍出版社，2001。

3. 伊懋可：《中国的历史之路》，李伯重、王湘云、张天虹、陈怡行合译，浙江大学出版社，2023。

壹卷
YE BOOK

洞见人和时代

官方微博：@壹卷YeBook
官方豆瓣：壹卷YeBook
微信公众号：壹卷YeBook
媒体联系：yebook2019@163.com

壹卷工作室
微信公众号